Frederick Soddy

REICHTUM, VIRTUELLER REICHTUM und SCHULDEN
DIE LÖSUNG DES WIRTSCHAFTLICHEN PARADOXONS

ⓞMNIAVERITAS.

Frederick Soddy
(1877-1956)

Englischer Chemiker und Empfänger
Träger des Nobelpreises für Chemie 1921

Reichtum, virtueller Reichtum und Verschuldung
die Lösung des wirtschaftlichen Paradoxons

WEALTH, VIRTUAL WEALTH AND DEBT
The solution of the economic paradox

Erste Ausgabe, London: George Allen & Unwin, 1926.

Übersetzt und veröffentlicht von
Omnia Veritas Ltd

⊘MNIA VERITAS.
www.omnia-veritas.com

© Omnia Veritas Ltd - 2025

GEWIDMET ARTHUR KITSON

Der britische Pionier der Neuen Ökonomie,
Dessen Schriften verdankt der Autor
sein anfängliches Interesse an den faszinierenden
Probleme von Reichtum
und Währung

"Was Reichtum zu sein scheint, kann in Wahrheit
nur der vergoldete Hinweis auf weitreichenden Ruin sein; eine
die Handvoll Münzen eines Schiffbrüchigen, die er vom Strand
aufgelesen hat
an den er eine Argosie gelockt hat; das Bündel Lumpen eines
Lagerbewohners
Bündel Lumpen, ausgepackt von der Brust
von den Brüsten toter Soldaten; die Kaufstücke
von Töpferfeldern, in denen Bürger und Fremde
Bürger und Fremde zusammen begraben werden."

JOHN RUSKIN, *bis zum heutigen Tag*, 1862.

Vorwort zur
amerikanischen Nation

Die zweite Auflage dieses Buches verdankt ihr Erscheinen der amerikanischen Nation und dem Interesse, das sie der Technokratie entgegengebracht hat. Der Autor dankt ihnen im Allgemeinen und den amerikanischen Verlegern der ersten Auflage im Besonderen dafür, dass sie sein Werk in der gegenwärtigen Krise des Weltgeschehens so rechtzeitig zur Kenntnis genommen haben. Hätte Thorstein Veblen nur ein wenig länger gelebt, so hätte auch er zweifellos die Freude empfunden, in dieser Zeit zu leben. Denn in welcher früheren Periode der Geschichte hätten Wahrheiten, die so umstürzend sind und so sehr gegen die bestehende Ordnung verstoßen, eine Chance gehabt, unparteiisch geprüft zu werden, bis diejenigen, die sie hervorgebracht haben, und diejenigen, die durch sie beleidigt wurden, alle "sicher tot" waren?

Seit dem Erscheinen der britischen Ausgabe hat das Finanzsystem in Amerika einen weiteren jener periodischen Zusammenbrüche erlebt, die unvermeidlich sind, da sie jetzt das auffälligste Merkmal des modernen sogenannten Bankwesens sind. Die amerikanische Nation steht nun tatsächlich vor der Wahl, ob sie diese Art von "Bankwesen" nach den strengsten Regeln des britischen, kontinentalen und internationalen Systems für den Bankier oder für die amerikanische Nation sicher machen will.

Die beiden Dinge sind nicht dasselbe, wie von den Bankinteressen so leicht angenommen wird, sondern sie sind in der Tat genau entgegengesetzte Dinge. Die einzige Möglichkeit, das Bankwesen heute sowohl für den Bankier als auch für die Nation sicher zu machen, besteht darin, dass die Nation der Bankier ist. Der gegenwärtige Zustand Europas und seiner einst stolzen Nationen, die zum Teil in ein inneres Chaos und viele in die Verzweiflung gestürzt wurden, ist ein beredtes Zeugnis für die Herrschaft des Bankiers. Hier wird das, was für den Bankier gefährlich ist, als zu gefährlich für die Nation angesehen, als dass man es ihr gestatten könnte, darüber zu diskutieren, und die Öffentlichkeit wird sorgfältig und sorgfältig von jeder wirklichen Kenntnis des absurden Humbuges abgeschirmt, den aufzuklären eines der Ziele dieses Buches war.

Amerika ist heute fast die einzige Nation, die ihre Herrscher frei wählen kann, und die Welt blickt auf sie als ihre letzte Hoffnung, das zu zerstören, was sich zur mit Abstand mächtigsten Tyrannei und zur universellsten Verschwörung gegen die wirtschaftliche Freiheit des Einzelnen und die Autonomie der Nationen entwickelt hat, die die Welt je kannte.

Es wird uns immer wieder gesagt, und die Technokraten haben es bereits erfahren, dass Klartext reden das Vertrauen der Öffentlichkeit zerstören würde, das für das Bankensystem so wichtig ist, "gerade wenn es wiederhergestellt werden soll". Es darf bezweifelt werden, ob noch so viel Klartext in dieser Richtung mehr bewirken kann, als das Bankensystem bereits für sich selbst getan hat. Zugegebenermaßen kann ein privates Bank- und Geldmünzsystem nicht ohne die Leichtgläubigkeit der Öffentlichkeit funktionieren. Aber auch da ist es jetzt sicher "mit einem Schlag auf den Boden gekommen, und es kann nur noch aufwärts gehen." Hoffen wir, dass es für immer "aufwärts" geht. Was das Vertrauen der Öffentlichkeit anbelangt, so gibt es nichts Besseres, um es wiederherzustellen, als den gesamten Reichtum und Kredit der Nation hinter ein nationales System zu stellen. Was für eine Veränderung wäre das gegenüber dem *Ruf* der Integrität und des bodenlosen Reichtums, der das ganze Geschäft der Privatbankiers ausmacht. Den Rest holt er sich von der Öffentlichkeit, ohne auch nur die Rinde eines Maulbeerbaums zu benötigen, wie es Kubla Khan tat.

Die moderne Wissenschaft ist in der Lage, Geheimnisse zu lüften, die weitaus komplizierter und besser verborgen sind als die eines modernen Geldsystems, und wenn sie gelüftet sind, braucht man nicht mehr als den gesunden Menschenverstand, um sie zu durchschauen. Die einfache Frage, die sich der Wissenschaftler über das mysteriöse Erscheinen und Verschwinden von allem stellt - "Woher kommt es und wohin geht es?" - reicht aus, egal ob es sich um Materie, Energie oder Geld handelt. Wie umfangreich die Schriften derjenigen auch sein mögen, die versuchen, die Öffentlichkeit über die Geheimnisse des Geldes aufzuklären, diese Fragen werden *nicht* gestellt, und die Schlussfolgerung ist, dass die orthodoxen Geldexperten sie entweder nicht beantworten können oder sich nicht trauen.

Die Öffentlichkeit braucht jedoch nicht zu befürchten, dass ein wissenschaftliches Geldsystem, das an die Stelle des derzeitigen Relikts der Barbarei tritt, sie in ihren geschäftlichen und häuslichen Angelegenheiten beeinträchtigen würde. Es würde bedeuten, dass sie dann das System hätten, von dem die meisten von ihnen glauben, dass sie es jetzt haben. So wie die Allgemeinheit heute nicht weiß oder glaubt, dass unverantwortliche private Münzprägeanstalten mehrmals im Jahr willkürlich Geld in Höhe von Tausenden von Millionen Dollar schaffen und vernichten, würde sie in keiner Weise in ihren legitimen sozialen Aktivitäten beeinträchtigt, wenn die Geldmenge und das Preisniveau unverändert blieben. Aber sie würden sich einen riesigen Betrag an heimlichem und unverdächtigem Taschendiebstahl ersparen. Und unsoziale Spekulationen mit ihrem Geld ohne ihr Wissen.

Alle Schwierigkeiten und Einwände, die diejenigen, die von der privaten Geldemission leben, gegen ein nationales System erheben, sind in Wirklichkeit diejenigen, die mit dem gegenwärtigen System verschwinden würden. Der Industrielle und der Landwirt sind seine Diener, nicht seine Nutznießer. Die einzige Verteidigung, die jemals in der Öffentlichkeit für diese geheime Geldmünzerei, die man Bankwesen nennt, vorgebracht wurde, ist die, dass sie es ermöglicht, neue Menschen und Unternehmen zu finanzieren, bestehende Betriebe zu erweitern und die Landwirtschaft über eine Periode schlechter Jahre auf Kosten und ohne Wissen der Gemeinschaft hinwegzuhelfen, und dass dies ohne das private Bankensystem nicht möglich wäre. Diese Verteidigung ist völlig absurd. In der Tat wäre dies in einem nationalen System das natürliche und normale Ergebnis ohne soziale Ungerechtigkeit und nicht eine unerlaubte private Steuer auf die Gesamtheit der Bürger zum unmittelbaren Nutzen und letztendlichen Ruin einiger weniger besonders Begünstigter.

Denn man muss bedenken, dass die auf diese Weise finanzierten neuen Unternehmen, die auf diese Weise erweiterten bestehenden Unternehmen und die so "unterstützten" Landwirte *nun tatsächlich Zinsen für die Darlehen zahlen, die sie erhalten sollen*, so als handele es sich um echte Darlehen und nicht um eine neue Geldschöpfung auf Kosten der übrigen Gemeinschaft. Es gibt nicht den geringsten Grund, warum sie nicht das bekommen sollten, wofür sie zahlen sollen. Es mag in früheren Zeiten, als das einzige Geld echtes Gold und Silber war, Schwierigkeiten gegeben haben. Aber es liegt auf der Hand, dass, wenn die Nation das gesamte benötigte Geld so schnell ausgeben würde, wie es ohne Erhöhung des Preisniveaus ausgegeben werden könnte - und das heißt, so schnell, wie es Waren und Dienstleistungen gibt, die dafür eingetauscht werden können -, ein Überfluss an Geld anstelle von Knappheit herrschen würde, sowohl zum Verleihen und Borgen als auch zum Ausgeben und Investieren. Dies ist die natürliche Konsequenz eines wissenschaftlichen Zeitalters, in dem es niemals einen Mangel an zu verteilendem Reichtum zu befürchten gäbe, wenn das Geldsystem seine Aufgabe bei der Verteilung erfüllen würde. Das ist die einzige wirkliche Frage: Sollen die Menschen durch das Geldsystem künstlich arm gehalten werden oder soll ihnen erlaubt werden, auf natürliche Weise zu gedeihen?

Thorstein Veblen, dessen Buch "The Engineers and the Price System" von 1921 dem Autor erst seit dem Erscheinen der zweiten britischen Ausgabe dieses Buches bekannt ist, hat einen Sowjet der Techniker angedeutet, von dem man annimmt, dass er eine der Quellen der Lehren der Technokraten ist. Die Ironie des Buches bedarf, zumindest heute, keiner besonderen Betonung. Es ist eine Satire für alle Zeiten auf dieses Zeitalter, das nur in seiner Wissenschaft und in der Wissenschaft des Angestellten groß ist!

Aber wie in seinen anderen und bisher bekannteren Werken (und die Kritik könnte ebenso gut auf die gesamte "rote" soziologische und politische Literatur des Sozialismus, Kommunismus und Marxismus angewandt werden) hat er nie die physischen Gründe für die Umkehrung untersucht, die den Kapitalismus überholt hat - er begann damit, die Welt mit der leblosen Macht wieder aufzubauen, von der der menschliche "Schweiß auf der Stirn" nur ein unbedeutendes Nebenprodukt ist, und endete damit, dass er diese Macht zur Zerstörung dessen einsetzte, was sie geschaffen hat. Seine "Besitzstandswahrung", die zunehmende Sabotage der wettbewerbsfähigen Industrie durch "Industrie- und Finanzkapitäne" und "ältere Staatsmänner" sind der personifizierte Ausdruck einer tiefen Unkenntnis der physikalischen Notwendigkeiten, vor denen seine Analyse zurückschreckt. Man muss in diesem Buch, wie auch in der übrigen revolutionären Literatur, einfach davon ausgehen, dass Kapitalisten, Großunternehmer und Finanziers - logischerweise bis hinunter zum bescheidensten Individuum des investierenden Publikums, das versucht, in einer Welt, in der der Reichtum verrottet, zu "retten" - von Natur aus und notwendigerweise alle unmenschliche Teufel sind, und daraus folgt dann alles andere wie die Nacht dem Tag.

Diese Kritik mag dem Autor seltsam erscheinen, da er selbst - und zwar von keinem Geringeren als H. G. Wells - beschuldigt wurde, die gleiche über die Bankenhierarchie anzunehmen. Auf jeden Fall ist es, so oder so, ein reizvolles Beispiel für das *argumentum ad hominen*, das mit "Kein Fall! Beschimpfen Sie den Anwalt des Klägers!" Ein weiteres Wort zur Erläuterung der offensichtlichen Unmenschlichkeit wissenschaftlicher Kritik mag jedoch nicht fehl am Platz sein.

Die wissenschaftliche Einstellung zu diesen Fragen unterscheidet sich völlig von der soziologischen, da sie sich nicht im Geringsten mit Motiven, Absichten oder Beteuerungen beschäftigt, sondern nur mit den Folgen. Die Reform muss sich heute buchstäblich durch einen endlosen Dschungel von wortreichen und irrelevanten Kontroversen hacken, bevor sie ans Tageslicht treten kann.

Wer verstehen will, wie ein Zauberkünstler seine Tricks ausführt, sollte den Rat eines Zauberkünstlers an einen anderen befolgen und *die andere Hand* beobachten, nicht diejenige, auf die die Aufmerksamkeit des Publikums so lebhaft und überzeugend gelenkt wird. Was aber den wissenschaftlich geschulten Verstand angeht, so ist er gnädigerweise taub. Es ist nicht so sehr, dass er all den endlosen Beteuerungen der hochherzigen und altruistischen sozialen Motive und Absichten von Schotten, Quäkern, Juden, Christen und wem auch immer nicht glaubt, sondern dass er sie einfach nicht hört, so sehr ist er darauf bedacht, wie der Mechanismus *funktioniert.*

Der Mechanismus der Natur hat uns alle noch immer im Griff, wie schon seit den Tagen des ersten Menschen, obwohl die Menschheit sehr lange gebraucht hat, um den Mechanismus von den höchst pittoresken und melodramatischen Personifikationen zu lösen, die der Mensch zur Erklärung seiner Notlage erfunden hat. Sowohl die Befürworter als auch die Verächter des Kapitalismus sehen ihn immer noch in der altmodischen menschlichen Gestalt von Gott und Dämon, aber in diesem Buch treten Engel und Teufel an die Stelle des zugrunde liegenden Mechanismus. Der einzige Weg, einen Mechanismus zu kontrollieren, besteht nicht in Erlassen und Gesetzen, sondern darin, ihn zu verstehen. Die Wissenschaft hat die Zivilisation auf einen neuen Weg gebracht, auf dem die alten wirtschaftlichen Begriffe von Reichtum und Schulden, Kapital, Arbeit, Geld und dergleichen eine neue Bedeutung erhalten haben, und bevor wir mit politischen und soziologischen Kontroversen beginnen, sollten wir wissen, dass wir alle dieselbe Sprache sprechen.

FREDERICK SODDY.
Oxford.
11· März 1933.

Vorwort zur zweiten Auflage

Der fast augenblickliche Aufstieg der neuen amerikanischen Doktrin der sozialen und industriellen Rettung, die als Technokratie bekannt ist, hat dazu geführt, dass dieses Buch, das erstmals 1926 erschien, plötzlich vergriffen war. Es wurde dringend eine Neuauflage gefordert, und um dieser Forderung so schnell wie möglich nachzukommen, wurde das Original mit Ausnahme kleinerer Korrekturen unverändert wiedergegeben und mit einem einleitenden Zusatz versehen, in dem das Verhältnis zur Technokratie, wie sie der Autor versteht, und zu anderen verwandten Denkschulen erläutert wird. Es wurde auch die Gelegenheit ergriffen, einige Punkte und Merkmale zum Nutzen sowohl des neuen Lesers als auch derjenigen, die bereits die erste Ausgabe gelesen haben, gemäß den Erfahrungen aus zahlreichen Vorträgen und Diskussionen über das Thema weiter zu entwickeln. Eine besondere Frage, die zuletzt behandelt wurde, nämlich das Verhältnis der Virtuellen Reichtumstheorie des Autors zur älteren Quantitätstheorie des Geldes, mit der sie eine oberflächliche Ähnlichkeit hat, ist ebenfalls auf diese Weise behandelt worden. Aber der Leser, der das Werk zum ersten Mal liest, wird natürlich kaum in der Lage sein, dem vollständig zu folgen, bevor er sich mit der neueren Theorie, wie sie im Originalwerk dargelegt wird, vertraut gemacht hat.

Es sieht so aus, als wäre die Zeit reif für eine große intellektuelle Wiedergeburt, die alle partiellen und verstreuten Beiträge zu einem fundierten Lehrgebäude zusammenfasst, das auf "der noch fast unbekannten Wissenschaft der Nationalökonomie beruht und von der interesselosen Kontroverse so weit entfernt ist wie die Sätze der Geometrie". Dieses Buch hebt eher einen Fehler im Geldsystem hervor als "einen Fehler im Preissystem", den Technocracy behauptet. Beide warten noch auf eine unparteiische Prüfung und Beurteilung. Der Autor ist der Überzeugung, die sich im Laufe der Jahre gefestigt und verfestigt hat, dass ein Fehler in der Buchhaltung - ein Fehler, der, wenn er aufgezeigt wird, so offensichtlich ist wie ein arithmetischer Fehler - die Ursache für das ganze Teufelsgebräu ist, zu dem die wissenschaftliche Zivilisation geworden ist . In diesem unerwarteten Bereich wird, denke ich, "das fatale Schicksal gefunden werden, das das menschliche Elend ewig macht." Aber ob es nun die ganze Lösung ist oder nicht, seine sofortige Korrektur scheint ein notwendiger erster Schritt zu einer gesünderen Welt zu sein.

Oxford, *Februar 1933*.

Vorwort zur ersten Ausgabe

Das Einführungskapitel dieses Buches beschreibt, wie es geschrieben wurde, und die Zusammenfassung am Ende enthält die wichtigsten positiven Schlussfolgerungen. Obwohl es sich nicht um einen Roman handelt, sondern vielmehr um eine ernsthafte Abhandlung über das, was manchmal als "The Dismal Science" bezeichnet wird, ist es keineswegs verwerflich, einen Blick auf das Ende zu werfen, bevor man das Buch beginnt. Die Zusammenfassung, die sich an alle Leser richtet, die die Ursachen der modernen Unruhen im politischen und wirtschaftlichen Bereich verstehen wollen, wird besser als ein kurzes Vorwort erklären, worauf das Buch ausgerichtet ist. Es ist gut, sich den Wald anzusehen, bevor man sich in die Bäume stürzt, denn sonst könnte die Aussicht in der Tat düster sein.

Es handelt sich um einen heutzutage seltenen Versuch eines Spezialisten auf einem Wissensgebiet, die Probleme eines anderen zu lösen. In der Wissenschaft wissen wir, dass das Grenzgebiet zwischen verwandten Fächern in der Regel das fruchtbarste Feld für neue Entdeckungen ist, und dass es nicht unbekannt ist, dass völlig neue Fächer von mehr oder weniger kleinen Fortschritten in Fächern, die scheinbar nichts mit ihnen zu tun haben, ausgehen und auf ihnen basieren.

Diese Untersuchung begann mit dem Versuch, eine physikalische Vorstellung von Reichtum zu erhalten, die den physikalischen Erhaltungsgesetzen gehorcht und nicht in der Lage ist, das kapriziöse Verhalten des Gegenstandes der psychischen Forschung zu imitieren. Im Laufe der Untersuchung nahm eine neue Theorie des Geldes allmählich Gestalt an und bildete mit der Zeit den Eckpfeiler des gesamten Aufbaus. Gerade weil diese Theorie im Gegensatz zu anderen nicht vorgab, den Preis mit dem Stand des Handels oder der Menge der produzierten Güter zu korrelieren, erkannte man, dass die Probleme der Produktionsbelebung und der Beseitigung von Armut und

Arbeitslosigkeit von dem reinen Geldproblem verschieden waren. Man konnte "die Stagnation stabilisieren". Die Lösung wurde zu gegebener Zeit gefunden, und es wurden die allgemeinen Bedingungen für die fortschreitende wirtschaftliche Expansion eines Gemeinwesens erarbeitet, ohne dass sich der Wert des Geldes änderte oder sich Boom und Depression abwechselten. Wie zu erwarten war ( ), erwies sich die Lösung, als sie gefunden war, ganz gewöhnlicher, unbestreitbarer gesunder Menschenverstand, der nichts weiter als diesen Beweis erforderte.

Jeder Zuwachs an Reichtum, der in einem Produktionssystem immobilisiert wird, muss durch Konsumverzicht bezahlt werden. Die Eigentümer des Geldes tragen einen Teil - meist einen kleinen Teil - unbewusst bei. Der Rest muss durch einen wirklichen und dauerhaften Verzicht auf das Recht zu konsumieren aufgebracht werden. Unter diesen Bedingungen können die Einnahmen des Reichtums in einem wissenschaftlichen Zeitalter permanent und in fast unbegrenztem Umfang gesteigert werden. Das bestehende System ist so, wie es ist, weil die echte anfängliche Enthaltsamkeit vernachlässigt wird. Dies ist, kurz gesagt, die Lösung des wirtschaftlichen Paradoxons.

Der Dank gilt einer größeren Zahl von Autoren, die zum Verständnis dieser Probleme beigetragen haben, als es möglich war, im Text ausdrücklich zu erwähnen, sowie zahlreichen Korrespondenten und Freunden, die die Schlussfolgerungen des Verfassers erörtert und ihn auf viele wichtige Passagen in der zitierten Literatur aufmerksam gemacht haben, die ihm sonst vielleicht unbekannt geblieben wären.

FREDERICK SODDY.

Januar 1926.

Ergänzung zur zweiten Auflage

Gewidmet den Justizbeamten der Krone des Britischen Empire

TECHNOKRATIE UND DIE NEUE WIRTSCHAFT

Die Technokratie behauptet, dass der Mensch durch die Nutzung der unbelebten Energie der Natur und durch Maschinen und Massenproduktion unabhängig von seiner eigenen körperlichen Anstrengung für seinen Unterhalt geworden ist, dass das so genannte "eiserne Gesetz der Knappheit", auf dem die ältere Wirtschaftslehre beruhte, abgeschafft wurde, dass Armut *und* Arbeitslosigkeit gleichzeitig ein schrecklicher Anachronismus sind, dass das durchschnittliche Einkommen und die Ausgaben der gesamten amerikanischen Nation mit weniger Arbeitsstunden und mehr Freizeit leicht vervielfacht werden könnten und dass der Bankier als Herrscher einer wissenschaftlichen und technischen Zivilisation überholt ist.

Darin ähnelt sie der These, die in den vorliegenden Büchern entwickelt wurde, außer dass ich möglicherweise konservativer war und bin, was das Ausmaß und die Schnelligkeit betrifft, mit der der durchschnittliche Lebensstandard erhöht werden kann. Es handelt sich um die Doktrin, die sich in Großbritannien "New Economics" nennt. Seit dem Krieg hat sich auf beiden Seiten des Atlantiks mehr oder weniger unabhängig eine Denkschule entwickelt, die eher an eine neue Ökonomie des Überflusses als an die alte Ökonomie des Mangels glaubt. In Großbritannien ist Major Douglas, der Initiator der Social-Credit-Reformbewegung - die in diesem Buch eher kritisiert als erläutert wird - der Pionier, was den totalen Wandel der Sichtweise angeht, den die neue Sichtweise erfordert. Aber alle neuen Ökonomen betrachten Arthur Kitson, dem dieses Buch gewidmet ist, als den Doyen der Bewegung durch seine wiederholten Angriffe während der letzten vierzig Jahre auf die Irrtümer der modernen Geldsysteme. Der Einfluss der amerikanischen Effizienz-Ingenieure, die der Technokratie ihre unverwechselbare statistische Grundlage gegeben haben, wie auch der

Einfluss von Thorstein Veblen, der heute als "Vater der Technokratie" bezeichnet wird, ist spürbar, aber eher als Echo und Reflexion denn direkt, letzteres durch das verworrene Medium der sich bekriegenden politischen und soziologischen Antipathien.

Aber während in Großbritannien die neuen Ökonomen, vielleicht mit Ausnahme Douglas-Schule, eher wie isolierte Stimmen in der Wüste gewirkt haben, haben sie in Amerika jetzt das Ohr der Nation. Der Anblick von Not und Verzweiflung mit 13 Millionen Arbeitslosen in der reichsten aller Nationen, der uns in der Alten Welt so vertraut ist, hat dort, wie wir es immer gehofft und erwartet haben, sofort die große Frage in den Vordergrund gerückt, ob die Maschine die Menschheit versklaven oder befreien soll. Wir sind dem "eisernen Gesetz" und den Traditionen der Resignation, der Unterordnung und des Opfers, die es erzwang, so viel näher, dass die Menschen hier noch keine Abhilfe für das sehen, was das traditionelle Los eines großen Teils der Menschheit war (und deshalb immer sein muss!). Wahrscheinlich gibt es sogar in Amerika noch hartnäckige Anhänger der Lehre "Selig ist, wer wenig erwartet, denn er wird nicht enttäuscht werden".

PUNKTE DER EINSTIMMIGKEIT

Alle neuen Ökonomen, einschließlich der Technokraten, sind sich völlig einig über die Möglichkeit einer immensen Verbesserung des Lebensstandards zum Preis von viel weniger Zeitaufwand und "Fleiß" oder "Wachsamkeit" (um nicht den irreführenden, weil veralteten Begriff "Arbeit" zu verwenden) und einem Gewinn an entsprechenden Stunden "Freizeit". Manche von uns halten auch diesen Begriff für überholt, wenn er für die Mehrheit der Menschen nichts Besseres bedeuten soll als heute. Auch hier dürften die Meinungen darüber weit auseinandergehen, wie viel "Freizeit" übrig bliebe, wenn die Mehrheit der Menschen sich mit demselben Engagement der Entwicklung ihrer intellektuellen und kulturellen Fähigkeiten widmen würde (mit all den dazu gehörenden Einrichtungen von Universitäten, Akademien und dergleichen), wie sie es heute in ihrer relativ begrenzten Zeit mit Vergnügungen tun. Wir sind uns wiederum alle einig, dass es eine gerechte Umverteilung dieser "Freizeit" geben muss, z.B. zwischen denen, die an den Universitäten bauen und lehren, und denen, die die "Freizeit" haben sollen, dort zu "arbeiten". Das System einer überlasteten Mitte mit freiwilliger und unfreiwilliger Freizeit an den beiden Enden muss ein Ende haben, und zwar je früher, desto besser. Aber ich bin wohl immer noch der Einzige, der glaubt, dass sich das von selbst erledigen würde, wenn das Geldsystem ehrlich und unmanipulierbar wäre, und so entgehe ich dem unlösbarsten Teil des Problems, wie diese gerechte Umverteilung sichergestellt werden soll. Es ist nicht so, dass ich das Problem verberge, sondern dass ich es für unlösbar halte, bis dieser erste Schritt getan ist, und dann kann man sich damit befassen, wenn es notwendig ist.

Was die Diagnose des Problems angeht, so sind sich die neuen Ökonomen wiederum einig, dass die Ursache zweifellos in der Natur der modernen Geldsysteme liegt, zu denen sie geworden sind. Wir alle verachten den oberflächlichen Slogan "Maschine *gegen* Mensch" und die damit verbundene Theorie, dass der Mensch lebt, um zu arbeiten, und nicht arbeitet, um zu leben, als intellektuelle Absurdität. Für uns ist es auf die eine oder andere Weise "Geld *gegen* Mensch". Es ist unheimlich, dass der ursprüngliche Slogan der unwissenden und verzweifelten Ludditen immer mehr von vermeintlich hoch gebildeten und intelligenten Menschen übernommen wird. Wenn die Wissenschaft durch die Erleichterung der Lebensarbeit die Produktion über die Kapazität des Verteilungsmechanismus hinaus steigert, muss der Verteilungsmechanismus überholt oder abgeschafft werden, nicht der Produktionsmechanismus, und der Verteilungsmechanismus einer monetären Zivilisation - im Gegensatz zu den früheren patriarchalischen, Leibeigenen-, Clan- und Feudalformen des Kommunismus - *ist* Geld.

DIFFERENZPUNKTE

In der Frage, ob das Geldsystem (1) abgeschafft, (2) stark erweitert und ausgedehnt oder (3) einfach korrigiert werden sollte, um das zu tun, wofür es erfunden wurde, nämlich das zu verteilen, was es zu konsumieren und zu nutzen gibt, unabhängig von der Menge, zeigen sich die größten Meinungsverschiedenheiten. Es scheint in der Tat an der Zeit zu sein, dass die maßgeblichen Vertreter der verschiedenen Systeme diese erläutern und einer *unparteiischen* und *geschulten* Jury angesehener Denker, die es gewohnt sind, mit abstraktem und wissenschaftlichem Denken umzugehen, alle relevanten Fragen beantworten und es ihnen überlassen, zu empfehlen, welcher der Wege zuerst ausprobiert werden sollte. Sie sollten als Alternativen betrachtet werden, die sich nicht ergänzen, sondern gegenseitig ausschließen, und jeder Versuch, einen Kompromiss zu schließen und Teile von ihnen zu kombinieren, würde mit ziemlicher Sicherheit in einer Katastrophe enden. Es ist bekannt, dass in diesen Fragen diejenigen, die sich eindeutige Schlussfolgerungen gebildet und konkrete Pläne verkündet haben, andere und sich gegenseitig zerstörende Vorschläge nicht richtig einschätzen können. Gleichzeitig sollte derjenige, der ein Konzept vorschlägt, das Recht haben, jedem einzelnen Jurymitglied vorzuwerfen, es sei nicht uninteressiert oder nicht ausreichend mit den allgemeinen Denkgewohnheiten vertraut, um die Tragweite seiner Vorschläge zu verstehen. Es wäre ebenso absurd, den Fall vor einer vollbesetzten Jury zu verhandeln, die sich aus Personen zusammensetzt, deren Verhalten überprüft wird und auf die möglicherweise verzichtet werden muss, wie aus Personen, die nur an Wortklaubereien gewöhnt sind und keine Ahnung von den Realitäten

Von den drei oben unterschiedenen Klassen scheinen sich die Technokraten (obwohl der Verfasser den Vorschlag nur aus zweiter Hand kennt und ihn nicht versteht) mit ihrem Angriff auf das "Preissystem" und ihrem Vorschlag, das Geld abzuschaffen und "Energiezertifikate" zu verwenden, in die erste Reihe zu stellen. Zumindest die Außenwelt wartet noch auf genaue Informationen darüber, was genau vorgeschlagen wird und wie die Erzeugnisse der Industrie und der Landwirtschaft im Rahmen dieses Systems auf die einzelnen Personen verteilt werden sollen, und es wäre müßig, zum jetzigen Zeitpunkt durch verfrühte Kritik vorzugreifen.

DIE DOUGLAS-SCHULE

Die Douglas-Schule in England scheint mit ihrem Vorschlag, Waren unter dem Selbstkostenpreis zu verkaufen und die Differenz an den Hersteller und Verkäufer durch die Ausgabe von "Social Credit" (der, soweit ich ihn verstehe, neues Geld ist) auszugleichen, auf den ersten Blick eng mit den Technokraten verbunden zu sein. Aber soweit ich die Vorschläge verstehe, die unterbreitet wurden, scheinen sie eher in die zweite Klasse zu fallen - nämlich eine große Erweiterung und Ausdehnung des Systems der Geldschöpfung in Form von Krediten, aber eher für den Verbraucher als für den Produzenten.

Bis zu einem gewissen Punkt ist das Mittel leicht zu verstehen. Die große Überproduktion von Kapital, auch wenn das bereits Vorhandene weitgehend brach liegt, ist offensichtlich bis zu einem gewissen Grad auf das bestehende System zurückzuführen, in dem die

Produzenten durch Hinterlegung von Sicherheiten und Zahlung von Zinsen vorübergehend Geld schaffen lassen können, um auf Kosten der gesamten Gemeinschaft produzieren zu können. In den modernen Geldsystemen wird jedoch kein Geld für die Verteilung geschaffen, und es gibt auch keine reguläre Geldschöpfungsmaschine.

Jeder, der sich mit diesem Thema befasst, weiß, dass es ebenso notwendig ist, den Verbrauchern Geld zur Verfügung zu stellen, damit sie konsumieren können, wie den Produzenten, damit sie produzieren können, und dass die Zuführung des neuen Geldes an die Produzenten ein unbestreitbarer Faktor ist, der dazu führt, dass die Produktion die Verteilung überholt.

Aber das ist nicht die eigentliche Speerspitze der beiden Doktrinen, die, zumindest für den Moment, in die eigentliche Zitadelle des "Kapitalismus" eingedrungen ist. Mit den Worten der einen, dass aufgrund der immer weniger werdenden Arbeiter, die immer und immer größere Mengen an Waren produzieren, "die von der Industrie verteilte Kaufkraft immer weniger ausreicht, um die Produkte der Industrie zu verteilen." Oder, wie der andere behauptet, mit der technischen Entwicklung der Produktion ist die traditionelle Methode der Verteilung durch Löhne usw. zusammengebrochen, und es ist eine reine Illusion, anzunehmen, dass sie jemals wiederhergestellt werden kann. Nicht einmal die Hälfte der Arbeitslosen in Amerika würde durch eine Rückkehr zum früheren Höchststand des Wohlstands wieder aufgefangen werden, und wir nähern uns rasch der Zeit, in der die Mehrheit arbeitslos sein wird. Beide verurteilen das bestehende Lohn- oder Preissystem als bereits unpraktikabel und letztlich absurd. In dieser Hinsicht bin ich der Grund für den Kummer, wenn nicht sogar für den Zorn meiner Brüder, der New-Economists, da meine Position hier der der älteren Ökonomie viel näher steht als der neuen.

Mein eigener Einwand gegen das Douglas-System ist zum Teil eine Frage des Grades, wie viel neues Geld benötigt wird, wenn man bedenkt, dass es unmöglich ist, *gegebenes* Geld wieder zurückzuziehen, im Gegensatz zu der Möglichkeit, wenn es nur *geliehen* wird. Aber es gibt eine tiefere Spaltung, die sich aus dem in diesem Buch dargelegten Thema ergibt - der Energietheorie des Reichtums und der realen Natur des Kapitals, die daraus folgt, dass es sich eher um eine gemeinschaftliche Schuld als um Reichtum handelt. Daraus ergibt sich die Notwendigkeit, von der möglichen Produktion des verteilbaren Reichtums alles produzierte Kapital als toten Verlust abzuschreiben. Es handelt sich um einen Abzug vom Fluss und nicht um eine Hinzufügung zu ihm. Das viel diskutierte A+B-Theorem der Douglas-Schule scheint das Kapital konventionell als Reichtum und nicht als Schuld zu betrachten, und wenn dem so ist, reduziert es den praktischen Vorschlag, Sozialkredit (oder neues Geld) in einem Umfang auszugeben, wie er offenbar in Erwägung gezogen wird, auf eine einfache Inflation. Wie ich höre, hat eine Berliner Organisation, die sich mit dem Problem befasst, etwa zweitausend derartige Vorschläge gesammelt.

Zu dieser zweiten Kategorie gehören auch alle Pläne für eine Bankenreform, bei der die Macht über die Geldschöpfung und - vernichtung in privaten Händen bleibt, aber die Methoden und das vorgebliche Ziel geändert werden, oder aber die Banken zu verstaatlichen und sie so weitermachen zu lassen wie bisher, um den Sozialismus zu zerstören, so wie sie den Individualismus fast zerstört haben, wie ich sagen würde. Es wäre natürlich noch müßiger für mich, diese Vorschläge zu erläutern als die von Douglas.

DAS SCHEMA DES AUTORS

Die dritte Methode, das Geldsystem so zu korrigieren, dass es verteilt, d.h. einen Verteilungsmechanismus wiederherstellt, da die *raison d'être* aller Geldsysteme in unserem System nicht mehr vorhanden ist, ist die Methode, die ich von Anfang an in diesem und anderen Büchern vertreten habe.[1] Sie kann nicht für sich in Anspruch nehmen, von irgendeiner "Schule" unterstützt zu werden, obwohl sie ihre individuellen Befürworter hat. Im Großen und Ganzen stützt sie sich auf die Schlussfolgerung, dass alle Vorteile, die der Gemeinschaft durch das Geldsystem angeblich zuteil werden, unabhängig davon, was sie einst waren, heute eine Illusion und so unehrlich sind wie die Manipulation von Gewichten und Waagen. Mit der zunehmenden Unterscheidung zwischen dem *Erwerb* von Reichtum und der Schaffung von Reichtum - zwischen Demosthenes und Bischof Berkeley - erscheint all dieses Herumspielen mit der Geldmenge, indem man vorgibt, es zu verleihen und es zu schaffen, indem man vorgibt, es zurückgezahlt zu bekommen und es zu zerstören, in erster Linie ohne

---

[1] Vergleiche *Geld gegen Mensch* (Mathews und Marrot, London, 1931).

wirkliche physische Bedeutung vom nationalen Standpunkt aus. Es führt lediglich dazu, dass sich einige Leute auf Kosten und ohne Wissen der anderen bereichern. Zweitens macht sie die Verteilung des Reichtums auf einem konstanten Preisniveau, ja auf jedem Preisniveau, unmöglich. Die vermeintlichen Vorteile, die sie einst hatte - die Ankurbelung der Produktion im Gegensatz zum Konsum -, sind nun ein Nachteil, aber es darf ernsthaft bezweifelt werden, ob sie vom Standpunkt der Nation als Ganzes aus betrachtet nicht irgendeine Konsequenz zum Schlechten hat. Wenn es Hungersnöte und gewaltige natürliche oder menschliche Katastrophen wie Kriege und Seuchen gibt, ist es besser, ihnen *ohne* die zusätzliche und ebenso verheerende Katastrophe einer variablen Geldeinheit zu begegnen, die lediglich einer Gruppe von Menschen zu wenig und einer anderen zu viel Gewicht gibt - sicherlich der letzte Strohhalm in der Art der "Hilfe".

Sie würde zu dem Zweck zurückkehren, für den das Geld erfunden wurde, und zu dem Axiom hinsichtlich seiner Ausgabe in allen monetären Zivilisationen, die dieser vorausgingen. Sie würde die Macht von Privatpersonen, Geld nach Belieben zu schaffen und zu vernichten, völlig zerstören, ohne eine einzige Lücke zu lassen. Sie würde ein wissenschaftliches, nationales Geldsystem ersetzen und alles andere so lassen, wie es ist, und sie behauptet, dass die Genesung des Patienten schnell und vollständig erfolgen würde. Wie im Fall des letzten Zarewitsch sind es die herbeigerufenen Ärzte, die in Erwartung des Anrufs die Krankheit verursachen, und die Krankheit selbst lässt sich am besten als die heimliche Verabreichung einer Droge beschreiben, die ihr Opfer in Unkenntnis dessen lässt, was es angerichtet hat.

REICHTUM, KAPITAL UND GELD

Obwohl in diesem Buch der positive Beitrag zu diesem Thema vom Standpunkt der unmittelbaren praktischen Politik aus in dem Vorschlag enthalten ist, zu einem Geldsystem für die Verteilung all dessen zurückzukehren, was Wissenschaft und menschlicher Fleiß aus der rohen Energie und den Materialien des Globus zu machen vermögen, Der Leser sei vorgewarnt, dass die Analyse der Sackgasse auf Vorstellungen von Reichtum, Kapital und Geld beruht, die sich völlig von denen unterscheiden, die bisher von Ökonomen, Soziologen, Geschäftsleuten oder Politikern vertreten oder erklärt wurden, oder von denen, die den veralteten Kontroversen zwischen Kapitalismus,

Sozialismus und Kommunismus zugrunde liegen. Es ist für mich persönlich äußerst interessant und schmeichelhaft, dass der Standpunkt in Bezug auf Reichtum und Kapital von den Technokraten übernommen worden zu sein scheint - oder zumindest einen gewissen Einfluss auf die unabhängige Arbeit der Technokraten hatte -, aber in Bezug auf Geld kann ich ihn, obwohl die Zeit Wunder wirkt, immer noch als meinen eigenen bezeichnen.

Der Leser wird in den einleitenden Kapiteln eine Energietheorie des Reichtums entwickelt finden, die hier nicht weiter ausgeführt werden muss. Aber er muss die Natur des Kapitals (*Produktionsmittel*, wie sie definiert sind) bedenken, die daraus folgt, des bereits verbrauchten Reichtums, und - da Reichtum, nicht mehr als Treibstoff, wirklich zweimal auf die normale Art und Weise verbraucht werden kann - ist das Kapital ein unwiederbringlicher Verlust und eine kommunale Schuld und kein kommunaler Reichtum. Eine sehr treffende Veranschaulichung ist die Lage der Eisenbahnen in Großbritannien, die noch nicht von den Nachkommen gekauft oder bezahlt sind, die Ansprüche geerbt haben, die von denjenigen abgeleitet wurden, die sich des Konsums enthielten, um diejenigen konsumieren zu lassen, die sie produzierten. So strittig die Frage nach der Identität der ursprünglichen Personen sein mag, die den Konsumverzicht vollzogen haben, so wenig strittig ist die Abstinenz. Im Gegensatz dazu stehen die Autobahnen, deren Bau durch eine überhöhte Steuer für Autofahrer finanziert wird, die viermal so hoch ist wie in jedem anderen Land der Welt. Dies lässt vermuten, dass Großbritannien als ältestes Land, das an der Wahnvorstellung leidet, das Kapital sei ein gemeinschaftlicher Reichtum und keine Schuld, immer noch an der Spitze der Welt steht, zumindest in seinen intuitiven Überzeugungen, wenn auch nicht in seinen erklärten Haltungen. Es ist daher sehr bezeichnend, dass dieselben Ideen nun auch in Amerika feste Wurzeln geschlagen haben, zumindest wenn man die Berichte über die Technokratie und ihre Prinzipien betrachtet, die durch viele eindrucksvolle Beispiele für die Fruchtbarkeit von *Schulden* statt von Reichtum illustriert werden.

KAPITAL ALS BEREITS VERBRAUCHTER REICHTUM

Was die bedeutenderen orthodoxen Ökonomen betrifft (alle orthodoxen Ökonomen sind notwendigerweise bedeutend, da sie sonst unglaubwürdig wären), so scheinen sie sich immer noch in der unglücklichen Lage zu befinden, zumindest intuitiv über die Unmöglichkeit zu wissen, einen Kuchen zweimal zu konsumieren, aber immer noch an die schwindelerregenden Tugenden des Zinseszinses zu glauben. Es sind nun eher die neuen Ökonomen (in den Douglas-Vorschlägen und dem A+B-Theorem), die diesen Irrtum im Bereich der Nationalökonomie fortzusetzen scheinen. Die Tatsache, dass man für Kapital neuen Reichtum erhalten kann, indem man ein anderes Individuum, das es haben will, dazu bringt, es im Tausch zu nehmen, darf nicht darüber hinwegtäuschen, dass eine Nation ihren Kapitalreichtum nicht wieder in konsumierbaren Reichtum zurückverwandeln oder ihre Pflüge essen kann, wenn sie knapp an Brot ist.

Ein Rezensent der ersten Auflage dieses Buches prophezeite mit weitsichtigem Humor, indem er aus dem Vorwort zitierte, die Lösung des ökonomischen Paradoxons sei "der ganz gewöhnliche, unbestreitbare Hausverstand, der nichts weiter braucht, als ihn zu beweisen", dass es von jedem Studenten der Wirtschaftswissenschaften abgelehnt werden würde. Er selbst lieferte jedoch den Hinweis. Er sagte, dass Marshall, der "in seinem großen Werk die Ökonomie als die Frage definierte, wie ein Mensch sein Einkommen erhält und wie er es verwendet", die Unterscheidung zwischen "Konsumgütern" und "Produktionsgütern" (in diesem Werk unterschieden als Reichtum für Konsum und Gebrauch und Kapital oder als Reichtum I und Reichtum II) als "vage und vielleicht von wenig praktischem Nutzen" bezeichnete - eine Unterscheidung ohne Unterschied, in der Tat, genau wie J. Stuart Mill mit derselben Frage umging. Das gilt für die Frage, wie ein Einzelner sein Einkommen erzielt, , aber nicht für die Frage, wie eine Nation ihr Einkommen erzielt. Wenn man diesen grundlegenden Punkt erkannt hat, erscheint der Tumult der gegenwärtigen politischen und sozialen Kontroverse über das Kapital fast bedeutungslos.

REICHTUM IN DEN LEITUNGEN

Aufgrund dieser unterschiedlichen Sichtweise scheinen die orthodoxen Ökonomen jedoch einen eindeutigen Buchungsfehler begangen zu haben, der ihr gesamtes Bemühen, das Geldsystem zu erklären, zunichte macht und erklärt, warum es sich so erratisch und krampfhaft verhält. Wenn man von der Vorstellung des Reichtums als "realisierter Betrag" zu der eleganteren Vorstellung von ihm als "periodische Einnahme" oder Fluss übergeht - und bei der Energietheorie hat man es natürlich auch wirklich mit Flüssen zu tun -, dürfen wir nicht versäumen, das, was man als Reichtum in den Leitungen bezeichnen kann, korrekt zu berücksichtigen, d.h. die Gesamtmenge des teilweise produzierten Reichtums in Existenz, die einer bestimmten Lieferrate oder einem bestimmten Ertrag ("Handelsvolumen") entspricht. So nutzt die große amerikanische Ölindustrie[2] 100.000 Meilen an Rohrleitungen, die ständig drei Viertel einer amerikanischen Milliarde (1.000 Millionen) Gallonen Öl enthalten. Die *Menge* von einer dreiviertel Milliarde Gallonen Öl muss hineingesteckt werden, kommt aber nicht heraus, obwohl das Öl es tut. Wir können sagen, dass diese Menge Öl nicht brennbar ist, obwohl das Öl es ist - dass, obwohl das Öl immer von der Produktion bis zur Verbrennung durchläuft, drei Viertel einer Milliarde Gallonen *so gut wie verschwendet* sind, *solange der Vorrat aufrechterhalten wird.*

Eine bestimmte Rate des Wohlstandsflusses von der Produktion zum Konsum erfordert eine bestimmte Menge "in den Rohren" im halbfertigen oder teilweise angebauten Zustand, und wenn wir den Fluss erhöhen wollen, müssen wir diese verlorene Menge im Verhältnis erhöhen.

Denn die Produktionsrate hängt, anders als die bequeme Fiktion der "Umlaufgeschwindigkeit des Geldes", mit der wir uns gleich befassen werden, von Dingen wie Saatzeit und Ernte und ihren industriellen Äquivalenten ab und nicht von Bankern, die vorgeben, Geld zu verleihen.

Wenn diese Menge nicht ehrlich verbucht wird, indem jemand in gleichem Maße auf den Konsum verzichtet, verbucht sie sich selbst unehrlich, durch den Trick mit dem Etwas-für-Nichts-Geld, und senkt den Wert des Geldes eines jeden, indem sie den Wert jeder Einheit verändert. Wenn man dies unterlässt, ist es völlig müßig zu versuchen, die Indexzahl konstant zu halten. Der hinreichende Beweis in diesen Tagen des Unglaubens an physikalische Wunder ist, dass *es keine andere Möglichkeit gibt, sie herbeizuführen.*

Der Bankier, der er geworden ist, behandelt die Menge an konsumierbarem Reichtum, die nicht konsumierbar ist, und die

---

[2] *Nature*, April 19th, 1930, S. 589.

notwendig ist, um die Leitungen zu füllen, als konsumierbaren Reichtum, nur weil sie abgelassen werden kann, um ihn zurückzuzahlen, wodurch die gesamte Dienstleistung gestört wird. Aber das ist nicht gut genug.

Dieser Punkt mag trivial erscheinen, aber er ist der Schlüssel zu dem gesamten Problem, wie man den Wert des Geldes konstant halten und gleichzeitig die Fließgeschwindigkeit des Zivilisationsstandes so weit wie möglich erhöhen kann. Seine Betrachtung in Cap. XI, vor der ausführlicheren Behandlung der wirklichen Natur der Kapitalakkumulation in Kap. XII, für die dieselben Überlegungen bezüglich der nicht rückzahlbaren Abstinenz gelten, kann dem Leser, wenn er nicht auf der Hut ist, unnötige Schwierigkeiten bereiten.

MONETÄRE ZIVILISATIONEN

Die monetären Zivilisationen sind aus den früheren Kommunismen hervorgegangen und haben diese verdrängt, weil sie den Männern, nicht aber den Frauen, ein größeres Maß an individueller wirtschaftlicher Freiheit gewährten. Die monetären Zivilisationen sind, zumindest in ihrer bisherigen Entwicklung, im Wesentlichen männliche Zivilisationen. Sie können scheitern oder bedürfen einer Überarbeitung in Bezug auf den letzteren Punkt, aber sie müssen nur praktiziert werden, um den ersteren zu sichern, ohne in den Kommunismus zurückzufallen.

Das, was wir kennen, ist gefallen oder droht zu fallen, mit einem Rückfall in den alten Typus, einfach weil das moderne Geld das Spiel nicht mitspielt. [3] Die wesentliche Regel ist, daß derjenige, der im Geschäftsverkehr Reichtum für Geld - das nun selbst wertlos geworden ist - erhält, den Gegenwert abgeben muß, und dies ist einfach genug dadurch gesichert, daß er bei der vorangegangenen Transaktion den Gegenwert des Reichtums für das an sich wertlose Geld abgegeben hat. Aber bei dem fälschlich so genannten Kreditgeld ist dies bei der ersten Ausgabe des neuen Geldes nicht zu beobachten, *und* als unmittelbare

---

[3] Diese Punkte werden in einem kürzlich erschienenen Buch von D. W. Maxwell, *The Principal Cause of Unemployment* (Williams and Norgate, 1932), hervorragend herausgearbeitet.

Folge davon ist die ganze wissenschaftliche Zivilisation so nahe an den Ruin gebracht worden, wie es nur möglich ist.

Nur in Bezug auf seine *erste* Ausgabe (und seine endgültige Zerstörung, falls es jemals zerstört wird) ist das moderne Geld am wenigsten schwer zu durchschauen. Beim *ersten* Tausch von neuem Geld gegen Reichtum bekommt der Emittent, wer auch immer er ist, etwas für nichts, *und er kann gar nicht anders, als etwas für nichts zu bekommen*, es sei denn, die Gemeinschaft muss sich die Mühe machen, etwas Wertvolles, wie Gold, in das Geldzeichen einzubauen. Was die Banknoten betrifft, so mag es früher eine gewisse Plausibilität gegeben haben, dass es der Kredit der Bank war, der sie in Umlauf brachte, aber heute kann man sich kaum noch einen Staat vorstellen, der so korrupt ist, dass sein Kredit nicht weitaus höher ist als der irgendeiner Gesellschaft. Aber wenn es um das Geld geht, das geschaffen wurde, um es zu verleihen, und das vernichtet wird , wenn das Geld zurückgezahlt wird , wissen die Nutzer des Geldes weder, wer es geschaffen hat, noch wie es geschaffen wurde. Es unterscheidet sich von allen anderen *nur* in der *ersten* Transaktion, bei der es gegen Reichtum getauscht wird, und in der *letzten*, bei der es vernichtet wird, und worauf läuft nun "alles andere" hinaus?

KINGSHIP

Das moderne Geld ist ein Spiel mit Zählern, das erst begonnen werden kann, wenn jeder Einzelne für die Zähler realen Reichtum in einen gemeinsamen Pool einzahlt, und *es gibt keine gemeinsame nationale Autorität, die den Pool verwaltet.* In der Zeit der absoluten Herrscher wurde dieser unentbehrliche Funktionär durch das Bildnis des Herrschers auf jeder Münze gekennzeichnet, um zu zeigen, dass sie "echt" ist. Zumindest in Friedenszeiten bestand die Hauptbegründung für die zentrale Behörde genau in dieser Notwendigkeit, das Tauschmittel der Nation vor jenen zu schützen, die es durch gefälschte Nachahmungen vermehren wollten, und das Vertrauen zwischen Schuldnern und Gläubigern aufrechtzuerhalten, indem der Wert des Geldes auf dem Standard gehalten wurde. In Amerika mag man immer noch keine Könige gebrauchen können, aber ebenso wie die Länder, die sie haben, brauchen sie dringend jemanden, der die Verantwortung für den Pool übernimmt. So sehr auch einige der frühen englischen Könige dieses Vertrauen missbraucht haben mögen, in Großbritannien hat das Königshaus seit einem Jahrhundert eine einheitliche Bilanz gewissenhafter Hingabe an den öffentlichen Dienst vorzuweisen, und die königliche Familie arbeitet wahrscheinlich härter für das öffentliche Interesse als die meisten Bürger. In diesem Zusammenhang liegt es nahe, das Vorrecht der Krone auf die Ausgabe von Geld wieder zu stärken, das durch das Schecksystem in Vergessenheit geraten ist.

EINE NATIONALE MÜNZANSTALT

Fast alle Vorschläge, die auf diesem Gebiet gemacht wurden, zielen darauf ab, die Praxis der Geldausgabe und -vernichtung auf kommunale Banken, Hilfsvereine auf Gegenseitigkeit und dergleichen auszudehnen oder die Banken zu verstaatlichen, ohne den bestehenden Fehler im Geldsystem auch nur im Geringsten zu ändern, sondern ihn vielmehr bis zur Absurdität zu übertreiben und zu vervielfachen. Der Vorschlag in diesem Buch besteht darin, die nationale Münzanstalt wieder als Kontrollinstanz für die Ausgabe oder Vernichtung des gesamten Geldes, d.h. des gesetzlichen Zahlungsmittels, einzurichten und, falls erforderlich, gegen alle Ersatzstoffe vorzugehen, indem sie ausdrücklich verboten werden. Die Rate der Neuemissionen würde von einem Gremium von Statistikern unter dem Vorsitz des obersten Reichsoberhaupts kontrolliert, das einen ähnlichen Status wie die Judikative und ähnliche Funktionen wie die offiziellen Prüfinstitutionen hätte, die die nationalen Gewichte und Maße standardisieren. In Großbritannien betrug die durchschnittliche Rate, mit der neues Geld ausgegeben wird (d.h. der Überschuss der "Kredite" über die "Rückzahlungen"), in den letzten 226 Jahren zu jeder Stunde des Tages und der Nacht 1.000 Pfund pro Stunde. Die derzeitige Durchschnittsrate ist wahrscheinlich mindestens dreimal so hoch. Es wäre die Aufgabe der statistischen Behörde zu sagen, zu welchem Satz die Neuemissionen erfolgen sollten, um den Preisindex unverändert zu halten. Heutzutage würde die Tendenz einheitlich in eine Richtung gehen, nämlich in den Rückgang der Preise, weil die Produktion die Verteilung überholt.

Die bisherigen Ausgaben in Großbritannien belaufen sich auf eine Größenordnung von zwei Milliarden Pfund.

Man bräuchte den Reichtum von zweitausend Millionären, um den Bürgern das zurückzuzahlen, was sie dem Pool für Geldzähler überlassen haben, den ich in diesem Buch zuerst als den virtuellen Reichtum der Nation bezeichnet habe. Aber leider erweist sich der "Reichtum" der Millionäre bei näherer Betrachtung als virtuell, wenn nicht gar als virtuell, und besteht größtenteils aus Ansprüchen auf Reichtum wie die der Bürger selbst. Es ist schwer vorstellbar, dass Einzelpersonen oder Unternehmen die gesamte Verantwortung für die Währung einer Nation übernehmen oder dass sie etwas anderes als Schaden anrichten können, schon gar nicht in einer Zivilisation, wie die unsere es geworden ist. In der Tat wird der Historiker wahrscheinlich als einen der wichtigsten Gründe für den Würgegriff der Industrie und die wirtschaftliche Entwicklung der Nationen, die wir erleben, die völlige Unzulänglichkeit solcher Einzelpersonen oder Banken, wie "reich" oder vertrauenswürdig sie auch sein mögen, für die nationale Währung die Haftung zu übernehmen, ausmachen. Es ist, als ob man versuchen würde, ein nationales zentrales Elektrizitätssystem von einer Pfennigsparkasse zu finanzieren, und stattdessen nichts Besseres als das bekommen würde, was wir jetzt haben.

DEMOKRATIE UND DIE FRAGE DES GELDES

Doch wie Präsident Wilson 1916 zu spät erfuhr: "Eine große Industrienation wird durch ihr Kreditsystem kontrolliert - unser Kreditsystem ist konzentriert. Das Wachstum der Nation und alle unsere Aktivitäten liegen in den Händen *einiger weniger Männer ... die unsere wirtschaftliche Freiheit abkühlen, kontrollieren und zerstören können.*"

Hätte er die Dinge beim Namen genannt und statt von einem "Kreditsystem" zu sprechen, offenbart, was sich hinter diesem Begriff verbirgt, und von der "Schöpfung und Zerstörung unseres Geldes" gesprochen, hätte ihn auch ein aufgewecktes Kind mit nur schulischen Geschichtskenntnissen verstehen können.

So endet die Demokratie im absoluten Würgegriff einiger weniger unbekannter Männer! Wenigstens haben wir ein Recht darauf zu erfahren, wer unsere Herrscher wirklich sind, auch wenn das bedeutet, dass sie wieder so viel von ihrem wiedervergrabenen Gold ausgraben müssen, wie ihnen Kronen einbringen wird. Wenn man nach ihnen sucht, findet man niemanden, der auch nur im Geringsten der Art von Person ähnelt, die ein großes wissenschaftliches Reich oder eine Republik freiwillig gewählt hätte, um sie zu erdrosseln, sondern eine Reihe von kleinkarierten Relikten und Pfennigfuchser, die mit Gold herumwischen und mähen! Weg mit ihnen! Lasst die großen Nationen mit ihrer Arbeit weitermachen.

DAS GESETZ!

Aber wie? Eine Revolution würde uns nicht näher an Ziel bringen, sondern viel weiter davon entfernt sein. Es liegt nun in der absoluten Macht der Bürger, diesen schändlichen Praktiken auf die einfachste und unerwartetste Weise ein Ende zu bereiten - nämlich durch die Berufung auf Gesetz! Es muss sich nur noch eine ausreichende Zahl von Menschen zusammenfinden, die sich weigern, ihre Steuern zu zahlen, weil ein großer Teil der gesamten Steuer aufgrund privater Geldemissionen in kolossalem Ausmaß gefälscht ist, um all die Netze zu zerreißen, die von den Magiern gewebt wurden, um die Menschheit zu verstricken, die entdeckt haben, wie man aus nichts etwas machen kann, und die außerdem dafür sorgen, dass es immerwährende Zinsen gibt. Die Gesetzeshüter der Krone können nicht unbegrenzt gegen den unglücklichen Fälscher eines falschen Geldscheins wegen Hochverrats vorgehen, anstatt ihn wegen Diebstahls anzuklagen und den Betrug des Steuerzahlers mit denselben Mitteln in einem jährlichen Umfang von über hundert Millionen Pfund augenzwinkernd zu ignorieren. Aber nach angelsächsischem Recht ist es höchst unerwünscht, dass ein Einzelner einen solchen Versuch unternimmt, zumindest ohne eine sehr umfassende und angemessene finanzielle Absicherung, denn sonst könnte eine vorzeitige Niederlage einen Präzedenzfall schaffen, der den rechtlichen Aspekt der Frage bis ans Ende der Zeit regeln würde.

WIE DAS SYSTEM FUNKTIONIEREN WÜRDE

Angenommen, der notwendige erste Schritt wäre sicher vollzogen - und wie bei allen monetären Problemen ist es der erste Schritt, der zählt -, dann gäbe es die Zinsen von einigen Tausend Millionen pro Jahr für die Steuererleichterung, plus den jährlichen Zuwachs der Geldmenge, der sich jetzt auf viele Zehnmillionen pro Jahr beläuft, und den zusätzlichen Vorteil, dass die Zahlung der Zinsen auf diese jährlichen Zuwächse auf Dauer ebenfalls vermieden würde.

Nach der langen Deflationsphase, die wir durchlaufen haben, wäre es nur natürlich, diese Neuemissionen auf der Seite der Verbraucher in das System einzubringen, so dass der erste Umtausch - der einzige, der zählt - einen Teil der Vermögensschwemme im System beseitigt.

Wie bei der Sauerstoffzufuhr zum Blut in der Lunge, bei der jede Zelle den ihr zustehenden Anteil erhält, würde das neue Geld jedem einzelnen Mitglied der Gemeinschaft im Verhältnis zu seinem Anteil am Pool neue Kaufkraft verleihen, und kein System könnte gerechter und gerechter sein als dieses. Schon der Begriff, den die orthodoxen Vertreter der Geldwissenschaft verwenden - *Geldpolitik* - reicht aus, um sie zu verurteilen. Denn wer würde von einer *Politik der Maße und Gewichte* sprechen oder es für gerecht halten, zu sagen: "Dieser arme Kerl ist ein verdienter Fall, gebt ihm zwanzig Unzen zu seinem Pfund, und dieser Gauner braucht nur zwölf zu haben, um es auszugleichen."

Später, wenn der Appetit das Angebot übersteigt und es notwendig wird, die Produktion anzukurbeln, werden sie natürlicher an der Seite der Produzenten eingesetzt, wie zum Beispiel durch die Tilgung der permanenten Staatsschulden und die Freisetzung von neuem Reichtum für Ausgaben in der neuen Kapitalproduktion, nicht zu vergessen der bereits betrachtete "Reichtum in den Leitungen". Auch das ist so wie früher, denn die Bürger sind für immer gerettet, nachdem sie weitere Zinsen für die vernichteten Schulden bezahlt haben. Die Nation "spart" in der Tat, um die Kosten für neues Kapital zu bezahlen, eine Notwendigkeit, die die Anwendung der individuellen Ökonomie auf Nationen früher weder vorgesehen noch überhaupt zugelassen hat.

KAPITALRÜCKZAHLUNG

Der erste Schritt, der unternommen wurde, und der zweite, die allmähliche Tilgung der des Gemeinschaftskapitals, werden in Kap. XIII erläutert. XIII erläutert wird, bedarf keines weiteren Kommentars, mit der Ausnahme, dass diese beiden Schritte meiner Meinung nach (in Anbetracht der im Vergleich zu den Technokraten konservativen Schätzung, die ich hinsichtlich des möglichen Tempos der nützlichen technologischen Entwicklung vornehme) für eine lange Zeit ausreichen würden. Aber es ist vielleicht gut, die Gründe dafür etwas ausführlicher darzulegen.

Die Rückzahlungsregelung führt dazu, dass alle Wertpapiere nach einer bestimmten Laufzeit gekündigt werden können, und zwar mit einer Gesamtsumme, die definitiv höher ist als die investierte Summe, je nach Steuersatz, wie jeder anhand der angegebenen Tabellen ausrechnen kann. Wenn man einmal verstanden hat, dass das Kapital ein bereits verbrauchtes Vermögen ist und bestenfalls nur eine begrenzte Lebensdauer hat, besteht das eigentliche Problem darin, der

Nation die toten Schulden abzunehmen und sie nicht zu entmutigen, sondern zu ermutigen, ihr Vermögen in der Produktion von neuem Kapital zu versenken. Wenn es jemandem gefällt, eine Rayonseidenfabrik zu errichten, die in der Lage ist, mehr Kunstseide zu liefern, als die Welt braucht, fast ohne dass jemand darin arbeitet (was selbst vom Standpunkt der neuen Ökonomie aus ein Ding der Unmöglichkeit zu sein scheint), so ist das seine Sache. Der Indexzahlstandard, bei dem die nicht nachgefragten Waren im *Verhältnis* zu den nachgefragten im Wert sinken, ist alles, was nötig ist, um solche Torheiten zu verhindern. Aber wenn die Freizeit etwas anderes sein soll als bloße Faulheit und Müßiggang, dann hat meiner Meinung nach auch das wissenschaftliche Produktionssystem alle Hände voll zu tun, um seinen unendlich vielfältigen Bedarf zu decken. Einige der Zahlen der Technokraten scheinen zutreffend zu sein.

"So wie unsere Gesellschaft in Amerika aufgebaut ist, werden nur 7 Prozent der Energieproduktion für die direkte Versorgung mit Lebensmitteln verwendet. Dreiundneunzig Prozent werden verwendet, um unser Sozialsystem am Laufen zu halten."[4]

Dies ist also der Plan des Autors für die Rettung und Regeneration, um nicht zu sagen Verjüngung, der wissenschaftlichen Zivilisation, und wer das Buch liest, sollte keine großen Schwierigkeiten haben, seine theoretische Grundlage zu verstehen. Natürlich kann das Buch nach dem Geschmack eines jeden Publikums ausgeschmückt und bestickt werden, ohne dass seine Wirksamkeit im Geringsten beeinträchtigt wird, solange die Dekorateure und Sticker verstehen, dass es ein Grundprinzip hat, das nicht angetastet werden kann. Das ist das Prinzip des Geldes selbst - dass niemand es in Form von Geschäften erhalten soll, ohne dafür den Gegenwert von Reichtum aufzugeben. Geben wir unseren Glauben an Taschenspielertricks auf, wenn schon nicht auf Weihnachtsfeiern, so doch wenigstens in der Welt der Wirtschaft und des Handels, und den Versuch, dort wirklich etwas für nichts zu bekommen. Spielen Sie das Geldspiel mit einem offenen Pool und einem verantwortungsvollen Croupier, wenn nicht gar einem echten König.

---

[4] *The A.B.C. of Technocracy*, Frank Arkright, 1933. Hamish Hamilton, London.

NATIONALE ALTERSVORSORGEGESETZE

Mit der genaueren Erkenntnis der Natur des Reichtums und der Kapitalakkumulation, die die Energietheorie des Reichtums liefert, verschwindet ihre Fähigkeit, Schaden anzurichten, weitgehend. Es besteht die Hoffnung, dass sie sogar jenes "Todesprinzip" neutralisieren kann, das Trotter bisher als dem Wesen der Zivilisation innewohnend erkannt hat und das hier als Konflikt zwischen den angeborenen Instinkten des Erwerbs (eher im Hinblick auf die künftige Sicherheit als aus geizigen oder protzigen Gründen) und der physischen Unmöglichkeit, Reichtum anzuhäufen, diagnostiziert wird.

Auch zum internationalen Aspekt ist nur wenig hinzuzufügen, außer dem bereits Gesagten. Wenn jede Nation sich diesen Problemen stellt und sie im Innern löst, würde auch das internationale und externe Problem verschwinden. Aber der bloße Zusammenschluss der autonomen Staaten unter der Weltherrschaft des Bankiers kann es allenfalls für einen Augenblick aufhalten und droht die wirtschaftliche Freiheit nicht in einem Staat, sondern in allen zu verdunkeln. Nach wie vor ist weder die ganze Welt noch das ganze Universum in der Lage, "einen unendlichen Durst zu stillen". Der mathematische Kunstgriff, den die Hindu-Mathematiker zur Erleichterung des Rechnens erfunden haben, hat die Zivilisation aus den Fugen geraten lassen, so wie die Quadratwurzel dieses Kunstgriffs nun die Physik und die Astronomie auf die endlose Suche nach dem Absurden schickt. Wir können dem Ingenieur dankbar sein, dass wir wenigstens dort noch mit einem Fuß auf dem Boden bleiben müssen. Aber wir müssen mit beiden Füßen auf dem Boden bleiben, wenn die Nationen eine Wirtschaft haben sollen, die es ihnen ermöglicht, bis ins hohe Alter zu wachsen und trotzdem zu leben.

DIE QUANTITÄTSTHEORIE DES GELDES IM GEGENSATZ ZUR THEORIE DES VIRTUELLEN REICHTUMS

Für den Autor einer Geldtheorie ist es ebenso unangebracht, eine konkurrierende Theorie destruktiv zu kritisieren, wie für einen Hersteller, die Waren eines anderen zu verteufeln. Es ist psychologisch subtiler, wenn auch weniger informativ, zu verkünden, was die eigene Ware nicht kann, wie im Fall der berühmten Seife, die "keine Wäsche wäscht". Aber das Odium muss um der Klarheit willen in Kauf genommen werden.

Die Quantitätstheorie des Geldes [5] versucht, eine Beziehung zwischen der Kaufkraft des Geldes, d. h. der Warenmenge, die mit einer Geldeinheit gekauft werden kann, oder *ihrem Kehrwert*, dem *Preis*, d. h. der Geldmenge, die für eine Wareneinheit gezahlt werden muss, und drei anderen Größen herzustellen - nämlich der im Umlauf befindlichen Geldmenge, der Umlaufgeschwindigkeit und der Menge der ausgetauschten Waren, dem "Handelsvolumen". Die Beziehung besteht darin, dass die Preise proportional zur umlaufenden Geldmenge und zur Umlaufgeschwindigkeit und umgekehrt zur Menge der ausgetauschten Güter variieren müssen.

In der Praxis bedeutet Preis die Indexzahl des Preisniveaus. [6] Die im Umlauf befindliche Geldmenge ist ein vager Ausdruck, da die einzige definitive Menge diejenige ist, die existiert und sich im Besitz von jemandem befindet, wobei natürlich Mengen im gemeinsamen Besitz nicht als mehr als eine Menge gezählt werden.

Die Umlaufgeschwindigkeit ist unbestimmter. Sie ist definiert als die Anzahl der Umtauschvorgänge der "umlaufenden Menge" gegen Waren in einem Jahr. Multipliziert man jedoch die beiden letztgenannten Größen miteinander, heben sich die Unschärfen auf und man erhält die ganz bestimmte Menge der in einem Jahr gegen Geld getauschten Waren oder das Handelsvolumen. Diese, der Preisindex und die Geldmenge sind definitiv, auch wenn letztere heute kaum noch als unabhängig ermittelbar gelten kann.

Die so genannte Tauschgleichung "Die Summe der Produkte der Mengen der ausgetauschten Waren multipliziert mit ihren jeweiligen Preisen" ist gleich "Gesamtgeldmenge, die für Waren getauscht wurde", oder "Handelsvolumen" ist gleich "Produkt der Geldmenge im Umlauf multipliziert mit der Umlaufgeschwindigkeit" scheint das zu sein, was der Mathematiker als eine Identität wie "zweimal zwei" gleich "vier" bezeichnen würde, da die Annahmen, die bei der Betrachtung von

---

[5] *Vide* Irving Theory, *The Purchasing Power of Money* (S. 18) (Macmillan and Co., New York, 1922).

[6] Die Verweise beziehen sich auf dieses Buch.

gemacht werden, wie viel Geld im Umlauf ist, notwendigerweise die Umlaufgeschwindigkeit in umgekehrter Weise beeinflussen müssen. Somit ist nur die erste Gleichung wahr - dass die Summe aller gekauften Waren multipliziert mit ihren jeweiligen Preisen gleich dem gesamten für Waren gewechselten Geld ist.

Wenn dies zutrifft, ist es nicht verwunderlich, dass statistische Untersuchungen die Quantitätstheorie mit einem sehr hohen Grad an Genauigkeit bestätigt haben, denn alles andere wäre ein Ding der Unmöglichkeit. Es stimmt, wenn die Geldmenge, die zum Kauf einer bestimmten Menge von Waren zur Verfügung steht, verändert wird, muss sich der Preis als Quotient aus dem Geld und den damit gekauften Waren mit der Geldmenge verändern. Auch wenn alle schmerzhaften Implikationen dieser Tatsache gewöhnlich erst nach langer und bitterer Erfahrung verstanden werden, handelt es sich hierbei lediglich um eine Definition des Preises, der durch die Indexzahl bestimmt wird. Da es physikalisch unmöglich ist, die Menge der existierenden Güter zu erhöhen, indem man die Geldmenge erhöht, die zu ihrem Kauf zur Verfügung steht, und jede Erhöhung der verfügbaren Güter notwendigerweise um mindestens die Mindestzeit zu ihrer Herstellung hinterherhinkt, muss das oben Gesagte für *jede* Theorie des Geldes gelten.

PREIS

Der Preis ist im Wesentlichen eine Beziehung zwischen zwei Mengen, die eine eine Geldmenge und die andere eine Gütermenge. In meiner Theorie wird die doppelte Beziehung, die sowohl den psychologischen als auch den physischen Faktor einbezieht, dadurch erreicht, dass man den Preis nicht nur als die Menge an Geld betrachtet, die zum Kauf von Gütern erforderlich ist, sondern auch als die Menge an Gütern, auf die die Besitzer des Geldes (im Moment) bereit sind zu verzichten oder auf die sie allein aus eigenem Antrieb verzichten (ohne Zinsen oder andere Anreize außer ihrer eigenen Bequemlichkeit und Notwendigkeit).

Die Quantitätstheorie versucht lediglich, die Schwierigkeit zu überwinden, auf die jede Theorie auf diesem Gebiet stößt, nämlich die *Gesamtmenge* des vorhandenen Geldes mit der Verteilungsrate des Reichtums (Handelsvolumen) in Beziehung zu setzen, und zwar, wie in früheren Versuchen, durch Berücksichtigung der Zeit, die das Geld benötigt, um zu zirkulieren. Aber die sogenannte

"Umlaufgeschwindigkeit", definiert als die durchschnittliche Anzahl der Geldumläufe in einer bestimmten Periode, ist noch mehr ein Irrlicht als die alte Umlaufzeit.

UMLAUFGESCHWINDIGKEIT

Wie in Kap. XI dargelegt, besteht der eigentliche Wirtschaftskreislauf vom Standpunkt der Nationalökonomie aus gesehen aus zwei *ineinandergreifenden* Vorgängen: Zahlungen der Produzenten an ihre Arbeitnehmer und an sich selbst für die Produktion neuen Reichtums und dann die Zahlung desselben Geldes durch dieselben Personen und andere Verbraucher, um den Reichtum aus dem Produktionssystem herauszuholen, *nachdem* er hergestellt wurde. Alle einfachen Tauschvorgänge von fertigem Eigentum sind nur von individueller Bedeutung. Es spielt wirklich keine Rolle, ob A oder B, C, D ... das Rennpferd, das Grundstück, die Fabrik, die Aktien oder was auch immer besitzt. Die Umlaufgeschwindigkeit des Geldes kann enorm beeinflusst werden, indem die Menschen an der Börse Aktien kaufen und verkaufen und wieder zurückkaufen, ohne dass dies irgendeine direkte Auswirkung auf die Zeiträume der Aussaat und der Ernte und ihre industriellen Äquivalente hat, oder auf die Geschwindigkeit, mit der neuer Reichtum für die Verteilung geschaffen werden kann, die das Schicksal der Nationen bestimmt.

Diese spektakulären und auf nationaler Ebene zutiefst bedauerlichen spekulativen Aktivitäten bewirken lediglich die Verteilung von *Geld* und *Kapital* zwischen Einzelpersonen, nicht aber die Neuschaffung von Reichtum, es sei denn, es handelt sich um einen Aufschwung. Wieviel des sogenannten Handels, besonders auf dem ausländischen und internationalen Markt, in eine ähnliche Kategorie fällt, die wenig mit echter Produktion und Verteilung zu tun hat und aus dem bloßen Wechsel der spekulativen Eigentümer entsteht, ist eine sehr wichtige Frage.[7] So viele der bestehenden Schwierigkeiten ergeben sich aus den Erleichterungen, die Spekulanten und *Unternehmer* heute haben, um Geld für sich schaffen und wieder vernichten zu lassen, wenn sie damit fertig sind, dass es Zeitverschwendung wäre, sie in einem

---

[7] Vergleiche *The Principal Cause of Unemployment*, D. W. Maxwell (Williams and Norgate, 1932).

System zu berücksichtigen, das von echtem, dauerhaftem, nationalem Geld mit konstantem Wert in Waren funktioniert und in dem jede Transaktion, bei der es den Besitzer wechselt, einen entsprechenden Austausch von gleichwertigem Reichtum bedeuten würde. Dies ist in der Tat der Grundgedanke der Behandlung des Geldes in diesem Werk. Das Ziel besteht darin, die Bedingungen zu finden, unter denen ein Geldsystem alles, was es zu nutzen und zu konsumieren gibt, ohne Boom oder Einbruch und mit einem konstanten Schuldner-Gläubiger-Standard des Geldes verteilt. Es geht nicht darum, den Unwägbarkeiten des gegenwärtigen Systems zu folgen, die von ebenso geringem wissenschaftlichem Interesse sind wie das Verhalten eines Instruments, bei dem irgendjemand immer an der Kalibrierung herumgepfuscht hat, damit es entweder hoch oder niedrig anzeigt.

Um wenigstens mit dem abzuschließen, was sie nicht tun wird: Theorie des virtuellen Reichtums des Geldes gibt nicht vor, von sich aus eine Beziehung zwischen der Geldmenge und dem "Handelsvolumen" herzustellen. Aber mit Hilfe des weiteren Erhaltungsprinzips (ein wahrer Kompass für den Umgang mit der Realität) - und zwar durch nichts anderes als die banale Überlegung, dass die bloße Existenz irgendeiner Menge von Reichtum ein Beweis dafür ist, dass jemand sie produziert hat (und vermutlich in konsumierbarem Reichtum dafür bezahlt wurde) und dass noch niemand sie konsumiert hat - ist es möglich, die Bedingungen festzulegen, die beachtet werden müssen, wenn das Reichtumsaufkommen einer Gemeinschaft durch wissenschaftliche Fortschritte *ohne* Änderung des Preisniveaus erweitert werden soll. Der virtuelle Reichtum kümmert sich um sich selbst. Die unabhängig veränderliche Geldmenge muss ihm folgen und Schritt halten, wenn sich das Preisniveau nicht ändern soll. Wenn die hier dargelegte Analyse, die sich auf den unbestreitbaren gesunden Menschenverstand stützt, oder auf das, was hier als "Reichtum in den Rohren" bezeichnet wurde, richtig ist, erfordert sie nichts weiter als die Befugnis des Staates, Steuern zu erlassen oder aufzuerlegen, um Geld zu emittieren und zu vernichten und somit die Indexzahl konstant zu halten. Würde man die private Ausgabe und Vernichtung von Geld verhindern, wäre der wichtigste Faktor, der seine Schwankungen verursacht, beseitigt und seine Regulierung wäre eine relativ einfache Aufgabe. Ich muss erst noch davon überzeugt werden, dass dies nicht alles ist, was für eine lange Zeit notwendig wäre.

KAPITEL I

EINFÜHRUNG

Science the World Ferment

Was ist in der Welt schief gelaufen? In den Wirren des Ersten Weltkriegs entdeckten viele zum ersten Mal, dass sie in einer wissenschaftlichen Zivilisation lebten, und auch die Wissenschaftler selbst erkannten den Unterschied zwischen dem Sauerteig der Theorie und ihrem praktischen Aspekt in einer Welt, die in Gärung begriffen war. Die Wissenschaft wurde aus ihrer esoterischen Abgeschiedenheit herausgeholt und zu einem Kult - zumindest zu einem Kult, der es wert war, gepflegt zu werden, und zwar zu beruflichen Zwecken. So unverzichtbar sie in Kriegszeiten war, so unbedeutend schien sie in Friedenszeiten im öffentlichen Dienst zu sein. Zum Glück für die Wissenschaft ist die Gefahr vorüber. Es gibt wissenschaftliche Berufe, viele davon, aber Wissenschaft ist kein Beruf. Sie ist eine Suche. Was ist schief gelaufen in der Welt? Lassen Sie uns der Suche folgen.

Die Zeit ist günstig. Vieles von dem, was unserem unausweichlichen Schicksal zugeschrieben wurde - Überlegenheit des Charakters, unauslöschlicher Geist, Unbesiegbarkeit des Ziels und andere menschliche Qualitäten - erhält eine neue Bewertung mit der Entdeckung, dass wir in einer wissenschaftlichen Ära leben. Gleiches gilt für die Tugenden, die der Demokratie und den freien politischen Institutionen zugeschrieben werden, oder auch für das kapitalistische System in seinem Stolz auf ein Imperium, über dem die Sonne niemals untergeht, und für die Phänomene des Klassenhasses und der Slums, über denen die Sonne niemals aufgeht. Die Wissenschaft hat das Wesen unseres Wirtschaftslebens verändert, und die alten Systeme, die auf einer anderen Lebensweise beruhen, werden allenthalben als höchst gefährlich eingestuft, wenn sie nicht sogar schon unmöglich geworden sind. Sie bleiben nur deshalb bestehen, weil es nichts Konstruktives gibt, das sie ersetzen könnte, und werden aus Angst vor Anarchie und Chaos nach ihrer offenen Ablehnung konventionell verteidigt. Alles in der Welt ist jetzt so heikel - was nur eine andere Art zu sagen ist, dass niemand wirklich zu verstehen scheint, wie das Wirtschaftssystem überhaupt funktioniert oder warum es so gefährlich funktioniert - dass die Politik aller Parteien eher darin zu bestehen scheint, die Übel zu ertragen, die wir haben, als zu anderen zu fliegen, von denen wir nichts wissen. Die Menschen haben in dieser Hinsicht offen gesagt die Hoffnung aufgegeben, dass die Regierungen, gleich welcher Couleur, auch nur für eines der unmittelbaren praktischen Probleme des Tages eine Lösung finden werden, und es ist eine Zeit der Markierung. Der Große Krieg selbst wird nicht als ein separates historisches Ereignis gesehen, sondern mehr und mehr als eine unvermeidliche Folge der gleichen letzten Ursache. Der plötzliche Aufstieg der westlichen Welt zu einer Position dominierender materieller Größe und Macht, die gefährlichen und mannigfaltigen unlösbaren sozialen Probleme, die ihn begleiteten und jetzt unsere Zeit bedrohen, und das Phänomen des modernen weltzerstörenden Krieges in dem Ausmaß, das wir gerade überlebt haben, werden jetzt allgemeiner als hauptsächlich auf die Veränderungen zurückzuführen angesehen, die durch die Entdeckungen einer Handvoll wissenschaftlicher Pioniere, die im Besitz einer neuen und fruchtbaren Methode zur Gewinnung natürlicher Erkenntnisse waren, in die Ökonomie des Lebens eingeführt wurden, und auf das Versagen der älteren humanen Wissenschaften, mit der neuen Situation fertig zu werden.

Auf der einen Seite hat eine größere Klasse als je zuvor einen höheren Lebensstandard, mehr Freizeit und Möglichkeiten zur Kultur erreicht und bringt Heerscharen von Bediensteten und Abhängigen mit sich, die für ihren Komfort und Luxus sorgen und in gewissem Maße an ihrem Wohlstand teilhaben. Aber die Arbeiter in den grundlegenderen und lebenswichtigen Industrien - wie Landwirtschaft, Bergbau und Manufakturen - sind durch den Wettbewerb mit der Maschinerie eher geschwächt als begünstigt worden, und, schlimmer noch, werden durch sie in wachsender Zahl ihrer gewohnten Lebensgrundlage beraubt. Wenn es für die besitzlosen Massen überhaupt eine Verbesserung des durchschnittlichen Lebensstandards gegeben hat, so ist diese so gering, dass sie zweifelhaft und - im Vergleich zum allgemeinen Fortschritt der Wohlstandsproduktion - verächtlich ist. Das Los der Massen ist gewiss anstrengender und unsicherer geworden, denn sie sind nun nie frei vom Schreckgespenst der Arbeitslosigkeit und des damit verbundenen Abtauchens in Elend und Entwürdigung. Das andere Extrem ist, dass eine größere Klasse als je zuvor *aufgrund der* Vermehrung des Reichtums in der Welt in einem Zustand von Armut und wirtschaftlicher Knechtschaft lebt, der eine ärmere Zeit schockiert hätte.

Wenn man die Veränderungen vernachlässigt, die im letzten Jahrhundert in der Produktionswissenschaft stattgefunden haben, kann man vielleicht argumentieren, dass das Los der Mehrheit heute ein wenig besser oder höchstens ein wenig schlechter ist als früher. Aber das ist nicht die eigentliche Frage, um die es geht.

Vielmehr müssen wir herausfinden, wie es kommt, dass die Wissenschaft, die ohne wirtschaftliche Erschöpfung die Kriegssehnen für den kolossalsten und zerstörerischsten Konflikt der Geschichte mit der Manneskraft der im Kriegsdienst stehenden Nationen versorgt hat, in den aufkeimenden Friedenszeiten Armut und entwürdigende Lebensbedingungen noch nicht aus unserer Mitte verbannt hat. Diejenigen, die behaupten, etwas von Wirtschaft und Staat zu verstehen, können sich nicht des Vorwurfs erwehren, nichts von diesen Themen zu verstehen, solange Armut und Arbeitslosigkeit in einem Zeitalter brillanter wissenschaftlicher Errungenschaften bestehen. Sie werden nicht müde, anderen wirtschaftliche Irrlehren zu unterstellen: . Der Zustand der ganzen Welt ist der monumentale Beweis für ihre eigenen Irrlehren.

Das Glasgow von James Watt und Adam Smith

Es ist bezeichnend, dass Glasgow, das James Watt, den Erfinder, der die Dampfmaschine zum praktischen Erfolg führte, hervorbrachte, die Heimat von Adam Smith war, dem Vater des Systems der politischen Ökonomie, unter dem sich das wissenschaftliche Zeitalter entwickelt hat. Während ersterer 1774 eine Maschine vervollkommnete, die die Menschen von der Plackerei der tierischen Arbeit befreien und in der ganzen Welt eine neue Lebensweise etablieren sollte, formte letzterer 1776 die Bedingungen, unter denen die Menschen *bis dahin* ihren wirtschaftlichen Lebensunterhalt bestritten hatten, zu einem theoretischen System. Die Welt hätte sich entweder die Dampfmaschine oder die Ökonomie aneignen können, aber es ist schwer zu verstehen, wie sie zwei so unvereinbare Produktionen gleichzeitig verdauen konnte. Seitdem versucht die Welt, sich gleichzeitig in zwei entgegengesetzte Richtungen zu bewegen - hin zu einem höheren Lebensstandard für die einen und einem niedrigeren für die anderen.

Das Glasgow von James Watt und Adam Smith war eine Stadt mit 28.000 Einwohnern, kaum weniger provinziell als Kirkcaldy, der Geburtsort des Autors von *Der Wohlstand der Nationen*, und der Ort, auf den der größte Teil seiner Ansichten zu diesem Thema zurückgeführt werden kann.

Das Glasgow von James Watt und Adam Smith ist heute eine Millionenstadt und die zweitgrößte Stadt des britischen Empire. Sie ist ein Denkmal sowohl für das Werk des einen als auch des anderen, denn sie ist einerseits das Zentrum der großen Schiffbauindustrie von Clydebank und andererseits der sozialen Revolution gegen Miete, Zinsen und Profit, die durch Arbeitslosigkeit, Wohnungsnot und hohe Lebenshaltungskosten gefördert wurde - berühmt für ihre Schiffe und Straßenoratoren in der ganzen Welt.

Das wirtschaftliche Paradoxon

Dieses Buch befasst sich nicht mit den möglicherweise sensationellen Fortschritten der Wissenschaft in der Zukunft, sondern hat eher den Charakter einer Rückkehr zu den Problemen der Gegenwart, ausgehend von einer solchen Vorwegnahme, die nun schon eine Generation alt ist und sich mit der Entdeckung der Atomenergie befasst. Obwohl man es in normalen Zeiten kaum vermuten würde, hat sich unter den aufschlussreichen Erfahrungen des Ersten Weltkriegs gezeigt, dass viele der Folgen, von denen man erwartete, dass sie auf die Beherrschung physikalischer Kräfte folgen würden, die größer sind als alle, die wir heute besitzen, bereits mit den tatsächlich verfügbaren Kräften eingetreten sind.

Damals sahen wir zum ersten Mal in der Geschichte, dass die Wissenschaft ohne künstliche finanzielle Beschränkungen für die Zwecke der Zerstörung eingesetzt wurde. Es herrschte ein Maß an Großzügigkeit und Zielstrebigkeit, das bei den weniger spektakulären, aber notwendigeren Aufgaben des Bauwesens nicht gegeben ist . Jahr für Jahr produzierten die Industrienationen eine immer größer werdende Flut von Kriegsgerät, während die Blüte ihrer Arbeitskraft der Produktion entzogen wurde. Es schien keine physische Grenze zu geben, bis zu der eine Nation, die durch die drohende Gefahr aus ihren vorgefassten wirtschaftlichen Denkgewohnheiten aufgerüttelt wurde, die materiellen Notwendigkeiten für ihre Existenz herstellen konnte.

Während wir nun zu Frieden und Elend, zu untätigen Fabriken und zu grasbewachsenen Bauernhöfen zurückgekehrt sind, sind wir als Nation zu den Vorkriegsbedingungen zurückgekehrt, die eine C3-Rasse hervorgebracht haben, mit anderthalb Millionen arbeitslosen Arbeitern, die nicht in der Lage sind, sich auf militärischem Niveau angemessen zu ernähren und zu kleiden, und die nicht einmal in der Lage sind, Häuser zu bauen, in denen sie nach dem bestehenden Wirtschaftssystem leben können. Und doch haben wir den gleichen Reichtum an natürlichen Ressourcen, die gleiche Wissenschaft und den gleichen Erfindungsreichtum, mit viel besseren und günstigeren Produktionsbedingungen und einem Heer von ungenutzten Arbeitskräften, die durch erzwungenen Müßiggang demoralisiert werden! Die Sensationslust des wissenschaftlichen Propheten konnte sich kaum etwas so Sensationelles vorstellen. Ein Volk, das mit allem Notwendigen für ein Leben im Überfluss ausgestattet ist, ist zu arm, um seinen Reichtum zu verteilen, und ist untätig und verfällt, nicht weil es ihn nicht braucht, sondern weil es ihn nicht kaufen kann. Dieses Buch versucht, eine originelle Analyse der Ursachen dieses überraschenden Widerspruchs vorzunehmen.

Der Ausblick

Wie so oft in diesen sich rasch wandelnden Zeiten haben auch in der reinen Wissenschaft neue Themen und Entdeckungsgebiete ihre aktivste Wachstumsphase hinter sich, bevor sie als normaler und dauerhafter Teil unseres gesellschaftlichen Erbes akzeptiert werden und in die Überlegungen der Philosophen oder in die Lehrpläne der Universitäten eingehen. Was die wirtschaftlich bedeutsamsten Anwendungen der Wissenschaft betrifft, die Massenproduktion aller Arten von Gütern durch mechanische Kraft, neue Transport- und Kommunikationsmittel und den weitaus größten Teil der Erfindungen, durch die die physikalischen Wissenschaften an den Wagen des Lebens angehängt wurden, um nützliche und gewinnbringende Arbeit zu leisten, so sind wir heute lediglich Zeugen der vollen Entfaltung einer Einsicht in die Gesetze und Prozesse der Natur, die vor langer Zeit gewonnen wurde. Entgegen der landläufigen Meinung sind solche Entwicklungen nicht unerschöpflich. Eine mechanische Erfindung, wie z.b. ein Fahrrad, erreicht nach einer raschen Anfangsphase, in der sich das Design ständig verändert, ihren endgültigen Ausdruck, und so verhält es sich im Allgemeinen mit der großen Gruppe der angewandten mechanischen Wissenschaften, die auf der Perfektionierung der Dampfmaschine in erster Instanz und im Allgemeinen auf dem richtigen Verständnis der Gesetze der Energie und ihrer Umwandlung beruhen, was die notwendige Vorstufe zur Beherrschung der Naturkräfte ist. Es hat den Anschein, dass zu gegebener Zeit so etwas wie ein Ende der großen Entwicklungen erreicht werden kann. Selbst in der jüngeren Gruppe der elektrischen Wissenschaften lässt sich diese Tendenz bereits erkennen. Zwar hat es in den reinen Mutterwissenschaften Physik und Chemie große und weitreichende Fortschritte gegeben, doch liegen diese zum größten Teil noch unermesslich weit jenseits jeder praktischen Anwendung. Es ist also mit einem Interregnum zu rechnen, was wesentliche praktische Fortschritte betrifft. Die älteren Felder werden wahrscheinlich abgearbeitet sein, bevor die neueren tatsächlich erschlossen werden. Die Biologen behaupten bereits, dass dieses Jahrhundert ihr Jahrhundert sein wird, so wie das letzte Jahrhundert zugegebenermaßen das der physikalischen Wissenschaften in Bezug auf praktische, weltrevolutionäre Entdeckungen war, und es ist zu hoffen, dass sie dieses Versprechen zu gegebener Zeit einlösen werden.

Unter den nachdenklicheren Menschen trüben die tiefgreifenden Bedenken darüber, wohin die Anwendungen der Wissenschaft, die wir bereits gemacht haben, die Zivilisation geführt haben und noch führen, natürlich den Blick auf die Zukunft. Sie unterscheiden sich in ihrer Entstehung und ihrem Geist sehr von denen, die Butlers *Erewhon* und andere bissige Satiren der Viktorianer kennzeichneten, aber sie sind von einer ähnlichen Tendenz. Haben wir die Herrschaft über die großen Mächte der Natur erlangt, um unserer eigenen Maschinerie zum Opfer zu fallen und schließlich von ihr zerstört zu werden? Soll unsere Zivilisation darin enden, den Roboter und den *Rentier* zu züchten und unter Klassenkonflikten im Inland und Bruderkriegen im Ausland unterzugehen? Hat es einen Sinn, die von der Wissenschaft bereits verliehenen Kräfte millionenfach zu vervielfachen, wenn der Gebrauch, den wir von denen machen, die wir bereits haben, ausreicht, um die Zukunft der Zivilisation zu gefährden?

Es gibt einen Unterschied zwischen der heutigen Kritik und der früheren, interessierteren und professionelleren Verunglimpfung, der die Wissenschaft in der viktorianischen Ära ausgesetzt war. Heute ist niemand mehr bereit, der Wissenschaft oder den Wissenschaftlern die

Schuld an den sozialen Zuständen zu geben, die ihre Entdeckungen und Erfindungen hervorgebracht haben. Wer auch immer sonst davon profitiert haben mag, die Wissenschaftler selbst haben es nicht. Niemand sieht heute das Übel in der größeren Kenntnis und Beherrschung der Naturkräfte, auch nicht in den materiellen Früchten dieses Wissens, die die Arbeit des Lebens erleichtern und materielle Notwendigkeiten und Annehmlichkeiten in Hülle und Fülle bieten. Der griesgrämigste und eifersüchtigste Fanatiker könnte heute kaum behaupten, dass gute und nahrhafte Lebensmittel, genügend Brennmaterial, Kleidung und Häuser, effiziente und schnelle Fortbewegungs-, Transport- und Kommunikationsmittel und die vielfältigen Interessen des modernen Lebens an sich schlecht sind. Das Übel besteht vielmehr darin, dass diese Dinge, die die Wissenschaft in so verschwenderischer Weise herstellt, nicht allgemeiner zur Verfügung stehen. Der Mediziner wird Ihnen genau sagen, was für die Pflege und Erhaltung eines gesunden Körpers unerlässlich ist. Was die viktorianische Theologie der Sünde und dem Teufel zuschrieb, würde die medizinische Wissenschaft heute der Armut und der Krankheit zuschreiben.

Es ist ein Zeichen für den Rückfall von den hohen Standards der schrecklichen Viktorianer, dass ein Autor kürzlich seinen eigenen Urgroßvater, der für das englische Armengesetz verantwortlich war, als "nicht den unmenschlichen Teufel, den seine Werke vermuten lassen, sondern einen schmerzlich gewissenhaften, pflichtbewussten viktorianischen Engländer" bezeichnete.[8]

Naturwissenschaften und Geisteswissenschaften

Es besteht immer die Tendenz, Komplementäre als Gegenspieler zu behandeln. Wenn wir von monistischen Annahmen ausgehen, dass die Natur eine göttliche Harmonie ist und ein einziges Übergesetz zum Ausdruck bringt, steht die Philosophie vor der sehr schwierigen Aufgabe, zu versuchen, mindestens drei Puzzlesteine zusammenzufügen, die absichtlich durcheinander gebracht worden sind.

---

[8] *Revolution durch Vernunft*, John Strachey, 1925.

Weder die Mechanik noch die Biologie oder die Geisteswissenschaften allein können die Probleme der Menschheit lösen, aber jede kann ihren Teil dazu beitragen. In der Mechanik ist die Grundlage für den raschen Fortschritt, der von den pauschalen Verallgemeinerungen bis zur praktischen Verwirklichung gemacht wurde, die völlige Freiheit ihrer Probleme von dem störenden Element des Lebens. Man könnte meinen, es sei eine Politik der Verzweiflung, wenn man bei Problemen, die sich bisher der Lösung durch die Humanisten entzogen haben, die Hilfe einer solchen Studie sucht. Doch das Leben gehorcht physikalischen Gesetzen. Seine Methoden sind anders als die des Ingenieurs, aber es kann keine mechanischen Wunder vollbringen.

Die Physik ergänzt sie, und das Leben funktioniert nach den Prinzipien der Naturwissenschaften und nicht gegen sie.

Man kann in der Tat bezweifeln, dass irgendein anderer Aspekt des Lebens überhaupt schon in den Bereich einer exakten wissenschaftlichen Untersuchung gelangt ist. Das Leben selbst ist eine Erfahrung, die erst noch die richtigen Untersuchungsmethoden finden muss. Die biologischen Wissenschaften befassen sich deshalb bisher fast ausschließlich mit der physikalischen Chemie der Lebensprozesse und nicht mit dem Leben. Die Biologie droht, uns durch Ektogenese Kinder ohne Eltern zu bescheren, so wie die Chemie uns durch Synthese Indigo beschert, das in keiner Weise mit der Indigopflanze verbunden ist.[9] Aber trotz dieser Nachahmungen gibt es noch etwas unendlich viel Interessanteres und Schwierigeres an den natürlichen Prozessen zu verstehen. Dennoch ist es keine Kleinigkeit, sicher zu sein, dass das Leben mit den natürlichen physikalischen Gesetzen zusammenarbeitet und sie nicht verletzt, so wie der Ingenieur seine Triumphe dadurch erzielt, dass er die Kräfte, die er kontrolliert, eher versteht als ihnen zu trotzen. Weder der Einzelne noch die Gemeinschaft können sich den Gesetzen der Materie und der Energie entziehen, wie auch immer sie sie für ihre eigenen Zwecke anwenden mögen.

Vor allem hierzulande hat sich die Trennung zwischen Natur- und Menschenkenntnis lange hingezogen. Der Boykott der

---

[9] *Daedalus*, J. B. S. Haldane, 1923.

Wissenschaft und ihre Kontrolle durch feindliche Interessen sind immer noch höchst bemerkenswerte Merkmale für ein Zeitalter, das sich nur durch seine Wissenschaft auszeichnet. Die Universitäten und öffentlichen Schulen geben dabei den Standard und die Mode der populären Bildung vor, und wir werden der Strafe für diese obskurantistische Politik nicht leichtfertig entgehen.

Ihre Auswirkung auf die Wirtschaft, die im Grunde genommen ein Thema mit den engsten Beziehungen zur Welt der Tatsachen und der physikalischen Realitäten ist, war außerordentlich verhängnisvoll, und das hoffnungslose Durcheinander, in das die Angelegenheiten der Welt geraten sind, ist größtenteils darauf zurückzuführen, dass die physikalischen Prinzipien, die diesem Thema zugrunde liegen, nicht klar erkannt wurden.

Die allerersten Ökonomen in Frankreich hatten zwar ein Verständnis für die natürlichen Kenntnisse ihrer Zeit. Doch obwohl sie nie so notwendig waren wie in der folgenden wissenschaftlichen Ära, wurden die physikalischen Grundlagen des Fachs immer mehr vernachlässigt, zugunsten konventioneller Vorstellungen, die sich aus der juristischen Einstellung zu Eigentumsrechten und menschlichen Verflechtungen ergaben.

Doch dies ist nur ein einziges Beispiel. Überall fehlt noch die politische Anerkennung der Vorstellung, dass die wenigen tausend schöpferisch Tätigen in der Wissenschaft wirklich einen bedeutenden Einfluss auf die Geschicke der großen Nationen ausüben können und dass die heutige Zivilisation ohne sie und das von ihnen eingeleitete Ferment wahrscheinlich nicht anders aussehen würde als die früheren Epochen.

Die Wissenschaftler sind zumeist zu sehr mit ihren hochspezialisierten und abstrusen Untersuchungen beschäftigt, als dass sie sich den sozialen Problemen widmen könnten. Ihre Tätigkeit regelt mehr und mehr automatisch die Prinzipien, die zum normalen Geschäft des Staatswesens gehören, ist aber vom Bewusstsein der Gesellschaft so weit entfernt wie das Atmen vom Willen. Sie halten sich für fähig, im Labor bessere Arbeit zu leisten als in den Angelegenheiten. Sie erkennen, dass die Fähigkeit, den einfachsten und kleinsten Beitrag zum Wissensbestand zu leisten, viele Jahre ernsthafter Vorbereitung und Studien, viele fruchtlose, rein negative Ergebnisse erfordert, und dass die gemachten Entdeckungen am Ende wahrscheinlich nicht die gesuchten sind, sondern sozusagen die Nebenprodukte eines Lebens der unaufhörlichen Suche nach dem Unbekannten.

Sie ahnen wahrscheinlich mehr als, dass etwas ganz Ähnliches in jedem anderen Bereich gilt, nicht zuletzt in den Wirren der Politik. Dadurch wird ihnen klar, dass ihre eigene politische Meinung in der Regel nicht origineller ist als die anderer Menschen und auch nicht im Geringsten hilfreicher sein kann.

Der Weg des Autors von den Naturwissenschaften zu den Wirtschaftswissenschaften.

Manch einen mag es interessieren, wie der Autor dazu kam, sich so weit von den Grenzen seines eigenen Themas zu entfernen und sich dem Missbrauch auszusetzen, der in Angelegenheiten, die eher die Tasche als den Geist oder die Seele betreffen, als Argument durchgeht.

Zumindest kann er zu seiner Verteidigung behaupten, dass er dadurch selbst Dinge klar und deutlich gesehen hat, die er sonst nicht hätte sehen können, auch wenn es ihm nicht gelingt, seinen Lesern die Vision zu vermitteln.

In den letzten Jahren des vergangenen und in den ersten Jahren dieses Jahrhunderts wurde durch die Entdeckung der Radioaktivität und ihre Interpretation auf der Grundlage des vorhandenen Wissens die Existenz von Vorräten an potentieller Energie in den Atomen der radioaktiven Elemente aufgedeckt, die millionenfach größer sind als alle bisher bekannten. Diese Vorräte konnten und können nicht für einen praktischen physikalischen Zweck nutzbar gemacht werden und werden in einem rein natürlichen Prozess der Umwandlung der radioaktiven Elemente in Blei und Helium sehr langsam abgegeben. Es gibt keinen Zweifel an ihrer Existenz in diesen Elementen, und die Existenz ähnlicher Vorräte in anderen Elementen ist legitimerweise vermutet worden, wenn auch noch nicht experimentell bewiesen. Folgt man der sehr bekannten Argumentation in der Chemie, so scheint es sicher, dass jeder Prozess der künstlichen Transmutation in der Lage wäre, diese Vorräte freizusetzen und sie so verfügbar zu machen, wie es heute die Energie von Kohle und Brennstoff ist. Aus der Relativitätstheorie wurden seither viele rein spekulative Schlussfolgerungen in die gleiche Richtung gezogen, und es ist in erster Linie die Atomenergie, auf die Physiker und Astronomen heute schauen, um die Aufrechterhaltung der Wärme der Sonne und der

Sterne und ganz allgemein der lebendigen Energie der Natur über kosmische Zeiträume zu erklären.

Es ist überflüssig, dieses Thema weiter zu vertiefen, denn nur wenige wissenschaftliche Entdeckungen haben ein größeres Interesse geweckt als die Radioaktivität, und nur wenige sind für die nichtwissenschaftliche Öffentlichkeit so umfassend interpretiert worden. Die Namen von Becquerel, M. und Mme. Curie, Rutherford, J. J. Thomson, Ramsay, Joly, Bragg und anderen Pionieren auf diesem Gebiet sind allgemein bekannt.

Es lag nahe, sich zu überlegen, was für eine Welt es wäre, wenn die Atomenergie jemals verfügbar würde. Um eine solche Welt mit der heutigen zu vergleichen, musste man sie mit der Welt vor dem Beginn der Geschichte und der Kunst, ein Feuer zu entfachen, vergleichen. So wie die Wilden auf dem Gelände der heutigen Kohleminen vor Kälte starben und auf den Maisfeldern, die heute mit den in Niagara hergestellten Düngemitteln bewirtschaftet werden, verhungerten, so führten wir, so schien es, ein kümmerliches Dasein und kämpften wie wilde Tiere um einen Anteil an den von der Natur recht spärlich zur Verfügung gestellten Energievorräten, während um uns herum die Möglichkeiten einer Zivilisation existierten, wie sie sich die Welt damals nicht einmal vorstellen konnte.

Die Rolle der Energie in der Geschichte der Menschheit.

Auf diese Weise begann eine Vorstellung von der Rolle der Energie in der menschlichen Geschichte Gestalt anzunehmen, und der Fortschritt in der materiellen Sphäre erschien nicht so sehr als eine sukzessive Beherrschung der für die Herstellung von Waffen verwendeten Materialien - wie die Abfolge der Zeitalter von Stein, Bronze und Eisen, die von der Tradition geehrt wird -, sondern vielmehr als eine sukzessive Beherrschung der Energiequellen in der Natur und ihre Unterwerfung unter die Anforderungen des Lebens. Die Gesamtheit der Errungenschaften unserer Zivilisation - darin unterscheidet sie sich von dem langsamen, unsicheren Fortschritt, den die Geschichte aufzeichnet - erscheint als Ergebnis der Beherrschung der Energie des Feuers, die mit dem Aufkommen der Dampfmaschine erreicht wurde. Wenn es also nicht nur in den fernen Sternen, sondern auch zu unseren Füßen eine unbegrenzte Energiequelle gibt, die millionenfach stärker ist als jede andere bekannte, welche ungeheuren sozialen Folgen erwartet dann die Entdeckung der künstlichen Transmutation!

Doch wie weit ist die menschliche Gesellschaft davon entfernt, dass ihr solche Kräfte sicher anvertraut werden können? Wenn die Entdeckung morgen gemacht würde, gäbe es keine Nation, die sich nicht mit Leib und Seele der Aufgabe widmen würde, sie im Krieg anzuwenden, so wie sie es jetzt im Falle der neu entwickelten chemischen Waffen der Giftgasbekämpfung tut. In *The World Set Free* *hat* sich H. G. Wells kurz vor Ausbruch des Großen Krieges 1914 mit gewohnter Brillanz und Einsicht der Frage gewidmet und die wahrscheinlichen Folgen so anschaulich geschildert, dass es für jeden weniger Begabten überflüssig wäre, das Thema weiterzuverfolgen, zumindest bis die praktische Verwirklichung des beunruhigenden Traums näher rückt. Denn es handelt sich um eine der neueren Entwicklungen der reinen Wissenschaft, die bereits als noch unermesslich jenseits der praktischen Anwendung bezeichnet wurde. Sie kann schnell kommen, oder sie kann nie kommen. Gegenwärtig gibt es nicht einmal einen Hinweis darauf, wie man beginnen könnte. Sollte sie unter den gegenwärtigen wirtschaftlichen Bedingungen eintreten, würde dies die *reductio ad absurdum* unserer wissenschaftlichen Zivilisation bedeuten, eine schnelle Vernichtung anstelle eines nicht allzu langwierigen Zusammenbruchs.

"Wenn das, was Sie uns sagen, wahr ist", sagte ein wissenschaftlicher Kollege, einer der Professoren für Ingenieurwesen, bereits 1902 zu Rutherford in Montreal , "dann sollten wir alle, so scheint es, unsere Arbeit aufgeben und unsere Aufmerksamkeit auf die Lösung dieses Problems konzentrieren". Wahrscheinlich haben seitdem viele den gleichen Gedanken gehabt. Doch in der wissenschaftlichen Forschung ist nichts unwahrscheinlicher, als dass der Entdecker das entdeckt, was er zu entdecken gedenkt. La Salle wollte China entdecken, indem er von Europa aus nach Westen segelte. Lachine liegt nicht in China, sondern mitten in der Provinz Quebec, eine Straßenbahnfahrt von Montreal entfernt, an der großen modernen transkontinentalen Route der CPR in den Orient. Aber der Name erinnert immer noch an den Spott, mit dem La Salles Pionierversuch von seinen Zeitgenossen begrüßt wurde. Wissenschaftliche Entdeckungen konnten ebenso seltsame Episoden aufzeichnen. Pasteur, der die Gärung untersuchte, entdeckte die wichtige Eigenschaft der optischen Isomerie - die sich fast zu einer Wissenschaft für sich entwickelt hat -, und zwar auf dem Weg zur Anerkennung der Rolle, die die Bakterien spielen. Der wichtigste Teil seiner Arbeit lag jedoch weder im Brauwesen noch in der Saccharometrie. Es hat die Chirurgie revolutioniert, und zahllose Millionen verdanken ihm ihr eigenes Leben. Wissenschaftliche Entdeckungen sind eher ein Wachstum als eine zu planende Reise. Die Reise mag nach Westen gehen, um den Osten zu entdecken, und es ist eine Reise durch Nebel und durch tote Winkel, um Orte zu finden, anstatt sie von einer Karte abzustreichen. Dass die Transmutation eines Tages möglich sein wird und dass das Kohle- und Ölzeitalter einem Atomzeitalter weichen wird, kann man getrost erwarten, aber wann und ob im Zyklus dieser Zivilisation, kann niemand erraten.

Der wahre Kapitalist ein Werk

Dennoch schien ein Punkt zu fehlen, um den phänomenalen Ausbruch von Aktivität zu erklären, der in der westlichen Welt auf die Erfindung der Dampfmaschine folgte, denn er konnte nicht einfach auf die Ersetzung der tierischen Arbeit durch leblose Energie zurückgeführt werden. Die Alten nutzten den Wind für die Schifffahrt und machten sich die Wasserkraft auf rudimentäre Weise zunutze. Der tiefgreifende Wandel, der sich damals vollzog, schien vielmehr darauf zurückzuführen zu sein, dass die Menschen zum ersten Mal in der Geschichte begannen, einen großen *kapitalen* Energievorrat anzuzapfen, und nicht mehr ausschließlich von den *Einnahmen* der Sonne abhängig waren. Der gesamte Bedarf der vorwissenschaftlichen Menschen wurde aus der Sonnenenergie ihrer eigenen Zeit gedeckt. Die Nahrung, die sie aßen, die Kleidung, die sie trugen, und das Holz, das sie verbrannten, konnten hinsichtlich des Energiegehalts, der ihnen einen Gebrauchswert verleiht, als Speicher des Sonnenlichts betrachtet werden. Bei der Verbrennung von Kohle wird jedoch ein Vorrat an Sonnenlicht freigesetzt, der die Erde vor Millionen von Jahren erreicht hat. In dem Maße, in dem sie für die Zwecke des Lebens genutzt werden kann, kann der Lebensstandard *in fast jedem erforderlichen Umfang* erhöht werden, ungeachtet der primitiven Vorstellungen der Völker von Kirkcaldy und Judäa.

Dann kam der merkwürdige Gedanke an den Brennstoff als Kapital, aus dessen *Verbrauch* unsere ganze Zivilisation, soweit sie modern ist, aufgebaut wurde.

Man kann es nicht verbrennen und hat es immer noch, und wenn es einmal verbrannt ist, gibt es aus thermodynamischer Sicht keine

Möglichkeit, ihm einen dauerhaften Zins zu entlocken. Solche Rätsel gehören eher zu den unerbittlichen Gesetzen der Wirtschaft als der Physik. Mit der Evolutionslehre entpuppt sich der wirkliche Adam als Tier, und mit der Energielehre erweist sich der wirkliche Kapitalist als eine Pflanze. Das glanzvolle Zeitalter, in dem wir uns befinden, ist nicht unseren eigenen Verdiensten zu verdanken, sondern der Tatsache, dass wir aus dem Karbonzeitalter Anhäufungen von Sonnenenergie geerbt haben, so dass das Leben ausnahmsweise über sein Einkommen hinaus leben konnte. Hätte es das gewusst, wäre es vielleicht ein fröhlicheres Zeitalter geworden! Wenn also die Atomenergie jemals angezapft werden sollte, würde ein Ausbruch menschlicher Aktivität stattfinden, der die Triumphe unserer Zeit geschmacklos erscheinen ließe und den Kampf der primitiven Menschheit um Energie als fantastische Erinnerung an einen schrecklichen Traum erscheinen ließe.

Ist die Wissenschaft verflucht?

Aber was bringt die bloße Vergrößerung eines Maßstabs? Würde eine vergrößerte Wiedergabe der Gegenwart irgendeine menschliche Seele zufriedenstellen? Unangenehme Fragen verlangen nach einer Antwort. Mit all dem neuen Reichtum wurde die Armut unserer Vorfahren nicht abgeschafft, sondern ist in monströser Form zurückgekehrt. Ein wachsendes Heer von Arbeitslosen, die nicht über ausreichende Mittel zur Bestreitung ihres Lebensunterhalts verfügen, sucht eine Welt heim, die in der Lage ist, weit mehr zu produzieren, als sie verbraucht, so dass die Armen in gewissem Sinne, was neu in der Geschichte ist, den Reichen untertan geworden sind, selbst wenn es darum geht, ihren Lebensunterhalt zu verdienen. Ist die Wissenschaft verflucht? Was ist das böse Genie, das selbst die Erfüllung unserer vernünftigsten Hoffnungen und Bemühungen pervertiert und den Fortschritt eher zu einem alptraumhaften Aufstieg auf immer steileren, rutschigen Hängen macht, als zu einem Massenmarsch der Menschheit auf einer breiten, hohen Straße, die durch zunehmendes Wissen, Ordnung und Gesetz gerade und eben gemacht wird? Es ist müßig, eine gefährlichere Zivilisation anzustreben, solange nicht etwas von der Bestimmtheit und Sicherheit der Ökonomie eines Brennstoffmotors auf die Ökonomie der Menschen ausgedehnt werden kann. So wird das schreiende Bedürfnis nicht nach immer größeren Zuwächsen an physischer Kraft, sondern nach dem Wissen, wie man die Früchte dessen, was wir bereits besitzen, sichern kann. Die Starken plündern immer noch die Schwachen aus, Nationen und Einzelpersonen gleichermaßen, während im Wachstum des Wissens das liegt, was die ganze Welt verwandt machen würde. Aber das kann nicht geschehen, solange wir nicht verstehen, was falsch ist, noch solange wir einem Wirtschaftssystem geheimnisvolle Kräfte zuschreiben, über die ein Physiker lachen würde.

Angewandte Wissenschaft und Wurzelkunde

Wenn wir uns also von einer weit entfernten Zukunft in die Gegenwart zurückziehen, werden die Stimmen des Marktes irgendwie auf Ohren treffen, die anders hören. Naturwissenschaftler sind von ihrem Temperament her für die Aufgaben der Regierung ungeeignet, aber sie könnten wertvolle technische Beiträge zu den allgemeinen Problemen des Verkehrs, der besseren Nutzung unserer natürlichen Ressourcen und der effizienteren Ausbildung von Arbeitskräften leisten. Der Stickstoff der Luft könnte mit dem Geist des Wasserfalls verbunden werden, um unsere Böden in Friedenszeiten zu düngen, damit wir mehr Männer züchten können, und wiederum, um in Kriegszeiten Hochexplosivstoffe herzustellen, um den Überschuss in die Luft zu jagen, eine wahrhaftige *conditio sine qua non* der modernen Zivilisation. Oder in der Landwirtschaft könnte die Wissenschaft dabei helfen, bessere Weizensorten zu züchten, einen Burgoyne's Fife herzustellen, der den traditionellen Square Head's Master übertrifft und dem Klima besser standhält. Auch in der Entwicklung des Empire mit seinem Reichtum an tropischen Gebieten, die für den weißen Mann unbewohnbar sind, kann nur die Wissenschaft hoffen, die Geißel der Malaria in den Griff zu bekommen und die Verwüstungen der Schlafkrankheit zu lindern, und wenn unsere Beamten Pathologen wären, anstatt krankhafte Studenten der Pathologie der menschlichen Natur, könnte viel erreicht werden. Und wenn man sich ansieht, was eine Regierung ist und wie die Handlungen der Völker durch sachkundige Appelle an ihre Gefühle und ihre Begeisterung beeinflusst werden können, könnte die Psychologie, die jüngste der Wissenschaften, herangezogen werden, um die Menschheit aus dem Morast zu führen, in den sie durch das zu schnelle Wachstum des Wissens gestürzt wurde. Wie der Sog des Lebens, der sich an den Hindernissen bricht, die seine Strömung aufhalten, so dröhnt eine unaufhörliche religiöse Warnung vor dem wissenschaftlichen Geist und seiner Suche nach der Wahrheit um ihrer selbst willen, ohne die es keine Hoffnung auf eine Regeneration der Gesellschaft geben kann.

Wissenschaft und Regierung

Sind wir dem Kern der Sache schon näher gekommen? Das vorliegende Buch befasst sich mit keinem dieser Themen. Es leugnet nicht deren Umfang und Möglichkeiten in diesen Tagen der universellen Bildung und des Wachstums der intellektuellen Interessen, sollte die Zivilisation fortbestehen. Es geht vielmehr um den Unterschied, der sich ergibt, wenn man das Vertraute von einem neuen Standpunkt aus betrachtet. Der Beitrag eines Physikers, der von den physikalischen Wissenschaften ausgeht, hat nichts mit Technologie oder Ingenieurwesen, mit Psychologie oder der Vermittlung des wissenschaftlichen Geistes zu tun, sondern mit dem Problem der Regierung in ihrer höchsten Form! So wie sich in der Biologie der Materialismus als fruchtbar und der Vitalismus als unfruchtbar erwiesen hat, wenn es darum ging, neue Erkenntnisse zu gewinnen, und zwar nicht zuletzt deshalb, weil die Organismen nur Maschinen sind, sondern weil sie, was auch immer sie sonst noch sein mögen, den feststellbaren Gesetzen der Physik und der Chemie gehorchen, so scheint es auch bei den Aufgaben des Regierens zu einer großen Klärung zu führen, wenn man zu ihrer Erhellung die allgemeinen physikalischen Vorstellungen anwendet, die in der unbelebten Welt eine Binsenweisheit sind.

Das Thema war in verschiedenen Entwicklungsstadien bereits Gegenstand zahlreicher öffentlicher Vorträge und Diskussionen sowie von zwei Broschüren.[10] Die Stichhaltigkeit der Argumente und die daraus abgeleiteten Schlussfolgerungen wurden nie öffentlich in Frage gestellt, obwohl sie hinreichend anspruchsvoll sind. Einige haben sich jedoch eine ausführlichere und weniger elliptische Behandlung gewünscht.

Der Versuch, dem gerecht zu werden, führte den Autor sehr viel tiefer in das Thema hinein, als er jemals gehofft oder erwartet hatte, und schließlich, nach seiner eigenen Einschätzung, zu , der endgültigen Lösung des wirtschaftlichen Paradoxons der Zeit. Er kam sich ein wenig vor wie Saulus von Tarsus, der sich in den heiligen Paulus

---

[10] *Cartesianische Ökonomie: The Bearing of Physical Sciences on State Stewardship,* 1922, und *The Inversion of Science and a Scheme of Scientific Reformation,* 1924. Hendersons.

verwandelte, der auszog, um die Ökonomen zu verfolgen, und am Ende, wenn auch nicht, indem er einer von ihnen wurde - sie sind vielleicht nicht ganz so vergebungsfreudig wie frühen Christen -, so doch hoffnungsvoll auf eine endgültige Versöhnung. Zumindest hat er jetzt einen lebhafteren Respekt vor den subtilen Fallstricken, die das Thema in sich birgt, und vor der Unmöglichkeit, sie alle ohne einen Kompass wie das physikalische Erhaltungsgesetz zu umgehen. Hinter dem Gedränge der einzelnen Mitglieder der Gemeinschaft, von denen jeder auf seine eigenen Angelegenheiten bedacht ist, gibt es eine fast unbekannte Wissenschaft der Nationalökonomie, die so weit von einer uneigennützigen Kontroverse entfernt ist wie die Sätze der Geometrie und so einfach ist, wie die Gasgesetze, die von allen Gasen gemeinsam befolgt werden, im Gegensatz zu der unendlichen Komplexität der Gesetze, die das Verhalten der einzelnen Moleküle regeln . Zumindest in diesem wichtigen Bereich sollte es in unserer Zeit keinen Platz mehr für Streitereien geben.

Die Wissenschaftler sind wiederholt aufgefordert worden, an der Lösung der Probleme, die unsere Zeit bedrohen, mitzuwirken. Dies ist ein unautorisierter und individueller Beitrag zu einem Thema, das normalerweise von ihnen tabuisiert wird. Er darf nicht so verstanden werden, als würde er nur die eigenen Studien des Autors zu diesem Thema wiedergeben. Es wäre schade, wenn er in irgendeiner Weise den Ruf des Weitblicks und des edlen Denkens widerspiegeln würde, den die zeitgenössische Wissenschaft als Ergebnis der Arbeit ihrer frühen Pioniere geerbt hat - nachdem sie sicher tot waren.

KAPITEL II

DIE ENTDECKUNGEN DES LEBENS

Entdeckung, Unterbewusstes und Bewusstes

Der Grundton des Zeitalters ist die Entdeckung, und das Leben selbst ist eine Entdeckung. Wenn sie einmal gemacht ist, können unzählige Generationen sie nutzen und damit leben, ohne sich ihrer Natur bewusst zu sein, ohne ihre Lebensweise weiter zu ändern, ja, sie halten sie für die einzig mögliche Art zu leben. Eine andere Entdeckung verdrängt sie, und eine neue Art mit neuen Funktionen tritt in das Schema der Evolution ein. Wie bei der Entstehung der Arten, so verhält es sich auch mit der Ökonomie des Lebens in modernen Gesellschaften, wobei der erste Prozess unendlich langsam verläuft, während der zweite in seiner Schnelligkeit erschreckend ist.

"Niemand kann durch Nachdenken eine Elle zu seiner Größe hinzufügen", und die Entstehung der Arten in der Gemeinschaft spiegelt das scheinbar irrationale unbewusste Wachstum des individuellen Organismus wider. Sie ist inhärent und unabhängig vom Willen. Individuen werden auf geheimnisvolle Weise geboren, entwickeln sich mit schafsähnlicher Treue zu Erwachsenen, atmen, zirkulieren ihr Blut, verdauen ihre Nahrung und scheiden komplexe Enzyme und Hormone aus, deren genaue Beschaffenheit selbst die fähigsten Chemiker verblüfft, unabhängig von ihrem Denkvermögen und gewöhnlich in völliger Unkenntnis der einfachsten Prinzipien der Wissenschaften, für die sie so erstaunliche Beispiele sind. Der Ursprung der Arten ist ebenso rätselhaft.

Der Mensch hat sich scheinbar völlig unbewusst aus der niederen Ordnung der Tiere entwickelt und ist erst seit kurzem darüber informiert.

Betrachtet man hingegen die aufeinanderfolgenden Schritte der Entdeckungen und Erfindungen, durch die sich das wissenschaftliche Zeitalter aus seinem Vorläufer entwickelt hat, so erscheint es völlig anders.

Die Entwicklung der Dampfmaschine und des Automobils aus der Postkutsche, mit unzähligen Erfindern, die sich über jeden winzigen Schritt Gedanken machten, und einigen wenigen, die ihm folgten, scheint so unterschiedlich zu sein wie die Art und Weise, in der zum Beispiel die Amphibien zuerst auf das trockene Land vordrangen und Leben brachten.

Wenn wir jedoch eine umfassendere Sichtweise einnehmen, die mehr mit der eines Biologen vergleichbar ist, der versucht, den Ursprung der Arten zu erklären, gibt es dann wirklich einen so großen Unterschied? Hat James Watt sich selbst so gesehen, wie seine Biographen ihn gesehen haben, als er seine Hand nach dem mächtigen Hebel ausstreckte, der die Zivilisation anheben sollte? Ist sich der Durchschnittsmensch auch nur annähernd bewusst, in welche Richtung er sich bewegt? Vielleicht ist er sich des *Unwohlseins* in der gesellschaftlichen Verfassung zutiefst bewusst, so wie viele fehlende Glieder in der Evolution der Arten sich nicht mehr im Einklang mit ihrer Umwelt fühlten, bevor sie verschwanden. Ein ganzes Jahrhundert lang nach den Entdeckungen, die das Wirtschaftsleben der Welt verändern sollten, blieben die lauteren Menschen nicht nur fast ahnungslos, sondern leugneten sogar, dass überhaupt ein wirklicher Wandel stattgefunden hatte.

Die früheren gröberen Theorien über den Ursprung der Arten - dass dieser auf die winzigen Unterschiede zwischen den Individuen einer Art zurückzuführen ist, die unter der rein unpersönlichen und äußeren Wirkung des Gesetzes des Überlebens des Stärkeren auftreten und durch einen Prozess der natürlichen Auslese zur Entstehung neuer Arten führen - werden von modernen Biologen wahrscheinlich nicht mehr vertreten. Solange wir keine verständliche Theorie des normalen individuellen Wachstums haben, können wir kaum auf eine Erklärung für die großen und scheinbar diskontinuierlichen Abweichungen vom Normalzustand hoffen, die neue Arten hervorgebracht haben. Die Selektion mag neue Wucherungen begünstigen, kann sie aber nicht erklären. Parallel with this earlier view, and the obvious reflection of it, we have the theory that human progress, from the primitive savage to the highly intellectual and powerful races of to-day, has been a sequence of infinitely small steps forced upon the attention of humanity by external necessity, and that it is something like pure chance which among the masses happens to take the step first and so to make the discovery. Eine solche Sichtweise des menschlichen Fortschritts und des Genies trifft sicherlich nicht auf die wissenschaftlichen Entdeckungen der heutigen Zeit zu, sie widerspricht der Erfahrung jedes Lehrers, sie kann nicht auf die Kunst, die Literatur oder die Musik angewandt werden, und sie trifft wahrscheinlich überhaupt nicht auf den menschlichen Fortschritt zu.

Der Entdecker, auch wenn er nicht weiß, wie er eine Entdeckung macht, weiß, dass diese Philosophen noch weniger wissen. Er ärgert sich bitter über die Auffassung der Allgemeinheit, dass Entdeckungen die normalen Früchte des Fortschritts sind, während der Fortschritt im Gegenteil die Frucht der Entdeckung ist, und die Entdeckung kein normales, sondern ein außergewöhnliches Ereignis. Zweifellos fühlten sich die namenlosen Entdecker der Kunst des Schmelzens von Bronze und des Härtens von Stahl nicht besser behandelt. Bis zu einer umfassenderen Erklärung des Ursprungs der Arten können wir unsere Sympathie auf die eher menschenähnlichen Affen ausdehnen.

Wenn wir unsere Aufmerksamkeit auf die reinen Tatsachen richten und nicht auf Theorien, die die Tatsachen zu verwischen scheinen, finden wir sowohl in der biologischen als auch in der menschlichen Geschichte keine Kontinuität, sondern eine Abfolge großer Entdeckungen - ob sie nun allmählich oder langsam gemacht werden, ob durch die Kraft des angeborenen Wachstums oder der Vernunft -, die, wenn sie einmal gemacht sind, die gesamte zukünftige Entwicklung und die Art und Weise der Existenz abrupt verändern. Blickt man mit Augen von Historikern und Ökonomen, die nie eine Entdeckung gemacht haben, oder von Biologen, die noch keine neue Spezies hervorgebracht haben, zurück, so werden alle Schritte verwischt, die langweiligen, ereignislosen Zwischenspiele verblassen, und obwohl der Bericht von einem stetigen, kontinuierlichen Fortschritt spricht, war die Wirklichkeit eine unstete Reihe von Überraschungen. Wenn man nach vorne blickt, hat die Entdeckung viel mehr den Charakter eines unbewussten Wachstums, ähnlich dem, das die Arten hervorbrachte, und so unabhängig vom Bewusstsein der Gesellschaft, wie die Verdauung vom Willen ist. Ob die Natur springt oder nicht, das Leben tut es zweifelsohne.

Der ungebrochene Fluss der Energie von der der unbelebten Welt ins Leben

Wenn Chlorophyll nicht die erste Entdeckung des Lebens war, so muss es doch eine sehr frühe Entdeckung gewesen sein. Es ist zweifelhaft, ob irgendein uns heute bekanntes und wissenschaftlich untersuchtes Leben überleben würde, wenn diese Entdeckung ausgelöscht würde. Denn die grün färbende Materie der Vegetation ist das Tor, durch das die Energie in die lebende Welt eintritt. Das Pflanzenreich ist nach wie vor der einzige Schlüssel zur ursprünglichen Quelle der natürlichen Energie, der Sonne, und alles Lebendige bezieht seine Lebensgrundlage aus dem Pflanzenreich, und zwar durch den Farbstoff Chlorophyll, der als Transformator der Sonnenenergie wirkt.

Es ist seit fast einem Jahrhundert bekannt, aber die Tragweite dieses Wissens wird oft vergessen, dass die gesamte Energie, die die Welt am Laufen hält, mit wenigen und wirtschaftlich unbedeutenden Ausnahmen von der Sonne kommt. Die innere Energie des lebenden Organismus wird weder vom Organismus selbst erzeugt noch durch Vorsehung oder Wucher bereitgestellt. Sie kommt durch die Körper der Pflanzen und der Tiere, die sich wiederum von Pflanzen ernähren, in Form von Strahlung von der Sonne.

Die interne und externe Nutzung von Energie

Es ist zweckmäßig und praktisch, zwischen der inneren Lebensenergie, die den Stoffwechsel aufrechterhält, und der äußeren Energie zu unterscheiden, die ein Tier oder eine Pflanze für die Arbeit an ihrer Umgebung verwenden kann, die Pflanze für die Überwindung des Widerstands gegen das Wachstum ihrer Wurzeln und die Ausbreitung ihrer Zweige, das Tier für die Fortbewegung und andere Bewegungen. Bei Zugtieren und Menschen kann ein großer Teil der gesamten Energie der aufgenommenen Nahrung in die Verrichtung äußerer Arbeit fließen. Ein großer Teil kann wiederum nur zur Überwindung des toten Widerstands verwendet und so in Wärme umgewandelt werden, wie die klassischen Experimente des Grafen Rumford im Jahre 1798 zum kontinuierlichen Sieden von Wasser während des Bohrens von Kanonen durch von Pferden angetriebene Maschinen zeigten, und wie es auch von den meisten primitiven Völkern vor dem Kontakt mit der Zivilisation entdeckt und zum Entzünden von Feuer verwendet wurde. Aber wenn die Arbeit gegen einen aktiven Widerstand geleistet wird, wie beim Heben von Gewichten gegen die Schwerkraft, kann sie als Arbeit in potenzieller Form gespeichert oder akkumuliert werden, die wieder als Arbeit zurückgewonnen werden kann, zum Beispiel, indem man das Gewicht fallen lässt. Genauso wie eine Uhr aufgezogen und mit einem Vorrat an verfügbarer Energie versehen werden muss, bevor sie läuft, muss ein Mensch aufgezogen werden, bevor er eine Uhr aufziehen kann, und die Ökonomie des Lebens befasst sich in erster Linie mit der Art und Weise, in der die Natur den Menschen aufzieht. Die natürliche Tendenz der Energie, sich auf einer Stufe in wertlose Wärme zu verwandeln, muss umgangen werden, damit am Ende etwas Nützliches übrig bleibt, das heißt etwas, das nach Belieben wieder in Arbeit umgewandelt und im Leben verwendet werden kann.

Was nun die innere Energie des Lebens betrifft, so gibt es zwar keine theoretischen Hindernisse für eine künstliche Synthese der Nahrungsmittel, die sie liefern - aus solchen völlig unbelebten Materialien und Kräften wie z.B. Graphit und Wasser und der Energie einer Windmühle -, aber in der Praxis kommt alles immer noch durch die Pflanze. Die enorme Ausdehnung unserer Nahrungsmittelversorgung, die es uns hierzulande heute ermöglicht, eine Bevölkerung zu ernähren, die mindestens fünfmal größer ist als in der vorwissenschaftlichen Ära, wurde *indirekt* durch die rein unbelebten Antriebskräfte bewirkt, die sowohl für den Transport der Produkte aus weit entfernten Ländern als auch für die Ersetzung der menschlichen und tierischen Arbeit im technischen Sinne der körperlichen Arbeit auf dem Bauernhof eingesetzt werden. Darüber hinaus ungenutzte Wasserkraftquellen erschlossen und ein Teil ihrer Energie durch chemische Prozesse gespeichert, um Düngemittel zu erzeugen, die die Produktivität des Bodens erhöhen. Einige dieser Düngemittel liefern der Pflanze bereits energetisierten Stickstoff, den sie nicht selbst produzieren kann, sondern auf bakterielle Parasiten oder auf den natürlichen, spärlichen Nachschub aus der Luft angewiesen ist, der durch die Einwirkung von Blitzen und Radiumstrahlen entsteht.

Hier folgen wir, wie so oft, einem einzigen Faden, weil er kontinuierlich ist - dem Energiefluss in der Natur und wie das Leben ihn nutzt. Das bedeutet nicht, dass andere Faktoren unwichtig oder vernachlässigbar sind, sondern nur, dass sich, wenn wir diesen ununterbrochenen Faden verfolgen, bestimmte physikalische Schlussfolgerungen ergeben, die unabhängig von allen anderen Überlegungen sind und denen das Leben immer entsprechen muss. Im vorliegenden Fall ist beispielsweise ein großer und zunehmender Teil des Verdienstes für eine erhöhte Nahrungsmittelversorgung auf die Arbeit der Biologen bei der Züchtung neuer Weizensorten zurückzuführen.

Möglicherweise werden künftige Menschenrassen ihr inneres Feuer auf die gleiche Weise nähren, wie wir unsere äußere Arbeit mit unbelebter Energie verrichten. Solange jedoch keine völlig neuen Entdeckungen gemacht werden, bleibt die Landwirtschaft die Schlüsselindustrie des Lebens. Alles, was die Wissenschaft zu tun vermochte, war eine indirekte Hilfe. Im Grunde bleibt sie unverändert, als Sammlung des Sonnenlichts durch das Chlorophyll und seine Umwandlung in die chemische Energie von Nahrungsmitteln, entweder direkt oder durch die dazwischenliegende Umwandlungskraft von Tieren. Die Depression, die sie hierzulande ereilt hat, ist eher von lokaler als von weltweiter Bedeutung. Nicht auf diesem Gebiet, sondern nur in Bezug auf die äußere Lebensenergie geht die Wissenschaft heute so weitgehend am Leben vorbei und bedient sich direkt der rein unbelebten Energie, wie sie in der Natur vorkommt, ohne die Notwendigkeit, sie durch lebende Körper zu leiten. Es stimmt, dass Menschen immer noch notwendig sind, auch wenn es jedes Jahr weniger werden, da Routineaufgaben mehr und mehr automatisch von Maschinen erledigt werden. Aber die Funktion hat sich geändert. Der Arbeiter trägt nur noch einen unbedeutenden Teil der Arbeit bei, die von seinem eigenen Körper verlangt wird. Er ist vielmehr dazu da, seine Intelligenz einzubringen. Vom Arbeiter ist er zum Leiter eines künstlichen Prozesses geworden, der die natürliche Tendenz der Energie, sich durch Fleiß statt durch Kraft zu verausgaben, umgeht.

Die Ursprünge der verfügbaren Energie

Die Energielehre lehrt, dass Energie zwar in allen Prozessen erhalten bleibt und weder geschaffen noch vernichtet wird, dass sie aber eine natürliche Tendenz hat, sofort in die nutzlose und unverfügbare Form überzugehen, die das Endziel aller kinetischen Energie ist - nämlich Wärme mit der gleichen Temperatur wie die Umgebung. Das Leben ist bei weitem nicht der einzige Prozess von wirtschaftlicher Bedeutung, bei dem diese Tendenz umgangen wird, aber er ist bei weitem der wichtigste. In dieser Hinsicht sind Maschinen lediglich Imitationen des Lebens, denn sie verfügen alle über eine Art Nachbildung einer Intelligenz, die einen künstlichen Zyklus von

Operationen ausführt, die in erster Linie vom Gehirn des Konstrukteurs ausgewählt wurden.

Heutzutage ist der Prozess, durch den der Ertrag der Sonnenenergie in eine nützliche oder "verfügbare" Form umgewandelt wird, ohne dass das Leben eingreift, der Prozess, durch den die Wasserkraft entsteht, von größter wirtschaftlicher Bedeutung. Ein winziger Bruchteil der Energie, die auf den Ozean fällt, entgeht dem vollständigen Abbau in nutzlose Wärme und verdunstet das Wasser. Durch einen natürlichen Prozess - der jedoch demjenigen, der in der Dampfmaschine künstlich erzeugt wird, sehr ähnlich ist - steigt der Wasserdampf auf und erfährt eine "adiabatische Abkühlung und Ausdehnung". Auf diese Weise verrichtet er nützliche Arbeit, indem er gegen die Schwerkraft aufsteigt. Er kühlt sich beim Aufsteigen ab, bis er als Regen wieder kondensiert, sich in Flüssen sammelt, die Wasserräder und Turbinen auf ihrem Weg zum Meer antreiben. Die Windkraft, die früher in der Schifffahrt und in der Bewässerung und Urbarmachung mittels Windmühlen von größerer wirtschaftlicher Bedeutung war, gehört in eine genau analoge Kategorie.

Es handelt sich jedoch um einen verhältnismäßig sehr unbedeutenden Teil des Sonneneinkommens, der der Wachsamkeit des Lebens in erster Instanz entgeht und ihm somit eine zweite Chance bietet. Der Ursprung der Ölenergie ist zweifelhaft und wird noch einmal erwähnt werden. Die Gezeitenkraft gehört zu der außergewöhnlichen Kategorie, dass sie nicht aus Strahlung gewonnen wird. Sie wird aus der Energie der Umdrehung des Mondes um die Erde und der Rotation der Erde um ihre Achse gewonnen. Aus diesem Grund nehmen die Dauer des Tages und des Mondmonats über säkulare Zeiträume hinweg langsam zu, und am Ende muss der Erdentag mit dem Erdjahr übereinstimmen, so wie bereits der Mondtag mit dem Mondmonat übereinstimmt.

Die Energie von Vulkanen und heißen Quellen stammt aus der inneren Wärme der Erde, deren Ursprung jedoch ebenso zweifelhaft ist wie der Ursprung der Ölenergie, worauf später noch eingegangen wird.

Die physikalische Chemie des Stoffwechsels

Wenden wir uns nun den Hauptenergiequellen in der Natur zu, die durch die Wirkung des Lebens für das Leben verfügbar gemacht werden. Der Teil der Sonneneinstrahlung, der auf lichtundurchlässige

Objekte fällt, wird sofort in Wärme umgewandelt, und schnell danach durch Wärmeleitung in Wärme mit gleichmäßiger Temperatur wie die Umgebung. In dieser Form besteht sie aus der Energie der Bewegung der letzten Moleküle, aus denen die Materie besteht. Als kinetische Energie existiert sie noch in unverminderter Menge, aber sie ist nutzlos. Die fraglichen Bewegungen sind in alle Richtungen verteilt oder perfekt dekoordiniert, während die mechanische Energie im Wesentlichen Energie ist, die in eine bestimmte Richtung des Raums gerichtet ist. Es ist unmöglich, die Richtung wieder zu koordinieren, ohne mehr Arbeit zu verrichten, als gewonnen wird, obwohl, während die Wärme von höherer Temperatur als seine Umgebung ist, kann ihre natürliche Tendenz, in kühlere Objekte zu fließen, genutzt werden, um einen kleinen Teil davon wieder in mechanische Energie umzuwandeln.

Aber wenn die Sonnenenergie auf das Chlorophyll der Vegetation fällt, wird sie nicht in Wärme, sondern in chemische Energie umgewandelt. Nur wenige von denen, die die kühle Erleichterung des Sonnenscheins beim Betreten eines dichten Waldes erlebt haben, sind sich wahrscheinlich bewusst, dass dies auf etwas mehr als nur Schatten zurückzuführen ist. Der Wald ist eine der Einheiten des primären Transformatorenhauses der Natur, das in Bezug auf Effizienz und Umfang alle Werke des Menschen unbedeutend erscheinen lässt. Die Sonnenstrahlen werden nicht mehr in Wärme umgewandelt, indem sie gegen einen undurchsichtigen Widerstand ankämpfen, sondern sie werden, wenn auch nur zu einem kleinen Teil, in einen Vorrat an potenzieller Energie im Holz umgewandelt, der bei der Verbrennung des Holzes wiedergewonnen wird.

In einem völlig rätselhaften, aber rein physikalischen Prozess bringt das Chlorophyll die Energie der Lichtwellen mit den Stoffen Kohlendioxid und Feuchtigkeit der Luft zusammen und erzeugt daraus Sauerstoff und die Kohlenhydrate - Formaldehyd und die vielen Arten von Zucker, Dextrin oder Gummi, Stärke und Zellulose, die in der Reihenfolge ihrer zunehmenden molekularen Komplexität aufgezählt werden. Wie der Name "Kohlenhydrat" schon sagt, bestehen sie alle aus Kohlenstoff und Wasser. Früher hätte man dies für eine chemische Synthese gehalten, die vom lebenden Organismus selbst durchgeführt wird und von ihm abhängt. Heute weiß man jedoch, dass dies auf einen Prozess zurückzuführen ist, den der Chemiker Katalyse nennt, bei dem eine Reaktion, die ohne Verstoß gegen die Energiegesetze stattfinden kann, aber dennoch nicht stattfindet, in Gegenwart einer winzigen Menge einer Substanz, die Katalysator genannt wird, stattfinden kann, die anscheinend selbst nicht reagiert und unverändert bleibt. Buchner stellte 1897 fest, dass ein Hefeextrakt, in dem alle Spuren der lebenden Hefezellen ausgelöscht worden waren, dennoch wie die lebende Pflanze Zucker zu Alkohol vergärte. Die Wirkung ist auf einen Katalysator oder ein Enzym, wie es in der Biochemie allgemein genannt wird, zurückzuführen, *das vom Organismus abgesondert wird*, aber selbst weder organisiert noch lebendig ist. Rein mineralische Substanzen, wie fein verteiltes Platin und andere Metalle, besitzen ähnliche Kräfte bei anorganischen Reaktionen. Obwohl die Wirkung von Chlorophyll wahrscheinlich katalytisch ist, d.h. seine Anwesenheit ermöglicht die Reaktion anderer Substanzen, die in seiner Abwesenheit nicht reagieren, gibt es in diesem Fall die zusätzliche Besonderheit, die dem Prozess seine herausragende Bedeutung verleiht, dass die chemische Reaktion ohne die kontinuierliche Zufuhr von Energie durch das Licht überhaupt nicht ablaufen kann. Das Chlorophyll bewirkt in der Tat die Verbindung von Energie und Materie. Es ist ein photochemisch aktiver Katalysator, der von der lebenden Pflanze abgesondert wird, aber selbst nur eine Substanz ist, die weder organisiert noch lebendig ist.

Bei der Verbrennung von Brennstoffen oder der Aufnahme von Nahrungsmitteln im Stoffwechsel findet genau die umgekehrte Reaktion statt, wie sie das Chlorophyll im Sonnenlicht erzeugt. Die Kohlenhydrate werden durch den Sauerstoff der Luft zu Kohlendioxid und Wasser verbrannt, wobei Energie in Form von Wärme freigesetzt wird. Um die Verbrennung von Kohlendioxid und Wasser in Kohlenhydrate und Sauerstoff wieder rückgängig zu machen, muss die bei der Verbrennung abgegebene Energie wieder zugeführt werden. Genau das tut die Pflanze. Die Energie des Sonnenlichts wird in Gegenwart des Chlorophylls in die toten Verbrennungs- und Stoffwechselprodukte zurückgeführt, der Sauerstoff wird wieder an die Luft abgegeben, und die gebildeten Kohlenstoff- und Wasserverbindungen werden in den Geweben der Pflanze gespeichert.

Eine Welt, die so entstanden ist wie die unsere, nämlich als ein Planet, der während seiner Entwicklung aus einem Nebel von der Muttersonne abgeworfen wurde, kann als zunächst gut "verbrannt" angesehen werden. Zu dem Zeitpunkt, als er sich als Lebensraum eignete, war der gesamte Kohlenstoff, wie man annehmen muss, mit Sauerstoff verbunden. Dies wirft die Frage nach dem Ursprung des Lebens unter einem neuen Blickwinkel auf. Wie kann Chlorophyll entstehen, wenn nicht durch Leben, und wie könnte sich das Leben erhalten, wenn nicht durch Chlorophyll? Denn Chlorophyll ist eine äußerst komplizierte Kohlenstoffverbindung, die von Chemikern vorläufig als aus 55 Kohlenstoffatomen, 72 Wasserstoffatomen, 4

Stickstoffatomen, 5 Sauerstoffatomen und einem Magnesiumatom zusammengesetzt angesehen wird. Sie ist noch nicht künstlich hergestellt worden, und die Art ihrer molekularen Struktur - die immer eine notwendige Vorstufe zu jeder künstlichen Synthese ist - bleibt in beträchtlichem Zweifel. Man kann kaum davon ausgehen, dass diese besondere Verbindung auf natürliche Weise ohne Leben entstanden ist, und doch ist ihre Existenz, wie wir sie kennen, für den Lebensprozess wesentlich. Man kennt braune Varianten davon, wie bei den Braunalgen, die chemisch nicht von den grünen zu unterscheiden sind.

Wir können annehmen, dass das Leben mit einfacheren photochemisch aktiven Katalysatoren als Chlorophyll begann und möglicherweise sogar zunächst rein mineralische Substanzen als Katalysatoren verwendete. Soweit wir jedoch den Ursprung des Lebens zurückverfolgen können, bedient es sich bereits einer äußerst komplexen und eigentümlichen Substanz, um die benötigte Energie aus dem Sonnenlicht zu gewinnen, und zwar durch eine im Grunde sehr bemerkenswerte, ja fast einzigartige Wirkungsweise. Der gesamte Bereich der Chemie und Biochemie bietet kaum eine Parallele. Sicherlich gibt es kein chemisches Produkt, das industriell in einem Verfahren hergestellt wird, das den natürlichen Methoden zur Herstellung von Stärke und Zellulose entspricht.

Wir hören so oft von den praktischen Erfolgen der Chemie, dass es den Leser überraschen mag , dass noch kein Chemiker auch nur die rudimentärste Theorie darüber hat, warum eine chemische Veränderung überhaupt stattfindet. Die Aussage, dass die Verbrennungsprodukte durch die Energie des Sonnenlichts in Gegenwart des photochemisch aktiven Katalysators Chlorophyll in Kohlenhydrate und Sauerstoff aufgespalten werden, ist eine Beschreibung, keine Erklärung.

Wir sind jedoch so weit, dass wir *vermuten*, dass, bevor *überhaupt eine* chemische Veränderung stattfinden kann, ein vorbereitender Prozess der "Aktivierung", wie man es nennt, der reagierenden Moleküle stattfinden muss, und dass Strahlung im Allgemeinen das Mittel ist, das das normale, chemisch inaktive Molekül in eines verwandelt, das mit einem anderen reagiert, wenn es seinen Weg kreuzt. Die Sonnenstrahlung befindet sich in der Mitte des langen Spektrums der Strahlung, das von den Wellen der drahtlosen Übertragung auf der langen Seite der Wellenlänge bis zu den Röntgenstrahlen von Röntgen und den *y-Strahlen* des Radiums auf der kurzen Seite reicht. Wir neigen dazu zu vergessen, dass alle bekannten Substanzen heiß sind, in dem Sinne, dass ein kalter Körper ein Körper ohne jegliche Wärmeenergie ist - das ist einer mit dem unerreichbaren absoluten Nullpunkt der Temperatur, -273° C. Alle strahlen, wie die Sonne, Energie aus. Die Menge bei gewöhnlicher Temperatur ist sehr gering, und die Wellenlänge der Strahlen liegt auf der langen Seite des sichtbaren Lichtbereichs. Das heißt, die Strahlung besteht aus dunklen Wärmestrahlen, bis wir die Temperatur der sichtbaren roten Wärme erreichen. Einige moderne Theorien chemischer Veränderungen sehen in dieser Dunkelstrahlung das aktivierende Agens, das selbst den gewöhnlichsten und spontansten chemischen Reaktionen vorausgeht. Wenn sich diese Ansicht als begründet erweist, wird jede chemische Reaktion zu einem Analogon der von der Pflanze bewirkten. Das ganze Thema ist selbst eine Illustration dafür, wie das Leben intuitiv zu Entdeckungen kommt, die der Verstand erst lange Zeit später und unter größten Schwierigkeiten macht.

Kohle und Öl

In früheren Jahren, so sagen uns die Geologen, entstand das Leben im Meer und drang von dort aus auf das Land vor. Lange bevor die tierische Evolution sehr weit fortgeschritten war, gedieh die Vegetation in Form von riesigen Baumfarnen, deren versteinerte Überreste heute unsere Kohleflöze liefern, in übermäßiger Fülle. In diesem Zeitalter, dem Karbon, muss die Temperatur höher und der Gehalt an Kohlendioxid und Wasserdampf in der Luft höher gewesen sein als heute. Unter diesen Bedingungen wurden die immensen Energiereserven, von denen die moderne Zivilisation fast vollständig abhängt, abgelagert und angesammelt. Diese Akkumulation ist ausschließlich das Werk des Lebens. Soweit bekannt ist, geschieht heute nichts dergleichen, und die menschliche Entwicklung, wie wir sie kennen, hängt vollständig von einer günstigen Verkettung biologischer und geologischer Ereignisse ab, die vor unzähligen Jahren stattfanden.

Der Ursprung der Mineralöle ist ungewiss. Sie bestehen im Wesentlichen aus Verbindungen von Kohlenstoff und Wasserstoff, den Kohlenwasserstoffen. Es gibt im Großen und Ganzen zwei wahrscheinliche Ursprünge, die beide funktioniert haben können. Aufgrund des häufigen Vorkommens von Spuren von Meeresorganismen in natürlichem Öl wurde vermutet, dass es aus der Zersetzung und anschließenden Umwandlung unter Hitze und Druck von Fischresten entstanden sein könnte, die in früheren Zeiten die Meere in größerem Umfang als heute bevölkert haben könnten. Ohne speziell auf den tierischen Ursprung zu verweisen, ist es durchaus denkbar, dass pflanzliche Überreste, ähnlich wie Kohle, in der Erde günstige Bedingungen für die Umwandlung in Öl vorfinden. Ein modernes technisches Verfahren, das sich noch im Versuchsstadium befindet und als "Berginisierung" von Kohle bezeichnet wird, verwandelt pulverisierte, mit Teer vermischte Kohle in Öl, indem es mit Wasserstoff unter großem Druck auf eine hohe Temperatur erhitzt wird.

Auf einen rein anorganischen Ursprung deuten dagegen die Arbeiten von Moissan über die Metallcarbide hin, die bei der Temperatur des Elektroofens durch Erhitzen von Metallen oder deren Oxiden mit Kohlenstoff entstehen. So ist Calciumcarbid, das durch Erhitzen von Kalk und Koks gewonnen wird, allgemein als Quelle des gasförmigen Kohlenwasserstoffs Acetylen bekannt, wenn es mit Wasser in Berührung kommt. Andere Metallkarbide liefern auf die gleiche Weise andere Kohlenwasserstoffe, und aus Urankarbid wurde ein Gemisch flüssiger Kohlenwasserstoffe gewonnen, das in Charakter und Zusammensetzung dem natürlichen Erdöl sehr ähnlich ist. Es ist fast sicher, dass tief im Erdinneren Bedingungen hoher Temperatur und hohen Drucks herrschen, die die Bildung solcher Karbide aus ihren Bestandteilen, sofern vorhanden, bewirken würden. Wenn dies der Fall ist, kann die Produktion von Petroleum durch das anschließende Eindringen von Wasser als legitim angesehen werden.

Solar- und Atomenergie

Der Punkt ist von einigem Interesse, da nach der ersten Theorie der Ursprung der Energie des Erdöls das Sonnenlicht ist, und nach der zweiten die innere Wärme der Erde. Diese wiederum wurde in den älteren Auffassungen als Teil der ursprünglichen Hinterlassenschaft der Sonnenwärme betrachtet, als die Erde von einer noch gasförmigen Sonne ausgestoßen wurde. Nach moderner Auffassung, die von Joly entwickelt wurde, wird die innere Wärme der Erde jedoch durch den Prozess der Radioaktivität kontinuierlich aufrechterhalten. Wenn dies der Fall ist, erhält das Öl nach der zweiten Theorie seine Energie aus dem Atom. Seine Verwendung stellt somit einen frühen Schritt in der Emanzipation des Lebens von der vollständigen Abhängigkeit von der Sonnenenergie dar. Dasselbe gilt für kleine Nutzungen der inneren Erdwärme, die der Mensch wahrscheinlich schon immer praktiziert hat, so wie die Maoris von Whakarewarewa heute die heißen Quellen für alle häuslichen Bedürfnisse nutzen. Die Isländer vonbauen mit ihrer

Hilfe sogar Gemüse an, das das Klima sonst nicht zulassen würde. Ein weiteres Beispiel ist die Boraxindustrie in der Toskana, wo der Dampf der *Suffioni* zum Verdampfen des Wassers aus boraxhaltigen heißen Quellen verwendet wird.

In der Tat wurde während des Krieges die Nutzung dieser Energie zur Stromerzeugung in größerem Umfang in Aussicht gestellt, da Kohle in Italien sehr knapp war. Es wurde sogar - nicht ganz chimärisch - vorgeschlagen, dass, wenn die Kohle versagt, die innere Wärme der Erde in großem Umfang genutzt werden könnte, indem man ausreichend tiefe Brunnen bohrt und Wasser unter Druck durch sie zirkulieren lässt, um es in Dampf umzuwandeln.

Was die Energie der Sonne selbst anbelangt, so scheint es wenig Grund zu geben, daran zu zweifeln, dass sie ebenfalls auf atomare Energie zurückzuführen ist. Zwar sind die Radioaktivität und die bekannten Zerfallsprozesse von Atomen viel zu speziell und begrenzt, um solch immense Vorräte zu liefern. Andererseits hat die Relativitätstheorie ein neues Konzept für die Beziehung zwischen Energie und Materie eingeführt, das, obwohl es noch keine experimentelle Bestätigung gibt, als die einzig wahrscheinliche Erklärung für die Aufrechterhaltung der verschwenderischen Energieentwicklung von Sonne und Sternen über kosmische Epochen hinweg angesehen wird. Diese Theorie vereint die Gesetze der Energie- und der Materieerhaltung in dem Sinne, dass die Materie nur dann erhalten bleibt, wenn ihre Energie unverändert bleibt, und dass die Energie nur dann erhalten bleibt, wenn die Masse unverändert bleibt. Jeder Energieverlust eines Systems geht mit einem tatsächlichen Masseverlust einher, der allerdings verschwindend gering ist und noch nicht durch Experimente nachgewiesen werden kann. Bei der Vernichtung von Materie, wenn sie denn stattfinden könnte, würde eine Energie auftreten, die doppelt so groß ist wie die verlorene Masse, die sich mit Lichtgeschwindigkeit bewegt. Der Verlust an Masse ist im Verhältnis zur entstehenden Energie zu gering, als dass er bisher nachgewiesen werden konnte, selbst bei den stärksten bekannten energetischen Veränderungen. Es wird angenommen, dass die kosmische Energie die Folge eines langsamen Prozesses der materiellen Vernichtung ist.

Aus den Ergebnissen der Sternspektroskopie geht hervor, dass Sterne zu Beginn ihrer glühenden Karriere aus Wasserstoff und Helium bestehen und dass erst später die schwereren Elemente in Erscheinung treten. Daraus lässt sich schließen, dass die schwereren Elemente durch

Kondensation aus den leichteren entstanden sind. Wenn wir vom Standpunkt der modernen Ansichten über die atomare Struktur einen Fall nehmen und annehmen, dass das Gas Wasserstoff in der Sternwirtschaft eine Kondensation zu Helium erleidet, so dass vier Atome des ersteren zu einem Atom des letzteren verschmelzen, würde dieser Prozess allein weit reichen, um den Ursprung der kosmischen Energie zu erklären. Denn bei einer solchen Kondensation zu Helium würden die vier Wasserstoffatome einen Massenverlust von etwa drei von vierhundert Teilen erfahren, wobei das Atomgewicht von Wasserstoff 1,0075 beträgt, das von Helium 4,000. Auf eine solche Quelle beruft sich der moderne Kosmogonist. Man kann davon ausgehen, dass die *früheren* Stadien in der Entwicklung der Elemente - wie das letzte Stadium, das Aufbrechen der komplexesten Elemente in Radioaktivität - eher Energie liefern als erfordern.

Die Zivilisation versucht, den Fluss der Energie aus der Nähe ihrer Quelle

Nachdem wir uns kurz mit den Energiequellen in der Natur befasst haben und damit, wie sie zunächst für das Leben verfügbar werden, stellen die folgenden Schritte keine Neuheit dar. Das gesamte Tierreich unterscheidet sich vom Pflanzenreich dadurch, dass es völlig unfähig ist, natürliche unbelebte Energie in seinem inneren Stoffwechsel zu nutzen. Diese muss zunächst in den Geweben der Pflanzen gespeichert werden, von denen sich die Pflanzenfresser ernähren. Die Fleischfresser (Carnivora) sind einen ähnlichen Schritt weiter von der ursprünglichen Quelle entfernt, und die Omnivora haben wie der Mensch zwei Saiten in ihrem Bogen. Von der Jagd und dem Jagen entwickelte sich der Mensch mehr und mehr zur Domestizierung von Tieren, nicht nur zur Nahrungsgewinnung, sondern auch zur Gewinnung von Wolle, Leder und den Rohstoffen für Kleidung. In sesshafteren Zeiten führte dieselbe Tendenz zum Ackerbau und zur bewussten Kultivierung natürlicher Pflanzen sowohl zur Nahrungsgewinnung als auch zur Gewinnung von Rohstoffen. Vom energetischen Standpunkt aus gesehen kann der Fortschritt als eine sukzessive Beherrschung und Kontrolle von Energiequellen betrachtet werden, die immer näher an der ursprünglichen Quelle liegen.

Wir können versuchen, die wichtigsten Fakten dieser Untersuchung in etwa wie folgt zu übersetzen.

Das Diagramm stellt den Energiefluss in der Natur von links nach rechts dar. Die Linie, die von der Sonnenenergie zum Menschen verläuft, ist die Linie, die das Leben intuitiv durch die ihm innewohnende Eigenschaft des eigenen Wachstums entwickelt hat. Die Linien, die von rechts nach links verlaufen, zeigen die Richtungen an, in die der Mensch bewusst gegriffen hat, um die Vorräte zu vergrößern und zu kontrollieren, und die Tendenz des Fortschritts, das Leben mehr und mehr aus dem Wirtschaftssystem herauszukürzen.

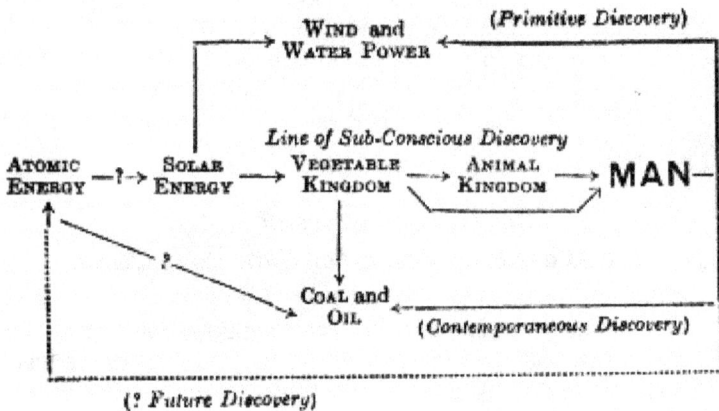

KAPITEL III

DIE GRUNDLAGE DER VOLKSWIRTSCHAFT

Der Kampf um Energie.

Obwohl es vor einem Jahrhundert noch nicht verstanden wurde und obwohl die Anwendungen dieses Wissens auf die Ökonomie des Lebens noch nicht allgemein bekannt sind, ist das Leben in seinem physischen Aspekt im Grunde ein Kampf um Energie, bei dem eine Entdeckung nach der anderen das Leben in neue Beziehungen zur ursprünglichen Quelle bringt. Die evolutionäre Entwicklung war parasitär, immer höhere Organismen entstanden und erhielten die erforderlichen Energievorräte, indem sie sich von den niedrigeren ernährten. Doch mit dem Menschen und der Entwicklung der bewussten Vernunft kehrt sich dieser Prozess in Bezug auf die Energie um. Nach und nach wird das Gerüst, auf dem er aufgestiegen ist, abgeworfen, und er greift bewusst immer weiter zurück zu den ursprünglichen Energiequellen seines Lebens. In der gegenwärtigen Phase, im zwanzigsten Jahrhundert, kann der größte Teil der äußeren Lebensarbeit besser von Maschinen erledigt werden, die mit Brennstoff gespeist werden. In dieser Richtung gibt es immer noch eine rasante Entwicklung, auch wenn sie ihre aktivste Zeit wahrscheinlich schon hinter sich hat. Solange die Brennstoffvorräte reichen, gibt es buchstäblich keine Grenze für die Produktion von lebensnotwendigen Gütern, die auf diese Weise hergestellt werden können, wie im ersten Kapitel angedeutet wurde, wenn die finanziellen Beschränkungen außer Kraft gesetzt würden, wie es während des Krieges der Fall war. Da Holz und ähnliche Rohstoffe in Hülle und Fülle vorhanden sind, umfasst diese Klasse von Produktionsgütern die meisten der für den

Lebensunterhalt erforderlichen Zubehör- und Luxusartikel, von Häusern und Möbeln bis hin zu Kraftfahrzeugen und Funkgeräten. Sie umfasst praktisch alle Werkzeuge, Gebäude und Anlagen, die für Produktion, Transport und Kommunikation notwendig sind. Auf diese *Produktionsmittel* beschränkt sich im Folgenden der chamäleonartige Begriff *Kapital*.

Bei den Lebensmitteln und Rohstoffen aus ökologischem Landbau ist die Produktivitätssteigerung zwar praktisch enorm und kaum weniger wichtig als in den anderen Kategorien, wird aber nur indirekt durch den neuen Schritt begünstigt. Die Lebensmittel werden im Wesentlichen immer noch vollständig durch den ursprünglichen landwirtschaftlichen Prozess erzeugt. Dies gilt auch für Rohstoffe pflanzlichen und tierischen Ursprungs, wenngleich viele von ihnen durch künstliche Ersatzstoffe der einen oder anderen Art ersetzt werden können, wenn die natürlichen Produkte nicht erhältlich sind.

Die allgemeinen Lehren der Thermodynamik

Betrachten wir kurz die großen Verallgemeinerungen vom Anfang des letzten Jahrhunderts in Bezug auf die Energie, die nicht nur für Maschinen, sondern mit gleicher Strenge für Lebewesen und das Leben von Gemeinschaften gelten. Sie werden gewöhnlich als der Erste und Zweite Hauptsatz der Thermodynamik bezeichnet, wobei der Name an ihren Ursprung erinnert. Sie wurden in erster Linie für die Beziehungen zwischen Wärme und Arbeit bzw. zwischen thermischer und mechanischer Energie anerkannt. Die Grundsätze gelten jedoch universell für Wärme und jede Form von Energie. Die Sprache überholt die Ideen erst mit großer Verspätung, und die Ideen gehen den sprachlichen Bezeichnungen für sie zeitlich voraus. Die formalen Definitionen der Gesetze der Thermodynamik würden denjenigen, die sie noch nicht kennen, überhaupt keine Vorstellung von ihrem Charakter vermitteln, während den beschreibenden Aussagen die Präzision und Universalität der allgemeinen Vorstellung fehlt. Diese Gesetze sind in erster Linie Ausdruck von Erfahrungen, die nach ihrer Feststellung durch Experimente in neuen und noch unerprobten Bereichen gründlich und erschöpfend geprüft wurden, aber sie sind nicht so, dass man sie einfach aus ersten Prinzipien ableiten könnte.

Die Unmöglichkeit von *Perpetuum Mobile-Maschinen* oder *Menschen*

Das erste Gesetz ist leicht zu verstehen und ist nichts anderes als eine Erklärung des Gesetzes zur Erhaltung der Energie. Es verneint die Möglichkeit eines Perpetuum mobile, in dem jede Antriebskraft - ob Maschine, Molekülsystem oder Mensch - aus dem Nichts weiter Arbeit leisten kann, ohne dass eine entsprechende Energiemenge zugeführt wird. Ein Auto, das ohne Benzin fährt, oder ein Mensch, der ohne Nahrung lebt, wären Beispiele dafür. Die Formen, die die physikalische Energie annimmt, sind zahlreich, aber alle Formen können in Wärmeenergie umgewandelt und als solche gemessen werden, so wie jedes Konto zum Zweck der Abrechnung in £ Sterling umgewandelt werden kann, unabhängig von der ursprünglichen Währung. Die wissenschaftliche Einheit der Wärmeenergie ist also die Kalorie.[11] Die Kalorie ist die Wärmemenge, die erforderlich ist, um ein Kilogramm Wasser um 1° Celsius (oder 1 Pfund Wasser um 1,023° Fahrenheit) zu erwärmen. Die britische Einheit für Arbeit oder mechanische Energie ist das Fußpfund, die metrische Einheit das Kilogramm-Meter. Sie stellen die Arbeit dar, die beim Anheben des Gewichts über die angegebene Strecke verrichtet wird, oder die kinetische Energie, die das Gewicht besitzt, wenn es aus dieser Entfernung frei unter der Schwerkraft gefallen ist. Die Einheit der Leistung, die als Pferdestärke bezeichnet wird, ist die Leistung, die erforderlich ist, um 550 Pfund einen Fuß in *einer Sekunde* zu heben, oder 1 Pfund 550 Fuß in einer Sekunde, oder 1 Pfund einen Fuß in 1/550stel einer Sekunde. Die Pferdestärken-Stunde ist die Arbeit, die von einer Pferdestärke in einer Stunde verrichtet wird, und beträgt etwa zwei Millionen foot-pounds. Wenn die Arbeit gegen einen toten Widerstand verrichtet und somit vollständig in Wärme umgewandelt wird, ohne dass etwas davon in potenzieller Form gespeichert wird, wie beim Heben eines Gewichts, werden von einer Pferdestärke pro Stunde 653,6 Kalorien erzeugt. Oder eine Pferdestärke-Stunde entspricht 653,6 Kalorien. In ähnlicher Weise lässt sich die Energie der Nahrungsmittel berechnen, die erforderlich

---

[11] Bei der Schreibweise mit kleinem *c* wird eine Einheit angegeben, die tausendmal kleiner ist.

sind, um einen durchschnittlichen erwachsenen Mann ein Jahr lang zu ernähren. Sie beträgt etwa eine Million Kalorien.

Diese Wärmemenge wird abgegeben, wenn die Nahrung verbrannt wird. Ein kleiner Teil der vom Menschen verzehrten Nahrung kann als Arbeit in Form von Arbeit und Fortbewegung abgegeben werden, aber der größte Teil davon erscheint immer als Körperwärme. Als Arbeitsmechanismus kann der Mensch sehr effizient sein, wenn man den Teil des Energiewerts seiner Nahrung betrachtet, der als Arbeit erscheint.

Dieser Wert übersteigt manchmal 30 %, und die besten Dampfmaschinen erreichen nur selten diesen Wirkungsgrad.

Das erste Gesetz ist als Energieerhaltungssatz im Wesentlichen quantitativ. Es sagt nichts über die Qualität oder den Nutzen der verschiedenen Arten von Energie aus. An sich bestätigt oder leugnet es weder die physikalische Möglichkeit, Kuchen zu essen und ihn trotzdem zu haben, denn anstelle der Energie der Nahrung, wenn sie gegessen wird, haben wir ein Äquivalent von Wärmeenergie.

Dies ist der Bereich des Zweiten Gesetzes, das die natürliche Richtung berücksichtigt, in der Energie dazu neigt, sich umzuwandeln, nämlich von Nahrungsenergie in Abwärme-Energie durch Verbrauch oder Zerfall, nicht von Abwärme-Energie in Nahrungsenergie, was ein unnatürlicher Prozess wäre . Ein unnatürlicher Prozess in diesem Sinne ist nicht notwendigerweise physikalisch unmöglich, aber er ist immer ökonomisch unmöglich, um Arbeit zu sparen, d.h. um dieselbe Energie zweimal zu verwenden, oder, allgemeiner, um zu einem *Perpetuum mobile* zu gelangen, indem man dieselbe Energie immer wieder und unendlich oft einsetzt.

In ihrer praktischen Bedeutung ist die Energie selbst nicht von Bedeutung. Wichtig ist allein der Fluss der Energie von einer Form zur anderen und von einem Ort zum anderen. Dieser Fluss erfolgt immer in eine natürliche Richtung und kann nur umgekehrt werden, indem man sozusagen mehr Energie stromabwärts fließen lässt als aufwärts fließt. Wie diese Analogie andeutet, hat ein Energiefluss einige der Eigenschaften eines Flusses, und in der Tat wurden die Gesetze der Thermodynamik ursprünglich auf der damals vorherrschenden Auffassung von Wärme als tatsächlicher Flüssigkeit erarbeitet. Als später die kinetische Sichtweise - dass Wärme auf die dekoordinierte Bewegungsenergie der einzelnen Moleküle der Materie zurückzuführen ist - allgemein wurde, war der zweite Hauptsatz der Thermodynamik nicht mehr so einfach aus den ersten Prinzipien abzuleiten.

Beispielhafte physikalische Prozesse

Es ist leicht, sich einen Prozess vorzustellen, bei dem z. B. Gewichte durch den Fall schwerer Gewichte entgegen der Schwerkraft nach oben befördert werden . Ungefähr zu der Zeit, als die Dampfmaschine in den allgemeinen Gebrauch kam, wurde eine Methode zur Verrichtung menschlicher Arbeit entdeckt, die weitaus effizienter ist als jede andere. Sie wurde beim Bau einiger Festungsanlagen in Paris angewandt und wäre ohne die Dampfmaschine wahrscheinlich schon sehr weit verbreitet gewesen. Der Arbeiter arbeitet, indem er eine Treppe hinaufsteigt und an einem Seil, an dem die zu hebende Last befestigt ist, die nur wenig weniger als sein eigenes Gewicht beträgt, wieder hinabsteigt. Auf diese Weise kann er ein Vielfaches der Arbeit leisten, die er mit einer Schubkarre oder mit einer der älteren Methoden erledigen kann.

Die Leichtigkeit, mit der alle anderen Energieformen dazu neigen, in Wärmeenergie überzugehen, geht mit der Schwierigkeit einher, diesen Prozess umzukehren. Wärme neigt dazu, von einer Region mit höherer Temperatur zu einer mit niedrigerer zu fließen, so wie Wasser dazu neigt, bergab zu fließen. Den Prozess umzukehren ist so, als würde man Wasser bergauf fließen lassen - ein künstlicher Prozess, der *neben* einem mechanischen Gerät, bzw. einer Pumpe oder einer Kälteanlage, auch *den Einsatz von Arbeit* erfordert. Es ist leicht einzusehen, warum man Arbeit aufwenden muss, um Wasser bergauf zu pumpen, denn man kann die Arbeit wieder zurückbekommen, wenn man das hochgepumpte Wasser bergab fließen lässt. Aber in abgewandelter Form gilt das Gleiche für einen Wärmestrom . Ein Perpetuum mobile der zweiten Art, wie es genannt wird, würde nicht gegen den ersten Erhaltungssatz verstoßen, wohl aber gegen den zweiten Nützlichkeitssatz. Eine solche Maschine wäre das Äquivalent zu einem Menschen, der Nahrung zu sich nimmt und sie in Kohlendioxid, Wasser und Wärme umwandelt, um dann die gewonnene Wärmeenergie wieder in das Kohlendioxid und das Wasser zu stecken und die Nahrung erneut herzustellen. Die Pflanze tut dies nicht mit verbrauchter Wärmeenergie, sondern mit frischer Strahlungsenergie, und die Strahlungswärme eines Körpers mit hoher Temperatur ist, obwohl sie dem Namen nach der Wärmeenergie ähnelt, eine sehr hochwertige und sehr verfügbare Form von Energie, die am entgegengesetzten Ende der Skala zur Wärmeenergie mit niedriger Temperatur steht, in die sie auf natürliche Weise abgebaut wird.

In der Dampfmaschine wird die natürliche Tendenz der Wärme, von einer höheren zu einer niedrigeren Temperatur zu fließen, genutzt, um den unnatürlichen Prozess der Umwandlung von Wärme in Arbeit durchzuführen. Jeder natürliche Prozess - sei es der Fluss von Wasser bergab, der Fluss von Wärme von einem heißen Körper zu einem kühleren oder der Fluss eines Gases von einem höheren Druck zu einem niedrigeren - kann, zumindest theoretisch, so gelenkt und durchgeführt werden, dass zumindest ein Teil des Energieflusses in mechanische Energie oder Arbeit umgewandelt wird. Wie viel davon umgewandelt werden kann, ist jedoch für verschiedene Energiearten unterschiedlich. Abgesehen von den zufälligen Verlusten, die auf die Unvollkommenheiten eines jeden Mechanismus - seine Reibung, seinen Widerstand usw. - zurückzuführen sind und die durch bessere und "idealere" Vorrichtungen unbegrenzt verringert werden können, lassen sich einige Energieströme vollständig in Arbeit umwandeln, andere nur teilweise. Ein Elektromotor wird - abgesehen von den erwähnten Verlusten - die elektrische Energie, die ihm zugeführt wird, vollständig in mechanische Energie umwandeln , und selbst in der Praxis sind sehr hohe Wirkungsgrade von über 90 Prozent erreichbar. Aber ein Wärmestrom kann auch unter "idealen" Umständen nie mehr als teilweise in Arbeit umgewandelt werden. Vernachlässigt man, wie zuvor, alle zufälligen Verluste aufgrund praktischer mechanischer Unzulänglichkeiten, wird der maximale Anteil eines Wärmestroms, der in Arbeit umgewandelt werden kann, durch das Zweite Gesetz in seiner quantitativen Form wie folgt angegeben: [12]

Beim Wärmestrom von einer höheren Temperatur, $T1°$ A., zu einer niedrigeren Temperatur, $T2°$ A., sind von jeder $T1$-Wärmeeinheit $T2$-Einheiten nicht umwandelbar und müssen als Wärme unverändert

---

[12] Anmerkung zur absoluten Temperaturskala: Der reale oder absolute Nullpunkt der Temperatur, ausgedrückt in der Celsius-Skala, liegt bei -273 °C. Das bedeutet, dass die Materie bei dieser Temperatur überhaupt keine Wärmeenergie besitzt. Die absolute Temperaturskala wird von der Celsius-Skala abgeleitet, indem einfach 273° hinzugefügt werden. Somit sind 15° C. 288° A.

bleiben, welcher Prozess auch immer betrachtet wird; aber es gibt die *Gelegenheit* oder *Möglichkeit* - die nie leicht und oft praktisch unmöglich zu verwirklichen ist -, T1 - T2-Einheiten höchstens in mechanische Energie durch geeignete mechanische und andere Vorrichtungen umzuwandeln. So kann eine Dampfmaschine, die mit Frischdampf von 200° C. (473° A.) gespeist wird und den Dampf mit 40° C. (313° A.) an den Kondensator abgibt, in der Praxis - abgesehen von allen Verlusten durch Reibung und andere Widerstände und Unvollkommenheiten - nie mehr als 160/473, also etwa ein Drittel der ihr zugeführten Wärmeenergie in Arbeit umwandeln. Der Verbrennungsmotor, bei dem die Wärmeenergie durch die Explosion von Gasgemischen bei Temperaturen in der Nähe der weißen Hitze (2.000° A.) geliefert wird, ist thermisch weitaus "effizienter" als jede Dampfmaschine.

Als Beispiel für einen praktischen Prozess, bei dem der natürliche Energiefluss - zu einem bestimmten praktischen Zweck - umgekehrt wird, sei die Kühlung genannt, die im Wesentlichen darin besteht, Wärme aus einem kalten Körper in einen wärmeren Körper zu pumpen, wobei letzterer normalerweise die Temperatur der Umgebungsluft hat. Bei diesem Prozess muss genauso viel Arbeit aufgewendet werden wie beim Hochpumpen von Wasser aus einem Brunnen in den Boden. In der Praxis wird die Kälteerzeugung dadurch erreicht, dass zunächst die zu verrichtende Arbeit genutzt wird, um ein Gas zu komprimieren, wobei diese Arbeit in Wärme umgewandelt wird (die natürliche Richtung des Energieflusses), so dass das Gas heiß wird. Das heiße komprimierte Gas wird auf die Temperatur der Umgebung abgekühlt (wiederum die natürliche Richtung des Energieflusses).

Dann lässt man das komprimierte Gas expandieren und verrichtet Arbeit, was die Umkehrung des ersten Prozesses ist. Das Gas wird unter die Temperatur der Umgebung abgekühlt, weil ihm die Arbeit, die es verrichten soll, auf Kosten seiner Wärmeenergie entzogen wird. Auf diese Weise wird paradoxerweise zunächst Arbeit in Wärme umgewandelt, um zu einem späteren Zeitpunkt die Möglichkeit zu haben, Wärme in Arbeit umzuwandeln. Aber wenn man nicht zuerst Arbeit aufwendet, um das Gas entgegen seiner natürlichen Tendenz zur Ausdehnung zu komprimieren, könnte man später diese natürliche Tendenz der Gase zur Ausdehnung nicht nutzen, um die natürliche Abneigung der Wärme, sich in Arbeit zu verwandeln, zu überwinden.

Obwohl Wärme kein materielles Fluid ist, entspricht das Zweite Gesetz in etwa dem, was es wäre, wenn es so wäre und wenn die

Temperatur der Wärme über ihrer Umgebung der Höhe des Fluids über dem Wasserspiegel entspräche. Um Wasser aus einem Brunnen zu heben, ist Arbeit erforderlich, und um einen Stoff zu kühlen, ist Arbeit erforderlich. Die Aufgabe, die Abwärmeenergie von gleichmäßiger Temperatur in Arbeit umzuwandeln, ist wie der Versuch, Wasserkraft aus dem Ozean zu gewinnen. Der absolute Nullpunkt des Wasserspiegels wäre der Mittelpunkt der Erde, und der absolute Nullpunkt der Temperatur oder des Wärmeniveaus wäre -273°C. Aber Ausgänge zum Erdmittelpunkt und Kondensatoren am absoluten Nullpunkt sind nicht möglich, und in jedem Fall liegt der praktische Nullpunkt weit darüber, nämlich im einen Fall beim Meeresspiegel und im anderen Fall bei der Temperatur der Erde.

Reichtum als eine Form oder ein Produkt von Energie
Seine unbeschränkte Produzierbarkeit

Wir kommen also zu dem Schluss, dass jede Art von Perpetuum mobile unmöglich ist.

Ein ständiger Strom frischer Energie ist für das kontinuierliche Funktionieren eines jeden funktionierenden Systems, ob belebt oder unbelebt, erforderlich. Das Leben ist zyklisch, was die verbrauchten materiellen Stoffe betrifft, und dieselben Stoffe werden im Stoffwechsel immer wieder verwendet. Was jedoch die Energie betrifft, so ist sie unidirektional, und eine kontinuierliche zyklische Nutzung von Energie ist nicht einmal denkbar. Wenn wir Energie zur Verfügung haben, können wir das Leben aufrechterhalten und alle notwendigen materiellen Voraussetzungen schaffen. Deshalb sollte der Energiefluss das Hauptanliegen der Wirtschaft sein. In einer Welt, die über ausreichende Energievorräte, wissenschaftliche Erkenntnisse und Erfindungen zu ihrer Nutzung sowie über Arbeitskräfte verfügt, die fähig und willens sind, die notwendigen Aufgaben und Dienstleistungen zu erbringen, sind Armut und Elend rein künstliche Einrichtungen, die auf Unkenntnis der Regierungsprinzipien zurückzuführen sind und aktiv, wenn nicht sogar absichtlich, zu Klassenzwecken durch gesetzliche Konventionen gefördert werden, die Reichtum mit Schulden verwechseln. Unter jedem wissenschaftlichen Regierungssystem würden sie verschwinden wie die Pocken und die Malaria, und zwar eher durch vorbeugende als durch lindernde oder heilende Maßnahmen.

Diejenigen, die sich mit diesem Thema befasst haben, wissen natürlich ganz genau, dass konsumierbarer Reichtum nicht mit Gold, Silber, Radium oder anderen Elementen vergleichbar ist, die nur in geringen Mengen in der Erde vorkommen und die noch nicht künstlich hergestellt werden können. Die Anziehungskraft solcher Substanzen als Maß für den Reichtum, auf dem der Geldwert beruht, liegt natürlich in der Macht, die sie dem Gläubiger über den Schuldner verleihen. Das Geld wird in der Tat zu einem Monopol, und dieses Monopol ist die eigentliche Regierung. Der Reichtum im Sinne der Lebensbedürfnisse kann nun nach Bedarf geschaffen werden und hat keinerlei Beziehung zu solch ausgeklügelten finanziellen Vorrichtungen. Seine Erforschung wurde von den Wirtschaftswissenschaftlern leider vernachlässigt.

Obwohl Energie für jeden außer einem Ingenieur oder Physiker ein ziemlich unbedeutender Posten in der Produktion von Reichtum zu sein scheint, ist sie, wenn wir uns mit dem beschäftigen, was im Prozess der Schaffung von Reichtum verbraucht wird, der größte und wichtigste Posten.

Bei den Unterhaltskosten für ein Auto ist das Benzin also ein kleiner Posten. Bis vor kurzem kosteten die Reifen mehr. Wenn wir jedoch die Reifen bis zu ihrem Ursprung verfolgen, werden wir feststellen, dass ein großer Teil ihrer Kosten auf den Energieaufwand zurückzuführen ist. Sie erfordern den Zufluss der Sonnenenergie eines bestimmten Klimas, körperliche Arbeit in den Kautschukplantagen, Kohle für die Eisenbahnen und Schiffe, die die Rohstoffe aus den Tropen transportieren, sowie für die Fabriken, in denen sie zu Reifen verarbeitet werden. Diese Eisenbahnen und Schiffe sowie alle für ihre Herstellung notwendigen Gebäude und Anlagen sind ebenso wie die verwendeten Materialien - Eisen, Metalle und Kohle, die abgebaut werden müssen - das Ergebnis des Einsatzes von körperlicher Energie. Die Heere von Menschen, die diese Industrien unterhalten, müssen mit Nahrung, Kleidung und Häusern versorgt werden, und Energie unter intelligenter menschlicher Leitung ist die erste Voraussetzung für die Versorgung mit *all* diesen Dingen.

Armut und Arbeitslosigkeit
Ein ungeheurer Widerspruch

Vieles davon, wenn auch nicht seine Implikationen, ist dem Fachmann durchaus bekannt, auch wenn die Quelle des Reichtums in der Regel nicht ganz so weit zurückverfolgt wird wie die physische

Energie der Sonne. Aber lange Zeitalter der Armut und der Unterwerfung unter die eine oder andere Form schädlicher Herrschaft haben die Menschen daran gewöhnt, Reichtum als etwas zu betrachten, das wie Gold im Wesentlichen in seiner Menge begrenzt ist, so dass, wenn einige viel bekommen, andere zu kurz kommen müssen, um den Saldo auszugleichen, und nicht als eine Menge, die durch wissenschaftliche Fortschritte zu einer fast unbegrenzten Ausdehnung fähig geworden ist. Keines der wirklichen Probleme der Welt dreht sich heute um die bloße Bereitstellung von Reichtum. Die Schwierigkeiten bestehen vielmehr darin, auch nur einen kleinen Teil dessen, was hergestellt werden kann, loszuwerden, ohne um das Privileg zu kämpfen, es entweder herzustellen oder zu verkaufen. Aber für Menschen, die den Reichtum nicht in Form von Energie und menschlicher Anstrengung, sondern in Form von Geldscheinen betrachten, scheint die Fortsetzung des akuten wirtschaftlichen Leidens, in das Europa gestürzt wurde, nicht unvereinbar zu sein , und das *gleichzeitige* Auftreten von Arbeitslosigkeit und Armut ist kein Beweis für ein Versagen der elementarsten Funktion der Regierung.

Der Wandel von der Arbeit zum Fleiß

Die versuchte elementare Erörterung der Grundsätze der Thermodynamik mag sich nicht als völlig überflüssig erweisen, wenn sie die Aufmerksamkeit auf die derzeit wohl am weitesten verbreitete Verwechslung im gesamten soziologischen Denken lenkt, nämlich zwischen dem, was hier als Arbeit oder Energie im rein physikalischen Sinne bezeichnet wird, und dem, was im allgemeinen Sprachgebrauch dafür gilt. Ein Arbeiter liefert aus seinem eigenen Körper die Energie für die von ihm verrichtete körperliche Arbeit. Ein Teil seiner Nahrung dient dazu, sie zu erzeugen. Er ist eine eigenständige Antriebskraft. Aber ein Mann, der eine Maschine bedient, kann im gewöhnlichen Sinne "hart arbeiten", ohne überhaupt echte körperliche Arbeit zu verrichten, um es einmal so auszudrücken.

Seine eigentliche Funktion hat sich geändert. Seine Aktion ist das, was in der Physik hinreichend aussagekräftig als "Abzugswirkung" bezeichnet wird. Bei der Betätigung eines Abzugs wird eine Energiemenge freigesetzt, die in keinem Verhältnis zu der Arbeit steht, die mit dem Ziehen des Abzugs verbunden ist, und bei der Bedienung eines kraftbetriebenen Geräts ist es dasselbe. Eine Frau, die sich darüber beklagt, dass die Arbeit einer Frau nie erledigt ist, meint damit, dass die häuslichen Tätigkeiten wie Kochen, Putzen und die allgemeine Versorgung eines Haushalts ihre Aufmerksamkeit und ihre geistigen Aktivitäten ständig in Anspruch nehmen und dass die vielfältigen Aufgaben der Haushaltsführung endlos sind. In der Regel beklagt sie sich nicht über die tatsächliche körperliche Arbeit und Anstrengung, die mit diesen Aufgaben verbunden ist, sondern über die lange und ermüdende Runde ständiger Wachsamkeit, die diese Aufgaben erfordern. Besonders in diesem Bereich haben wir vielleicht immer noch eine Kombination aus körperlicher Arbeit und ständiger geistiger Aufmerksamkeit, und obwohl arbeitssparende Geräte viel dazu beigetragen haben, die Plackerei der Hauswirtschaft zu erleichtern, gibt es im häuslichen Bereich, wie auch in den Verkehrsdiensten und vielen anderen, gute Beispiele für Aufgaben, die sowohl individuelle Sorgfalt als auch Anstrengung erfordern, die durch keine Entwicklung der Wissenschaft vollständig verdrängt werden können. In einer Fabrik, in der es sich um eine reine Routineproduktion handelt, kann nur ein sehr kleiner und unbedeutender Teil der eigentlichen körperlichen Arbeit von den Arbeitern geleistet werden, und dieser Anteil kann durch die zunehmende Automatisierung der Maschinen fast unbegrenzt verringert werden. Die Notwendigkeit, der Arbeit unablässig Aufmerksamkeit zu schenken, bleibt bestehen, auch wenn weniger Arbeiter notwendig sind. Für einen Mann, der sich bequem um ein Dutzend automatischer Maschinen kümmern könnte, ist es reine Langeweile, wenn er durch gewerkschaftliche Vorschriften auf die Bedienung einer einzigen Maschine beschränkt wird.

Was in diesem Zusammenhang die Industrien betrifft, die angeblich ein Angebot an billigen, unausgebildeten Arbeitskräften benötigen, und die Sackgassenberufe , die die Kinder von der Schule nehmen und einem Erwachsenen keine Chance auf einen angemessenen Lebensunterhalt bieten, ist es eine sehr offene Frage, ob sie nicht das natürliche Ergebnis des Überflusses an solchen Arbeitskräften sind. Zumindest in Amerika wurde die Beschränkung der Einwanderung als existenzbedrohend für einige Industriezweige angesehen, die von der ständigen Versorgung mit billigen, unterbezahlten Arbeitskräften aus Europa abhängig waren. Die Erfahrung hat jedoch gezeigt, dass sich die betroffenen Industrien nach einer des Angebots leicht an die neuen Bedingungen anpassen ließen. Generell darf bezweifelt werden, ob ein Beruf, so sehr er auch einen groben, tierähnlichen Arbeitertypus zu erfordern scheint - oder die Dienste von Heerscharen von Kindern und Jugendlichen, wie beim Austragen von Zeitungen und Haushaltswaren -, heute nicht besser ausgeübt werden könnte, wenn man ihn durch eine angemessene Betriebsorganisation und modernere Methoden ganz abschaffen würde.

Die Funktion des Arbeiters hat sich seit der Einführung der mechanischen Kraft in vielen Industriezweigen völlig verändert, und in keinem davon ist die Veränderung unbedeutend. Mehr und mehr arbeitet er nicht mehr im physischen Sinne, sondern leitet eine unbelebte Kraftquelle an, das zu tun, was sie allein nicht tun könnte.

In vielen Industriezweigen, wie z.b. bei der Massenproduktion von Kraftfahrzeugen oder jeder Art von Maschinen, die eine rasche Entwicklungsphase durchlaufen haben und zu einer Art endgültiger und dauerhafter Form gelangt sind, wird die Regel sein, dass eine höhere Produktion mit immer weniger Arbeitskräften erreicht wird, da die betreffenden Prozesse immer mehr automatisch gesteuert werden. Doch auch hier besteht keine Chance, den menschlichen Arbeiter völlig zu ersetzen. Seine Aufgabe, die zwar körperlich leichter ist, wird geistig immer eintöniger und uninteressanter. Betrachtet man die vielfältigen Bedürfnisse der Welt, von der Hauswirtschaft über den Güter- und Personentransport bis hin zum Bergbau, der ja die Quelle des neuen Reichtums ist, so gibt es noch genügend harte Arbeit im Sinne von kontinuierlichem Fleiß, wenn auch nicht im wissenschaftlichen Sinne, um einen großen Teil der Weltbevölkerung zumindest für einen Teil des Tages zu beschäftigen.

Die Wissenschaft, die mehr und mehr die menschliche und tierische Arbeit verdrängt, verdrängt den Arbeiter nicht, sondern wandelt seine Funktion tendenziell um. Sie soll ihm für eine Stunde Aufmerksamkeit das geben, was er früher für zwölf Stunden Arbeit bekam.

Bergbau, Bauwesen, Straßenbau und -instandhaltung, Verkehr und nicht zuletzt die Landwirtschaft sind unnatürliche Prozesse im thermodynamischen Sinne. In der Thermodynamik dreht sich die Unterscheidung zwischen nutzloser Energie und nützlicher Energie um die Richtung und die Zerstreuung dieser Richtung. Eine nützliche Form ist diejenige, die eine bestimmte Richtung hat, in die sie zu fließen tendiert. Eine nutzlose Form ist diejenige, bei der die Richtung innerlich "kunterbunt" ist, bei der sich die kleinstmöglichen Teile ständig und in gleicher Anzahl in alle möglichen Richtungen bewegen, und zwar zur gleichen Zeit. Ein unnatürlicher Prozess besteht darin, einen Energiefluss in seine natürliche Richtung zu lenken, und zwar so, dass er nicht fließen kann, ohne eine nützliche Aufgabe zu erfüllen und eine für das Leben notwendige Arbeit zu verrichten. Dies ist der dritte wesentliche Faktor bei der Schaffung von Reichtum, die Funktion, die in alten Zeiten als "Arbeit" bezeichnet wurde, heute aber viel besser als "Fleiß" bezeichnet werden sollte. Es gibt nur wenige Ausnahmen in einer Zivilisation, die ihrer selbst würdig ist und in der es nicht besser wäre, wenn die schwere körperliche Arbeit durch mechanische Kraft erledigt würde.

Merkwürdigerweise war der "Landarbeiter" schon immer eher ein fleißiger Züchter von Pflanzen und Tieren als ein wirklicher Arbeiter im physischen Sinne.

Dass seine Arbeit weitaus geschickter und unersetzlicher ist als die vieler Arbeiter in den so genannten technischen Berufen, zeigte sich während des Krieges. Die Maschinenpflege konnte nach einer sehr kurzen Lehrzeit von jugendlichen und ungelernten Arbeitskräften durchgeführt werden, aber nur unter dem Druck der größten militärischen Notwendigkeit wurden die gelernten Landarbeiter in die Reihen der Soldaten eingezogen.

Entdeckung, natürliche Energie und Fleiß - die drei Zutaten des Reichtums

Wenn wir uns also mit den wirklichen Faktoren befassen, die der Produktion von Reichtum zugrunde liegen - ungetrübt von Fragen des Eigentumsrechts, der individuellen Rechte des Besitzes und der Komplikationen, die durch Geldsysteme eingeführt werden - können wir sie als Entdeckung, natürliche Energie und menschlichen Fleiß zusammenfassen. Die erste tritt in Form von plötzlichen und mehr oder weniger sporadischen Beiträgen auf, die, wenn sie einmal geleistet sind, den gesamten künftigen Verlauf der Geschichte dauerhaft verändern. Die beiden letzteren müssen jedoch kontinuierlich und unablässig bereitgestellt werden, solange die Zeit reicht. Unter dem Begriff "Fleiß", der anstelle von "Arbeit" verwendet wird, sind nicht nur die Leistungen von Handwerkern und Arbeitern zu verstehen, sondern auch die von Geschäftsleuten, Arbeitgebern, Managern und geschickten Kalkulatoren, soweit sie wesentlich zur Produktion von Reichtum und zu seiner Bereitstellung zu den Zeiten und an den Orten beitragen, an denen er zur Verwendung benötigt wird. Soweit solche "Dienstleistungen" weder die Qualität noch die Quantität des produzierten Reichtums erhöhen, sondern lediglich seinen Verkaufspreis, stellen sie keinerlei Zusatz zum nationalen Reichtum dar, denn die Gewinne dieser Individuen gehen auf Kosten der übrigen Gemeinschaft. Obwohl es immer noch traditionell und üblich zu sein scheint, die Herren oder Arbeitgeber der Arbeit als Produzenten und die Lohnempfänger als ihre gedungenen Diener, wenn nicht gar als bloßes Eigentum des spekulativen *Unternehmers* zu betrachten, wird in diesem Buch kaum eine Unterscheidung zwischen den Gefreiten und den Offizieren der Wirtschaftsarmee gefordert. Alle Klassen der gesamten Organisation, die mit Hand oder Verstand wesentliche Dienste zum Produktionsprozess beitragen, vom Manager bis zum Arbeiter, werden gleichermaßen als Produzenten betrachtet.

Verwirrung zwischen nationalem und individuellem Reichtum

Es ist schwierig oder unmöglich, ein physikalisches Mittel zur Messung des Reichtums zu finden - wie zum Beispiel in den Einheiten der physischen Energie und des menschlichen Lebens - der Zeit, die für seine Produktion aufgewendet wird -, das auf alle zahlreichen Arten von Reichtum angewandt werden kann: aber diese Schwierigkeit darf uns nicht über die offensichtlichen Absurditäten in der konventionellen Wirtschaft hinwegtäuschen, die dadurch entstehen, dass der Reichtum immer nach dem Tauschwert oder dem Geldpreis gemessen wird. Dies kann leicht dazu führen, dass das, was man nur als nationales Unglück bezeichnen kann, den nationalen Reichtum zu erhöhen scheint, oder dass das, was in jeder Hinsicht ein nationaler Segen ist, ihn zu verringern scheint. Unnötige Zwischenhändler und Spekulanten können die Preise für Waren stark erhöhen, ohne dass der nationale Reichtum dadurch gesteigert wird. Zusammenschlüsse von Produzenten und Trusts zur Begrenzung der Produktion und zur Erhöhung der Preise können das Volksvermögen verringern und seinen Geldwert erhöhen, ganz abgesehen von Veränderungen des allgemeinen Preisniveaus und der Produktionskosten. Solche "Dienstleistungen" wie diese, die eigentlich Mittel sind, um Reichtum auf Kosten der übrigen Gemeinschaft zu erwerben, statt ihn zu produzieren, sind natürlich überhaupt keine physisch notwendigen Bestandteile des Reichtums.

Das wirtschaftliche Dilemma

Die Frage wird von J. S. Mill in seinen *Principles of Political Economy* etwas oberflächlich abgetan. Er unterscheidet zwischen dem Reichtum eines Individuums und dem einer Nation, macht aber kaum deutlich, wie viel von dem, was in der konventionellen Ökonomie als Reichtum angesehen wird, gleichzeitig ein Abzug vom nationalen Reichtum ist und wie viel ein Zusatz dazu. So wirft er in seinen Vorbemerkungen die Frage auf , ob die Monopolisierung der Atmosphäre nicht zu einer Zunahme des Reichtums führen würde, und sagt: "Obwohl Luft kein Reichtum ist, ist die Menschheit viel reicher, wenn sie sie *kostenlos* erhält, da die Zeit und die Arbeit, die sonst für die Befriedigung des dringendsten aller Bedürfnisse erforderlich wären, anderen Zwecken gewidmet werden können." Für den Fall, dass sie monopolisiert wird, fährt er fort: "Sein Besitz wäre für seinen Besitzer über den eigenen Bedarf hinaus ein Reichtum, und der allgemeine Reichtum der Menschheit könnte auf den ersten Blick durch das, was für sie ein so großes Unglück wäre, vermehrt erscheinen. Der Fehler läge darin, nicht zu bedenken, dass, wie reich auch immer der Besitzer der Luft auf Kosten der übrigen Gemeinschaft werden mag, alle anderen Personen um so ärmer wären, als sie gezwungen wären, für das zu zahlen, was sie zuvor unentgeltlich erhalten hatten."

Man könnte erwarten, dass er in ähnlicher Weise die Fälle der Pacht als Folge des natürlichen Monopols von Grund und Boden, des Zinses und des Gewinns erörtert - abgesehen von und über die Bezahlung für die Miete notwendiger Anlagen und für notwendige Dienstleistungen in leitender Funktion und dergleichen hinaus -, aber da in diesen Fällen die Gemeinschaft immer gezwungen war, zu zahlen, ist der Irrtum, wenn er denn einer ist, offenbar durch die Tradition gerechtfertigt.

Auch wäre die Menschheit viel reicher, wenn sie ihre Nahrung und ihren Brennstoff ebenso wie ihre Luft *umsonst* bekäme, denn die Zeit und die Arbeit, die zur Befriedigung dieser dringendsten aller Bedürfnisse erforderlich sind, könnten dann anderen Beschäftigungen gewidmet werden, möglicherweise der Freizeit, um Werte zu verfolgen, die auf dem Markt wenig zählen. Unter diesen Umständen würde der Reichtum der Menschen durch eine so große Wohltat und einen Segen für sie verringert. Einfache Widersprüche dieser Art können dazu dienen, zu zeigen, dass der Wirtschaftswissenschaftler, wenn er versucht, die Schwierigkeiten seines Faches zu umgehen, indem er es lediglich als eine Wissenschaft des Marktaustausches betrachtet, sich tatsächlich auf die Hörner eines sehr unangenehmen Dilemmas aufgespießt hat. Man kann sich mit Recht fragen, ob es eine Wissenschaft des Reichtums oder der Mangel daran ist, der zu solch seltsamen Umkehrungen führt.

Politische Ökonomie und Politische Ökonomie

In diesen Überlegungen liegt der Kern des Problems, warum Entdeckungen und Erfindungen, die unbestreitbar nationale Errungenschaften sind, zu tiefgreifenden Missständen im sozialen und wirtschaftlichen Organismus führen.

Nur in einfachen Gemeinschaften wird direkt für den Verbrauch und die Nutzung produziert. In modernen Gesellschaften wird das Produkt nicht für den Konsum oder den Gebrauch produziert, sondern für den Tausch oder den Verkauf. Der Konsum wird in der Tat als notwendiges Übel betrachtet, und die Anhäufung von Reichtum durch den Einzelnen ist das treibende Motiv.

Aber der individuelle Reichtum kann im Gegensatz zum nationalen Reichtum nur eine Staatsverschuldung sein, und diese ist in der Tat viel einfacher und sicherer anzuhäufen als der reale Reichtum.

Aus diesem Austausch, nicht aus der Produktion *an sich*, entstehen Ansprüche auf individuellen Reichtum, und Reichtum, der in einer einfachen Gesellschaft das tatsächliche Eigentum an vorhandenen Gütern sein muss, wird in modernen Gesellschaften zu einem verallgemeinerten Anspruch auf die Gesamtheit des gegenwärtigen und zukünftigen Reichtums der Gemeinschaft erweitert. Solche Ansprüche ergeben sich nicht nur aus der aktiven positiven Teilnahme am Produktionsprozess. Auch rein imaginäre Leistungen wie die Vorgabe, Geld zu leihen, können einen Rechtsanspruch auf Reichtum darstellen. Auch kann die Beteiligung eher negativ als positiv sein. Der Anspruch auf Reichtum eines Einzelnen kann sich daraus ergeben, dass er die Produktion nicht behindert, sondern sie unterstützt, indem er sie nicht behindert. Da aber eine Nation weder von imaginären Krediten, den Zinsen ihrer Schulden, noch von der Unterlassung der Behinderung der Produktion leben kann, ist eine Studie, die ihren Begriff des nationalen Reichtums nicht von vornherein von solchen Verwirrungen befreit, keine *politische* Ökonomie im eigentlichen Sinne. Sie mag politische Ökonomie für diejenigen sein, die ein ruhiges Leben und ein gutes

Verhältnis zu ihren Nachbarn wünschen, und wenn politische Ökonomie nicht mehr Nationalökonomie bedeutet, ist es an der Zeit, ihren Namen in politische Ökonomie zu ändern.

Die lähmende Wirkung der alten Konventionen

Niemals gab es in der Geschichte ein Zeitalter, das so reichlich mit allem ausgestattet war wie das unsere, was für eine edle und dauerhafte Zivilisation hätte ausreichen können, während wir uns immer noch zu den alten Zivilisationen begeben müssen, wenn wir Beweise dafür finden wollen, dass menschliche Anstrengungen und Phantasie im nationalen Maßstab für etwas verschwendet wurden, das nicht ausschließlich utilitaristischen Zwecken diente. Die gigantischsten Mächte warten auf unsere Befehle, um uns mit allem zu versorgen, was wir brauchen, aber wir führen ein gehetztes, getriebenes Leben, das zum größten Teil mit der unmittelbaren Notwendigkeit beschäftigt ist, den Wolf von der Tür fernzuhalten und unsere Handelskonkurrenten zu vernichten.

Zumindest was die unmittelbare Gegenwart und die Zukunft betrifft, gibt es keinen erdenklichen Bedarf, der nicht auf der Erde produziert oder aus ihr herausgeholt werden kann, um den Bedürfnissen der Welt zu entsprechen. Diese Schlussfolgerung widerspricht unserem Herdentrieb aus der vorwissenschaftlichen Zeit und der gegenwärtigen Illusion von Armut, die unter der Herrschaft des Wucherers sorgfältig gepflegt wird. Sie durchtrennt den gordischen Knoten der sozialen, nationalen und rassischen Gefahren, die die Zukunft bedrohen. Denn es gibt keine aktuelle politische Frage, wie unlösbar sie dem Herdentrieb der Menschheit auch erscheinen mag, die durch diese Entdeckung nicht grundlegend verändert wird. Richtig verstanden und gehandelt, würde die Welt eine Atempause gewinnen, in der sie ruhiger und wissenschaftlicher die notwendigen Vorkehrungen und Anpassungen für die Zukunft treffen könnte.

Das Bevölkerungswachstum ist kein Tabuthema mehr

Damit soll nicht gesagt werden, dass die wissenschaftliche Lösung der wirtschaftlichen Probleme des Lebens unter allen denkbaren Umständen einer immer größer werdenden Weltbevölkerung dauerhaften Frieden und Sicherheit bringen wird. Aber unsere heutigen Vorstellungen von überfüllten Ländern mit überbordenden Bevölkerungen, die die unmittelbare Zukunft mit Ethnienkonflikten gigantischen Ausmaßes bedrohen, leiten sich in Wirklichkeit von den herkömmlichen Maßstäben für die Anzahl der Menschen ab, die ein bestimmtes Land aufnehmen kann. Wenn die Expansion der letzten Zeit in geometrischer Hinsicht ungebremst weitergeht, müssen sich die physischen Grenzen des Planeten mit der Zeit bemerkbar machen. Gegenwärtig kommt auf im Durchschnitt nicht mehr als ein Mensch auf zehn oder fünfzehn Hektar bewohnbarer Fläche.

Nach Schätzungen[13] leben in diesem Land etwa doppelt so viele Menschen, wie es nach Friedensstandards wirtschaftlich ernähren kann, so dass mindestens die Hälfte der verbrauchten Lebensmittel importiert werden muss. Aber die Vorstellungen von der Auswanderung sind immer noch die gleichen wie damals, als es noch keine schnellen Dampfschiffe und luxuriösen schwimmenden Hotels gab. Selbst wenn es zum Schlimmsten käme und der Rest der Welt uns boykottieren und den Handel mit uns verweigern würde, ist die Aufgabe, die Hälfte einer Bevölkerung zu transportieren, nicht sehr schwierig. Es ist jedoch nicht sehr wahrscheinlich, dass das Bevölkerungswachstum auf unbestimmte Zeit anhält. Mit dem zunehmenden Wissen und der Praxis der Geburtenkontrolle ist eher das Gegenteil zu erwarten. Although racial problems are formidable, it must not be forgotten that, before any other race can challenge the supremacy of the white races, it must adopt science and come under influences the same as those now at work in the Western world, though it is very unlikely to copy all our mistakes.

Auch ist man geneigt, sich vorzustellen, dass jede große Änderung in der Politik eines Landes den Arbeitnehmern heute so große Härten zufügen wird, wie sie ursprünglich durch die Einführung der Maschinen zu Beginn des letzten Jahrhunderts verursacht wurden. So könnte man zum Beispiel annehmen, dass, wenn dieses Land in Zukunft beschließen würde, sich auf seine eigenen Ressourcen und weniger auf den Außenhandel zu stützen, die Landwirtschaft einen Aufschwung erleben und die Maschinenbauindustrie einen Rückgang erfahren würde. Dies würde heute wahrscheinlich nicht bedeuten, dass eine große Zahl von Arbeitnehmern in den Städten gezwungen wäre, wieder in der Landwirtschaft zu arbeiten und ungelernte Tätigkeiten auf

---

[13] Siehe vorher.

dem Lande zu verrichten. Viel wahrscheinlicher wäre es, dass die Ingenieurberufe viel mehr als heute die heimische Landwirtschaft versorgen würden. Die Landwirtschaft würde sich stärker industrialisieren und, wie der Verkehr, wahrscheinlich aufhören, tierische Arbeitskräfte einzusetzen, außer in vergleichsweise geringem Umfang. In der Tat ist die Tendenz in diese Richtung bereits sehr ausgeprägt.

In allen Bereichen der Industrie hat der wissenschaftliche Fortschritt dazu geführt, dass die Menschen anpassungsfähiger geworden sind und sich einer größeren Vielfalt von Berufen zuwenden können als früher. In den neuen Ländern, wo die Bedingungen weniger stereotyp sind, denken die Menschen weit weniger an einen totalen Wechsel des Berufs oder der Beschäftigung als bei uns. In dem Maße, in dem die Wohlstandsproduktion immer mehr zu einer fertigen Wissenschaft wird, werden immer weniger besondere persönliche Qualifikationen für ihre Ausübung verlangt. An die Stelle des Mannes, der früher unentbehrlich war, weil er z.b. die Temperatur eines Ofens mit dem Auge genau beurteilen konnte, tritt das noch genauere Pyrometer. Ein Erfinder, der einmal dazu gebracht wurde, seine Erfindung zu offenbaren, wird zu einer völlig vernachlässigbaren Größe, obwohl man ihn aus geschäftlichen Gründen besser mit Chloroform betäuben sollte, damit er nicht etwas erfindet, das an die Stelle der ersten Erfindung tritt. Vom allgemeinen administrativen Standpunkt aus gesehen, wäre es keine große Schwierigkeit, von einer Art der Produktion zu einer anderen überzugehen, auch wenn dies die Umwandlung eines Arbeitertyps in einen anderen bedeutet. Das Problem besteht heute eher darin, Kutscher in Autofahrer zu verwandeln, als Chauffeure in geborene Peitschen.

KAPITEL IV

DIE IRRTÜMER DER ORTHODOXEN ÖKONOMEN

Reichtum und Verschuldung

Reichtum ist eine positive physikalische Größe, aber Schulden sind eine negative Größe. Sie hat keine konkrete Existenz und ist für den Physiker eine imaginäre Größe. Wenn wir es mit Zahlen zu tun haben, dann können wir ihnen mit großer Angemessenheit beide Vorzeichen geben; aber in der Physik, die sich mit realen Größen beschäftigt, können wir das nur mit Vorsicht tun. Die positive physikalische Größe, zwei Schweine, ist etwas, das jeder mit eigenen Augen sehen kann. Es ist unmöglich, minus zwei Schweine zu sehen. Die kleinste Anzahl von Schweinen, mit der man physisch umgehen kann, ist Null. Plus zwei Schweine müssen mindestens als gegeben vorausgesetzt werden, bevor wir die imaginäre Menge minus zwei Schweine auch nur zum Rechnen verwenden können.

Wir können zwar mit dem größten mathematischen Purismus zwei von eins abziehen und haben minus eins übrig, aber wir können nicht zwei Schweine von einem Schwein abziehen und haben minus ein Schwein übrig. In der reinen Mathematik wurden negative Mengen zuerst von den Hindu-Mathematikern anerkannt und durch ihre Analogie zur Schuld gerechtfertigt.

Der Ökonom würde wahrscheinlich bestreiten, dass Schweine in seinem Sinne Reichtum darstellen, wenn sie beispielsweise wild und unangetastet herumlaufen.

Sicherlich wird ein Käufer dem Verkäufer nichts für Schweine geben, die der Verkäufer *nicht zu verkaufen hat,* und der Punkt scheint eine sinnlose Spitzfindigkeit zu sein. Würden die Schweine auf einem Privatgrundstück frei herumlaufen, wären sie Reichtum für den Eigentümer des Grundstücks, so dass wir zu dem Schluss kommen, dass alles eine Frage des privaten Eigentums ist. Was nach der Aneignung Reichtum ist, war vorher kein Reichtum. In einer gemeinschaftlichen und nicht in einer individualistischen Gesellschaft gäbe es also keinen Reichtum im Sinne der Ökonomen. Dies mag eine Unterscheidung zwischen Reichtum und Nicht-Reichtum im Sinne des Ökonomen sein, so wie Mill feststellte: "Der Unterschied zwischen Kapital und Nicht-Kapital liegt nicht in der Art der Waren, sondern im Denken des Kapitalisten, in seinem Willen, sie für einen bestimmten Zweck statt für einen anderen einzusetzen."

Aber es gibt andere Unterschiede, die wichtiger sind. Schweinefleisch zum Beispiel hat einen Nährwert, der in Kalorien gemessen werden kann, unabhängig davon, wem es gehört, im Gegensatz zu einer Maschine, die keinen hat; und das ist sicherlich kein völlig zu vernachlässigender Gesichtspunkt bei der Entscheidung solcher Fragen.

Der Reichtum hat sich als eine Größe erwiesen, die für die Analyse durch den modernen Ökonomen zu schwierig und zu verwickelt ist. Die früheren Ökonomen haben zwar versucht, sich mit ihm zu befassen, aber die moderne Schule hat ihn und seine Entstehung mehr und mehr als selbstverständlich betrachtet und sich auf das Studium der Schulden beschränkt, oder, wie wir sehen werden, eher auf die Chrematistik als auf die Ökonomie. Die Schulden unterliegen eher den Gesetzen der Mathematik als der Physik. Im Gegensatz zum Reichtum, der den Gesetzen der Thermodynamik unterliegt, verrotten die Schulden nicht im Alter und werden nicht im Laufe des Lebens verbraucht. Im Gegenteil, sie wachsen jährlich um einen bestimmten Prozentsatz, und zwar nach den bekannten mathematischen Gesetzen des einfachen und des Zinseszinses. Ersteres gilt, wenn die Zinsen regelmäßig gezahlt werden, letzteres, wenn sie nicht gezahlt werden. Aus hinreichendem Grund ist der Vorgang der Zinseszinsen physikalisch unmöglich, während der Vorgang der Zinseszinsverschlechterung physikalisch durchaus üblich ist. Denn ersterer führt mit der Zeit immer schneller gegen unendlich, was, wie minus eins, keine physikalische, sondern eine mathematische Größe ist, während letzterer immer langsamer gegen null führt, was, wie wir gesehen haben, die untere Grenze der physikalischen Größen ist.

Es ist diese grundlegende Verwechslung von Reichtum und Schulden, die das wissenschaftliche Zeitalter zu einer solchen Tragödie gemacht hat. Sie ist in der westlichen Mentalität tief verwurzelt, und wenn sie beseitigt werden könnte, könnte eine wissenschaftliche Zivilisation endlich auf den richtigen Weg gebracht werden. Die Verwirrung ist offensichtlich genug, wenn sie einmal aufgezeigt wird, und in diesen Tagen des positiven Wissens über die Natur der materiellen Welt und der sachlichen und vernünftigen Denkgewohnheiten, die sie hervorbringt, sollte die Aufgabe keine unüberwindliche Schwierigkeit darstellen. Historiker der - wie wir hoffen - glücklicheren Zukunft, die der Menschheit bevorsteht, werden es wahrscheinlich schwer finden zu glauben, dass in einem wissenschaftlichen Zeitalter ein solcher Irrtum den menschlichen Verstand so beherrscht haben könnte, wie er es in diesem dritten Jahrzehnt des zwanzigsten Jahrhunderts tut.

Die Ursprünge der Verwirrung

Die alte griechische und römische Rechtsprechung befasste sich natürlich nicht mit der wirklichen Natur des Reichtums, die sich damals dem Verständnis der Sterblichen völlig entzog, und auch nicht mit seinem primären Ziel und Zweck bei der Erhaltung des Lebens, sondern mit den Rechten der Personen, die Eigentum besaßen - wozu auch Sklaven und ihre Arbeitskraft gehörten - und den Pflichten der Personen, die es besaßen. Die modernen Rechtssysteme, die das Eigentum betreffen, haben mit unserem Wissen über den Reichtum nicht Schritt gehalten und stützen sich noch immer weitgehend auf die alten Gesetzbücher. Sie befassen sich in erster Linie mit den Rechtstiteln auf Reichtum, wodurch Personen, die keinen Reichtum besitzen, diesen wie gewünscht durch diese Titel erwerben. Für den gewöhnlichen Menschen, für den Geld oder ein ähnlicher Rechtstitel auf Reichtum in der Regel völlig gleichbedeutend mit realem Reichtum ist, ist es ganz natürlich, Geld als Reichtum zu betrachten. Wenn das Gesetz, das sich mit der Regierung befasst, lediglich ein Spiegelbild früherer und primitiverer Lebensweisen bleibt, ist dies ein schwerer Verstoß gegen den sozialen Wert der wissenschaftlichen Erkenntnisse.

Was die Ökonomen betrifft, so haben sie sich krampfhaft bemüht, ihre Systeme von diesen Verwirrungen zu befreien, zugegebenermaßen mit einigem Erfolg, bis die rasanten Entwicklungen im modernen Finanz- und Bankwesen und die Veränderungen, die in den letzten Jahren über Wesen des Geldes gekommen sind, die Dämonen, die sie teilweise ausgetrieben hatten, in siebenfacher Stärke wieder zurückbrachten.

Die Definition von Reichtum war schon immer der Prüfstein für klares Denken in wirtschaftlichen Angelegenheiten, und nach jahrhundertelangen Bemühungen ist uns diese Definition immer noch nicht gelungen. Aristoteles versuchte, den gordischen Knoten zu durchschlagen, indem er Reichtum als alle Dinge definierte, deren Wert in Geld gemessen werden kann, und die römischen Juristen folgten diesem Beispiel und definierten Reichtum als das, was man kaufen und verkaufen kann.

Geld ist jedoch lediglich ein Anspruch auf Reichtum, und Reichtum als das zu definieren, was durch Ansprüche auf Reichtum beansprucht werden kann oder durch die numerischen Rechtsansprüche auf Reichtum, die Geld genannt werden, gemessen werden kann, ist lediglich so, als würde man eine Flüssigkeit als das definieren, was ein leeres Loch, das in der Lage ist, die Flüssigkeit aufzunehmen, und das als Flüssigkeitsmaß bezeichnet wird, füllen und gemessen werden kann.

Eine solche Logik hat immer eine starke Anziehungskraft auf den herrschenden und juristischen Verstand ausgeübt und wird es wahrscheinlich auch immer tun, der sich mehr mit dem Besitz von Reichtum beschäftigt als mit den Prozessen, die ihn hervorbringen und die er seinerseits hervorbringt. Für den Ökonomen hingegen war ihre Faszination fatal. Es löste viele kleine Schwierigkeiten und scheinbare Widersprüche in Bezug auf die wirkliche Natur des Reichtums, wenn man ihn völlig ignorierte und, wie die römischen Juristen, das Prinzip der Austauschbarkeit als einziges Kriterium zugrunde legte. Nur das ist Reichtum, der gegen Geld getauscht werden kann. Dennoch hätte es offensichtlich sein können, dass ein Gewicht, obwohl es daran gemessen wird, was es hochziehen kann, dennoch ein Herunterziehen ist. Die ganze Idee, eine Sache gegen eine andere aufzuwiegen, um ihre Menge zu messen, beinhaltet die Gleichsetzung der gemessenen Menge mit einer gleichen *und entgegengesetzten* Menge. Reichtum ist die positive Menge, die gemessen werden soll, und Geld als Anspruch auf Reichtum ist eine Schuld, eine Menge an Reichtum, *die dem Eigentümer des Geldes geschuldet wird, ihm aber nicht gehört.* Aber die Fähigkeit, den Tauschwert des Reichtums durch Geld zu messen, wurde als das Notwendige angesehen, um die "Ökonomie" zu einer quantitativen Wissenschaft zu machen, die sich in die große Gruppe der mathematisch-physikalischen exakten Wissenschaften einreiht.

Unglücklicherweise wurde sie durch die anfängliche Verwirrung des Zeichens auf die völlige Sinnlosigkeit reduziert, die heute überall zu sehen ist, wobei die Gesellschaft nicht von und für diejenigen verwaltet wird, die Reichtum und Gesundheit schaffen, sondern von und für diejenigen, die Mangel schaffen, und jeder wissenschaftliche Fortschritt durch einen Rückschritt in der Wissenschaft des Regierens konterkariert zu werden scheint.

Es ist schwer zu glauben, dass die Alten wirklich so dumm waren, wie sie dargestellt wurden. In der Tat bedeutete Xpñua, das gewöhnlich mit "Reichtum" übersetzt wird, in erster Linie *Mangel* oder *Nachfrage*, und durch Ableitung wurde es zur Bezeichnung für alles, was gewünscht oder gefordert wurde. Wenn sich die Alten überhaupt mit Logik auskannten, und das soll ihre Stärke gewesen sein, müssen sie gewusst haben, dass, obwohl *das* Gewünschte dasselbe sein kann wie *das* Besessene, das *Fehlen* einer Sache das Gegenteil von ihrem *Besitz* ist. Die Chrematistik, die Wissenschaft von den Bedürfnissen und der Nachfrage und deren Austausch gegeneinander, ist eine ganz andere Wissenschaft, die man besser als Handel bezeichnet. Die Ökonomie im nationalen Sinne befasst sich jedoch mit dem Reichtum als dem, was von den Menschen produziert wird, um ihr Leben zu erhalten. Vergleichen Sie noch einmal Demosthenes und Bischof Berkeley. Der eine sagte: "Der Kredit ist das größte Kapital für *den Erwerb* von Reichtum", und der andere fragt, "ob die Macht, über den Fleiß anderer zu gebieten (d.h. der Kredit), nicht wirklicher Reichtum ist."

Jahrhundert versuchte die französische Philosophenschule, die als Physiokraten - "die ursprünglichen Ökonomen" - bekannt war, die Wirtschaft auf die physische Realität zu gründen. Sie führten den Ursprung allen Reichtums auf das Land zurück und kamen ihm so nahe, wie es die Wissenschaft ihrer Zeit erlaubte. Da sie jedoch nicht in der Lage waren, den realen Tauschwert des Reichtums in Form von Leben zu formulieren, übernahmen sie die gesetzliche Definition in Form von Geld. Entgegen der landläufigen Meinung versuchte Karl Marx nicht zu zeigen, dass der Ursprung des Reichtums die menschliche Arbeit ist, sondern dass es der Tauschwert oder Geldpreis des Reichtums ist.

Was den Reichtum betrifft, so hat er vollkommen Recht mit seiner Aussage: "Wir sehen also, dass die Arbeit nicht die einzige Quelle des materiellen Reichtums ist, des durch die Arbeit erzeugten Nutzwerts. Wie William Petty es ausdrückt: 'Die Arbeit ist ihr Vater und die Erde ihre Mutter.'"[14] Es waren eher die Jünger des Propheten, die alles über die Mutter vergaßen, bis ihre Erinnerungen durch die Widerspenstigkeit der russischen Bauernschaft wachgerüttelt wurden.

Aber die orthodoxeren Anhänger der Physiokraten, auch wenn sie anfangs etwas von den natürlichen Kenntnissen der letzteren hatten, verloren bald jedes wissenschaftliche Interesse am Reichtum ganz. Wie Adam Smith waren sie eher die Erzieher und Mentoren von Vermögensbesitzern als von Wissenschaftlern. Ihre Aufmerksamkeit wurde von den rechtlichen Konventionen abgelenkt, nach denen die Eigentumsrechte am Reichtum erworben werden und die sie als unerbittliche wirtschaftliche Gesetze zu bezeichnen wagten. Nach unrühmlichen Versuchen, eine Definition für den vermeintlichen Gegenstand ihrer Studien zu finden, scheinen sie nun den Versuch aufgegeben zu haben. Es ist natürlich logisch unmöglich, das Sammelsurium von Reichtum und Schulden, ihren verschiedenen Teilfaktoren, Bestandteilen und sogar Rechtstiteln zu definieren, das alles umfasst, was gekauft und verkauft werden kann, von Land, Arbeit, Viehbestand, Brennstoffen und anderen verderblichen Gütern, Häusern und dauerhaftem Besitz, Fabriken, Werkzeugen und Produktionsmitteln, Licht, Wärme und Kraft bis hin zu Entdeckungen, Erfindungen, Geschäftswert, persönlichen Fähigkeiten und Fertigkeiten, Mieten, Börsenpapieren, Staatsschulden, Banknoten, Hypotheken und Krediten. Den Reichtum als reale Größe - und als solche den Gesetzen der Erhaltung unterworfen - konnten sie nicht auseinanderhalten.

Vom Regen in die Traufe

Bis zu diesem Zeitpunkt war die Ökonomie ein relativ einfaches Thema, verglichen mit dem, was sie seitdem mit der Entwicklung von finance geworden ist. J. S. Mill konnte in Anlehnung an Adam Smith die vulgären Irrtümer des alten merkantilen Systems, das den nationalen Reichtum als Synonym für Geld und Münzmetalle betrachtete, mit Spott überhäufen:

---

[14] *Das Kapital*, Buch I, cap. I, S. 10.

"Der universelle Glaube eines Zeitalters der Menschheit ... wird für ein späteres Zeitalter ... zu absurd, um als ernsthafte Meinung angesehen zu werden ... Er sieht aus wie eine der groben Phantasien der Kindheit, die sofort durch ein Wort eines Erwachsenen korrigiert wird."

Doch ohne zu bedenken, dass das Geld schon zu seiner Zeit nicht mehr zwangsläufig Edelmetall bestand, sondern, wie es heute hauptsächlich der Fall ist, eine bloße papierene Anerkennung der Schuld der Gemeinschaft gegenüber dem Besitzer des Wertzeichens sein konnte, verfiel er in einen größeren Irrtum als den, den er in seiner eigenen Definition des Reichtums dem Merkantilsystem zuschrieb. [15]

"Geld, als Instrument eines wichtigen öffentlichen Zwecks, wird mit Recht als Reichtum betrachtet, aber auch alles andere, was irgendeinem menschlichen Zweck dient und was die Natur nicht unentgeltlich zur Verfügung stellt, ist Reichtum... Alles bildet daher einen Teil des Reichtums, der eine Kaufkraft hat, für die alles Nützliche oder Angenehme im Austausch gegeben würde."

Dies ist die größte Verwechslung von Reichtum und Schulden, die gewöhnliche, ungeschulte Verstand je begangen hat, und dieser Irrtum beeinträchtigt bis zum heutigen Tag alle wirtschaftlichen Überlegungen.

Mit Freude stürzte sich H. D. MacLeod darauf und trieb es mit äußerster Hartnäckigkeit zu seiner logischen Schlussfolgerung. [16] Er macht sich über die früheren Ökonomen lustig, die zögerten, den Kredit eines Kaufmanns (oder die Fähigkeit, sich zu verschulden) als Reichtum zu betrachten, nur weil sie befürchteten, zugeben zu müssen, dass Reichtum aus dem Nichts geschaffen werden kann. Dies beunruhigte ihn nicht. Er definiert die reine Ökonomie als die Wissenschaft, die sich mit dem Tausch und nichts anderem als dem Tausch beschäftigt. "Der Kredit eines Kaufmanns ist Kaufkraft, genau wie Geld." Daher ist nach Aristoteles und Mill der Kredit der Reichtum. In der Gewalt dieses Syllogismus erwärmt sich MacLeod für sein Thema und fährt fort zu zeigen, dass Reichtum aus dem Nichts

---

[15] J. S. Mill, *Grundsätze der politischen Ökonomie*, Ausgabe 1909, S. 6.

[16] H. D. MacLeod, *Die Theorie des Kredits*, Longmans, Green & Co, 1893.

geschaffen werden *kann*. Aber bevor wir ihn zitieren, könnten ein paar einleitende und erklärende Worte hilfreich sein.

Zunächst einmal verwendet MacLeod als Anwalt und Rechtsexperte auf dem Gebiet des Kredits den Begriff *"Debt"* in seiner juristischen Bedeutung, nämlich als einen Betrag, den z. B. A dem B schuldet *und* den B dem A schuldet. Eine Schuld zu besitzen bedeutet, sie geschuldet zu bekommen, so dass Menschen Schulden kaufen, wie sie Reichtum kaufen, wenn sie aus dem Geschäft einen Gewinn erzielen können. Einen Kredit auszuüben oder zu nutzen bedeutet, sich zu verschulden. Einen Kredit zu gewähren oder zu verlängern bedeutet, eine Schuld zu besitzen.

Zweitens ergibt sich die zu untersuchende Verwirrung, soweit es um den Reichtum von Einzelpersonen geht, aus der Tatsache, dass eine Person, unabhängig davon, ob sie Vermögen hat, und selbst wenn sie überhaupt keins hat, einen Kredit besitzen kann. Wenn seine Bedürftigkeit nicht bekannt ist oder wenn man seinen geschäftlichen Fähigkeiten vertraut, kann er sich verschulden. Indem er seinen Kredit nutzt oder ausgibt, kann er Reichtum erlangen und gleichzeitig eine entsprechende Schuld eingehen. Der Nullpunkt des Nicht-Vermögens ist in diesem Fall also nicht der Punkt, von dem aus das persönliche Vermögen einer solchen Person im Vergleich zu einer Person ohne Vermögen und ohne Kredit berechnet werden muss. Wir können seinen Kredit oder seine unausgeübte Fähigkeit, Schulden zu machen, als Teil seines persönlichen Reichtums zählen, aber um dies zu tun, müssen wir seinen Reichtum unter Null beginnen - von einer negativen Größe aus, nämlich dem Betrag, den er schulden würde, wenn er seinen gesamten Kredit ausgeübt und alles ausgegeben hätte, was er besitzt und schuldet. In ähnlicher Weise könnte man die Höhe des Bodens, die gewöhnlich vom Meeresspiegel aus berechnet wird, für einen bestimmten Zweck oder eine bestimmte Vermessung vom Meeresboden aus berechnen. Aber das würde es nicht einfacher machen, einen Zuyder Zee zurückzuerobern oder einen unbewohnbaren Sumpf zu entwässern und zu besiedeln. Lassen Sie uns nun einige Auszüge aus MacLeods *Theory of Credit* zitieren:

> "Wie entsteht eine Schuld? Durch die bloße Zustimmung zweier Köpfe. Durch die bloße *Entscheidung* des menschlichen Willens. Wenn zwei Personen vereinbart haben, eine Schuld zu schaffen, woher sie dann? Wird sie aus den Materialien der Erde gewonnen? Nein. Sie ist ein wertvolles Produkt, das aus dem absoluten Nichts geschaffen wurde, und wenn sie ausgelöscht

wird, ist sie ein wertvolles Produkt, das durch den bloßen *Willen* des menschlichen Willens in das Nichts verfallen ist. Daher sehen wir jetzt, dass es neben der Erde und dem menschlichen Verstand eine dritte Quelle des Reichtums gibt, nämlich den menschlichen Willen."

"Waren, Güter und Reichtum können aus dem absoluten Nichts erschaffen und wieder in das absolute Nichts zurückverwandelt werden, aus dem sie entstanden sind, völligen Verwirrung aller materialistischen Philosophen von Kapila bis zum heutigen Tag und zur ersten Schule der Ökonomen. Die überragende Bedeutung dieser Überlegungen wird sich zeigen, wenn wir dazu kommen, den Mechanismus und die praktischen Auswirkungen des großen Systems des Bankwesens darzustellen."

Und über dieses System konnte er bereits vor über dreißig Jahren sagen:

"Gegenwärtig ist der Kredit die gigantischste Art des Eigentums in diesem Land, und der Handel mit Schulden ist ohne jeden Vergleich der kolossalste Zweig des Handels. Das Thema Kredit ist einer der umfangreichsten und kompliziertesten Zweige des Handelsrechts. Die Kaufleute, die mit Schulden handeln - nämlich die BANKEN - sind heute die Herrscher und Regulatoren des Handels; sie kontrollieren fast die Geschicke der Staaten.

So wie es Geschäfte für den Handel mit Brot, Möbeln, Kleidung und jeder anderen Art von Eigentum gibt, so gibt es auch Geschäfte - einige der palastartigsten Strukturen der modernen Zeit - für den ausdrücklichen Zweck des Handels mit Schulden; und diese Geschäfte werden BANKS genannt.

"Und wie es Getreidemärkte und Fischmärkte und viele andere Märkte gibt, so gibt es auch einen Markt für den Kauf und Verkauf von Auslandsschulden, der Königliche Börse genannt wird. Die Banken sind also nichts anderes als Schuldengeschäfte, und die Königliche Börse ist der große Schuldenmarkt Europas."

Er fügt triumphierend hinzu, dass "es niemanden gibt, der mehr Ahnung von den Prinzipien und dem Mechanismus des großen Kreditsystems hat als ein Maulwurf von der Konstitution des Sirius".

Das Interessante an all dem ist, dass MacLeod - eine anerkannte Autorität auf dem Gebiet der Banken- und Kredittheorie - in seiner Behandlung dieser Frage einfach offener ist als die Ökonomen. Er hat Recht, wenn er die Definition von Reichtum, wie sie von Mill und anderen Ökonomen angenommen wurde, zu ihrer logischen Schlussfolgerung treibt und beweist, dass Reichtum, wenn er das ist, was gekauft und verkauft werden kann, unter Missachtung der Gesetze der Physik aus dem Nichts geschaffen werden kann. Es ist die Definition von Reichtum durch die Ökonomen, die fehlerhaft ist und die Schlussfolgerung zunichte macht. Würden wir in der Physik ähnlich argumentieren, würden wir wahrscheinlich entdecken, dass Gewichte die Eigenschaft des Schwebens besitzen.

Kredit

Es ist daher von großer Bedeutung, sich so früh wie möglich eine reale Vorstellung vom Kredit zu verschaffen, der in schwierigen Zeiten wie jetzt in der Phantasie der Sanguiniker immer mit fast magischen Kräften ausgestattet zu sein scheint. Für diese Überzeugungen spricht, dass sie eine gewisse Grundlage in der Nationalökonomie haben, die sich von der individuellen Ökonomie unterscheidet, da - wie wir sehen werden, wenn das so genannte Prinzip des virtuellen Reichtums diskutiert wird - eine Gemeinschaft so handeln kann und muss, als ob sie mehr Reichtum besäße, als sie besitzt, und zwar um einen Betrag, der der gesamten Kaufkraft ihres Geldes entspricht, und keinerlei Zinsen für die Schulden zahlen muss! Unser Ziel ist es jedoch, den nationalen Aspekt des Geldes zu vermeiden, soweit dies möglich ist.

Der Besitz von Reichtum ist übertragbar mit oder ohne den Austausch einer unmittelbaren *Gegenleistung* in Reichtum. Der Besitz von Gütern bringt die Befugnis mit sich, sie an andere zu verleihen, sie zu verkaufen oder zu konsumieren. So kann ein Kaufmann mit einem guten Ruf als Geschäftsmann von den Eigentümern Reichtum auf Rechnung erhalten, und diese Befugnis, eine Schuld einzugehen, ist ebenso sicher Kaufkraft wie Geld oder Vermögen.

Aber es ist kein Reichtum im Sinne eines Teils des Volksvermögens. Die Ausübung seiner Verschuldungsbefugnis verändert vorübergehend die Eigentumsverhältnisse am Reichtum und berührt nicht dessen Gesamtheit. Selbst wenn der Kredit eines Kaufmanns, solange er nicht ausgeübt wird, als Teil seines individuellen Reichtums betrachtet wird, ist es klar, dass wir seinen

Reichtum nicht vom Nullpunkt des Nicht-Reichtums, sondern von einer Minusmenge aus rechnen müssen.

Der Gläubiger oder Verleiher des Vermögens kann sein Recht auf Rückzahlung vom Schuldner an einen Dritten gegen Vermögen abtreten. In diesem Fall unterscheidet sich die Transaktion in keiner Weise von dem, was geschehen wäre, wenn der Schuldner das Vermögen zunächst von dem Dritten auf Kredit erhalten hätte. Aber es ermöglicht dem ursprünglichen Gläubiger, so zu tun, als ob er, nachdem er das Eigentum an seinem Vermögen aufgegeben hat, es immer noch besäße, solange er einen anderen finden kann, der bereit ist, sein Eigentum am Vermögen zu ähnlichen Bedingungen vorübergehend aufzugeben. Geld ist nicht mehr und nicht weniger als ein Mittel, um die Übertragung des Eigentums an Vermögen ohne eine *Gegenleistung* in Form von Vermögen zu bewirken.

Der Unterschied zwischen Geld und Kredit als Kaufkraft besteht darin, dass die Verwendung Geldes den Benutzer nicht in Schulden stürzt, während die Verwendung des Kredits dies tut. Im Falle des Geldes muss der Käufer nicht erneut für den erworbenen Reichtum bezahlen, sondern der Verkäufer, der das Geld erhält, gibt das Zeichen als Rechtsanspruch auf Reichtum auf Verlangen auf unbestimmte Zeit weiter - das heißt, der Anspruch zirkuliert und wird nicht aufgehoben.

Im ersten Fall geht ein Kaufmann mit seinem persönlichen Kredit eine Schuld gegenüber einer Person ein und gibt ihr ein I O U oder ein Rückzahlungsversprechen, das ihm zurückgegeben und von ihm vernichtet wird, wenn die Schuld zurückgezahlt ist. Im zweiten Fall ist ein Käufer, der Geld als Kaufkraft einsetzt, kein Kreditnehmer, der eine Schuld aufnimmt, sondern ein Gläubiger, der eine ihm von der Allgemeinheit, in der das Geld als gesetzliches Zahlungsmittel zirkuliert, geschuldete Schuld in Reichtum zurückerhält. Das Geld oder das nationale I O U geht in den Besitz eines anderen Mitglieds der Gemeinschaft über und verleiht ihm ein ähnliches Recht auf Rückzahlung, und so weiter, auf unbestimmte Zeit. Solange es nicht in Goldmünzen konvertierbar ist und in Goldmünzen umgewandelt und zu Goldbarren eingeschmolzen wird und in dieser Form des Reichtums die Schuld gegenüber dem Eigentümer des Geldes zurückzahlt, wird die nationale I O U nicht aufgehoben.

All dies hat nichts mit der völlig anderen Frage zu tun, ob ein Entleiher den Reichtum vorteilhafter oder weniger vorteilhaft nutzt, als es der ursprüngliche Eigentümer getan hätte. Der springende Punkt -

und es wäre unmöglich, seine Bedeutung zu übertreiben - ist, dass man, wenn man den Prozess weiterverfolgt, feststellen wird, dass alle Formen der Kaufkraft - außer dem Reichtum, der im Tausch gegen Reichtum gegeben wird, aber *einschließlich des* Geldes, außer wenn es, wie erklärt, tatsächlich zerstört und in Goldbarren umgewandelt wird - kein Teil des Reichtums sind, sondern lediglich Vorrichtungen zur Übertragung des Eigentums an ihm, ohne eine unmittelbare *Gegenleistung* in Reichtum, für das Recht auf eine zukünftige Rückzahlung in Reichtum.

In der Regel wird versucht zu argumentieren, dass "hinter" der Schuld ein Äquivalent an Reichtum im Besitz des Schuldners steht, so wie es bei Goldgeld der Fall ist, das geschmolzen und demonetisiert werden kann.[17] So bemerkt Irving Fisher ([18]) in Bezug auf Bankkredite: "Wenn der Uneingeweihte zum ersten Mal erfährt, dass die Anzahl der Dollar, die Inhaber von Banknoten und Einlagen das Recht haben, von einer Bank abzuheben, die Anzahl der Dollar in der Bank übersteigt, neigt er zu der Schlussfolgerung, dass nichts hinter den Banknoten oder Einlagenverbindlichkeiten steht. Doch hinter all diesen Verpflichtungen steht im Falle einer solventen Bank immer der volle Wert; wenn nicht tatsächliche Dollars, so doch auf jeden Fall *Eigentum im Wert von Dollars.*"

Dies bedeutet jedoch lediglich, dass ein Stück Eigentum zwei Eigentümer zur gleichen hat. Wenn ein Stück Eigentum mit zwei Eigentümern als zwei Stücke Eigentum gezählt werden kann, dann ist natürlich nichts Bemerkenswertes an MacLeods Entdeckung, dass Reichtum durch den bloßen Willen des Menschen aus dem Nichts geschaffen und in das Nichts zurückverwandelt werden kann.[19] Aber,

---

[17] In dieser Darstellung wird das Gold einer Münze als Eigentum des Königs oder der Nation betrachtet, die sie herausgibt, bis es entwertet und in Barren umgewandelt wird.

[18] *Kaufkraft des Geldes*, 1922, S. 40.

[19] MacLeod zitiert den Ökonomen Say: "Diejenigen, die Kredit für Kapital halten, behaupten, dass dasselbe Ding an zwei Orten gleichzeitig sein kann", weist ihn aber verächtlich mit der Bemerkung ab: "Say hat die grundlegenden Prinzipien der Ökonomie nie durchdacht." So etwas scheint in der Wirtschaftswissenschaft als Argument durchzugehen - ein Beweis dafür, wie sehr sie den Titel einer Wissenschaft verdient.

wie Ruskin weise bemerkte: "Es ist die Wurzel und Regel aller Ökonomie, dass das, was eine Person hat, eine andere nicht haben kann."

Kredit *bedeutet* doch, dass der Kreditgeber dem Kreditnehmer die Nutzung des geliehenen Gutes *überlässt*. Bei der Gewährung eines Bankkredits gibt zwar die Bank nichts ab, aber die Gemeinschaft, und der Kreditnehmer erhält es.

Mill, so unlogisch und inkonsequent er in seinem unglücklichen Versuch, Reichtum zu definieren, auch war, machte sich keine Illusionen über die Natur des Kredits. Für ihn reichte "die kleinste Gegenleistung" aus, um die Ansicht zu verwerfen, dass Kreditgeber und Kreditnehmer gleichzeitig über dasselbe Eigentum verfügen könnten. Als er 1848 schrieb, konnte er kaum als Autorität für moderne Kreditsysteme zitiert werden, aber zumindest war er recht modern, als er feststellte, dass "Geld und Kredit als Kaufkraft in ihren Auswirkungen auf die Preise genau gleichwertig sind". In seiner Definition von Reichtum lässt der Kontext keinen Zweifel daran, dass er den nationalen Reichtum im Gegensatz zu den Formen des individuellen Reichtums definierte, der durch das gleichzeitige Bestehen einer gleichwertigen Schuld, wie z. B. einer Hypothek, neutralisiert wird, die überhaupt kein nationaler Reichtum ist. Nachdem er Reichtum als Kaufkraft definiert und festgestellt hat, dass Geld und Kredit in dieser Hinsicht gleichwertig sind, war er eindeutig inkonsequent, wenn er den Kredit wie eine Hypothek als bloße Vermehrung des Besitzes einer Person auf Kosten einer anderen betrachtete.

Aber wir müssen MacLeods Kreditabsurditäten nicht akzeptieren. Es reicht aus, das Argument in einer unbedenklichen Form neu zu formulieren. *Alles ist Kaufkraft, die gegen Reichtum getauscht werden kann.* Arbeit, Geld, Kredit, Reichtum können alle gegen Reichtum getauscht werden. Daher sind alle diese Dinge Kaufkraft. So sehr der Syllogismus das Wesen der Kaufkraft erhellen mag, so sehr lässt er das des Reichtums noch zu definieren übrig, mit der Möglichkeit, dass die Gesetze der Erhaltung von Materie und Energie doch wahr sein könnten. Es ist merkwürdig, dass es einem Chemiker überlassen wird, die Logik eines Logikers zu korrigieren.

Da Geld und Kredit in Bezug auf die Kaufkraft gleichwertig sind, wie kann Geld zu Recht als Teil des Reichtums angesehen werden, wenn Kredit es nicht ist? Das Wesen des Geldes wie auch des Kredits besteht darin, dass der Eigentümer vorübergehend auf den Besitz des ihm zustehenden Reichtums verzichtet, um dafür Geld zu erhalten - ein Zeichen, wie der Schuldschein eines Kaufmanns, das jedoch von der Nation ausgegeben wird, um zu signalisieren, dass der Eigentümer den Besitz des Reichtums aufgegeben hat und Anspruch auf dessen Rückzahlung auf Verlangen hat. Das Geld wird also zu Recht nicht als Teil des nationalen Reichtums betrachtet, sondern als Teil der nationalen Schulden, der Ansprüche des Einzelnen auf den nationalen Reichtum, genau wie Konsolen oder Kriegsanleihen, mit dem Unterschied, dass es, da es auf Verlangen auf jedem Markt in Reichtum zurückgezahlt werden kann, nicht wie eine Schuld verzinst werden muss, die, wenn überhaupt, erst in der Zukunft zurückgezahlt werden kann.

Diese Ansicht ist nicht neu, sondern wurde bereits von so unterschiedlichen Personen wie Ruskin und MacLeod geäußert. Ersterer sagte: "Alles Geld, das so genannt wird, ist ein Schuldanerkenntnis ... ein dokumentarisches Versprechen, das von der Nation ratifiziert und garantiert wird, um eine bestimmte Menge an Arbeit auf Nachfrage zu finden."[20] Der zweite sagte:[21] "Die Menge des Geldes in einem Land ist die Menge der Schulden, die es gäbe, wenn es kein Geld gäbe." "Wenn es keine Schulden gibt, kann es auch keine Währung geben." Wiederum spricht er von Geld als einer übertragbaren Schuld gegenüber der Allgemeinheit.

Aber der gesunde Menschenverstand reicht aus, um den nüchternen Zeitgenossen davon zu überzeugen, dass eine Urkunde, in der verschiedene Halbwahrheiten darüber verkündet werden, dass Georg V. König von ganz Großbritannien, Verteidiger des Glaubens und Kaiser von Indien sei, für ihn nicht aus diesem Grund von Wert ist, sondern als Beweis dafür gilt, dass er im Gegenzug Anspruch auf Reichtum hat, so wie eine Eisenbahnfahrkarte, , die an sich noch weniger künstlerischen und informativen Wert hat, ein Beweis dafür ist, dass der Inhaber berechtigt ist, eine Eisenbahnfahrt zu unternehmen.

Indem die Ökonomen Geld als Volksvermögen und nicht als Staatsverschuldung bezeichnen, haben sie lediglich eine

---

[20] Bis zum heutigen Tag, *1862*.

[21] Loc. cit.

Denkgewohnheit in die Neuzeit übertragen, die durch die heute fast vollständig aufgegebene Praxis entstanden ist, die Schuldscheine aus an sich wertvollen Metallen herzustellen. Papier- und Kreditgeld sind absolut notwendige und nützliche Schulden, für die keine Zinsen verlangt werden können, aber sie sind kein Reichtum.

Die Experten in dieser Frage haben die Öffentlichkeit eher verwirrt als aufgeklärt und sind in genau die Irrtümer verfallen, die sie eigentlich vermeiden sollten. Die Ansicht, dass das moderne Geld ein Teil des nationalen Reichtums ist, ist heute so grob wie die Ansicht, dass Geld und Edelmetalle der einzige wirkliche nationale Reichtum waren. Das Räderwerk der Zeit hat sich gerächt, und der allgemeine Glaube eines Zeitalters wird für ein späteres Zeitalter zu absurd, um als ernsthafte Meinung gelten zu können.

Professor Cannan's APERÇU der Wissenschaft vom Reichtum

Für eine umfassende moderne Sicht der Position, die die orthodoxe Ökonomie erreicht hat, können wir nichts Besseres tun, als uns an einen der bedeutendsten Lehrer des Fachs der Gegenwart zu wenden. Zumindest haben sie gelernt, sich vorsichtig zu bewegen und sich vor Definitionen zu hüten. Es mag lehrreich sein, eine Zusammenfassung des ersten Kapitels von Professor E. Cannans *Wealth*, "The Subject-Matter of Economics", zu geben.[22]

Wir lernen, dass das als Reichtum zu betrachten ist, was die Wissenschaft des Reichtums gewöhnlich und bequem als Reichtum betrachtet. Anfangs stritten sich die Ökonomen über den nationalen Reichtum, aber die Verwendung des Begriffs "politisch" soll die Wissenschaft nicht auf den Reichtum der Nationen beschränken. Ursprünglich bedeutete Reichtum das *Wohlergehen* - den Zustand des Wohlbefindens, so wie *Heilung* den Zustand des Wohlbefindens bedeutet. Die Kontroversen des 18. Jahrhunderts und die Erkenntnis, dass Reichtum aus anderen konkreten Dingen als Gold und Silber besteht, führten dazu, dass diese Bedeutung von Reichtum zugunsten des materiellen Besitzes aus den Augen verloren wurde. Der

---

[22] E. Cannan, *Reichtum*, 1924.

Wirtschaftswissenschaftler befasst sich jedoch mit dem Zu- und Abnehmen von Mengen, was das Element der Zeit einschließt, und dies wurde bei der Suche nach formalen Definitionen übersehen. Die Frage "Wie viel hast du im Jahr?" stellt sich weder einem Mann der untersten Klasse noch einem Kind irgendeiner Klasse, sondern vielmehr: "Wie viel hast du?" In der kultivierten Gesellschaft hat sich jedoch die Vorstellung eines regelmäßigen Einkommens durchgesetzt und die Vorstellung eines realisierten Betrags verdrängt.

Ohne dass die Ökonomen diesen Wandel bemerkten, verwendeten sie den Begriff "Reichtum" für die Jahresproduktion einer Nation. Zunächst taten die Physiokraten dies mit den Augen des Landwirts und sprachen allen Arbeitskräften, die nicht unmittelbar auf dem Land beschäftigt waren, die Produktivität ab. Adam Smith dehnte den Begriff "produktive Arbeit" auf dauerhafte Verbesserungen und "immaterielle Produkte" aus, so dass trotz J. S. Mill, der in diesem wie in anderen Bereichen versuchte, das Veraltete zu verbessern, das Jahresprodukt sowohl als Dienstleistung als auch als Ware betrachtet wurde.

Um jedoch eine doppelte Berechnung des Jahresprodukts zu vermeiden, war es notwendig, zwischen dem Bruttoprodukt und dem Nettoprodukt zu unterscheiden, wobei das Nettoprodukt diejenigen Waren und Dienstleistungen bezeichnet, die tatsächlich zum Verbraucher gelangen, *zuzüglich* derjenigen, die zu den vorhandenen Vorräten hinzukommen, *abzüglich* derjenigen, die von den Vorräten abgezogen werden. Es gibt jedoch keine Möglichkeit, tatsächlich zwischen Netto- und Bruttoprodukt zu unterscheiden, und es entstand die Praxis, "Einkommen" durch "Nettoprodukt" zu ersetzen. Marshall definierte in seinem großen Werk die Ökonomie als "wie der Mensch sein Einkommen erhält und wie er es verwendet". Anstatt von Land und Arbeit auszugehen und das Produkt unter Ausschluss von Doppelberechnungen zu verfolgen, betrachten wir die Nettoergebnisse, wie sie sich aus den Geldeinkommen der Menschen ergeben. Aber das Geldeinkommen beinhaltet nicht den Verbrauch des eigenen Produkts eines Landwirts oder die häuslichen Pflichten einer Ehefrau, und selbst wenn wir den Geldwert dieser Leistungen schätzen können, bleibt die Frage, ob die Dienste einer Mutter für ihr Kind wirtschaftlich sind und mit dem gleichen Geldwert zu bewerten sind wie die einer Amme. In diesem Fall muss man hinter die Geldbewertung zurückgehen und das "reale" Einkommen im Unterschied zum Geldeinkommen betrachten, da die Schwankungen der Kaufkraft des Geldes zu Komplikationen führen. Wir sind auf der Suche nach einem Maß für die guten

Wirkungen von Gütern und Dienstleistungen auf diejenigen, die sie erhalten. Daher wird die Praxis der Wirtschaftslehrer mehr und mehr von äußeren Objekten und bestimmten Handlungen auf die Betrachtung von Nutzen und Zufriedenheit gelenkt. Die demokratischen Institutionen machen es jetzt notwendig, den Schmerz und die lästige Arbeit zu berücksichtigen, die mit der Schaffung von Nutzen verbunden sind, und auch die Interessen der arbeitenden Klassen zu berücksichtigen, auf die der größte Teil davon entfällt.

Die älteren Ökonomen dachten kaum daran, und die Idee, den positiven Nutzen absichtlich der Freizeit zu opfern, kam ihnen kaum. Die meisten neueren Ökonomen würden jedoch die wirtschaftliche Lage eines Volkes, das zehn Stunden am Tag arbeitet, als besser ansehen als die eines Volkes, das sechzehn Stunden am Tag arbeitet und die gleichen positiven Befriedigungen hat. Damit wird unser Thema zu Nutzen minus Unnutzen, und der Reichtum ist zu seiner alten Bedeutung zurückgekehrt, dem *Wohlstand*. Dies wirft jedoch Fragen auf, die normalerweise als außerhalb der Wirtschaftswissenschaften liegend betrachtet werden. Obwohl keine zufriedenstellende Definition möglich ist, gibt es in der Praxis keine großen Meinungsverschiedenheiten darüber, was Gegenstand der Wirtschaftswissenschaften ist und was nicht. Wirtschaftliche Dinge lassen sich am besten als wirtschaftlich definieren, so wie sich blaue Dinge am besten als blau beschreiben lassen. Aber als zweitbeste Beschreibung müssen wir auf "mit der mehr materiellen Seite des menschlichen Glücks zu tun haben" zurückgreifen.

Die Verzinsungstheorie des Reichtums

All dies ist als Überblick über den Fortschritt der Strömungen und Wirbel des wirtschaftlichen Denkens außerordentlich fähig, und natürlich muss man das Original lesen, um es richtig zu würdigen. Aber es ist auch außerordentlich klug und politisch im modernen Sinne dieses viel missbrauchten Begriffs. Die wirklich unangenehmen Fragen der Ungebildeten, die arbeiten müssen, um Reichtum zu produzieren, und die nicht nur fragen: "Wie viel hast du?", sondern etwas kritischer und pointierter als Marshall: "Wie hast du es geschafft, es zu bekommen?", werden in Perfektion gestellt. Wir haben hier zumindest ein anmutiges, wenn auch uneingestandenes und unsicheres Echo auf die Ideen von Ruskin, der sich zutiefst uninteressiert an den Schlussfolgerungen der Wirtschaftswissenschaft zeigte und sich mehr mit dem ultimativen

Tausch von Produktion und Konsum befasste, d.h. Leben gegen Reichtum und Reichtum gegen Leben. Der Wandel in den Ansichten eines Individuums, das von der Kindheit zu reiferen Jahren und von der Armut zum Wohlstand heranwächst, spiegelt die bisherige Geschichte der Wirtschaft perfekt wider. Es stellt sich jedoch die Frage, ob es sich hierbei überhaupt um eine politische, d. h. nationale Wirtschaft handelt. Individuen wachsen von der Jugend bis zum Alter und sterben, aber Nationen müssen eine Wirtschaft haben, die es ihnen ermöglicht, zu wachsen und zu leben.

Die besser gebildeten und wohlhabenden Klassen betrachten die physische Vorstellung von Reichtum - d. h. tatsächliche Güter, Lebensmittel, Brennstoffe und dergleichen - heute in der Regel als eine rohe und ungehobelte Idee, aus der die Zivilisation herausgewachsen ist. Für sie bedeutet Zivilisation eine viel weiter fortgeschrittene Stufe der Gesellschaft und des "Fortschritts", in der reiche Menschen Freizeit ohne jede Anstrengung auf ewig als Zinszahlung für eine Art von Gemeinschaftsschuld erhalten.

Dabei kann es sich um einfache Schulden wie Konsolen, Kriegsanleihen usw. handeln, bei denen sie ihren Lebensunterhalt, ohne an der Produktion von Reichtum mitzuwirken, aus den gemeinschaftlichen Reichtumseinkünften bestreiten, indem sie einen jährlichen Betrag als Gegenleistung dafür zahlen, dass sie ihr Kapital nicht zurückbekommen.

Oder sie können als Mietzins für die Nutzung eines Mittels oder Hilfsmittels abgeleitet werden, das für die Produktion von Reichtum unerlässlich ist, den sie der Gemeinschaft leihen. Sie sind so sehr daran gewöhnt, von Schuldzinsen zu leben, dass sie die Absurdität eines jeden, der dies versucht, nicht ausreichend erkennen.

Wenn wir uns hingegen mit dem Reichtum der Nationen und nicht mit dem der Individuen befassen - d. h. mit der Politischen Ökonomie im eigentlichen Sinne -, so steht es außer Frage, dass die Ansichten des Arbeiters, d. h. der "Arbeit", ob sie nun grob und unausgegoren sind oder nicht, in strikter Übereinstimmung mit den Tatsachen des Lebens und den physikalischen Gesetzen stehen, die die Produktion von Reichtum regeln, als das, was notwendig ist, um das Leben der Nation zu erhalten. Um dies zu beweisen, muss man nur darauf hinweisen, dass ein Perpetuum mobile ein Ding der Unmöglichkeit ist. Ein Mann, der, sagen wir, 20.000 Pfund zu einem Zinssatz von 5 Prozent angelegt hat, kommt ohne Arbeit in den ständigen Genuss eines Einkommens von 1.000 Pfund pro Jahr, und seine Erben und Nachfolger nach ihm. Wenn sie jeden Tag ihres Lebens Reichtum verbrauchen, haben sie immer den gleichen Betrag wie am Anfang. Das ist keine Physik und keine Ökonomie. Wie alle angeblichen Beispiele für ein Perpetuum mobile ist es ein Trick. Natürlich ist es für den Einzelnen oder eine Klasse von Vermögenden durchaus möglich, auf diese Weise zu leben, und es ist ein sehr bitterer Kommentar zu unserem Zeitalter, dass die Triumphe der physikalischen und mechanischen Wissenschaft dadurch so weitgehend verdummt sind.

Das bequeme "Einkommen" und die zinstragende Betrachtung des Reichtums können dem Einzelnen eine Quelle des Lebensunterhalts bieten. Ihre Entwicklung kann als individuelle Ökonomie oder als Ökonomie einer Klasse bezeichnet werden, als "die Kunst, einen Lebensunterhalt zu erwerben, wie sie von den Lehrern und Mentoren der Vermögensbesitzer gelehrt wird". Aber sie sollte nicht Politische Ökonomie genannt werden, denn ein System der Politischen Ökonomie, das unter keinen denkbaren Umständen auf eine Nation angewendet werden kann, ist ein Widerspruch in sich.

Es handelt sich auch nicht um eine Wissenschaft, denn eines der Hauptprinzipien der Wissenschaften, die die Welt bereichert - und nicht verarmt - haben und es diesem Land ermöglicht haben, etwa fünfmal so viele Menschen zu ernähren wie jemals zuvor in der Geschichte der Menschheit, ist die Leugnung der Möglichkeit von Perpetuum mobile-Systemen aller Art als eine vulgäre Wahnvorstellung.

Der Konflikt zwischen Reichtum und Freizeit

Deshalb ist es wichtig, Studien wie diese mit einer Untersuchung der materiellen Kriterien des Reichtums zu beginnen. Denn Reichtum verrottet, anders als Schulden, wenn er angehäuft wird. Die Vermehrung ist keine Eigenschaft des Reichtums, sondern eine Eigenschaft der Verwendung des Reichtums in der Produktion.

Die Anhäufung von Reichtum als Produktionsmittel erzeugt Arbeit, nicht Muße, denn je mehr an Fabriken, kultiviertem Land und dergleichen angehäuft wurde, desto mehr Arbeitsstunden sind erforderlich, um sie zu nutzen und durch ihren Einsatz Reichtum zu produzieren. Nehmen wir an, auf einer bestimmten Stufe der Wissenschaft und der Erfindungen erfordere das angehäufte produktive

Kapital einer Nation eine durchschnittliche Arbeitszeit von acht Stunden pro Tag für die Arbeiter, und es wird verdoppelt. Wenn das Land nicht unbewirtschaftet bleiben und die Fabriken und Anlagen nicht durch Nichtgebrauch und Vernachlässigung verderben sollen, muss es bearbeitet werden. So müssen alle statt acht nun sechzehn Stunden am Tag arbeiten, und wenn die Arbeitszeit verdreifacht wird, vierundzwanzig Stunden. Darüber hinaus ist es physisch unmöglich zu gehen. Jede über eine bestimmte Grenze hinausgehende Steigerung der Produktionsmittel geht auf Kosten der Freizeit, nicht auf Kosten ihrer Vermehrung. Die *durchschnittliche* Vornehmheit der Gemeinschaft wird dadurch *vermindert*, und wenn es einer Klasse gelingt, vollkommen vornehm zu werden - ohne die Notwendigkeit, für den Rest ihres Lebens überhaupt etwas von dem zu produzieren, was sie konsumiert -, ist es völlig klar, dass die Vornehmheit der übrigen in einem Maße vermindert werden muss, das größer ist als das der Zunahme des akkumulierten Kapitals. Soviel also zur "Einkommens"-Ansicht des Reichtums als Zins auf die Gemeinschaftsschuld und zu ihrem grundsätzlichen Konflikt mit der "Wohlfahrts"-Ansicht.

Einige andere Ansichten

Es wäre müßig zu leugnen, daß diese Verwechslung von Reichtum und Schulden in der gegenwärtigen Wirtschaftsliteratur allgegenwärtig ist, und man könnte kein besseres Beispiel anführen als die Werke von J. M. Keynes. Als einer der originellsten und brillantesten zeitgenössischen Autoren ist er aus diesem Grund umso leichter zu verurteilen.

Die meisten sind von der nebulösen Sorte, die die Vorsicht bis zur Fatuität treiben.

Herr Keynes zeigt jedoch Anzeichen eines raschen Erwachens. So schien er in seinem berühmten Buch *"Economic Consequences of the Peace"* ernsthaft der Meinung zu sein, dass das Gesetz des Zinseszinses eher das Gesetz der Vermögensvermehrung als das der Verschuldung ist, und als er das Urteil über die Leidenschaft des vergangenen Jahrhunderts für die Anhäufung von Reichtum, die er mit einem Kuchen verglich, fällte, sagte er: "Das Gesetz des Zinseszinses ist das Gesetz der Vermögensvermehrung:

"Wenn ich so schreibe, dann will ich nicht unbedingt die Praktiken dieser Generation verunglimpfen. In den unbewussten

Tiefen ihres Wesens wusste die Gesellschaft, worum es ging. Der Kuchen war wirklich sehr klein im Verhältnis zum Appetit des Konsums, und niemandem würde es besser gehen, wenn man ihn anschneiden würde, wenn er mit allen geteilt würde. Die Gesellschaft arbeitete nicht für die kleinen Vergnügungen von heute, sondern für die zukünftige Sicherheit und Verbesserung der Ethnie - in der Tat für den "Fortschritt". Würde man den Kuchen nicht anschneiden, sondern ihn in der geometrischen Proportion wachsen lassen, die Malthus für die Bevölkerung vorausgesagt hat, die aber auch für den Zinseszins gilt, könnte vielleicht der Tag kommen, an dem endlich genug für alle da ist und die Nachwelt in den Genuss *unserer* Arbeit kommen kann. An jenem Tag würden Überarbeitung, Überbevölkerung und Unterernährung ein Ende haben, und die Menschen könnten, gesichert durch die Annehmlichkeiten und Notwendigkeiten des Körpers, zu einer edleren Ausübung ihrer Fähigkeiten übergehen. Ein geometrisches Verhältnis könnte ein anderes aufheben, und das neunzehnte Jahrhundert war in der Lage, die Fruchtbarkeit der Arten in der Betrachtung der schwindelerregenden Tugenden des Zinseszinses zu vergessen."

Im ersten Absatz spricht Keynes zweifellos von einer geometrisch mit der Zeit fortschreitenden Anhäufung von realen Produktionsmitteln, die die Gesellschaft, selbst wenn sie den Appetit eines Straußes hätte, nicht verbrauchen könnte. Die Anhäufung soll so lange weitergehen, bis genug für alle da ist. Aber dann - hey presto! - gehen wir zur Verschuldung und zu den Zinsen über, die diejenigen erhalten, die diesen Reichtum besitzen, indem sie ihn an diejenigen verleihen, die ihn nicht besitzen. Die Sicherheit und die Muße sind nicht eine Folge der Akkumulation, sondern der Verteilung, wobei diejenigen, die die Akkumulation produktiv bearbeiten, einen Teil des Produkts an diejenigen zahlen, die dies nicht tun. Diese Verwechslung von Reichtum und Schulden führt dazu, dass wir uns ein Jahrtausend vorstellen können, in dem die Menschen von den Zinsen ihrer gegenseitigen Verschuldung leben.

Die Passage ist auch insofern bemerkenswert, als sie die Rolle offenbart, in der sich der philosophische Ökonom in Bezug auf die Welt offenbar selbst sieht, nicht als wissenschaftlicher Mann, der Ursache und Wirkung untersucht und durch korrektes Wissen und theoretische Überlegungen die Funktionsweise des Wirtschaftssystems in den Griff bekommt, sondern als geduldiger historischer und statistischer Student und Aufzeichner seiner Geheimnisse, der den Schlüssel ernsthaft der überragenden Allwissenheit des menschlichen Herdentriebes zuschreibt. Möglicherweise wusste auch die Herde der Gadarener Schweine in den unbewussten Tiefen ihres Wesens, worum es ging. Oder ist es so, wie Mr. W. Trotter in seinem Werk *Herd Instincts in Peace and War* sagt: "Das Überleben des Fuhrmanns auf der Fußplatte einer Schnellzugmaschine hat die moderne Geschichte der Nationen zu einer Reihe atemloser Abenteuer und haarscharfer Fluchten gemacht"? Jahrhunderts der Wagen der Nation, der durch das Verständnis der Gesetze der Thermodynamik und der Erfindungen der Wissenschaft vor die Sonne gespannt wurde, in der Vorstellung der Fuhrleute auf die Peitsche und den Sporn des Wuchers und die großartigen Taschenspielertricks des menschlichen Willens reagiert.

Im Falle von Herrn Keynes gibt es jedoch Anzeichen für einen raschen Fortschritt, denn in seinem letzten Werk, *Tract on Monetary Reform*, wird er seltsam inkonsequent.

So spricht er auf einer Seite von den Ersparnissen des neunzehnten Jahrhunderts, die sich zu Zinseszinsen akkumulierten und die materiellen Triumphe ermöglichten, die wir heute alle (so sehr) als selbstverständlich ansehen, und drei Seiten weiter erklärt er die Notwendigkeit, die Währung zu entwerten, um den neuen Menschen zu helfen und sie von der toten Hand zu befreien und das Unternehmertum *gegen die* Akkumulation zu wappnen. Auf der einen Seite zeigt er die Notwendigkeit auf, dass die Nation jährlich 250 £[23] sparen muss, um unseren Lebensstandard vor der Entwertung zu bewahren, und auf der anderen Seite plädiert er für eine Vermögensabgabe als rationale und bewusste Anpassungsmethode in einer individualistischen Gesellschaft, die für ihre Existenz auf Mäßigung angewiesen ist, weil die Kräfte des ununterbrochenen Wuchers zu groß sind.

Herr Stephen Leacock ist sowohl ein professioneller Humorist als auch ein professioneller Wirtschaftswissenschaftler, und der Leser muss beurteilen, in welcher Eigenschaft er diese Worte geschrieben hat:

"Unsere Studien bestehen nur aus dem langwierigen Beweis der Vergeblichkeit der Suche nach Wissen, der durch die Aufdeckung der Irrtümer der Vergangenheit erbracht wird. Die

---

[23] £M bedeutet insgesamt £1.000.000.

Philosophie ist die Wissenschaft, die beweist, dass wir nichts von der Seele wissen können; die Medizin ist die Wissenschaft, die uns sagt, dass wir nichts vom Körper wissen; die politische Ökonomie ist diejenige, die uns lehrt, dass wir nichts von den Gesetzen des Reichtums wissen; und die Theologie ist die kritische Geschichte jener Irrtümer, aus denen wir unsere Unwissenheit über Gott ableiten.

"Wenn ich mich hinsetze und meine Hände, so gut es geht, an dem kleinen Gluthaufen wärmt, der heute die Politische Ökonomie ist, kann ich nicht anders, als ihre sterbende Glut mit der hochtrabenden und triumphierenden Wissenschaft zu vergleichen, die sie einst war."

Der Naturphilosoph ist versucht, mit dem Paradoxon von Poincaré zu antworten:

"Sie möchten, dass ich Ihnen alles über diese komplexen Phänomene erzähle. Wenn ich das Pech hätte, die Gesetze zu kennen, die sie steuern, wäre ich hilflos. Ich würde mich in endlosen Berechnungen verlieren und könnte Ihnen niemals eine Antwort auf Ihre Fragen geben. Zum Glück für uns beide bin ich in dieser Angelegenheit völlig unwissend. Daher kann ich Ihnen sofort eine Antwort geben. Das mag seltsam erscheinen; aber es gibt noch etwas Seltsameres, nämlich dass meine Antwort richtig sein wird."

Poincaré sprach über die Richtungen der Geschwindigkeiten und die Größenordnungen Energie der einzelnen Moleküle, aus denen sich die Gemeinschaft eines Gases zusammensetzt - jedes Einzelne stößt unaufhörlich mit anderen zusammen, millionenfach pro Sekunde, und bei jeder dieser Kollisionen ändert sich die Verteilung der Geschwindigkeiten und Energien - im Gegensatz zur Einfachheit des Problems, das die Energie des Gases als Ganzes und die Gesetze betrifft, denen es bei jeder möglichen Änderung der Bedingungen gehorcht. Wenn wir in der Ökonomie zuerst versuchen, die Veränderungen in der Verteilung des Reichtums zu verfolgen, die durch den Umlauf von Papier- oder Goldstücken oder deren Einzahlung in Banken hervorgerufen werden, werden wir hilflos sein, uns in endlosen Berechnungen verlieren und niemals in der Lage sein, eine Antwort auf die einfachsten Fragen zu geben, die das Wohl der Gemeinschaft als Ganzes betreffen. Wenn wir aber die letztgenannte Frage zuerst betrachten und die physikalischen Gesetze studieren, die die Produktion des Reichtums und nicht seinen Erwerb und seine Verteilung regeln, werden wir zwar nicht sofort die Antwort auf alle ungelösten Probleme der Volkswirtschaft geben können, aber einige können wir fast sofort beantworten. Es ist seltsam, aber insofern die Probleme Fragen der physikalischen Realität betreffen, können wir sicher sein, dass die Antwort richtig sein wird.

So erhalten wir in ganz allgemeiner und kompromissloser Form die Antwort auf die Frage, ob es möglich ist, Reichtum zu verbrauchen und dennoch zu besitzen, und von einigen mit Zinseszins zu "akkumulieren", und ob die Gesellschaft des neunzehnten Jahrhunderts in den unbewussten Vertiefungen ihres Wesens wirklich wusste, worum es ging. Jahrhunderts wirklich wusste, worum es geht. Es ist vielmehr unsere Aufgabe, den Finger der Wissenschaft auf die genauen Fehler der Vergangenheit zu legen.

KAPITEL V

UNORTHODOX UND POPULÄRE ANSICHTEN

Die Leugnung der Existenz von absolutem Reichtum

Wirtschaftswissenschaftler leugnen gewöhnlich die Existenz von absolutem Reichtum. MacLeod, der nur noch deutlicher als die anderen ist, sagt: "Es gibt keinen absoluten Reichtum, nichts, was seiner Natur nach und unter allen Umständen und an allen Orten und zu allen Zeiten Reichtum ist. Es ist notwendig, dass jemand, *der nicht sein Besitzer ist,* ihn begehrt und fordert und bereit ist, etwas dafür zu geben." Er ignoriert damit völlig den Hauptzweck des Besitzes und des Erwerbs von Reichtum, nämlich den Konsum oder den Gebrauch.

Er beruft sich auf antike Autorität für diese Ansicht und zitiert den unbekannten griechischen Schriftsteller Eryxias, der Sokrates dieses nachgeahmte Juwel antiker Weisheit in den Mund legte: "Wenn jemand ohne Essen und Trinken leben könnte, wären sie für ihn kein Reichtum, weil er sie nicht wollte." Wenn die Materie nicht fallen würde, hätte sie kein Gewicht.

Aber alle Ökonomen setzen den Mangel oder die Nachfrage als wesentlich für den Reichtum in ihrem Sinne von wertvollen oder wünschenswerten Dingen voraus, obwohl Sidgwick [24] darauf hingewiesen hat, dass es logischer wäre, zuerst den Wert zu definieren,

---

[24] Grundsätze der politischen Ökonomie, *1883.*

wenn Reichtum als Besitz von Wert definiert wird. Die Position, die sie vertreten, ist, dass es keine Nahrung ohne Hunger und kein Getränk ohne Durst geben kann. Solche rein subjektiven Erwägungen liegen natürlich dem Handel zugrunde ( ), sei es zwischen Einzelpersonen oder Nationen, aber sie stehen in völligem Widerspruch zur Nationalökonomie, die sich mit der eher materiellen Seite des menschlichen Glücks befasst. Sie sind lediglich ein bösartiges Überbleibsel der vorwissenschaftlichen Philosophie, die die Existenz der physischen Welt, abgesehen von der Wahrnehmung, leugnete - Ansichten, die in wirtschaftlichen Angelegenheiten völlig fehl am Platz sind, es sei denn, man betrachtet sie eher als Gegenstand des religiösen Glaubens denn des gesunden Menschenverstands.

In der Tat sind die menschlichen Bedürfnisse und Wünsche, die sich von Augenblick zu Augenblick mit jeder Änderung des Appetits, des Geschmacks, der Mode und der Umstände ändern, das Maß des Reichtums, so dass ein größerer und dringenderer Bedarf ihn *erhöht*, während Überfluss und Sättigung ihn *verringern*. Wir verwenden in der Tat einen variablen Maßstab und erlegen der gemessenen Menge die Schwankungen des Maßstabs auf. Es ist eine Erleichterung, sich an eine andere Art von Ökonomen zu wenden.

Ruskin

In einem einsamen und malerischen Protest gegen die Halluzinationen seiner Zeit plädierte Ruskin vergeblich für eine auf das Leben gegründete Wirtschaft. Im Geiste der Wissenschaft feindlich gesinnt, oder vielmehr dem chrematistischen Streben nach Wissenschaft, das die Landschaft entweihte und die Arbeiter zu bestialischen Existenzbedingungen verdammte, und ein großer Verfechter der Sache der höheren geistigen und ästhetischen Werte gegen den Ansturm eines schmutzigen Materialismus, müssen wir uns dennoch an die materialistische Wissenschaft wenden, wenn wir die Theorie und Rechtfertigung seiner Philosophie benötigen.

Aber selbst Ruskin litt schwer unter dem Irrtum, den er auszurotten versuchte.

Reichtum war für ihn immer noch untrennbar mit den niederen Leidenschaften und dem Geiz des Existenzkampfes verbunden, und er erkannte nicht, dass die materialistischen Wissenschaften dieses Band bereits durchtrennt hatten. Er schimpfte über die segensreichen und humanen Anwendungen der Wissenschaft ebenso wie über die ungezügelte Verfolgung der Wissenschaft für Geld - über Eisenbahnen und die Nutzung der Wasserkraft ebenso wie über das rücksichtslose Ausstoßen von schädlichem Rauch und Abgasen, die den Nebel von Glasgow oder die Verwüstung des schwarzen Landes verursachen.

Vielleicht kann die Wissenschaft dennoch nicht gänzlich verhindern, dass Naturschönheiten und sogar bürgerliche Annehmlichkeiten geopfert werden. Aber die gröberen Formen des Missbrauchs, die die industrielle Revolution kennzeichneten, waren nicht der Wissenschaft zu verdanken, sondern den historischen Studenten der Handelssysteme der Welt , die wissenschaftlich erklärten, dass die Verlockungen des privaten Interesses und des unerlaubten Gewinns ein sicherer und zufriedenstellender Ersatz für die traditionelleren Formen und Prinzipien der Regierung seien.

Es war typisch für das neunzehnte Jahrhundert, dass die gröberen Formen der Luftverschmutzung bald abgeschafft wurden, indem die Alkali- und Fabrikinspektoren den Herstellern eine Verwendung für ihre schädlichen Abfallprodukte beibrachten, die profitabler war als die Verwüstung der Landschaft. So stieß das alte Le-Blanc-Alkali-Verfahren zunächst mit absoluter Rücksichtslosigkeit Salzsäuregas in die Luft aus. Verhindert, fanden die Hersteller darin ein höchst wertvolles Nebenprodukt, für das sie aber die Konkurrenz des neueren und eleganteren Ammoniak-Soda-Verfahrens nicht so lange hätten überleben können. Das Rauchproblem ist in der Industrie ähnlich gelagert, und es gibt nur wenige Industriezweige, in denen es nicht rentabler wäre, den Rauch zu verbrauchen, als ihn zur Verschmutzung der Luft auszusenden. Aber in den Städten ist der offene häusliche Herd eine ebenso wichtige Quelle dieses schreienden Übels, und bis jetzt wurde noch keine zufriedenstellende vollständige Lösung des technischen Problems gefunden. Dennoch gibt es keinen triftigen Grund, warum wissenschaftliche Industrien nicht mit voller Rücksicht auf die Annehmlichkeiten des Lebens betrieben werden sollten. Die kleine Minderheit der anstößigen Industrien könnte schlimmstenfalls auf bestimmte Orte beschränkt werden, wo die Belästigung am geringsten ist.

Ein weitaus größerer Gegensatz zwischen den Ansprüchen der Wissenschaft und der natürlichen Schönheit und den nationalen Annehmlichkeiten ergibt sich bei der Nutzung der Wasserkraft. Wasserfälle und schäumende Katarakte gehören zu den schönsten Werken der Natur, aber vom wissenschaftlichen Standpunkt aus muss man zugeben, dass sie eine verschwenderische Verschwendung von Lebensenergie darstellen, die sich die Menschheit derzeit nicht leisten kann. Ruskin war besonders gegen die Nutzung der Wasserkraft. Hätte er jedoch die wesentliche Identität des vitalisierenden Stroms mit dem erkannt, der durch das fließt, was er als die purpurnen Adern des Reichtums bezeichnete - die vollatmigen, helläugigen und glücklichen menschlichen Geschöpfe, die er über Gold schätzte -, wäre er vielleicht (wer weiß?) selbst der erste gewesen, der die Schleusen weiter geöffnet und sogar einen Niagara trockengelegt hätte, wenn er dadurch das menschliche Leben bereichern konnte.

Die besondere Stellung dieses Landes in der Welt, das im neunzehnten Jahrhundert als erstes den Einsatz von Macht entwickelte, und seine zeitweiligen Umstände, dass es billiger war, seine Produkte zu exportieren und im Gegenzug einen kleinen Teil seiner Nahrungsmittel zu verkaufen - obwohl wahrscheinlich viel mehr im Austausch gegen Papieransprüche auf zukünftigen Reichtum ging - waren zweifellos die Ursache für das Verschwinden der politischen Ökonomie und den Aufstieg dessen, was Ruskin als merkantile Ökonomie oder Krematistik bezeichnete. Nur er scheint im neunzehnten Jahrhundert diese Unterscheidung zu schätzen gewusst zu haben. Seine patriarchalische Haltung gegenüber seinen weniger glücklichen Mitmenschen und seine orakelhafte Religiosität sind vielen in diesen Tagen ein Gräuel, die die Nächstenliebe der Christen und die Wohltätigkeit der Juden gleichermaßen satt haben und nur die Erlaubnis brauchen, die Haushaltsführung der Nation ohne ihre Einmischung fortzusetzen; aber indem er die Realität hinter dem Schein sah, war Ruskin ein echter Wissenschaftler nicht weniger als ein echter Künstler.

Die Ökonomie des Lebens als Produkt des Verbrauchs von Wohlstand

In seinem erstmals 1862 veröffentlichten Werk *Unto this Last* zeigte Ruskin eine tiefe Einsicht in die Natur dessen, was als Reichtum gilt, wenn nicht sogar in die des Reichtums selbst. Seine Theorie von der Relativität des individuellen Reichtums - "Die Kunst, sich selbst reich zu machen, im Sinne des gewöhnlichen Handelsökonomen, ist daher gleichermaßen und notwendigerweise die Kunst, den Nächsten arm zu halten" - ist von grundlegender Bedeutung für die Betrachtung der Hindernisse, die Reformen verhindern. Seine Sprüche, dass es keinen anderen Reichtum als das Leben gibt und dass der Reichtum einer Nation an ihrem *Verbrauch* zu messen ist, sind weniger unorthodox als früher, und sei es nur wegen der schieren Unmöglichkeit, irgendeine denkbare Verwendung für den Reichtum zu finden, den die Wissenschaft so verschwenderisch zur Verfügung stellt, außer ihn zu verbrauchen, wenn nicht zur Bereicherung, so doch zur Zerstörung von Leben. Der absolute Konsum - d.h. nicht für die künftige Produktion - ist, wie er sagt, das Ende, die Krone und die Vollkommenheit der Produktion, nicht etwas, das als unvermeidliche Verschwendung auf ein Minimum reduziert werden muss, wie es in chrematistics erscheint. Schon das Wort "Sparsamkeit" sollte eigentlich die effiziente und reichliche Versorgung mit dem Lebensnotwendigen bedeuten, nicht den sparsamen Verbrauch davon. Es ist bezeichnend, dass erst mit der fast grenzenlosen Bereicherung des materiellen Lebens durch wissenschaftliche Entdeckungen das Wort diese unheilvolle Bedeutung bekommen hat.

Ruskins Beschreibung des chrematistischen Paradieses - "Kapital, das nichts als Kapital produziert, Zwiebel, die Zwiebel hervorbringt, niemals Tulpe, Samen, der Samen hervorbringt, niemals Brot" - ist der Zeit kaum mehr voraus. Sein Bild von der politischen Ökonomie Europas, die sich ganz der Vermehrung von Zwiebeln verschrieben hat und unfähig ist, sich so etwas wie eine Tulpe vorzustellen - "Nein, gekochte Zwiebeln hätten sie sein können - gläserne Zwiebeln - Prince Rupert's drops, consummated in powder (well if it were glass-powder and not gunpowder)" - für irgendeinen Zweck oder Sinn in der Anhäufung, erhielt seine Rechtfertigung auf den geplagten Feldern Flanderns. Das nächste Zeitalter könnte dort sogar ein Denkmal für Ruskin errichten, das seine Worte trägt. Aber in Amerika gibt es noch keine zerstörten Felder, die das Ende und den Sinn der Kapitalakkumulation markieren, und es bleibt abzuwarten, ob Amerika in Zukunft die diskreditierte politische Ökonomie Europas am Leben erhalten wird, so dass sie sich in der Neuen Welt erneut bis zu ihrem unvermeidlichen Ende abarbeiten kann.

Im vergangenen Jahrhundert hat sich die Bedeutung des Wortes "Reichtum" ständig verändert, von seiner ursprünglichen Bedeutung "Wohlstand", d.h. die Voraussetzungen, die das Leben ermöglichen und befähigen, zu "Schulden", d.h. dem Recht des Gläubigers, Reichtum zu verlangen, und der Pflicht des Schuldners, ihn zu liefern. Adam Smith schilderte vor etwa hundertfünfzig Jahren einen rüden Zustand der Gesellschaft vor der Ausbreitung des Handels und der Verbesserung der Manufakturen, in dem der einzige Nutzen eines großen Einkommens darin bestand, so viele Menschen zu ernähren, wie es nur ging. "Eine Gastfreundschaft, in der es keinen Luxus gibt, und eine Freigebigkeit, in der es keinen Prunk gibt, sind in diesem Zustand der Dinge die Hauptausgaben der Reichen und Großen. Jahrhunderts, auf das sich sein Wirtschaftssystem bezog, haben die heutigen Zeiten denselben Charakter wie die früheren Zustände, die er beschrieb. Er beklagte "das Fortschreiten der ungeheuren Schulden, die gegenwärtig alle großen Nationen Europas bedrücken und auf lange Sicht wahrscheinlich ruinieren werden", als sich in diesem Land die Staatsverschuldung auf 130 Pfund (1775) belief, bei Beginn eines neuen Krieges, der eine zusätzliche Verschuldung von mehr als 100 Pfund mit sich brachte. Er stellte fest, dass "wenn Staatsschulden bis zu einem gewissen Grad angehäuft worden sind, es kaum einen einzigen Fall gibt, in dem sie gerecht und vollständig zurückgezahlt worden sind". Damals betrug die Gesamtverschuldung weniger als die Hälfte der heutigen Jahreszinsen. Die Welt hat verschiedene Arten der Verteilung ihrer Einnahmen erlebt, aber letztlich gilt der Grundsatz, dass der einzige Nutzen einer großen oder kleinen Einnahme darin besteht, so viele Menschen zu ernähren wie möglich, in Bezug auf den *Wohlstand* genauso wie in der primitivsten Gesellschaft.

Die einleitenden Worte von Marx' *Kapital*, zitiert aus einem früheren, 1859 veröffentlichten Werk, geben seine Vorstellung von Reichtum wieder: "Der Reichtum der Gesellschaften, in denen die kapitalistische Produktionsweise vorherrscht, stellt sich als eine ungeheure Anhäufung von Waren dar, deren Einheit die einzelne Ware ist." Aber Ruskin war sich in dem zitierten Werk (1862) der völlig anderen Bedeutung bewusst, die das Wort "Reichtum" in der Vorstellung des Eigentümers von Eigentum impliziert: "Handelswirtschaft bedeutet die Anhäufung von rechtlichen oder moralischen Ansprüchen auf oder Macht über die Arbeit anderer in den Händen von Individuen; jeder solche Anspruch impliziert genau so viel Armut oder Schulden auf der einen Seite wie er Reichtum oder Recht auf der anderen Seite impliziert."

In der Anfangsphase des Krieges missbilligte der damalige Schatzkanzler eine bestimmte Finanzpolitik mit der Begründung, dass dadurch die Hälfte des Kapitalvermögens des Landes vernichtet werden würde. Selbst im Krieg kann man nicht so leicht eine immense Anhäufung von Gütern zerstören! Seitdem haben wir gelernt, sogar unser reales individuelles Vermögen als Jahreseinkommen zu betrachten und es, wenn es unverdient ist, durch den aktuellen Zinssatz zu teilen, was auch immer das sein mag, um seinen Kapitalwert zu erhalten.[25] Wir haben noch keinen Finanzminister gesehen, der das Kapitalvermögen des Landes verdoppelt hätte, indem er den Vorkriegszinssatz für Staatspapiere wieder eingeführt hätte.

Aber die Idee des Reichtums, abgesehen von einem Einkommen, ist sogar in der individuellen Wirtschaft fast hinfällig geworden. Die immensen Anhäufungen von Gütern, die durch die Existenz von 7.000 Pfund rechtlicher Ansprüche auf Reichtum als Kriegsanleihe impliziert wurden, sahen wir so schnell zerstört, wie sie produziert wurden. Aber nach den unerbittlichen Gesetzen der Thermodynamik, wenn auch nicht der Ökonomie, sind die immensen Anhäufungen des neunzehnten Jahrhunderts in Eisenbahnen, Kanälen, Fabriken und Slumstädten, selbst wenn sie nicht veraltet sind, alle auf der gleichen breiten Straße zur Zerstörung. Aber Schulden veralten nicht und nutzen sich nicht ab; sie wachsen.

Ruskins Unfähigkeit zu begreifen die Natur des absoluten Reichtums

In *Unto this Last* heißt es im Vorwort: "Der eigentliche Kern dieser Abhandlungen, ihr zentraler Sinn und Zweck, ist es, wie ich glaube, zum ersten Mal in einfachem Englisch - es wurde übrigens schon oft in gutem Griechisch von Plato und Xenophon und in gutem Latein von Cicero und Horaz gegeben - eine logische Definition von WEALTH zu geben: eine solche Definition ist für die Grundlage der Wirtschaftswissenschaft absolut notwendig..." Man kann sich fragen, ob es entweder ihm oder den Alten gelungen ist. Es ist nicht unfair, zu dem Schluss zu kommen ( ), dass Ruskin nie über die Einsicht hinauskam, dass das, was in der Handelswirtschaft oder in der Jurisprudenz als Reichtum gilt, *auch* Schulden sind. In seiner eigenen Analogie waren die beiden wie die Nord- und Südpole eines Magneten miteinander vermischt. Er scheint sich nie ganz von einer patriarchalischen Geisteshaltung gelöst zu haben, die auch heute noch vorherrscht, aber schwächer wird, und in der der Nutzen eines

---

[25] Als der Zinssatz für Staatspapiere 3 Prozent [0,03] betrug, wurde ein Einkommen von 100 Pfund pro Jahr aus Konsolen im Wert von 100 Pfund erzielt ÷ 0,03=£3.333⅓. Als der Zinssatz auf 5 % stieg, brachten dieselben Konsolen auf dem Markt nur noch 100 £ ÷ 0.05=£2,000 ein.

Einkommens eher darin besteht, ein Gefolge von glücklichen und dankbaren Abhängigen zu unterhalten als ein freies Volk.

Die physische Realität des Reichtums, abgesehen von den Rechtsansprüchen, blieb bei seiner Analyse außen vor. Er kopiert Bischof Berkeley in dem Aphorismus: "Das Wesen des Reichtums besteht in der Macht über das Leben und die Arbeit anderer" - eine Definition von Schulden, aber nicht von Reichtum. Das Wesen des Reichtums hingegen ist nicht die Macht über Menschen, sondern die Macht über die Natur. Auch das Wesen des Eigentums am Reichtum ist nicht die Macht über die Menschen, sondern über die Früchte ihres *vergangenen* Fleißes, die Energie der Natur zu verkörpern oder sie sinnvoll durch Dinge zu ersetzen, in deren Herstellung Arbeit geflossen ist. Die Macht über die Menschen ist das Wesen der Schuld, nicht des Reichtums. Das Nicht-Besitzen von Reichtum, das einem Individuum von einem anderen oder von der Gemeinschaft geschuldet wird, gibt diesem Individuum Macht über das andere oder die Gemeinschaft, *bis die Schuld bezahlt ist.* Wenn die Schuld bezahlt ist, wird der Nichteigentümer zum Eigentümer. Den Reichtum besitzt er nun, aber die Macht über die Menschen verliert er. Wir hatten Könige der Nationen und Kapitäne der Industrie. Die Kapitäne und die Könige gehen und lassen uns Kaiser der Schulden, Herrscher und Regulierer des Handels, Kontrolleure des Vermögens der Staaten, für die die eine Welt zu klein ist und das ganze Universum nur einen Augenblick lang einen unendlichen Durst zu stillen vermag.

Bevor wir uns von Ruskin verabschieden, ist es interessant, an eine beiläufige Bemerkung in einer Fußnote des zitierten Buches zu erinnern, aus der bereits ein Teil zitiert wurde und die zeigt, wie weit er seiner Zeit voraus und doch so weit hinter ihr zurück war: "Die endgültige und beste Definition des Geldes ist, dass es ein dokumentarisches Versprechen ist, das von der Nation ratifiziert und garantiert wird, um eine bestimmte Menge an Arbeit auf Nachfrage zu finden. Die Arbeitskraft eines Mannes für einen Tag ist ein besserer Wertmaßstab als ein Maß für irgendeine Ware, weil keine Ware jemals eine gleichbleibende Produktivitätsrate beibehält." Dass alles Geld, das richtig so genannt wird - alles echte Geld - ein Schuldanerkenntnis ist, ein dokumentarisches Versprechen der Nation, eine bestimmte Menge auf Nachfrage zur Verfügung zu stellen, ist nicht mehr die Ansicht einiger weniger Studenten, sondern seit dem Krieg - in dem das Geld ohne Goldminen vervielfacht wurde, wie die Wissenschaft die Produktivität vervielfacht - ist es für alle offensichtlich geworden.

Aber was ist die versprochene Menge? Ist "die Arbeit eines Mannes für einen Tag" ein beständiges Maß für die Produktivkraft - in einem Zeitalter den Boden bearbeitend, aus dem er kam, in einem anderen fleißig zusehend, wie ein geschirrter Niagara oder eine Dampfturbine eine Gemeinschaft mit Energie versorgt? Unterschreiben und besiegeln solche Ansichten, wie die des Marxisten, dass der Ursprung des Reichtums die menschliche Arbeit ist, nicht die Knechtschaft der Arbeit, wobei die Maschine mit ihr konkurriert und eher die Schulden der Gemeinschaft vervielfacht als ihren Reichtum oder ihre Gesundheit? Dies scheint der Dreh- und Angelpunkt zu sein, um den sich der gesamte künftige Lauf der Geschichte drehen wird und der darüber entscheidet, ob sich die Wissenschaft noch als Segen oder als Fluch erweisen wird. Kurz gesagt, soll der Produktivitätszuwachs durch die Wissenschaft für die Tilgung oder nur für die Vermehrung der Schulden zur Verfügung stehen? Wir werden auf diese Frage noch einmal zurückkommen müssen.

Sowohl Ruskin, der die menschliche Arbeit als beständiges Maß für die Produktivkraft ansah, als auch Marx, der der Meinung war, dass der Wert der für den Tausch produzierten Waren durch die für ihre Produktion gesellschaftlich notwendige Arbeitszeit bestimmt wird, haben die Auswirkungen der Wissenschaft auf die Ersetzung belebter durch unbelebte Kräfte nicht ausreichend berücksichtigt. Beide scheinen den Verdacht gehabt zu haben, dass die Wissenschaft sich mit Dingen befasst, die ihre Philosophie stören würden. In der Tat übertrifft sich Marx wahrscheinlich nirgendwo im *Kapital* so sehr in Schmähungen wie in seiner Beschreibung des Begründers der Thermodynamik als "ein amerikanischer Humbug, der baronisierte Yankee Benjamin Thompson (*alias* Graf Rumford)...". Seltsamerweise aber nur, weil er es gewagt hat, in seinen *Politischen, Ökonomischen und Philosophischen Aufsätzen* "Rezepte aller Art, um die gewöhnliche teure Nahrung des Arbeiters durch ein Sukzedaneum zu ersetzen" zu empfehlen, und nicht sein berühmteres Rezept, um den Arbeiter selbst zu ersetzen. Denn aus der Arbeit dieses "amerikanischen Humbug" entstand tatsächlich die moderne Maschine mit 10.000 Pferdestärken, wobei jede Pferdestärke derjenigen von 10 Männern entspricht, die nicht 8 oder 10, sondern 24 Stunden am Tag arbeiten, und jede Maschine unermüdlich die körperliche Arbeit einer Gemeinschaft von 30.000 Arbeitern ersetzt. Wie billig wären die Dinge geworden, wenn Marx Recht gehabt hätte! Es nützt seinen heutigen Anhängern auch nicht viel, zu erwidern, dass die Maschine das Produkt menschlicher Arbeit ist, ebenso wie die Kohle, die sie antreibt. Man kann die

Maschine zugestehen, wenn man die Wissenschaft und die Erfindung zugesteht, und unter den gleichen Bedingungen kann man die Kohle zugestehen, soweit es um den Abbau geht. Aber die Macht liegt weder in der Maschine noch in der Förderung; ihr Ursprung ist viel älter. Der verhasste Kapitalist war in diesem Fall der Baum, der im Karbonzeitalter geduldig die Energie der Sonne speicherte, Millionen Jahre bevor es so etwas wie einen Menschen gab.

Die physikalischen Erhaltungsgesetze können auf das Konzept des Reichtums angewandt werden

Wie Ruskin sagte, ist eine logische Definition des Reichtums für die Grundlage der Ökonomie absolut notwendig, wenn sie eine Wissenschaft sein soll. Die Lehre von der Energie und die Gesetze der Thermodynamik ermöglichen dies. Insbesondere der dem zweiten Hauptsatz zugrundeliegende eminent praktische gesunde Menschenverstand ist vollkommen anwendbar. Keine exakte Wissenschaft kann Fortschritte machen, bevor sie nicht in ihrem Bereich Erhaltungssätze aufgestellt und entschieden hat, welches die wirklichen Größen sind, die sich mit dem Fortschreiten der Zeit und der Umstände nicht ändern. Das Erhaltungsgesetz bezieht sich auf den Begriff der Energie selbst, aber das zweite Gesetz führt etwas ein, was in der Praxis weitaus wichtiger ist, nämlich einen Sinn für die Richtung, indem es zwischen nützlichen oder verfügbaren und nutzlosen oder nicht verfügbaren Energiekategorien unterscheidet. Reichtum ist, wie wir im nächsten Kapitel näher untersuchen werden, im Wesentlichen das Produkt aus nützlicher oder verfügbarer Energie. Für jedes Plus gibt es ein Minus, aber nicht für jedes Minus gibt es ein Plus. Für jedes Auftauchen oder jede Produktion von Reichtum gibt es ein Verschwinden von verfügbarer Energie, aber für jedes Verschwinden von verfügbarer Energie gibt es keineswegs eine Produktion von Reichtum; vielmehr vergeht die Gelegenheit, sie so zu nutzen, gleich, ob sie genutzt wird oder nicht. Man könnte meinen, dass der Gedanke der Energieerhaltung, obwohl er für die ursprüngliche Formulierung der Energiegesetze nützlich und notwendig war, dennoch den Charakter eines Gerüsts hatte, das nach Fertigstellung des Gebäudes aufgegeben werden konnte. Dieser Standpunkt wird oft in Bezug auf die potenzielle Energie vertreten. Bei jedem Schlag eines Pendels findet eine Umwandlung von kinetischer in potentielle Energie statt, und manchmal wird behauptet, die Vorstellung von potentieller Energie sei nur ein Mittel, um das Gesicht des Erhaltungssatzes zu wahren. Es gibt jedoch etwas Physikalisches und Reales für das Verschwinden der kinetischen Energie der vollen Schwingung in der Höhe, in der der Pendelkörper gegen die Schwerkraft angehoben wird, und die korrektere Ansicht ist, dass der Begriff der potentiellen Energie eher eine Unkenntnis über die Natur der wirkenden Aktion - in diesem Fall der Gravitation - als die Schaffung einer imaginären Existenz verschleiert.

Dies lässt sich besonders gut am Fortbestehen der Energie nach ihrem Übergang in die nutzlose Form als Wärme mit gleichmäßiger Temperatur in der Umgebung nachweisen. Für das bloße Auge haben wir eine Grenze des Fortschreitens der Veränderung erreicht, und alles scheint in Ruhe zu sein. Aber unter dem Mikroskop gibt es so etwas wie Ruhe nicht. Jedes Teilchen, das in einer Flüssigkeit schwebt, ist, wenn es klein genug ist, von der lebhaften Brownschen Bewegung beseelt, und je winziger es ist, desto intensiver ist seine fortwährende Unruhe. Die Energie, die zuvor die Massen bewegt hat, ist in unverminderter Menge vorhanden, aber sie bewegt die einzelnen Moleküle der Materie, und die mikroskopischen Teilchen, die in einer Flüssigkeit schwimmen, dienen als Indikatoren für den ständigen Beschuss, dem sie ausgesetzt sind. Bei größeren Teilchen heben sich diese nahezu auf, und sie verbleiben in scheinbarer Ruhe, aber unterhalb einer bestimmten Größe machen sich die Ungleichheiten des Bombardements in verschiedenen Richtungen sofort bemerkbar, wobei die leichten und reaktionsschnellen Teilchen erst in die eine und dann in die andere Richtung getrieben werden und niemals einen Augenblick lang in Ruhe bleiben. Energie ist ewig, aber Nutzenergie, wie wir sie bisher kennen, ist ein ewiger Fluss in eine Richtung.

Es mag weit hergeholt erscheinen, von solchen Themen zur Ökonomie überzugehen, aber solange letztere nicht auf den Erhaltungsgrundsätzen der materialistischen Wissenschaften beruht und alle Taschenspielertricks entlarvt, kann man nicht sagen, dass sie überhaupt eine richtige Grundlage hat. Die Ökonomie befasst sich nicht mit Energie, sondern ausschließlich mit dem Fluss nützlicher und verfügbarer Energie und ihrer Umwandlung in nutzlose Formen sowie mit physischem Reichtum als Produkt der Kontrolle und Richtung dieses Flusses. Die physikalische Wissenschaft verbindet sich hier mit dem gesunden Menschenverstand, der besagt, dass Reichtum niemals mit einem Handstreich geschaffen werden kann.

Das konfuse Streben moderner Gemeinschaften

Bevor wir versuchen, das Problem der Natur des Reichtums zu lösen, wollen wir einige der erschreckenden Folgen der Verwechslung von Reichtum und Schulden betrachten, die in diesem Jahrhundert zutage getreten sind. Zweifellos konnte ein so grundlegender Wandel in der Lebensweise des größten Teils des bewohnbaren Erdballs nicht ohne schwerwiegende Verwerfungen eintreten, aber die naiven und oberflächlichen Argumente, mit denen eine ganze Welt in den Wahnsinn getrieben wurde, um ihren eigenen Schatten zu jagen, sind schwer ernsthaft zu untersuchen.

In erster Linie haben wir die tiefen intuitiven Instinkte der Menschheit. Wenn wir die Tabelle am Ende des zweiten Kapitels betrachten, werden wir sehen, dass sie versucht, die Art und Weise, in der die Menschen Energie ableiten, zu kontrastieren: intuitiv und durch den Gebrauch des Verstandes. Der Hauptverlauf der natürlichen, intuitiven Evolution bis zum Menschen, durch das Tier- und Pflanzenreich hindurch, war hinsichtlich der Lebensgrundlagen parasitär. Die Menschen haben sich zunächst nur durch gegenseitige Ausbeutung aus den tierähnlichen Existenzbedingungen erhoben, so wie wir auch heute noch für unsere innere Energie das Tier- und Pflanzenreich ausbeuten. Ursprünglich betraf diese Abhängigkeit jedoch sowohl die für alle äußeren Arbeiten als auch die für den Stoffwechsel benötigte Energie. Mit zunehmender intellektueller Leistung hat sich zunehmend von dieser Abhängigkeit emanzipiert, soweit sie die äußere Arbeit betrifft, und wird sich im Laufe der Zeit vielleicht sogar auf den Stoffwechsel ausdehnen.

Möglicherweise wird sogar der Vegetarismus eines Tages zu einem Relikt der Barbarei.

Vor der wissenschaftlichen Ära spiegelten alle Regierungsformen natürlich diese physische Abhängigkeit wider, und es gab immer eine relativ kleine und luxuriöse Klasse, die von den Früchten der Arbeit der Vielen lebte, obwohl sich die realen oder nominellen Leistungen, mit denen sie ihre Vorherrschaft rechtfertigten, mit jeder Veränderung der Bedingungen änderten.

Die griechische und die römische Zivilisation basierten auf der menschlichen Sklaverei als unabdingbare Voraussetzung. Die Juden wehrten sich gegen die Sklaverei von außen, was sie aber nicht daran hinderte, sie im Innern weiterzuentwickeln, während sie bei den

Mohammedanern noch immer fortbesteht. Unter dem Christentum verschwand die Sklaverei, abgesehen von einer kurzen Zeit in Amerika, aber an ihre Stelle trat in verschiedenen Zeitaltern irgendeine Form von wirtschaftlicher oder feudaler Knechtschaft, die immer eifrig eingeschärft und praktisch, wenn nicht offen, als notwendig für die Erhaltung der Kultur und der Muße zur Verfolgung der höheren Werte verteidigt wurde. In der Wissenschaft, in der die schwere Last des Lebens von den Rücken der Menschen und des Zugviehs genommen und auf breitere Schultern gelegt wurde, bleibt die Abhängigkeit von der Tier- und Pflanzenwelt für die innere Energieversorgung bestehen, aber die Abhängigkeit vom Leben für die äußere Arbeit verschwindet zunehmend. Vielleicht ist bisher nur ein einziger Schritt auf dem Weg zur wirtschaftlichen Freiheit getan worden, aber die Tragödie ist, dass selbst dieser Schritt von der Menschheit vereitelt wird.

Wir haben gesehen, wie distanziert die gebildeten Klassen, insbesondere in diesem Land, dem großen revolutionären Marsch der Wissenschaft gegenüberstanden. Eine Demokratie hingegen neigt zu sehr dazu, "ihr Wunschbein dorthin zu setzen, wo ihr Rückgrat sein sollte". Das Ergebnis war eine Interpretation der sozialen Bedingungen der Zeit im Sinne einer ererbten Philosophie der Klassenknechtschaft und ein wahnsinniger demokratischer Ansturm auf die besitzenden Klassen, ohne dass sich der im Wesentlichen parasitäre Charakter der Demokratie um ein Jota geändert hätte.

Da früher der Besitz von Grund und Boden - der mit dem Sonnenschein, der auf ihn fällt, einen Ertrag an Reichtum liefert - in Form von Pacht einen Anteil an der jährlichen Ernte ohne Arbeit oder Dienstleistung sicherte, auf dem sich eine kultivierte und vermögende Klasse dauerhaft etablieren konnte, scheint das Zeitalter die absurde Vorstellung entwickelt zu haben, dass Geld, das Grund und Boden kaufen kann, daher selbst die gleiche Ertragskraft haben muss. Es ist leicht, die Physik der Saat und der Ernte und ganz allgemein den Ursprung des Zuwachses zu verstehen, egal ob es sich um ein Kornfeld, einen Hühnerstall oder einen Schweinestall handelt. Pflanzen und Tiere sammeln fleißig Sonnenenergie, und so wunderbar der Prozess biologisch ist, so wenig ist es ein physikalisches Rätsel, wenn Schinken, Eier und Toast auf dem Frühstückstisch stehen. Wenn man davon ausgeht, dass erstens das Land und die Sonne im Besitz einer Gruppe von Menschen sind und zweitens die menschliche Industrie von einer anderen Gruppe von Menschen bereitgestellt wird, sind die Mittel für den Lebensunterhalt des Herrn, wenn auch nicht sichtbar, so doch nicht sehr gut verborgen. Von der Betrachtung dieser durch Tradition und

Geschichte geehrten Art des Lebensunterhalts wenden wir uns etwas abrupt dem modernen Ausweis der Vornehmheit zu, dem Besitz von, sagen wir, 20.000 Pfund, einer Goldkugel mit einem Durchmesser von etwa 9 Zoll. Als Besitz gehorcht er den Gesetzen der Erhaltung von Materie und Energie. Als Geld in seiner ursprünglichen Bedeutung, als etwas, das gegen Reichtum getauscht wird, besitzt es keine Kräfte der Selbstreproduktion. Als Hort oder Vorrat, der zum Kauf von Gütern verwendet wird, würde es in seiner Menge abnehmen, wie Seife, wenn man sich damit wäscht. Aber wenn man es jemandem *leiht* und es außer Sichtweite in den Tresoren einer Bank vergräbt, reproduziert es sich wie ein Samenkorn in der Erde oder ein Huhn, das Eier legt. Wenn der Zinssatz 5 Prozent pro Jahr beträgt, kann es eine ganze Familie und ihre Erben und Nachfolger mit 1.000 Pfund pro Jahr in Vornehmheit und ständiger Bewegung unterstützen. Sie *kann* einen Bauernhof oder eine andere Einnahmequelle und die Arbeitskraft des Landwirts und seiner Arbeiter kaufen, aus deren Zuwachs sie und unsere Familie zusammen für immer unterstützt werden können. Es übertrifft die Gesetze der Physik und versorgt nun auch einen völlig untätigen Besitzer mit Energie.

Wenn der Eigentümer über ein ausreichendes unabhängiges Einkommen verfügt, um darauf verzichten zu können, kann er die Zinsen verleihen, so dass sich die Steigerungsrate von einfach auf zusammengesetzt ändert. Der Ertrag des hypothetischen Bauernhofs wird nun hypothetisch für mehr Gold und mehr Bauernhöfe verkauft. In 1070[26] Jahren würde aus unserer 9-Zoll-Kugel Gold, die auf diese Weise veräußert wird, ein Rechtsanspruch auf eine goldene Kugel entstehen, die so groß wie die Erde ist und viermal so viel wiegt.

Oder, wenn wir das Beste aus beiden möglichen Welten herausholen wollen, lassen wir unsere auserwählte Familie im Zustand der etwas schäbigen Vornehmheit und des verminderten Perpetuum mobile, der mit 500 Pfund pro Jahr möglich ist, und "legen" die Hälfte des Einkommens zur "Akkumulation" zurück. Nachdem wir dies vier Jahrhunderte lang ertragen haben, wäre unsere Familie in der Lage, eine

---

[26] In der Originalausgabe wurde dies fälschlicherweise mit sechshundert Jahren angegeben. Damit dies stimmt, müsste der Zinssatz etwa 9% statt 5% betragen.

Weltbevölkerung von 2.000.000.000 Seelen mit demselben Kapital zu versorgen, mit dem sie angefangen hat.

Dies ist der berühmte Irrtum des Zinseszinses, dessen Ursprung wir bereits kurz angedeutet haben und dessen Wesen wir noch weiter herausarbeiten müssen, soweit es die orthodoxe technische Ökonomie betrifft. Aber sein Ursprung ist allgemeiner. Die Gesellschaft erinnert sich "in den unbewussten Tiefen ihres Wesens" an den Tag, an dem es weder Wirtschaft noch Wissenschaft gab, nicht einmal Religionen des modernen Sabbat- und Sonntagstyps. Älter als diese und unendlich viel mächtiger in ihrem Einfluss auf den menschlichen Geist ist die Anbetung des goldenen Kalbes, die als vollwertige Werktagsreligion fortbesteht. Zumindest diese hat überlebt, obwohl schönere Religionen gekommen und gegangen sind und die Zeit Zeuge des Übergangs "der ganzen verblichenen Hierarchie des Olymps" war.

KAPITEL VI

DIE ZWEI KATEGORIEN DES REICHSTANDES

Das Wesen und die Definition des absoluten Reichtums

Lassen Sie uns vom Standpunkt des modernen Wissens aus sehen, ob die schwierige und verwirrende Frage nach der wirklichen Natur des Reichtums erhellt werden kann und nicht nur nach den besonderen Methoden, mit denen seine Menge oder sein Wert gemessen werden kann. Die physischen oder materiellen Bedürfnisse des Körpers müssen befriedigt werden, bevor weitere Lebensbedürfnisse - ob sexuell, intellektuell, ästhetisch oder spirituell - überhaupt in Frage kommen. Eine Definition des Reichtums muss sich auf die Natur des physischen oder materiellen Reichtums stützen, im Sinne der physischen Requisiten, die das menschliche Leben befähigen und ermöglichen, d.h. die den Menschen mit den Mitteln versorgen, um zu leben und, als eine *Folge* des Lebens, zu lieben, zu denken und nach dem Guten, dem Schönen und der Wahrheit zu streben. Die Ermöglichung des Lebens stellt in diesem Sinne eine kurze Definition des Reichtums dar. Die rein physischen Kriterien des Reichtums müssen vor den spezielleren wirtschaftlichen Kriterien berücksichtigt werden.

Diese Voraussetzungen werden aus dem Fluss der verfügbaren Energie in der Natur abgeleitet und erzeugt und stellen Entwürfe oder Ableitungen von diesem Fluss dar, da für die Produktion aller Formen von Reichtum die verfügbare Energie aus dem natürlichen Fluss benötigt wird und entweder in den produzierten Reichtum eingeht oder bei der Produktion verbraucht, d.h. in Abwärme umgewandelt wird.

Der Begriff *"verfügbar"* hat in dieser Definition dieselbe Bedeutung wie im zweiten Hauptsatz der Thermodynamik, der die Energie in zwei Kategorien unterteilt: nützliche, verfügbare oder "freie" Energie und nutzlose, nicht verfügbare oder "gebundene" Energie, wobei letztere auch als *Entropie* bezeichnet wird. Die Bedeutung von unterscheidet sich jedoch nicht wesentlich von ihrer gewöhnlichen Bedeutung, sondern ist nur etwas präziser als diese. Es ist nur diejenige Energie verfügbar, die die Tendenz hat, sich in andere Formen zu verwandeln. Bei nicht verfügbarer Energie ist die letzte Form der natürlichen Umwandlung erreicht, und die Tendenz, sich umzuwandeln, verschwindet. Man darf natürlich nicht annehmen, dass die umgekehrte Umwandlung unmöglich ist, aber sie ist praktisch unmöglich, weil sie die Verausgabung oder den Abbau einer größeren Menge an verfügbarer Energie in unverfügbare Energie erfordert, als bei dem umgekehrten Prozess gewonnen wird. Der thermodynamische Begriff der Verfügbarkeit hat natürlich nichts an sich, was ihn speziell auf das Leben oder das menschliche Leben beschränken würde. Reichtum als Form, Produkt oder Ergebnis eines Zuges auf den Fluss der verfügbaren Energie besteht aus den besonderen Formen, Produkten oder Ergebnissen, die das menschliche Leben befähigen und ermöglichen.

Eine Lebensschuld zurückgezahlt im Leben

Im kontinuierlichen Fluss der verfügbaren Energie finden wir das primäre absolute Bedürfnis des menschlichen Lebens, ohne das es stirbt, und es ist dieses Bedürfnis, das der Reichtum befriedigt. Die absurde Vorstellung, dass es so etwas wie absoluten Reichtum nicht gibt, sondern dass es jemanden geben muss, der ihn begehrt und fordert und bereit ist, etwas für seinen Besitz aufzugeben, ist eine merkantile Sichtweise, die in Städten, die von den Produkten des umliegenden Landes leben, bequem ist, aber nicht auf Nationen angewendet werden kann.

Die Chrematistik, die Wissenschaft von den Bedürfnissen und deren Austausch, ist eine sehr nützliche Wissenschaft für den Einzelnen, aber sie ist bestenfalls nur ein Teil der Wirtschaft.

So ist die Luft ein offensichtliches Lebensbedürfnis, und es wird behauptet, dass sie, weil man sie nicht besitzen kann, kein Reichtum ist. Wenn man sie aber verflüssigt und in eine Flasche füllt, kann man sie besitzen, sie ist begehrt und wird nachgefragt - zumindest in einer modernen Universität - und dann wird sie zum Reichtum und zu einem regulären Handelsartikel.

Wahrer ist, dass die gasförmige Beschaffenheit der Luft und die Universalität des Angebots es den Menschen erlauben, sich normalerweise ohne Anstrengung zu versorgen, während für die Beschaffung von Flüssigkeit viel Arbeit im physischen Sinne sowie Fleiß im menschlichen Sinne erforderlich sind.

Bei Nahrungsmitteln und Brennstoffen - die nicht mehr und nicht weniger als Luft und aus demselben Grund benötigt werden, um den Bedarf an Energie zu decken , ohne die das Leben stirbt - ist es wahr, dass die Menschen sie wollen und verlangen und bereit sind, im Austausch dafür etwas aufzugeben. Aber es ist noch wahrer, dass die Menschen einen Teil ihrer Lebenszeit aufgeben müssen, um sie zu produzieren. Die physikalische Wissenschaft, die sich von der physischen unterscheidet, gibt keinerlei Hoffnung, dass Reichtum jemals ohne den Einsatz von menschlicher Lebenszeit und verfügbarer Energie erzeugt werden kann. Wenn neue Entdeckungen so viel Nahrung liefern würden, dass Mais nur noch als Viehfutter taugt, und so viel Energie, dass Kohle und Öl nur noch zur Herstellung von Ruß taugen, dann würden diese Güter an Wert verlieren und vielleicht sogar ganz verdrängt werden, aber nur deshalb, weil die Lebensbedürfnisse durch andere Formen des Reichtums, die ihrerseits Produkte der verfügbaren Energie und der menschlichen Zeit sind, besser befriedigt werden können. Die Wissenschaft mag die Effizienz der menschlichen Zeit vervielfachen, aber sie hebt nicht die Notwendigkeit auf, sie für die Produktion aufzuwenden.

Es wurde argumentiert, dass Reichtum nicht nur nützlich sein muss, sondern auch sinnvoll genutzt werden muss. Dies ist eher ein metaphysischer als ein wissenschaftlicher Standpunkt. Ob zu Recht oder zu Unrecht, der wissenschaftliche Verstand hat beschlossen, die Theorie der Erhaltung der physischen Realitäten zu akzeptieren, abgesehen von der Fähigkeit des Verstehens. Er verweist auf die geologischen Aufzeichnungen der Felsen als Beweis dafür, dass die Felsen schon da waren, bevor es - unter Anwendung des Johnson'schen Realitätstests - Füße gab, die sie traten. Die im Mais gespeicherte Energie und seine Fähigkeit, Leben zu nähren, sind physikalische Realitäten, die nichts mit der Überlegung zu tun haben, ob es das zukünftige Schicksal des Mais ist, zu verrotten oder gegessen zu werden. Mais, der verrottet und nicht gegessen wird, ist mit Sicherheit kein Reichtum, aber das ist er auch nicht, wenn er gegessen wird und nicht verrottet.

Zugegeben, diese Vorstellungen vom Wesen des absoluten Reichtums als einer bestimmten physischen Realität bringen uns in der Ökonomie nicht sehr weit, da sie nicht zu einer präzisen Methode der relativen Messung führen, wie es der Tauschwert oder der Geldpreis tut. Aber zumindest ermöglichen sie es uns, den physischen Ursprung des Reichtums als etwas, das durch den menschlichen Willen aus dem Nichts geschaffen werden kann, unverblümt zu bestreiten.

Wenn wir versuchen, den relativen Wert der verschiedenen Arten von Reichtum oder der verschiedenen Teilfaktoren oder Bestandteile, die in seinen Aufbau einfließen, zu messen, ist die wichtigste und am wenigsten willkürliche Überlegung natürlich, was der Reichtum an vergangenem Menschenleben gekostet hat, um ihn zu produzieren. Aber hierin unterscheidet sich der Wert der Zeit eines Menschen sehr von dem eines anderen. So wie Stoffe im Verhältnis zu ihrer Seltenheit geschätzt werden, wenn sie zum Leben benötigt werden, und im Durchschnitt im Verhältnis zu der Zeit geschätzt werden, die aufgewendet werden muss, um sie zu finden oder zu gewinnen, so werden seltene und außergewöhnliche Fähigkeiten oder Fertigkeiten über dem Durchschnitt geschätzt, aber nur, wenn sie (in der Gegenwart) dem Geschäft des Lebens dienen. Es wurde jedoch bereits festgestellt ( ), dass in dem Maße, wie das Wissen fortschreitet und die industriellen Verfahren weniger empirisch und mehr wissenschaftlich werden, immer weniger außergewöhnliche Fähigkeiten zu ihrer Anwendung erforderlich sind. Das optische Pyrometer ersetzt den Mann, der die Ofentemperaturen mit dem Auge genau beurteilen kann, und die Metallurgieprozesse, die nur von Arbeitern, die in dieser Industrie geboren und aufgewachsen sind, bedient werden können, werden durch wissenschaftlichere und weniger unsichere Methoden ersetzt, die keine außergewöhnlichen Fähigkeiten erfordern. Wenn man in der Wirtschaft und im Bankwesen die nationalen Erfordernisse vorhersieht und ein Geldsystem entwickelt, das automatisch funktioniert, wie es beabsichtigt ist, würden besondere Qualifikationen, die in Zeiten der Ungewissheit, der Spekulation und der Empirie eine hohe Belohnung versprechen, nicht mehr funktionieren. Die Hauptfaktoren, die sich der Reform und dem Fortschritt widersetzen und danach streben, die Dinge so zu belassen, wie sie sind, sind keineswegs Trägheit und Unwissenheit, sondern durchweg gut informierte individuelle Eigeninteressen.

Es ist viel über die Bedeutung des Genies und des im Wesentlichen schöpferischen Verstandes gesagt worden, und man könnte meinen, dass es in der Industrie und in der Wirtschaft immer glanzvolle Preise für die Gehirne geben würde, die neue Methoden entwickeln. Aber hier haben wir es mit der alten Irrlehre zu tun, dass Reichtum aus dem Nichts durch den menschlichen Geist oder Willen geschaffen werden kann. Der Mann, der ein musikalisches Werk komponiert, ist seltener als derjenige, der es brillant singen oder spielen kann.

Solche Qualifikationen sind, verglichen mit der Entstehung, mechanisch, aber sie werden umso mehr geschätzt und belohnt, weil es die Leistung und nicht die Komposition ist, die den Bedürfnissen des Lebens dient. So verhält es sich auch mit der Verwertung von Erfindungen im Unterschied zum Erfindergeist.

Wert oder Preis

Der Geldpreis oder der Tauschwert des Reichtums bringt eine Vielzahl willkürlicher Erwägungen mit sich, wie z. B. den Stand der Gesetze in Bezug auf Grund und Boden und Eigentum, die Höhe der Steuern, den Schutz vor Konkurrenz, Trusts, Kombinationen und Monopole, die Zu- oder Abnahme einer Gemeinschaft, eines Ortes und so weiter, fast *ad infinitum*. Der Geldpreis integriert die Gesamtheit einer Vielzahl komplexer Faktoren, von denen viele für sich genommen zu schwer auffindbar sind. Dennoch ist er die einzige quantitative Tatsache über den Reichtum, die mit Sicherheit behauptet werden kann und die in der Regel auch feststellbar ist. In dieser Arbeit wird kein Versuch unternommen, sie zu analysieren.

"Wir würden uns in endlosen Berechnungen verlieren." Aus volkswirtschaftlicher Sicht, wenn es um die Beziehungen zwischen Geld und Reichtum geht, ist der durchschnittliche Geldpreis des Reichtums oder das Preisniveau eine Tatsache von größter Bedeutung, völlig unabhängig davon, wie er sich zusammensetzt und ob er gerecht oder ungerecht ist.

Doch zunächst ist es vielleicht angebracht, die Frage nach der wirklichen Natur des Reichtums vom physischen Standpunkt aus etwas näher zu beleuchten.

Arbeit und Reichtum

Das Leben selbst verbraucht im Stoffwechsel ständig einen Strom verfügbarer Energie - das heißt, es wandelt sie in nutzlose Energie um - und eine Form oder Kategorie des notwendigen Reichtums besteht aus den Nahrungsmitteln, die diesen Strom liefern. Das Leben braucht auch Mittel, um seine Lebensenergie zu erhalten und sie vor den Unbilden des Klimas zu schützen: Kleidung, Häuser und Brennstoffe, Mittel zur Fortbewegung, zum Transport und zu äußeren Formen der Arbeit sowie Mittel zur Herstellung von Werkzeugen, Anlagen, Geräten und anderen Hilfsmitteln, die für die Produktion der Grundstoffe erforderlich sind. Das einzige Kriterium, das diese vielfältige Ansammlung von Erfordernissen unterscheidet, ist, dass sie alle den Fluss der natürlich verfügbaren Energie erfordern und aus ihm resultieren.

Gewöhnlich, aber nicht ausnahmslos oder zwangsläufig, erfordert die Produktion jeder Form oder Kategorie von Reichtum auch den Einsatz von menschlicher Zeit und Mühe. In einem Naturzustand jedoch, insbesondere in den Tropen, wo die menschlichen Bedürfnisse gering und die Sonne reichlich vorhanden ist, steht die verfügbare Energie der Natur bereits in ausreichendem Maße für die Zwecke des menschlichen Lebens zur Verfügung, und zwar für eine sehr begrenzte Bevölkerung, ohne dass irgendein menschlicher Faktor zu ihrer Erzeugung beitragen muss. Brennstoffe und Kleidung werden kaum benötigt, und Nahrung in Form von tropischen Früchten ist in Hülle und Fülle vorhanden, so dass eine sehr spärliche und anspruchslose Bevölkerung sich dauerhaft in einem Zustand des fast vollständigen *dolce far niente* erhalten kann. Allein diese Tatsache widerlegt die Marxsche Lehre - die, wie schon gesagt, nicht die von Marx ist -, dass aller Reichtum aus menschlicher Arbeit stammt. In ähnlicher Weise kann eine gelegentliche Menge von Edelmetallen ohne menschliche Anstrengung heimisch werden, obwohl im Durchschnitt ein sehr großer Aufwand für ihre Gewinnung erforderlich ist.

Aber in zivilisierten Formen von Gemeinschaften sind intensive Produktionsformen notwendig, um im Allgemeinen eine größere Anzahl von Menschen auf einem höheren Lebensniveau und einer höheren Zivilisationsebene zu versorgen, als es im Naturzustand möglich wäre. Unter diesen Umständen wird ein menschlicher Faktor für die Produktion von Reichtum unentbehrlich, und zwar in Form von anfänglichen Erfindungen und Entdeckungen, die in der Folgezeit kontinuierlich mit menschlicher Anstrengung angewendet werden. Zu Beginn besteht die Anstrengung weitgehend aus physischer Arbeit, die vom Körper des Arbeiters in Ergänzung des natürlichen Energieflusses erbracht wird; aber mit dem Fortschreiten der Zivilisation besteht sie mehr und mehr aus reinem Fleiß, um nicht-menschliche Energieformen zu menschlichen Zwecken zu führen. Vom energetischen Standpunkt aus gesehen ist der menschliche Beitrag immer eher eine Umwandlung von Energie als eine Erzeugung von Energie, die mit dem Fortschreiten der Zivilisation immer direkter wird, indem der intuitive Stoffwechselprozess durch einen anderen ersetzt wird, der durch die Vernunft zustande kommt.

Ein elektrisches Modell des produktiven Systems

Eine Analogie, die sich als nützlich erweisen könnte, ist der Dynamo oder die dynamoelektrische Maschine, die als Transformator von mechanischer Energie in elektrische Energie betrachtet wird.

Dies wird erreicht, indem elektrische Leiter quer zu den Linien eines Magnetfeldes - oder eines magnetischen Flusses - bewegt werden, einer Bewegung, der sie aktiv widerstehen. Die auf diese Weise verbrauchte Energie wird in Form eines elektrischen Energieflusses entlang der Leiter rechtwinklig zu den magnetischen Linien und zur Bewegungsrichtung wiedergewonnen. Natürliche Magnete gibt es in Form von Magnetsteinen, und aus ihnen lassen sich Dauermagnete aus Stahl in unendlicher Menge herstellen. In den ersten Formen der magnetoelektrischen Maschinen wurden natürliche Magnete oder Dauermagnete aus Stahl verwendet, um den magnetischen Fluss zu erzeugen, und die Umwandlung der mechanischen in elektrische Energie beinhaltete keinerlei Energieaufwand für die Erzeugung oder Aufrechterhaltung des magnetischen Flusses; aber in der modernen intensiven Form der dynamoelektrischen Maschine wird ein Teil der *erzeugten* elektrischen Energie für die Magnetisierung eines Weicheisen-Elektromagneten aufgewendet, wodurch bei einer Maschine mit gegebenen Abmessungen eine sehr stark erhöhte Leistung möglich wird. Es ist bezeichnend, dass die mechanische Energie nicht nur den nützlichen Teil der erzeugten elektrischen Energie erzeugt, sondern auch den Teil des Produkts, der für die Magnetisierung des Eisens aufgewendet werden muss, und dass dieser letztere Teil nicht im Endprodukt erscheint, sondern sofort in nutzlose Wärme abgebaut wird, indem der tote Widerstand gegen den

Stromfluss durch die um die Magneten gewickelten Kupferleiter überwunden wird. Außerdem ist dieser Verlust theoretisch nicht wesentlich. Wenn ein besserer Leiter als Kupfer zur Verfügung stünde, müsste weniger des Produkts in nutzlose Wärme umgewandelt werden, und wenn es einen unendlich guten Leiter gäbe, würde nichts verloren gehen. Einige Leiter in der Nähe des absoluten Nullpunkts der Temperatur sind praktisch perfekt. Ein Strom, der in einem Kupferring bei sehr niedriger Temperatur einmal in Gang gesetzt wurde, wird noch stundenlang zirkulieren, bevor seine ursprüngliche Energie vollständig in Wärme umgewandelt ist.

Wir können uns also die Produktion von Reichtum als eine Umwandlung der verfügbaren Energie der Natur in einen für das menschliche Leben verfügbaren Strom vorstellen - einen Teil davon sogar in die Energie des menschlichen Lebens. Im natürlichen Zustand ist kein Aufwand an menschlicher Energie notwendig. Bei der intensiven Produktion ist sie zwar notwendig, aber die dabei verbrauchte Energie wird vom Produkt abgezogen und nicht hinzugefügt. Sie bringt ihre nützlichen Ergebnisse indirekt hervor und verpufft, ohne im Endprodukt zu erscheinen oder in dieses aufgenommen zu werden. Ihre Funktion besteht darin, die Qualität der natürlich verfügbaren Energie in eine für die Lebensbedürfnisse verfügbare Form umzuwandeln, und der Gewinn an Qualität ist eine Folge der Verringerung der Quantität. Wenn man versucht, einen Prozess zu verstehen, ist es natürlich sehr nützlich, ein konkretes physikalisches Modell vor Augen zu haben, auch wenn es noch so grob ist, und die vorgeschlagene Analogie scheint die wesentlichen Merkmale sowohl der primitiven als auch der modernen und möglichen zukünftigen Prozesse der Wohlstandsproduktion korrekt zu erfassen. Sogar die stetige Verdrängung menschlicher Arbeit in der Massenproduktion, während der Prozess immer automatischer und selbstregulierender wird, findet ihre Analogie in der Verringerung des magnetischen Widerstands des Stromkreises durch die Verwendung von besserem Eisen und des elektrischen Widerstands des Feldmagnetkreises durch die Verwendung von besseren Leitern oder Leitern mit niedrigerer Temperatur.

Die zwei thermodynamischen Kategorien des Reichtums

Wir haben es bei unserer Betrachtung der Energiegesetze für nützlich befunden, zwischen dem Energieaufwand für die

Überwindung eines aktiven Widerstands, bei dem es für den Aufwand am Ende des Prozesses etwas Nützliches an Energie gibt, und dem Energieaufwand für die Überwindung eines toten Widerstands zu unterscheiden, bei dem die aufgewendete Energie sofort in Wärme umgewandelt wird und es für den Aufwand am Ende des Prozesses nichts Nützliches an Energie gibt. Überträgt man diesen Gedanken auf den Reichtum, so kann man sofort zwei Hauptkategorien des Reichtums unterscheiden, je nachdem, wie die Energie aufgewendet wurde. Zur ersten Kategorie gehören Güter, die einen Teil der bei ihrer Herstellung aufgewendeten Energie als inneren Speicher behalten, der beim Verbrauch dieser Güter freigesetzt wird, um den Lebenszwecken zu dienen. In der zweiten Kategorie wird die Energie für die Überwindung des toten Widerstands, für die Veränderung der Form oder der Beschaffenheit der bearbeiteten Materialien aufgewendet und verbleibt nicht in den Materialien als ein wesentliches Element für ihren Gebrauch.

Vergänglicher und dauerhafter Reichtum

Waren gehören im Allgemeinen zu beiden Kategorien, die sich durch die *gegensätzlichen* Eigenschaften der relativen Vergänglichkeit und der Dauerhaftigkeit unterscheiden.

Güter der ersten Kategorie sind als Energiespeicher wertvoll. In ihnen dienen die Materialien, aus denen sie hergestellt sind, als Behälter für einen Vorrat an verfügbarer Energie. In ihrer Funktion als Reichtum werden sie vollständig verbraucht oder als Reichtum zerstört, und diese Vergänglichkeit ist für ihre Funktion wesentlich. Energie ist an sich wertlos, wertvoll ist allein der Energiefluss von einem Ding zum anderen und von einem Ort zum anderen. Das materielle Gegenstück zur Tendenz der Energie, zu fließen, ist die Tendenz der Materialien, sich zu verändern. Die Eigenschaft, zu verrotten, zu verfallen, Feuer zu fangen, langsam zu verfallen, ist daher eine *wesentliche* Eigenschaft dieser Kategorie von Reichtum. Sie umfasst Nahrungsmittel, Brennstoffe, Sprengstoffe, einige Formen von Düngemitteln und ähnliche Materialien, die den Zweck, der ihnen den Titel Reichtum verleiht, nur dann erfüllen, wenn sie vollständig in Abfallstoffe und Energie umgewandelt werden. In der zweiten Kategorie hingegen ist die Dauerhaftigkeit und nicht die Vergänglichkeit die wesentliche Eigenschaft. Sie umfasst Kleidung, Häuser und deren Ausstattung und Möbel, im Allgemeinen "Besitz", sowie Werkzeuge, Anlagen, Straßen,

Fahrzeuge, Schiffe und andere Hilfsmittel, die für die Produktion und Versorgung des Reichtums notwendig sind.

Kapital Produktionsmittel

Im Gegensatz zur ersten Kategorie lässt sich die Zerstörung im Gebrauch zwar nicht gänzlich vermeiden, sie ist aber für ihre Funktion nicht wesentlich, sondern ein Nachteil. Vielmehr wird von ihnen verlangt, dass sie dem Verschleiß widerstehen und *möglichst lange* halten, weshalb sie oft aus sehr feuerfesten und widerstandsfähigen Stoffen hergestellt werden, die bei ihrer Umwandlung in Reichtum einen hohen Energieaufwand erfordern. In dem Maße, in dem die aufgewendete Energie in den Materialien in potenzieller Form verbleibt, wird ihre Haltbarkeit und ihr Wert als Reichtum *beeinträchtigt*. Die beiden thermodynamischen Kategorien des Reichtums unterscheiden sich also durch deutlich entgegengesetzte Eigenschaften.

Ein Haus kann nicht gebaut werden, ohne dass ein Teil der beim Bau aufgewendeten Energie gespeichert wird, und das Vorhandensein dieses Vorrats an potenzieller Energie führt dazu, dass das Haus mit der Zeit wieder zusammenfällt. Das Haus ist nur so lange reich, wie es steht. So ist es auch mit dem Eisen. Das Eisen verkörpert in sich selbst einen großen Teil der Energie, die bei der Verbrennung des Brennstoffs freigesetzt wird, mit dem es aus seinen Erzen geschmolzen wird, und der Besitz dieser Energie führt dazu, dass es rostet, d. h. in seinen ursprünglichen, exidierten Zustand zurückkehrt. Doch während der Energiespeicher für die Kohle als Reichtum *unverzichtbar* ist, stellt er für das Eisen einen *unvermeidlichen Mangel* dar.

Um eine Lokomotive zu betreiben, muss die Kohle verbraucht werden, aber die Verbrennung des Eisens, auch wenn sie nicht gänzlich verhindert werden kann, ist kein Vorteil, sondern ein toter Verlust. Hätte Eisen mit denselben wünschenswerten technischen Eigenschaften die Haltbarkeit von Gold oder Platin, so wäre es als Reichtum noch wertvoller. Aber Mais oder Rindfleisch mit der Haltbarkeit von Edelmetallen oder Edelsteinen wäre überhaupt kein Reichtum.

In der Technik bedeutet der Begriff *Leistung* im Gegensatz zu *Energie* oder *Arbeit* die Geschwindigkeit, mit der die Energie verbraucht oder die Arbeit verrichtet wird, und eine Leistungsmenge wird in eine Energiemenge umgewandelt, indem sie mit einer Zeitdauer multipliziert wird. Auch das Leben hat aus physikalischer Sicht die Dimension der Leistung und wird durch Multiplikation mit der Zeitdauer, auf die es sich bezieht, in Energie ausgedrückt.

So haben wir bereits gesehen, dass eine Million Kalorien - eine Energiemenge - ausreicht, um den Nahrungsbedarf eines durchschnittlichen Menschen für die Dauer eines Jahres zu decken.

Obwohl die Lehre, dass aller Reichtum das Produkt menschlicher Arbeit ist, nicht wahr ist, ist die Tatsache, dass aller Reichtum das Produkt von Arbeit im physikalischen Sinne der Verausgabung von verfügbarer Energie ist, für praktische Zwecke absolut wahr und fast die einzige allgemeine und zufriedenstellende Definition von Reichtum, die man aufstellen kann. Geld, Kredit und andere rechtliche Ansprüche auf Reichtum sind eher Schulden als Reichtum. Arbeit und Erfindungen sind kein Reichtum, obwohl sie wesentliche Faktoren bei seiner Produktion sind. Die physikalische Definition von Reichtum ist eine Form oder ein Produkt von Energie oder Arbeit, das Leben ermöglicht oder befähigt.

Für die zweite Kategorie von Reichtum lassen sich möglicherweise Ausnahmen finden, die aber die Regel nicht außer Kraft setzen, dass im Durchschnitt ein bestimmter Arbeits- und Zeitaufwand für die Produktion einer bestimmten Menge irgendeines Reichtums erforderlich ist. Der gelegentliche Fund eines Goldklumpens durch Zufall ohne besondere Suche kann als Ausnahme angeführt werden, so wie der gelegentliche Fund von Wildfrüchten eine Ausnahme von der Regel ist, dass menschliche Arbeit für die Produktion von Reichtum notwendig ist. Aber in der Volkswirtschaftslehre, die sich in erster Linie mit Durchschnittswerten und nicht mit außergewöhnlichen Ereignissen befasst, können sie völlig ignoriert werden.

Die Verausgabung von Energie ist für die Produktion von jeglichem Reichtum notwendig, aber die Regeneration der verbrauchten Energie in einer für die Lebensbedürfnisse verfügbaren Form findet nur im Falle der ersten Kategorie statt. Der Einfachheit halber können wir die beiden Kategorien als Reichtum I und Reichtum II bezeichnen. Wir können die Produktion und den Verbrauch von Reichtum I in Anlehnung an eine chemische Gleichung wie folgt bezeichnen:

Rohstoffe + verfügbare Energie = Reichtum I.

Reichtum I = Lebensenergie + Energie- und Materialabfälle.

Für Wohlstand II wird die Produktion durch ausgedrückt:

Rohstoffe + verfügbare Energie = Reichtum II + Energieabfall.

aber es gibt keine entsprechende Gleichung für den Verbrauch. Der Abbau der Energie hat bereits seine letzte Stufe erreicht, *und in diesem Sinne ist der Reichtum II bereits* "verbraucht".

Eine Illustration aus der Chemie

Auch in der reinen Wissenschaft wird die Unterscheidung zwischen den beiden verschiedenen Gründen, warum die Herstellung eines Stoffes den Einsatz von Energie erfordert, nicht immer ganz genau getroffen. Manchmal muss man sozusagen einen Berg erklimmen, um anschließend mit Hilfe der oben gespeicherten Energie hinunterlaufen zu können, wie beim Reichtum I. Oft ist der Aufstieg aber auch notwendig, weil es keinen ebenen Umweg gibt, wie beim Reichtum II. So ist bei der so genannten Fixierung des Luftstickstoffs, bei der sich der Stickstoff und der Sauerstoff der Luft zu Stickstoffoxiden verbinden, indem man sie der sehr hohen Temperatur des elektrischen Lichtbogens aussetzt, ein sehr großer Energieaufwand erforderlich. Daher rührt auch die Bezeichnung der Schweizer Täler als Gletscher an einem Ende und 98%ige Salpetersäure am anderen Ende. Die aufgewendete Energie ist jedoch nicht in den Stickoxiden enthalten, sondern geht als Wärme verloren, wie bei der Herstellung von Reichtum II. Der Prozess ist vergleichbar mit einer Reise von einem Ort zu einem anderen auf der gleichen Ebene über einen sehr hohen Berg, die einen großen Arbeitsaufwand erfordert und am Ende nichts als Abwärme zur Folge hat, es sei denn, es kann ein Umweg gefunden werden.

In diesem Fall wurde ein Ausweg gefunden, der nicht nur den Stickstoff, sondern auch das Datum des Großen Krieges bestimmte. Denn Deutschland, ohne große natürliche Energiequellen und durch überlegene Seestreitkräfte von den externen Nitratquellen abgeschnitten - die von der peruanischen Küste verschifft werden und den Rohstoff für die aller Sprengstoffe bilden - hätte sonst kaum drei Monate lang Krieg führen können. Das Ergebnis war das Haber-Verfahren, bei dem der Stickstoff zunächst mit Hilfe eines Katalysators unter hohem Druck, aber bei mäßiger Temperatur, mit Wasserstoff zu Ammoniak verbunden wird, das dann mit Hilfe eines weiteren

Katalysators durch Einwirkung von Luft und Wasser zu Salpetersäure oxidiert wird. Dieses Verfahren erfordert keinen übermäßigen Energieaufwand.

Im Allgemeinen finden also für den Reichtum II (der nicht nur alle dauerhaften Besitztümer, sondern auch alle Produktionsmittel umfasst) ständig neue Prozesse einen ebeneren Weg um die dazwischen liegenden Berge herum, während für den Reichtum I diese Möglichkeit der Verbesserung nicht besteht. Diese neuen Prozesse entwerten den Wert des gesamten Kapitals, das für das alte aufgewendet wurde, und neigen dazu, es als Reichtum zu zerstören, indem sie es veralten lassen.

Rückzahlungen von Reichtum

Da beide Reichtumskategorien in der Art ihrer Produktion gleich sind, aber in ihrem physischen Charakter und in der Art und Weise, wie sie das Leben befähigen bzw. ermöglichen, völlig unterschiedlich sind, basiert die Definition von Reichtum notwendigerweise auf dem, was bei seiner Produktion verbraucht oder aufgezehrt wird, und nicht auf dem, was er tatsächlich ist oder was er seinerseits hervorbringt. Vom physischen Standpunkt aus betrachtet, wurden so viel Lebensenergie und so viel menschliche Zeit für seine Produktion aufgewendet, dass sie einen Preis oder eine Schuld darstellen, die der Natur und den Menschen aufgebürdet wurde. Was die Natur betrifft, so ist es die Sonne, die belastet wird, und die Erde, die entlastet wird, so dass die Energie vom Standpunkt der Menschheit aus gesehen ein Geschenk ist. Unter natürlichen Bedingungen wird die gesamte verfügbare Energie verschwendet, ob sie nun genutzt wird oder nicht, und der Reichtum ist der Teil davon, den der Mensch gerettet hat. Der Aufwand an menschlicher Zeit für die Gewinnung der Energie ist letztlich die einzige wirkliche Schuld, die auf den Produkten lastet, wenn wir den Blickwinkel von der Physik auf die Wirtschaft verengen. Wenn das Produkt nützlich ist und benutzt wird, wird die Schuld in Arbeitsstunden zurückgezahlt, und die physische Möglichkeit der Erhaltung und Ausdehnung des Lebens hängt davon ab, dass die Rückzahlung im Durchschnitt weit über den Ausgaben liegt. Ökonomisch ist dies ein Zuwachs, physisch jedoch nicht, wie wir bereits anhand der Analogie eines Dynamos gesehen haben. Bezogen auf die eigentliche Quelle der Lebenskraft, die das Leben antreibt, gehen die Ausgaben bei der Überwindung von Widerständen verloren, und der Zuwachs ergibt sich aus der lebendigen Energie, die dem natürlichen Fluss entzogen wird.

Was die erste Kategorie des Reichtums betrifft, bei der die Nutzung den Gesamtverbrauch bedeutet, so ist die Rückzahlung mengenmäßig bestimmt und hat den Charakter eines Pauschalbetrags an Energie und Lebenszeit. Bei der zweiten Kategorie, bei der die Zerstörung für die Nutzung nicht wesentlich ist, hat die Rückzahlung den Charakter einer Einnahme, weder von Energie noch von Lebensstunden, sondern von eingesparten Lebensstunden, die sonst aufgewendet werden müssten - und zwar über einen ganz unbestimmten Zeitraum. Sie hängt nicht nur von der relativen Dauerhaftigkeit des betrachteten Reichtums ab, sondern von rein unabhängigen Faktoren, die darüber entscheiden, ob der Reichtum tatsächlich genutzt wird oder nicht, und dazu gehören der zukünftige Stand des Fortschritts und der Erfindungen sowie der Stand des gesunden Menschenverstands der Gemeinschaft.

Diese Sichtweise verdeutlicht die Notwendigkeit, zunächst Zeit und Energie aufzuwenden, unabhängig davon, was mit dem Produkt geschieht, und die Tatsache, dass der Reichtum in realen Mengen zu dem Zeitpunkt bezahlt wird, zu dem er produziert wird. Die Fähigkeit, fünf Jahre lang eine wachsende Flut von Rüstungsgütern zu produzieren, ist ein Beweis für den Reichtum einer Nation. Es ist denkbar, dass die Nation *während* ihrer Produktion an anderen Gütern Mangel leiden musste; aber es gibt keinen physischen Grund, warum sie dies tun sollte, *nachdem* sie produziert wurde, oder für die konventionelle Überzeugung, dass, weil so viel in die Luft gejagt und verschwendet wurde, jeder den Gürtel enger schnallen und eine Zeit der Armut ertragen muss. Wenn die Staatsschulden zurückgezahlt würden, würden die einen konsumieren, damit die anderen konsumieren können, während die nationalen Gläubiger eine kleine jährliche Rückzahlung dafür bevorzugen, nicht zurückgezahlt zu werden. Die populäre Vorstellung, dass eine Nation, weil sie in der vergangenen Generation produziert hat, nicht in der Lage ist, dies in der nächsten zu tun, dass Gott und Wucher so viel und nicht mehr zur Verfügung stellen, und dass wir, wenn wir in einem Jahr viel konsumieren, dies durch weniger Konsum in der Zukunft ausgleichen müssen, ist die Umkehrung der Wahrheit. Sie enthält gerade so viel von der Wahrheit, wie sie für den Einzelnen gilt - dass Reichtum eine reale Größe ist, die nicht spontan entstehen und sich vermehren kann -, dass sie plausibel ist; aber auf nationaler Ebene ist sie so abwegig wie der Verzicht auf das Trinken aus einem Fluss, weil es im letzten Jahr so heiß war und alle so viel getrunken haben, oder das Abschalten eines Kraftwerks, bis eine ungewöhnlich hohe Last der Vergangenheit wieder ausgeglichen ist.

Kapital als Form von dauerhaftem Reichtum

Dies gilt insbesondere für die zweite Kategorie des Reichtums, zu der alle Produktionsmittel gehören, die gewöhnlich als Kapital bezeichnet werden. Mit der vagen Vorstellung, dass der Reichtum im Gebrauch "verbraucht" wird, was, wie wir gesehen haben, für die erste Kategorie wesentlich, für die zweite aber nur zufällig und fehlerhaft ist, stellt man sich die Reichtumsproduktion so vor, als ob sie einen ständigen Verbrauch von Maschinen, aber auch von Kohle, Erdöl und Nahrungsmitteln mit sich brächte, während dieser Verbrauch *durch den Gebrauch* in Wirklichkeit oft nicht sehr schwerwiegend ist und immer, soweit möglich, vorgesehen ist oder vorgesehen werden kann. Bei einer großen Maschine zur Herstellung von Motoren werden die eigentlichen Verschleißteile, die Schneiden der Werkzeuge, wahrscheinlich mehrmals am Tag, wenn nicht sogar in der Stunde erneuert. Auch die Lagerzapfen und Lager werden erneuert. Von weitaus größerer Bedeutung für die Verschlechterung der kapitalen Produktionsmittel - wie Fabriken und Anbauflächen - ist die Vernachlässigung durch Nichtbenutzung und, im Falle der erstgenannten, neue Erfindungen, die sie verdrängen. Die anderen Verluste sind oft von geringerer Bedeutung. Bei ihrer Herstellung ist der Prozess, was den Abbau der lebendigen Energie betrifft, eine Stufe weiter fortgeschritten als bei der Produktion von konsumierbarem Reichtum, und in diesem Sinne sind sie *bereits* vollständig verbraucht. Sie sind nur durch den Gebrauch produktiv und werden, wenn sie ungenutzt bleiben, zu einfachen unbezahlten Schulden.

Psychologisch gesehen ist das wirtschaftliche Ziel des Individuums, war es schon immer und wird es wohl auch immer sein, sich ein dauerhaftes, von weiteren Anstrengungen unabhängiges Einkommen zu sichern, das gegen den Lauf der Zeit und den Zufall der Umstände gefeit ist, um sich selbst im Alter und seine Familie nach ihm in Ewigkeit zu unterstützen. Er versucht dies zu erreichen, indem er in der Blütezeit seiner Jugend so viel Vermögen anhäuft, dass er und seine Erben danach auf ewig von den Zinsen leben können. Die Wirtschafts- und Sozialgeschichte ist der Konflikt dieses menschlichen Bestrebens mit den Gesetzen der Physik, die ein solches *Perpetuum mobile* unmöglich machen und das Problem lediglich auf die Methode reduzieren, mit der ein Individuum ein anderes Individuum oder die Gemeinschaft in seine Schuld bringen und die Rückzahlung verhindern kann, so dass das Individuum oder die Gemeinschaft den Ertrag ihrer Bemühungen mit ihrem Gläubiger teilen muss. Wir haben den Prozess bei der traditionellen Methode des Lebensunterhalts durch Landbesitz untersucht, und nun müssen wir die moderne Methode des Lebensunterhalts durch Kapitalzinsen betrachten.

Die zweite Kategorie des Reichtums teilt sich natürlich in den persönlichen Besitz, der für den Genuss oder den Konsum des Reichtums notwendig ist, und in die Produktionsmittel, die für seine Schaffung notwendig sind. Letztere scheinen der Menschheit auf den ersten Blick eine Möglichkeit zu bieten, den Gesetzen der Physik und der wirtschaftlichen Abhängigkeit zu entkommen, da sie die Schuld der Zeit, die für ihre Produktion aufgewendet werden muss, durch einen immerwährenden Ertrag an Zeit, die durch ihre Nutzung eingespart wird, zurückzuzahlen scheinen, da sie im Wesentlichen dauerhaft sind und durch ihre Nutzung nicht verbraucht werden, sondern tatsächlich produktiv sind.

Kapital multipliziert Human Efficiency

Die erste Kategorie des Reichtums enthält zum Ausgleich der bei seiner Erzeugung entstandenen Zeitschuld eine bestimmte positive Energiemenge, die für das Leben zur Verfügung steht und beim Verbrauch des Reichtums als Pauschalbetrag abgegeben wird. Die zweite Kategorie bezahlt die Schuld der Zeit, die bei ihrer Produktion entstanden ist, durch die Zeit, die durch ihre Nutzung eingespart wurde und die ohne die Existenz des Reichtums verbraucht werden müsste. Für die Produktionsorgane aber hat die Zahlung den Charakter einer Einnahme aus der eingesparten Zeit über einen unbestimmten Zeitraum, der so lange andauert, wie der Reichtum zur Erleichterung der Produktion verwendet wird. Wenn also die Nutzung *kontinuierlich* ist, wie bei der Produktion von verderblichen Gütern, werden die Stunden, die für ihre Gewinnung aufgewendet werden, immer wieder eingespart. Diese scheinbar endlose Zahlung für einen bestimmten Zeitaufwand ist natürlich die physikalische Grundlage für den Ursprung des Zinses, der als Miete für die Nutzung von Produktionsmitteln in der Produktion definiert wird.

In der Tat ist keine Art von Reichtum absolut dauerhaft und , und die Haltbarkeit variiert von relativ kurzlebigen Gütern wie

Kleidung bis hin zu Diamanten. In der Praxis muss eine Gemeinschaft neben der Bereitstellung der ersten Kategorie von konsumierbarem Reichtum auch ihre Besitztümer und Produktionsmittel instand halten. Dies ändert jedoch nichts an der Natur des Problems, und in der Praxis ist es üblich, einen Teil der Zeit, die durch die Nutzung des Kapitals eingespart wird, als für seine fortwährende Instandhaltung erforderlich zu betrachten, so dass immer noch ein dauerhaftes Nettointeresse übrig bleibt.

Man kann sofort sagen, dass nichts eine herrschende Klasse, die im Besitz der politischen Macht ist, daran hindert, die Dinge so zu ordnen, dass ein gewisser *begrenzter* Tribut auf Dauer von den eigentlichen Produzenten des Reichtums durch die Miete für die Nutzung des Kapitals eingefordert werden kann, genauso wie es keine physische Unmöglichkeit gibt, unter ähnlichen politischen Umständen vom Eigentum an Land zu leben. Es war für den Grundbesitzer unmöglich, sich in flagranter Weise gegen die Gesetze der Natur zu stellen. Das Scheitern des kapitalistischen Zeitalters ist darauf zurückzuführen, dass das Wesen des Zinses und des "Kapitals" missverstanden wurde und dass die Idee des immerwährenden Zinses von der Bezahlung für den Einsatz der Produktionsmittel bei der Produktion von vergänglichem Reichtum auf die Bezahlung für die Nichtrückzahlung jeglicher Art von Schulden ausgedehnt wurde. Es gibt klar definierte Grenzen für den möglichen Zins , der von einer Gemeinschaft verlangt werden kann, die nicht durch eine Erhöhung des Kapitals überschritten werden können.

Kapital kann die menschliche Zeit nicht vermehren

Denn das Kapital vervielfacht die Effizienz des menschlichen Zeitaufwands, aber es vervielfacht nicht die menschliche Zeit, auch wenn es immer versucht, dies zu tun, indem es die Arbeitsstunden bis zur Grenze der menschlichen Belastbarkeit und darüber hinaus verlängert. Diese Behauptung ist historisch gerechtfertigt, wenn man sich ein wenig mit der Industriegeschichte dieses Landes vor den Factory Acts beschäftigt. Der Prozess findet heute vor unseren Augen im Osten statt, wo die Legislative von Hongkong vor kurzem ein Gesetz verabschiedet hat, das es Kindern verbietet, mehr als neun Stunden pro Tag von vierundzwanzig und sechs von sieben Tagen zu arbeiten. In China, das noch nicht so weit ist, die Arbeitszeiten in der Industrie gesetzlich zu regeln, werden die Zustände als sehr ähnlich und ebenso schrecklich beschrieben wie in diesem Land vor der Verabschiedung der Factory Acts.

Was auch immer man von der Ökonomie von Marx halten mag, die dem Autor nicht weniger metaphysisch und von den wesentlichen Kenntnissen der Physik des Produktionssystems ebenso weit entfernt zu sein scheint wie die Systeme der Orthodoxen, niemand, der das *"Kapital"* gelesen hat, kann es versäumen, von dem Fundus an soziologischer Gelehrsamkeit in diesem Band beeindruckt zu sein, der größtenteils in umfangreichen Fußnoten enthalten ist. Geschrieben zu einer Zeit, als die Laissez-faire-Politik der Regierungen die Übel des Schwitzens und der Ausbeutung der Arbeiter durch das industrielle System unkontrolliert ließ, bildet es für alle Zeiten eine Aufzeichnung einiger der fast unglaublichen Missbräuche, die die frühere Geschichte der großen Kapitalakkumulation in diesem Land begleiteten. Heute haben eine empörte öffentliche Meinung und die wachsende wirtschaftliche Macht der Gewerkschaften das Gleichgewicht bis zu einem gewissen Grad wiederhergestellt, aber im Osten und in anderen Ländern, in denen die kapitalistischen Systeme immer noch unkontrolliert sind, sind die ersten Auswirkungen der Verlängerung der Arbeitszeit und der Verwendung von Frauen und Kindern als billigste Arbeitskräfte ebenso offensichtlich wie in diesem Land zu der Zeit, als Marx seine "Bibel der arbeitenden Klassen" schrieb.

Kapital steigert ENTWEDER Freizeit ODER Reichtum

Der Einsatz des Kapitals spart Zeit *oder* steigert die Produktion von Reichtum, und in dem Maße, in dem sein Ertrag in der einen Form genommen wird, ist umso weniger von der anderen verfügbar. Aber die Grenze der Reichtumsproduktion ist durch den Stand der wissenschaftlichen und technischen Kenntnisse und der Betriebsorganisation sowie durch die Zahl der möglichen Arbeitsstunden am Tag festgelegt. Wenn das Kapital, das notwendig ist, um die Arbeiter in die Lage zu versetzen, die vom Stand der technischen Entwicklung diktierten Produktionsmethoden anzuwenden, erst einmal akkumuliert wurde, ist eine weitere Akkumulation reine Verschwendung. Es kann nur durch eine Verlängerung der Arbeitszeit genutzt werden, und auch das nur bis zur Grenze der menschlichen Belastbarkeit. Die scheinbar immerwährende Produktivität des kapitalen Reichtums und seine Überlegenheit gegenüber dem verzehrbaren Reichtum in dieser Hinsicht führt immer dazu, dass die Begehrlichen die Produktion des Kapitals als Sparsamkeit und die Produktion des verzehrbaren Reichtums als Verschwendung preisen, während die physische Grundlage des immerwährenden Interesses nicht in der Produktion des Kapitals liegt, sondern allein in seiner Verwendung zur Produktion der ersten Kategorie des verzehrbaren Reichtums. Seine Verwendung bei der Produktion von verderblichem Reichtum ist dauerhaft, bei der Produktion von dauerhaftem Reichtum aber vergänglich.

Denn wie das Kapital akkumuliert sich auch der Besitz. Hat eine Gemeinschaft erst einmal so viel Besitz angehäuft, dass sie ihren Reichtum entsprechend dem durch die Konsumquote festgelegten Lebensstandard verbrauchen kann, wird mehr Besitz, ebenso wie mehr Kapital, zu einer nutzlosen Belastung für die Besitzenden. Kurz gesagt, beide Formen von dauerhaftem Reichtum häufen sich aus unterschiedlichen Gründen nur bis zu dem Punkt an, an dem sie mit der Konsumquote des verderblichen Reichtums ins Gleichgewicht kommen.

Eine physikalische Analogie wäre ein Reservoir in einer Wasserversorgung. Zu Beginn, wenn das Reservoir leer ist, fließt das Wasser schneller hinein als heraus, bis sich eine bestimmte Höhe oder Wassersäule im Reservoir ansammelt, die ausreicht, um das Wasser so schnell aus dem Reservoir zu treiben, wie es hineinfließt.

Bei jeder Zunahme des Reichtumsflusses durch wissenschaftliche Entdeckungen sammelt sich also zunächst ein Teil des Reichtums als neuer Besitz und Kapital an, aber der einzig mögliche dauerhafte Zustand ist, wenn die Rate des Zuflusses gleich der des Abflusses ist oder die Rate des Konsums gleich der Produktion.

Wenn in Zukunft irgendeine Klasse in der Gemeinschaft von Zinsen leben will, muss sie die Produktion von konsumierbarem Reichtum fördern und nicht entmutigen, und Produktion von Kapital entmutigen, außer wenn es zur Produktion von vergänglichem Reichtum erforderlich ist.

Die Enthaltsamkeit in dieser Hinsicht könnte die Art des Lebensunterhalts, ebenso wie das Eigentum an Grund und Boden, für einen unbestimmten Zeitraum bewahren, ohne dass es zu Konflikten mit der physischen Möglichkeit kommt.

In der Praxis sind die vorstehenden einfachen Überlegungen in dem Maße hinfällig, in dem es möglich ist, dauerhaften Reichtum im

Austausch gegen konsumierbaren Reichtum ins Ausland zu exportieren, aber auf lange Sicht, für die gesamte Welt, müssen sie zutreffen.

Dies ist eine wichtige Überlegung für dieses Land, das traditionell zu den Vorreitern bei der Nutzung der mechanischen Kraft gehört und dem es in der Vergangenheit gelungen ist, beträchtliche Mengen an dauerhaftem im Austausch gegen verderblichen Reichtum zu exportieren. Dies kann jedoch nur eine etwas prekäre Situation sein, denn mit dem Auffüllen der Welt stellen die neuen Länder nicht nur immer mehr eigene Maschinen her, sondern verbrauchen auch immer mehr der von ihnen produzierten Nahrungsmittel. Wenn es uns nicht wieder gelingt, den Vorsprung an technischen Erfindungen bei der Nutzung von Energie zu erlangen, ist es klar, dass die künftige Politik dieses Landes letztlich auf die heimische Produktion von konsumierbaren Gütern ausgerichtet sein muss, d.h. die vernachlässigte Landwirtschaft muss wiederbelebt werden.

Die Grenze, an der die Akkumulation des Kapitals sein Ziel verfehlt

Einige der vorstehenden Schlußfolgerungen können unbestritten sein, wenn man sie in allgemeinen algebraischen Begriffen ausdrückt. Nehmen wir an, dass durch den Einsatz eines großen anfänglichen Zeitvolumens - das etwa T Arbeitsjahren der gesamten Gemeinschaft entspricht - bei der Akkumulation des notwendigen Kapitals bestimmte technische Fortschritte in Gang gesetzt werden können, die die Effizienz der Arbeitsstunde dauerhaft um den Faktor X erhöhen.

Arbeitet die Gemeinschaft hingegen dieselbe Zeit wie vorher und produziert sie X-mal so viel Reichtum wie vorher, so ist ihr Gewinn an Reichtum im Umfang von $(X - 1)$ ihres früheren Reichtums. Wenn im ersten Fall T Arbeitsjahre aufgewendet werden müssen, um das notwendige Kapital zu beschaffen, um den gleichen Reichtum wie vorher zu produzieren, so erfordert die Produktion des X-fachen des früheren Reichtums, wie im zweiten Fall, eine X-fach größere Enthaltsamkeit vom Konsum oder XT Jahre Arbeitszeit.

Wenn die Gemeinschaft einen Zwischenweg einschlägt und beschließt, sich YT Jahre lang zu enthalten, um das Y-fache ihres früheren Reichtums produzieren zu können, wobei Y ein beliebiger Faktor zwischen Einheit und X ist, arbeitet sie nun Y/X ihrer früheren

Arbeitszeit, spart $[1 - Y/X]$ davon als Freizeit und gewinnt $(Y - 1)$ ihres früheren Reichtums. Es ist klar, dass, wenn Y gleich X gemacht wird, wie im zweiten Fall, die Gemeinschaft X-mal so viel Reichtum hat, wie sie hatte, aber keine zusätzliche Freizeit, um sie zu genießen, so dass ihre Enthaltsamkeit vom Konsum im Ausmaß von XT Jahren nicht ihre Arbeitszeit reduziert oder zu irgendeinem Anstieg ihrer durchschnittlichen Vornehmheit führt. An diesem Punkt bringt eine weitere Verausgabung von Arbeitsstunden für die Kapitalproduktion eine weitere Zunahme der täglichen Arbeit mit sich und die Gemeinschaft als Ganzes noch weiter von ihrem Ziel weg, sich zunächst der Freizeit zu enthalten, um Kapital zu akkumulieren.

Der Gewinn an Freizeit ist $[1 - Y/X]$, und obwohl er leicht zu Null gemacht werden kann, wenn $Y =$ X ist, kann er nie zu einer Einheit gemacht werden, sondern erreicht ein Maximum, wenn Y eine Einheit ist und die Gemeinschaft sich mit dem gleichen Reichtum wie vorher zufrieden gibt. Dies ist die algebraische Art zu sagen, was - ungeachtet der politischen Polemik - der offensichtlichste gesunde Menschenverstand ist. Wie sehr ein Individuum auch im Besitz von Produktionsmitteln sein mag, die durch die Verausgabung vergangener Arbeitszeit, sei es der eigenen oder der anderer, akkumuliert wurden, um ohne weiteren Beitrag gegenwärtiger Arbeitszeit zu leben, die Gemeinschaft, der er angehört, kann dies nicht tun, sondern muss die Arbeitszeit für den Betrieb des Kapitals, das er besitzt, bereitstellen, selbst wenn er sie durch seine eigene Enthaltsamkeit bereitgestellt hat.

Von den beiden Faktoren, die für die Produktion von Reichtum notwendig sind, liefert er nur einen.

So führt das Prinzip, das so klar ist, wenn wir den Fall des durchschnittlichen Zustands der Gemeinschaft als Ganzes betrachten, zu völlig ungelösten, wenn nicht unlösbaren sozialen Problemen, wenn eine Gruppe von Menschen das Kapital besitzt und eine andere Gruppe es betreibt. Es gibt keine bekannte theoretische Methode, um die Summe der in der Vergangenheit für die Bereitstellung des Kapitals aufgewendeten Arbeitsstunden mit dem kontinuierlichen Aufwand an gegenwärtiger Arbeitszeit gleichzusetzen, der notwendig ist, um das Kapital produktiv zu machen, oder um zu bestimmen, was die ethisch gerechte Verteilung des Zuwachses ist.

KAPITEL VII

ALTES GELD UND NEUES GELD

*Der Mechanismus für die Verteilung des Wohlstands
unter den Individuen für den Konsum*

Die Untersuchung der Entstehung des Reichtums und seiner verschiedenen Kategorien geht logischerweise der Untersuchung seines Verbrauchs und seiner Verwendung voraus. Das Leben ist im physischen Sinne der menschlichen Lebenszeit das Produkt des Reichtums, so wie der Reichtum das Produkt der Energie und der menschlichen Zeit ist. Diese Überlegungen stehen natürlich an der Wurzel jeder Untersuchung der politischen oder nationalen Wirtschaft und haben Vorrang vor Fragen des Eigentums, der Verteilung und des Austauschs, die für die individuelle Wirtschaft von erster Bedeutung sind. Die Produktion von Reichtum ist in zivilisierten Gemeinschaften eher gemeinschaftlich als individuell. Der Prozess ist so differenziert, dass ein Rückfall in primitive individualistische Produktionsmethoden für den größten Teil der Gemeinschaft den Tod bedeuten würde. Diejenigen, die überleben würden, sind keineswegs diejenigen, die allgemein als wohlhabend gelten, sondern die Bauern und Landwirte, die tatsächlich in der Nahrungsmittelproduktion tätig sind. Wenn durch politisches Chaos individualistische Methoden der Reichtumsproduktion zum Tragen kämen, könnten nur sie auf Dauer eine unzivilisierte Existenz aufrechterhalten.

Aber der Gebrauch und der Verbrauch von Reichtum, der das Leben ermöglicht und befähigt, ist individuell und nicht gemeinschaftlich. Das Leben eines Menschen ist seine persönliche und individuelle Angelegenheit im Zustand der politischen Freiheit und beansprucht Vorrang vor dem der Gemeinschaft. Das Leben der

Gemeinschaft in seinem physischen Aspekt ist lediglich das Aggregat des Lebens ihrer einzelnen Mitglieder, während der Reichtum einer Gemeinschaft keine notwendige Beziehung zu den Ansprüchen auf ihren gegenwärtigen und zukünftigen Reichtum hat, der den Reichtum ihrer einzelnen Mitglieder ausmacht. Es ist, um es mit Ruskins Worten zu sagen, "die Regel und Wurzel aller Wirtschaft", dass das, was eine Person hat oder beansprucht, viele andere als sie selbst sich anstrengen mussten oder müssen, um es zu schaffen.

Das Geld ist das Mittel, das, ob bewusst oder intuitiv, diese Beziehung zwischen Reichtum und Leben verwirklicht, denn es ermöglicht den Individuen in einer Gemeinschaft, persönlich und als Individuen, sich an den Früchten der gesamten Aktivitäten des Gemeinwesens zu beteiligen und zu besitzen, zu nutzen und zu konsumieren, während sie, wenn überhaupt, nur einen begrenzten und spezialisierten Teil zur Produktion beitragen.

Die Gefahren des Geldes

Geld oder ein Äquivalent ist daher eine Notwendigkeit in jeder Zivilisation oder Gemeinschaft, die über das Stadium hinausgeht, in dem jeder alles produziert, was er oder sie konsumiert.

Aber es ist trotzdem eine gefährliche Notwendigkeit, die nur zu sehr dazu geeignet ist, im politischen Körper soziale Krankheiten hervorzurufen, die stark genug sind, um die stolzesten Nationen in den Staub zu ziehen. Sie ersetzt das natürliche, unveräußerliche Recht des Arbeiters auf den Ertrag seiner Arbeit durch einen vagen, verallgemeinerten Anspruch auf die Gesamtheit der Früchte der gemeinschaftlichen Anstrengungen - eine höchst unbestimmte Menge, die jeder Art von Missbrauch Tür und Tor öffnet. Auf der moralischen Seite trennt es die Vorstellung von Reichtum von der Würde der Arbeit, eine heilige Verbindung, die durch das Genie von Thomas Hood in den einfachen Zeilen - It's not linen you are wear out, But human creatures' lives! und durch Ruskins Worte deutlich wird: "Luxus kann heutzutage nur von den Unwissenden genossen werden; der grausamste lebende Mensch könnte nicht an seinem Festmahl sitzen, wenn er nicht mit verbundenen Augen säße."

Die Schwankung der Kaufkraft des Geldes setzt die Gemeinschaft auf der einen Seite einer großen Ungerechtigkeit und auf der anderen Seite einem unverdienten Gewinn aus, und zwar so sicher, als ob die einen von den anderen durch Raub und Gewalt ihres Besitzes beraubt worden wären. Aber schlimmer noch, es ebnet den Weg zur wirtschaftlichen Unterwerfung der Menschheit unter die Macht des Geldes, weil in den Köpfen der Menschen Geld und Reichtum verwechselt werden. Indem sie die "Vorstellung eines realisierten Betrages" durch die "periodische Einnahme" unendlich vieler künftiger Zinszahlungen ersetzt, versucht sie, die noch nicht geborenen Generationen zu ewiger Sklaverei zu verdammen. Es ist daher von größter Wichtigkeit, dass alle, die die sozialen Probleme verstehen wollen, das Thema Geld verstehen und sich zu eigen machen. Dass es noch niemand versteht, ist eine Binsenweisheit. Am wenigsten scheinen all jene, die sich speziell damit befasst haben - immer ausgehend von der anfänglichen Umkehrung, dass Geld Volksvermögen und nicht Schulden ist - in der Lage zu sein, die einfachsten Fragen, die sich dem unbedarftesten Anfänger stellen, verständlich zu beantworten.

Die einfachsten Fragen über Modernes Geld sind unbeantwortbar

Wie wird Geld hergestellt: vom König und der königlichen Münze oder von den Banken? Wie viel Geld gibt es? Gibt es für Geld Zinsen? Was genau ist der Unterschied zwischen schlechtem und gutem Geld, zwischen dem, was vom König und der königlichen Münze, von einem Fälscher oder von den Banken ausgegeben wird? Welches ist die richtige Geldmenge, die für die Führung der Geschäfte einer Nation benötigt wird, und warum kann sie nicht gedruckt werden wie Eisenbahnfahrkarten oder wie Lebensmittelkarten während des Krieges, ohne eine aufwendige mystische Apotheose des goldenen Kalbes und eine Verbeugung vor vulgären Irrtümern über die Fruchtbarkeit der Schulden?

Schon ein Kind kann verstehen, warum Geld aus einem wertvollen Metall hergestellt wurde. Ein Handelsgeschäft, bei dem Goldbarren gegen Waren getauscht werden, ist ein einfacher Tauschhandel. Wenn wir von Goldbarren zu Gold- und Silbermünzen übergehen, die praktisch ewig im Umlauf sind, von diesen zu einem nationalen Papiergeld, wie dem Pappmaché von Kubla Khan oder den amerikanischen "Greenbacks", dann zu den modernen Banknoten und Schecks, die das nationale Geld praktisch verdrängt haben, und dann zu den verschiedenen Formen des schwer fassbaren Bankkredits, der "durch den bloßen Willen des Menschen aus dem absoluten Nichts erschaffen und in das absolute Nichts dekretiert wurde", scheinen die einfachsten Fragen, die dem Verstand eines Kindes einfallen würden, nicht in der Lage zu sein, eine eindeutige Antwort zu geben. Wenn es einst als elementarer Grundsatz der Ehrlichkeit und als selbstverständlich angesehen wurde, dass die Währung einer Nation ein angemessenes Gewicht und einen angemessenen Feingehalt haben und nur von einer ordnungsgemäß autorisierten Münzanstalt ausgegeben werden sollte, wie werden dann die lebenswichtigen nationalen Interessen bei der Geldschöpfung angemessen geschützt, wenn die großen Transaktionen der Welt durch Schecks, Banknoten und andere Formen von Papierkrediten abgewickelt werden, die nie das Innere einer Münzanstalt gesehen haben?

Es ist absolut unvermeidlich, dass der Leser, bevor er weitergeht, versucht, das bestehende Geldsystem zu verstehen. Bei all den Verästelungen der Entwicklung des Geldbegriffs darf ein roter Faden, der sich durch sie hindurchzieht, nicht einen Augenblick aus den Augen verloren werden. Es ist derselbe Faden, den man verfolgen muss, wenn man von der allgemeinen Auffassung des Geldes, wie sie von jedem *Einzelnen* durchaus gut verstanden wird, zur Auffassung des Geldes als *nationales* Instrument zur Verteilung und Zuweisung des Reichtums der Gemeinschaft übergeht, denn die historische Entwicklung des Geldes in der Gemeinschaft spiegelt die Entwicklung im Geist eines Lernenden wider, der versucht, das Thema zu beherrschen.

Die Entwicklung des Geldes

Bei der ersten oder individuellen Auffassung von Geld handelt es sich um eine Gold- oder Silbermünze - von bestimmtem Wert und Eigenwert, wenn sie zu Goldbarren geschmolzen und damit entwertet wird -, die gegen Waren von gleichem Wert im Allgemeinen eingetauscht wird, ein einfacher Tauschhandel. Die zweite oder nationale Konzeption des Geldes ist anders, weil das Goldgeld niemals durch Einschmelzen demonetisiert wird, wenn es als interne Währung verwendet wird. Es zirkuliert auf unbestimmte Zeit. Ein einfacher Verkauf von Waren für ein bestimmtes Geldstück muss im Hinblick auf die vorangegangene Transaktion betrachtet werden, bei der der Verkäufer das Geldstück erworben hat, indem er zunächst etwas im Tausch gegeben hat, und die nachfolgende Transaktion, bei der er es weitergibt, indem er selbst etwas damit kauft. Es zeigt sich also, dass die Münze ihren Wert nicht dadurch erhält, dass sie aus Gold oder Silber besteht, sondern dadurch, dass sie gesetzliches Zahlungsmittel für Schulden ist.

Der Verkäufer überlässt dem Käufer den Besitz eines bestimmten Vermögens, und der Käufer überlässt dem Verkäufer zur Begleichung der Schuld Geld als gesetzliches Zahlungsmittel und überträgt ihm damit einen Rechtsanspruch auf alles, was er von gleichem Wert wie das Verkaufte erwerben kann, wann immer er ihn ausüben will.

Bei einem echten Gelddarlehen vom Darlehensgeber an den Darlehensnehmer oder vom Gläubiger an den Schuldner geht der Darlehensnehmer, der das Geld erhält, eine gleiche Schuld gegenüber dem Darlehensgeber ein. Beim Verkauf einer Ware gegen Geld bezahlt der Käufer, der die Ware erhält, die von ihm eingegangene Schuld mit Geld und gewährt so dem Verkäufer als Gegenleistung für das, was er aufgegeben hat, einen gleichwertigen Kredit oder ein Recht auf Rückzahlung in Form von Vermögen auf Verlangen. Im ersten Fall gibt der Kreditnehmer sein persönliches Versprechen, dem Gläubiger die Schuld zurückzuzahlen; im zweiten Fall gibt der Käufer Geld, das das verallgemeinerte Versprechen der Nation ist, dem Verkäufer das Vermögen, das er dem Käufer gegeben hat, zurückzuzahlen, wann immer er will.

So betrachten wir das Geld - ganz gleich, ob es sich um Bargeld oder Papier handelt - als ein Zeichen, das bestätigt, dass sein Besitzer ein Gläubiger der Allgemeinheit ist und das Recht hat, auf Verlangen in Form von Vermögen zurückgezahlt zu werden.

Der einzige Unterschied zwischen Spezies- und Papiergeld besteht darin, dass im ersten Fall der Gläubiger der Nation nicht nur das Versprechen der Nation in der Hand hält, auf Verlangen zurückzuzahlen, sondern auch die Mittel, die Forderung durchzusetzen, wenn die Nation in Verzug gerät,[27] indem er die Münze schmilzt und sie als Geld vernichtet und so das Gold gewinnt, aus dem sie zur Rückzahlung seiner Schuld gemacht ist. Im Falle eines nicht konvertierbaren Papiergeldes hat er diese Macht nicht. Bei einem

---

[27] Die übliche Art der Zahlungsunfähigkeit besteht darin, dass die Währung entwertet wird oder an Kaufkraft verliert.

Papiergeld, das auf Verlangen in Goldgeld umgewandelt werden kann, hat er die Macht, aber nur ausnahmsweise, als Einzelner, sofern nicht zu viele andere Einzelne gleichzeitig versuchen, ihre Macht ebenfalls auszuüben. Täten sie dies, so wäre im allgemeinen nur ein kleiner Teil des notwendigen Goldes vorhanden, um ihre Ansprüche darauf zu befriedigen.

Der nächste Schritt zur vollständigen Trennung zwischen der ursprünglichen Vorstellung von Geld als einer Form von Reichtum zum Tausch gegen gleichwertige Güter und dem modernen Token als Kreditinstrument, das dem Besitzer ein Recht auf Rückzahlung von Reichtum verleiht, wartet also nur noch auf die Entwicklung einer geeigneten Garantie für den Besitzer des Geldes, dass die Nation nicht in Verzug gerät, die ebenso annehmbar sein soll wie die grobe Methode, mit dem Token der Schuld einen Gegenwert in Gold oder Silber zu verbinden.

Stellen wir nun den Zustand einer Nation unter einer Gold- oder Silberwährung mit vollem Wert bzw. einer Kreditwährung gegenüber. Der erste Fall bereitet sicherlich keine Schwierigkeiten.

Die Spezies ist Teil des nationalen Reichtums. Niemand in der Gemeinschaft hat einen monetären Anspruch auf Reichtum über den Reichtum hinaus, der sich im Besitz der Gemeinschaft befindet, und kein Teil dieses Reichtums hat aufgrund des Geldsystems mehr als einen Eigentümer zur gleichen Zeit . Es stimmt, dass Einzelne untereinander schulden und geschuldet werden können, und diejenigen, denen etwas geschuldet wird, können die Schuld an andere verkaufen und ihre Ansprüche übertragen, so wie Kreditgeld zirkuliert. Aber niemand würde hier so kühn sein zu behaupten, dass man durch die Vermehrung des Eigentums den Wohlstand vervielfacht. Wenn B dem A 1.000 Pfund schuldet, kann B ein Grundstück im Wert von 1.000 Pfund besitzen oder auch nicht, das als Grundlage für die Schuld und als Sicherheit für ihre Rückzahlung angesehen werden kann. Aber selbst wenn dies der Fall wäre, könnte niemand bei klarem Verstand behaupten, dass der Wert der Immobilie im gemeinsamen Eigentum ( ) doppelt so hoch ist wie im getrennten Eigentum, da A und B in diesem Umfang gemeinsame Eigentümer derselben Immobilie sind. 1.000 Pfund sind 1.000 Pfund, ob sie nun A oder B oder beiden gleichzeitig gehören, und werden im letzteren Fall nicht zu 2.000 Pfund.[28] Dies wäre offenkundig absurd.

Bei einer Kreditwährung treten Papiergeld, Schecks und Banknoten ohne nennenswerten Unterschied an die Stelle von Bargeld, außer dass kein Gold oder anderes wertvolles Material in das Zeichen der Staatsverschuldung eingebracht wird. Es gibt keinen Reichtum im Besitz der Eigentümer des Geldes, und es muss auch keinen im Besitz der Nation geben, die hinter diesen Forderungen steht. Wenn wir also die Besitzer des Papiergeldes als nationale Gläubiger betrachten, wie im Falle der individuellen Gläubiger und Schuldner, gibt es ein gemeinsames Eigentum am Eigentum der Nation, wie zwischen ihren gesetzlichen Besitzern und denen mit Geld, und als Folge des Geldsystems hat ein Teil des Reichtums der Nation mehr als einen Besitzer zur gleichen Zeit. Der Geldanspruch beschränkt sich auf den Reichtum auf dem Verkaufsmarkt, und die Schuld zirkuliert unbegrenzt, wird von Käufer zu Verkäufer übertragen und nicht aufgehoben. Daraus ergibt sich, dass hinter diesen Ansprüchen zwar nichts steht, aber auch nicht stehen muss, denn die Nation ist eine fortlaufende Organisation, und um ihren Reichtum zu verteilen, müssen einige Leute tatsächlich immer einen *Anspruch* auf Güter auf dem Markt im Allgemeinen, der nach Belieben ausgeübt werden kann, dem *Besitz* des Äquivalents einer bestimmten Form von Reichtum vorziehen. Aus dieser Notwendigkeit ergibt sich die weitere Folgerung, dass auch im Falle des Goldgeldes nicht das Gold der eigentliche Anreiz ist, der einen Verkäufer von Waren dazu verleitet, sie gegen Geld zu tauschen, sondern die Macht, die ein nationales Kreditzeichen dem Inhaber verleiht, seine Bedürfnisse auf Verlangen in Reichtum zu befriedigen.

Selbst bei einem Goldguinea ist es die Guineamarke und nicht das Gold, das ihn zu Geld macht. Wenn jemand Gold will, kauft er es bei einem Juwelier oder Goldbarrenhändler. Daher ist all die menschliche Mühe und Anstrengung, die in die Gewinnung von Edelmetallen für die Zwecke der Währung gesteckt wird, unnötig, solange die Münzen im Umlauf sind und nicht eingeschmolzen und

---

[28] Der Einfachheit halber wird im gesamten Text das Symbol £ verwendet, um den Wert eines Pfund Sterling an Reichtum oder Gütern auszudrücken, und ist immer in diesem vollen Sinne zu verstehen.

demonetisiert werden. Sie stellen eine Vergeudung der Arbeit der Gemeinschaft dar, die sie dem Besitzer der Münze auf Verlangen in wirklichem nützlichen Reichtum ersetzen muss, nicht mehr und nicht weniger als ein Papiergeldstück, das ohne eine solche vergeudete Mühe überhaupt darstellt, dass die Gemeinschaft dem Besitzer auf Verlangen den Betrag seines Anspruchs auf wirklichen nützlichen Reichtum ersetzen muss.

Virtueller Reichtum

Daraus ergibt sich die Schlussfolgerung, dass im einen wie im anderen Fall das Geldsystem der Verteilung des Reichtums dient, weil es den Individuen die Macht verleiht, den ihnen zustehenden Reichtum *nicht* zu besitzen, sondern *geschuldet* zu bekommen, damit jede Art oder Menge, die gewünscht wird, nach Bedarf und ohne Anstrengung erworben werden kann. Geld ist selbst für den Einzelnen kein Reichtum, sondern der Beweis dafür, dass der Besitzer des Geldes den ihm zustehenden Reichtum *nicht* erhalten hat und ihn nach Belieben verlangen kann. In einer Gemeinschaft stellt also die Summe des Geldes, unabhängig von seiner Höhe, notwendigerweise den Gesamtwert des Reichtums dar, den die Gemeinschaft lieber zu diesen Bedingungen geschuldet bekommt, als ihn zu besitzen.

Diese negative Menge an Reichtum habe ich als *virtuellen Reichtum* der Gemeinschaft bezeichnet, weil die Gemeinschaft durch ihr Geldsystem und die Notwendigkeit, eines zu haben, gezwungen ist, so zu tun, als besäße sie so viel mehr Reichtum, als sie tatsächlich besitzt.

In dem Maße, in dem eine Gemeinschaft an Zahl und Einkommen wächst, wächst auch ihr virtueller Reichtum, wie im Diagramm (Abb. 1) dargestellt. Wenn also zu einem Zeitpunkt t 1 der reale Reichtum einer Gemeinschaft, der zum Verkauf angeboten wird, durch *ab* repräsentiert wird, kann ihr virtueller Reichtum *bc* sein, so dass sie so handeln kann und muss, als besäße sie Reichtum im Umfang *ac*, von dem *ab* Eigentum und *bc* Schuld ist. Zu einem späteren Zeitpunkt t 2, wenn sein reales Vermögen auf dem Markt auf *de* angewachsen ist, wird sein virtuelles Vermögen entsprechend auf *ef* angewachsen sein, so dass er so handeln kann und muss, als ob er *df* besäße. Es muss eine grobe, wenn auch nicht unbedingt exakte Proportionalität zwischen der positiven und der negativen Komponente bestehen, und beide müssen bei Null beginnen, wie das Diagramm zeigt.

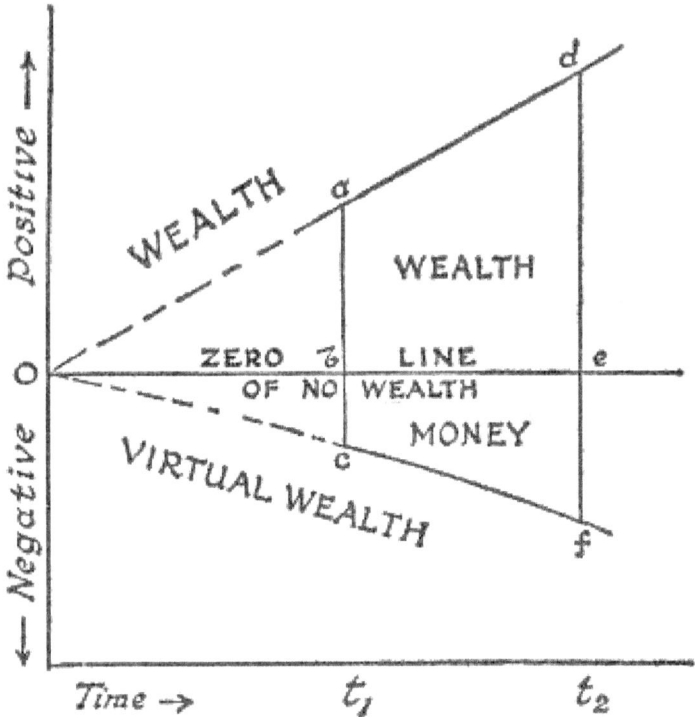

ABB. 1. - *Das Prinzip des virtuellen Reichtums.*

Die zwei Arten von nationalen Krediten

Auf diese Weise wird deutlich, dass, wie man bei der Berechnung des Reichtums eines Individuums - wenn es persönlichen Kredit oder die Fähigkeit besitzt, sich zu verschulden - nicht vom Nullpunkt des Reichtums, sondern von einer negativen Größe ausgehen muss - was er schulden würde, wenn er alles, was er besitzt und schuldet, ausgegeben hätte -, etwas Ähnliches notwendigerweise für eine Nation gilt.

Der Ursprung dieses "Kredits" ist jedoch in beiden Fällen völlig unterschiedlich. Im Falle eines Individuums wird er auf Kosten und mit Zustimmung eines anderen Individuums ausgeübt, gewöhnlich als geschäftliches Entgegenkommen oder Zugeständnis, für das der Schuldner Zinsen zahlt. Im anderen Fall handelt es sich um eine Notwendigkeit, die sich aus dem gemeinschaftlichen Charakter der Produktion und dem individuellen Charakter des Konsums ergibt und die sich aus dem Geldsystem der Verteilung ergibt. Es kommt allen Mitgliedern der Gemeinschaft im Verhältnis zu ihrem Geldbesitz zugute, dass ihnen ein bestimmter Teil des Reichtums, auf den sie Anspruch haben, geschuldet wird. Dieser virtuelle Reichtum ist also ein besonderer Teil des nationalen Kredits und ist scharf vom Rest zu unterscheiden, der in der Tat der einzige Teil des nationalen Kredits ist, der gewöhnlich anerkannt wird und der sich in keiner Weise von dem eines Individuums unterscheidet. Wenn MacLeod also sagt: "So ist auch der Kredit des Staates, mit dem er Geld und andere Dinge kaufen kann, indem er Personen das Recht gibt, eine Reihe zukünftiger Zahlungen von ihm zu verlangen, Nationalvermögen", so meint er in Wirklichkeit, dass der Nationalkredit den Staat in die Lage versetzt, Vermögen und Ansprüche auf Vermögen seiner einzelnen Bürger ohne sofortige Rückzahlung *zu erwerben*, und dies ist nicht mehr Nationalvermögen als der Kredit eines Kaufmanns. In seiner Ausübung schafft er eine verzinsliche Staatsschuld, deren Rückzahlung *nicht* auf unbestimmte Zeit vermieden werden kann, wie es der Fall wäre, wenn der Staat Geld in der richtigen Menge druckt und es gegen Waren eintauscht. Die Staatsverschuldung muss so lange bezahlt werden, bis sie zurückgezahlt ist. Der virtuelle Reichtum der Gemeinschaft ist zwar in gewisser Weise eine Staatsschuld, aber eine dauerhafte, notwendige, nützliche, normalerweise nicht rückzahlbare und unverzinsliche Schuld. Die Verwechslung dieser beiden Arten von Staatskrediten und die Übertragung dessen, was nur für ein Gemeinwesen gilt, auf das Individuum, ist natürlich für die fast mystischen Kräfte verantwortlich, mit denen der Kredit in den Köpfen vieler Menschen verbunden ist.

Der Experte hingegen wird sagen: "Sind Sie nicht auf Umwegen zu dem gelangt, was die Ökonomen behauptet haben, auch wenn sie dabei logische Fehler gemacht haben, nämlich dass das Geld zu Recht als Teil des Volksvermögens zu betrachten ist?" Die Antwort auf diese Frage ist klar. Es stimmt zwar, dass die Nation so handeln muss und auch weiterhin so handeln wird, als besäße sie mehr Reichtum, als sie durch die Gesamtkaufkraft ihres Geldes besitzt, aber das Wichtige ist, dass dieser virtuelle Reichtum *nicht* existiert. Es ist eine imaginäre negative Größe - ein Defizit oder eine Schuld des Reichtums, die weder den Gesetzen der Erhaltung noch der Thermodynamik unterliegt. Aber es *ist* eine Größe, die sich auf den *Reichtum* und nicht auf das *Geld* bezieht. Nicht die Menge des Geldes, die die Menschen haben, ist von wirklicher Bedeutung, sondern die Menge des Reichtums, die sie jederzeit in der Zukunft bei Bedarf erhalten können und auf die sie deshalb in der Gegenwart verzichten, ist von Bedeutung. Es ist die Menge der Güter, auf deren Besitz die Gemeinschaft verzichtet, die bestimmt ist, und die Anzahl der Geldeinheiten, die diese bestimmte Menge wert ist, ist das ganze Geld, was auch immer das *alles* sein mag.

Es ist das virtuelle Vermögen, das den Wert oder die Kaufkraft des Geldes misst, und nicht das Geld, das den Wert des Vermögens misst.

Obwohl der Geldwert der Summe des virtuellen Reichtums notwendigerweise mit der Summe des Geldes, das die Gemeinschaft besitzt, identisch ist, verschleiert diese Identität lediglich die wahre Wahrheit. Der virtuelle Reichtum hat in der Tat nur sehr wenig mit der Geldmenge zu tun. Er kann sich zwar tendenziell ändern, weil die Menschen versuchen, ihre Gewohnheiten aufgrund einer Inflation oder Deflation der Währung zu ändern, aber die Gewohnheiten einer Gemeinschaft sind im Wesentlichen konservativ, so dass er sich nur in vergleichsweise kleinen Grenzen ändern kann. Die Geldmenge hingegen ist absolut und völlig willkürlich und kann theoretisch so klein oder so groß gemacht werden, wie es der Nation gefällt, ohne dass es irgendwelche Grenzen gibt. Wie groß oder klein auch immer, die Gesamtgeldmenge ist natürlich der Geldwert des virtuellen Reichtums, so dass, wenn dieser sich nicht ändert, das Niveau der Durchschnittspreise proportional zur Geldmenge ist und die Kaufkraft des Geldes umgekehrt proportional zur Geldmenge.

Mit dieser vorläufigen Beschreibung des Standpunkts zum Geld, der in dieser Arbeit hervorgehoben wird, können wir zu dem zurückkehren, was als der Hauptfaden bezeichnet wurde, dem die Geldentwicklung gefolgt ist. Es ist die Ersetzung eines Geldes, das aus tatsächlichem Reichtum besteht, durch ein Geld, das Reichtum bezeichnet, der geschuldet, aber nicht besessen wird. Für den Einzelnen bedeutet letzteres, dass er der Gemeinschaft einen Dienst erwiesen hat, der noch nicht in Form von Reichtum zurückgezahlt wurde, oder sollte dies bedeuten. Aber für die Gemeinschaft hat das Geld eine ganz andere Bedeutung. Da die Rückzahlung solcher Leistungen in Reichtum nur die Schuld von einem Individuum auf ein anderes überträgt, bedeutet es, dass solche Schulden überhaupt nicht zurückgezahlt werden müssen, sondern nur dadurch zurückgezahlt werden können, dass die Gemeinschaft selbst in den Besitz des Geldes gelangt und es vernichtet.

Es handelt sich um die einzige Art von Schulden, die für die Gemeinschaft gänzlich vorteilhaft sind, und da sie sofort durch Übertragung von einem Individuum auf ein anderes beglichen werden, brauchen sie, solange sie zu einem unveränderlichen Preisniveau beglichen werden, keinerlei Zinsen zu tragen, egal ob sie aus Metall oder Papier bestehen. Denn der Geldzins ist im Wesentlichen die Bezahlung für das Privileg, die Zahlung einer Geldschuld aufschieben zu dürfen. Kommen wir nun zur Betrachtung der tatsächlichen Geldsysteme.

Skizze der Entstehung des heutigen Systems

Geld als autorisiertes Zeichen der Verschuldung der gesamten Gemeinschaft gegenüber dem Einzelnen, der das Zeichen besitzt, ist natürlich eine sehr alte Einrichtung, und diese Zeichen waren sogar manchmal völlig wertlos , abgesehen von der gesellschaftlichen Konvention, sie als rechtlich einklagbare Ansprüche auf tatsächlichen Reichtum zu ehren. In den Münzgeldsystemen von Athen und Sparta zwischen dem zehnten und fünften Jahrhundert v. Chr., in denen Metallscheiben ohne Wert als Münzen verwendet wurden, war das wesentliche Prinzip, dass die Anzahl der ausgegebenen Münzen begrenzt und öffentlich bekannt sein sollte, vollkommen anerkannt. Aber zweifellos hatten die einfachsten Gemeinschaften Schwierigkeiten, die unerlaubte und betrügerische Nachahmung der Münzen zu kontrollieren. Die Verbindung zum Tauschhandel, bei dem Waren gleichen Wertes den Besitzer wechseln, blieb im Edelmetallgeld erhalten, das bis zu einem gewissen Grad immer noch existiert. Das ihm zugrunde liegende Prinzip entsprach vollkommen den Grundsätzen der modernen Naturwissenschaft. Da Reichtum nicht aus dem Nichts geschaffen werden kann, sondern ein Produkt menschlicher Anstrengung ist, die auf die Rohstoffe und Energiequellen der Erde verwendet wird, sollte kein Individuum in der Lage sein, einen neuen Geldanspruch auf Reichtum aus dem Nichts herzustellen, und der Käufer sollte etwas aufgeben, das von gleichem Wert ist wie das, was er auf diese Weise erwirbt (und ebenso schwer zu bekommen ist). In diesem entscheidenden Punkt versagen die modernen Methoden der Vermehrung von Ansprüchen auf Reichtum.

Noch verhängnisvoller für die Demokratie war jedoch ihr Versäumnis, eine angemessene Autorität und einen Mechanismus für die Herstellung und Ausgabe von Geld zu schaffen, um mit dem

Wachstum des Wohlstands Schritt zu halten. *Nationales Geld* - woraus auch immer es besteht - ist nicht zinstragend und war nie zinstragend, was die *Daseinsberechtigung* für die Ausgabe des meisten modernen Geldes ist. Welchen Zwecken es auch dienen mag, Bankgeld wird in erster Linie zu diesem Zweck geschaffen und, was noch schlimmer ist, wieder abgeschafft, wenn der Zweck erfüllt ist. Ein Sovereign aus der Regierungszeit Georgs III. ist heute nicht mehr wert als zum Zeitpunkt seiner Ausgabe und gehorcht dem normalen Gesetz der Erhaltung der Materie. Er taucht nicht auf mysteriöse Weise auf und verschwindet auf ebenso mysteriöse Weise wie das Bankgeld. Die gesamten Kosten für die Münzprägung und die Erhaltung des Geldes gegen Gewichtsverlust durch Abnutzung während des Gebrauchs werden vom Staat getragen, ohne dass der Benutzer dafür aufkommen muss. In diesem Land wurde der Verlust bis zu einem gewissen Grad durch die Ausgabe von Silbermünzen, die als Goldbarren nur etwa die Hälfte ihres Nennwerts wert sind, und von Kupfermünzen ohne bestimmten Metallwert ausgeglichen; aber die Währung wurde dadurch vor einer Entwertung geschützt, dass die Gültigkeit dieser Silbermünzen als gesetzliches Zahlungsmittel für Schulden auf Beträge bis zu 2 Pfund und die der Kupfermünzen nur bis zu 1 Sous begrenzt wurde.

Obwohl durch die Prägung der Hauptmünze in Gold dem Inhaber ein Äquivalent in Reichtum für das gegeben wird, was die Münze kaufen wird, verboten strenge Vorschriften die Verunstaltung der Münze und verhinderten, dass sie außer als Zeichen der gemeinschaftlichen Verschuldung verwendet wurde. In einer Gemeinschaft, in der das gegenseitige Vertrauen nicht sehr ausgeprägt war, sorgte das Edelmetall in den Münzen für ihre leichte Zirkulation, diente aber keinem anderen Zweck, was die interne Währung anbelangt. Sie sind wirklich eine Form von Münzgeld.

Nach unserer Definition von Reichtum sind Gold- und Silberbarren eindeutig Reichtum - so lange sie den Bedürfnissen der Gemeinschaft dienen. Abgesehen von ihrer Verwendung als Zahlungsmittel sind und bleiben sie wahrscheinlich immer Reichtum für den Juwelier, der andernfalls die Erde nach dem Rohmaterial für sein Geschäft absuchen oder andere für die Suche bezahlen müsste. In diesem Fall hätten sie immer noch einen Wert als Reichtum, der gehortet werden kann. Selbst wenn sie demonetisiert würden, würde ihr Wert zwar wahrscheinlich stark sinken, aber sie wären immer noch Reichtum der zweiten Kategorie, zusammen mit dauerhaftem Besitz und Produktionsmitteln. Ein Teil der Komplexität des Themas ist auf diesen dreifachen Ursprung des Wertes von Gold und Silber zurückzuführen.

Mit dem Anwachsen der Produktivkraft infolge der Entwicklung der Wissenschaft hörte das Metallmünzgeld auf, angemessen zu sein, obwohl es zweifelhaft ist, ob, wenn es noch beibehalten worden wäre, die daraus resultierenden Übel größer gewesen wären als diejenigen, die uns als Folge der Ersetzung des Papiergeldes ereilt haben, ohne dass die ursprünglichen Prinzipien des Geldes bewahrt wurden.

Obwohl die wissenschaftlichen Methoden vor allem in jüngster Zeit die Gewinnung von Gold und Silber sehr stark verbilligt und die gewinnbringende Verarbeitung sehr viel ärmerer Erze ermöglicht haben, können diese Metalle noch nicht nach Belieben künstlich hergestellt werden. Das Angebot an ihnen hat nicht mit dem Angebot an jenen Formen von Reichtum Schritt gehalten, die mit wissenschaftlichen Methoden und den erforderlichen Arbeitskräften in einem vernünftigen Umfang hergestellt werden können. Als Folge der industriellen Revolution und ihrer sekundären, aber nicht minder wichtigen Konsequenz, die Produkte praktisch der ganzen Erde durch den Einsatz mechanischer Transportmittel überall verfügbar zu machen, hätte es einen immensen Rückgang des Geldpreises der Waren geben müssen, wenn die Währung noch auf die Edelmetalle beschränkt gewesen wäre, obwohl möglicherweise die für sie geschaffene Nachfrage das Angebot so stimuliert hätte, dass der Rückgang nur vorübergehend gewesen wäre. Denn da der Preis in diesem System ein Goldgewicht ist, das für eine Ware gegeben wird, wird, wenn die Waren im Verhältnis zum Gold im Überfluss vorhanden sind, weniger von letzterem als zuvor für dieselbe Ware getauscht. Der Preis der letzteren wäre also allmählich gesunken, und der relativ steigende Wert des Goldes in den Waren hätte die Suche nach Gold stimuliert. Der tatsächliche Verlauf der Ereignisse war jedoch die Wiederentdeckung der Verwendung von Kredit- oder Münzgeld in der westlichen Welt.

Die Währung von Kubla Khan

Papiergeld ist an sich schon ein faszinierendes Thema, und es lohnt sich vielleicht, seine Erfindung zumindest bis zu einem seiner Ursprünge im Osten zurückzuverfolgen. Kubla Khan, der große

Mogulkaiser, hatte, wie Marco Polo in seinen Reisen berichtet,[29] "das Geheimnis der Alchemie bis zur Perfektion beherrscht, denn er macht sein Geld aus der Rinde eines Maulbeerbaums, und diese wird in etwas zerschnitten, das dem Papier ähnelt, aber schwarz ist... Jeder nimmt es bereitwillig an, denn wo immer jemand hingeht, wird er diese Papierstücke finden, und er kann alle Geschäfte abwickeln, als ob es Gold wäre." Der Großkhan muss durch Intuition zu vielen der Prinzipien gelangt sein, die wir so langsam akzeptieren. Er erkannte, dass der Großteil seiner Untertanen kein Gold für ihre interne Währung brauchte, sondern nur ein Tauschmittel mit einer bestimmten und konstanten Kaufkraft, das vor Fälschungen geschützt war, während für den Außenhandel die Edelmetalle unerlässlich waren.

So lesen wir, dass es allen Händlern aus Indien, die Gold oder Silber, Edelsteine oder Perlen mitbrachten, verboten war, sie zu verkaufen, außer an den Kaiser, der dafür einen sehr großzügigen Preis in seinen eigenen Papierscheinen zahlte, ohne zu zögern. Die Kaufleute fanden, dass sie viel leichter zu transportieren waren als Gold, und kauften mit ihnen, was immer sie wollten, überall im Reich. Aber die Adligen und alle anderen, die Edelmetalle oder Edelsteine für Gürtel oder ähnliches brauchten, konnten mit dem Papiergeld immer so viel vom Kaiser kaufen, wie sie wollten. Die erste Ausgabe erfolgte in den Jahren 1260-1287, und ein Teil dieses Papiers ist noch erhalten und kann gelegentlich in Museen besichtigt werden.

Der Ursprung des modernen Papiergeldes

Ganz anders ist die Geschichte seiner Wiederentdeckung im Westen. Die Könige, die Gold und Silber zweifelsohne ebenso dringend benötigten wie der Großkhan, liehen es sich im Notfall, manchmal ohne die formale Zustimmung der Eigentümer, so dass es äußerst riskant wurde, es im Tower oder einer anderen dafür vorgesehenen Festung zu deponieren. Unter diesen Umständen fungierten die Goldschmiede bereitwillig als Verwalter für das überschüssige Geld der Kaufleute und anderer und entwickelten sich im Laufe der Zeit zu Bankiers. Da sie die Geldbestände ihrer verschiedenen Kunden verwahrten, konnten sie es

---

[29] *Travels of Marco Polo,* herausgegeben von Cordier, übersetzt von Yule. John Murray, 1903, Bd. I, Buch II, S. 423.

nicht zulassen, dass solch riesige Summen an "Reichtum" "ungenutzt" und "unfruchtbar" blieben, und sie verliehen einen sicheren Anteil gegen Zinsen an zuverlässige Leute, da sie aus Erfahrung wussten, dass nicht alle ihre Einleger ihr Geld am selben Tag zurückhaben wollten. Wenn aber Kaufleute mit gegenseitigen Geschäften zufällig bei demselben Goldschmied einzahlten, fanden sie es bequem, diesem einen schriftlichen Auftrag zu erteilen, sich gegenseitig aus- und einzuzahlen, anstatt selbst das Geld zu diesem Zweck abzuheben.

So entstand der moderne Scheck, bei dem anstelle der Überweisung von Bargeld auf ein Konto ein Scheck oder ein Auftrag an die Bank zur Zahlung vom Konto des Einzahlers geschickt wird.

Eine solche Anweisung oder ein Scheck als Ersatz für Geld birgt zwei Unsicherheitsfaktoren. Erstens kann er wegen der Zahlungsunfähigkeit des Unterzeichners und zweitens wegen der Zahlungsunfähigkeit der Bank wertlos sein. Der erste Grund verhindert, dass Schecks als Geld weitergegeben werden, außer vielleicht bei einigen wenigen, denen der Unterzeichner persönlich als zahlungsfähig bekannt ist. Die Fähigkeit einer Bank, ihren Verbindlichkeiten nachzukommen, ist jedoch weitaus bekannter und wird von den Geschäftsleuten allgemein anerkannt. Daher hat sich unter Kaufleuten, die sich persönlich nicht kennen , die Praxis herausgebildet, dem Goldschmied eine Quittung für das eingezahlte Gold zu schicken. Damit war die erste Unsicherheit beseitigt, und solche Quittungen zirkulierten überall dort als Geld, wo der Goldschmied als seriös bekannt war. Auf diese Weise entstand der Banknotenschein. Der Einzahler erhielt Quittungen für bestimmte Goldbeträge, mit denen sich die Gemeinschaft im Laufe der Zeit vertraut machte. Die Quittungen zirkulierten als Geld ebenso leicht und bequem wie das Gold selbst. In diesem Stadium *stand* das Gold hinter dem Schein. Es handelte sich um ein Versprechen des Bankiers, dem Inhaber der Quittung oder des Scheins auf Verlangen die angegebene Goldsumme im Austausch für den Schein zu zahlen.

Die Verdrängung des nationalen Geldes durch Bankgeld

Der Goldschmied, der nun zum Bankier wurde, machte die Erfahrung, dass er ständig im Besitz eines Goldvorrats war, der weit größer war, als er jemals auszahlen musste. Solange eine Banknote im Umlauf war, blieb das Gold, für das sie eine Quittung darstellte, unbenutzt in seinem Tresor. Aber es gab noch einen weitaus wichtigeren Effekt, der durch die wachsende Popularität des Schecksystems hervorgerufen wurde. Wenn die Kunden des Bankiers untereinander Zahlungsanweisungen oder Schecks ausstellten, *hatte dies nicht die geringste Auswirkung auf die Goldmenge in seinem Besitz.* Ihre Schecks übertrugen lediglich das *Eigentum* an Geld von einem Kunden des Bankiers auf einen anderen. Die Begleichung gegenseitiger Schulden zwischen Bankkunden derselben Bank durch das Schecksystem ist lediglich eine buchhalterische Angelegenheit, die über die Banknote hinausgeht und *ganz Geld auskommt.* Das Geld wird auf diese Weise für den Bankier wieder frei, der es für bestimmte Zeiträume an seriöse Produzenten ausleihen kann und dies auch tut, um es mit Zinsen aus den Erträgen der Reichtum schaffenden Unternehmen zurückzuzahlen. Aber auch hier muss das Geld selbst nicht verwendet werden, da ein Scheckbuch überall den gleichen Zweck erfüllt [30] , solange der Ruf der Bank als zahlungsfähig erhalten bleibt. Das ursprüngliche Geld wird also immer wieder verwendet, und aus einer ursprünglichen Menge an Reichtum werden buchstäblich mit einem Federstrich Ansprüche auf ein Vielfaches dieser Menge an Reichtum im Besitz anderer ganz unschuldiger und ahnungsloser Menschen geschaffen.

Das ist der *Pons asinorum* des Bankwesens, und an diesem Punkt scheinen seine Apologeten immer von den Grundsätzen, die das Geld in einer Gemeinschaft erfüllen soll, abgelenkt zu werden und das System *ex parte* zu verteidigen. Einem Anfänger erscheint es gewiss seltsam, wenn er entdeckt, dass das Gesetz mit äußerster Strenge gegen den betrügerischen Fälscher vorgeht, wenn er neue Geldmünzen herstellt, es aber den Banken erlaubt, das Geld im großen Stil zu schaffen, um es auf diese Weise gegen Zinsen zu verleihen, was ein weitaus profitableres Geschäft und unendlich schwerwiegendere Folgen für die Allgemeinheit hat als Geldfälschung. In jedem anderen Zeitalter wäre dies die offensichtlichste Form des Verrats am Staat gewesen.

---

[30] Der Kreditnehmer überzieht einfach sein Konto", aber der Bankier bucht den fraglichen Betrag auf das Konto des Kreditnehmers und auf der anderen Seite seines Hauptbuchs bucht er ihn auf sein eigenes Konto als Schuld gegenüber dem Kreditnehmer.

Die private Emission von Geld; ein zufälliges Ergebnis des Bankschecksystems

Zweifellos gibt es immer noch viele Menschen, wenn nicht sogar die Mehrheit, die offen gesagt ungläubig darüber sind, dass Geld, das die gesamte nationale Geldmenge bei weitem übersteigt, durch den Geldverleiher mit einem Federstrich geschaffen und vernichtet werden kann und wird. Wie oft liest man noch in der Presse, dass die Banken ihren Kunden nur Ersatzgeld leihen können! Die meisten Menschen denken immer noch an das, was Geld einmal war, "ein öffentliches Instrument, das dem Staat gehört und von ihm kontrolliert wird." Daraus schließen sie natürlich, dass diejenigen, die sich die undankbare Aufgabe stellen, die Frage vom nationalen Standpunkt aus zu betrachten, sie selbst nicht verstehen können. Für diese Ungläubigkeit gibt es jedoch keine Rechtfertigung.

Die wichtigsten Fakten sind unbestritten. Sie sind in allen Werken über Geld klar dargelegt. Wenn der unkundige Leser den besten Versuch einer Entschuldigung des Systems lesen möchte, sei ihm das Werk von Hartley Withers zu diesem Thema empfohlen. Der Standpunkt ist der des enthusiastischen Finanzpublizisten, der den großen Aufstieg des Wohlstands nicht in Begriffen von Erfindung, Fleiß und Energie sieht, sondern in Begriffen des Geldes, und für den das wunderbare Wachstum der letzten Zeit eher die Wirkung als die Ursache des wunderbaren Bankensystems ist, insbesondere des britischen Bankensystems, um nicht zu sagen des Londoner Bankensystems.

Es können einige Absätze zitiert werden:[31]

"Die allgemeine Schlussfolgerung ist, dass Bankeinlagen zu einem kleinen Teil durch Bargeld entstehen, das über den Schalter in die Banken eingezahlt wird, zu einem größeren, aber immer noch vergleichsweise kleinen Teil durch Wertpapierkäufe der Banken, die Buchkredite schaffen, und hauptsächlich durch Kredite der Banken, die ebenfalls Buchkredite schaffen.

---

[31] *Die Bedeutung des Geldes*, Kap. V, "Die Herstellung von Geld".

"Die Schlussfolgerung hat nichts Beunruhigendes, obwohl Menschen, die gewohnt sind, Bankeinlagen als so viel Bargeld zu betrachten, manchmal erschrecken, wenn man ihnen die andere Seite der Angelegenheit darlegt, und meinen, dass der Bankkredit eine Art fragwürdige Verschwörung zwischen Banken und ihren Kunden ist. Ein wenig Nachdenken zeigt, dass es sich um ein wunderschönes Stück eines gleichmäßig funktionierenden Mechanismus handelt, durch den Münzen eingespart werden und eine perfekte Währung mit außerordentlicher Leichtigkeit und Billigkeit bereitgestellt wird. Man braucht auch keine Enttäuschung zu empfinden, wenn man feststellt, dass die Bankeinlagen, sofern sie geliehen sind, ebenso sehr ein Beweis für Verschuldung wie für Vermögen sind.

"Jeder weiß, dass in allen alteingesessenen, geordneten und fleißigen Gemeinwesen ungeheure Reichtümer angehäuft werden; und selbst wenn man sie in Banken anhäufen und in Zahlen ausdrücken könnte, wäre durch die Information nichts gewonnen. Aber die Betrachtung dieser Masse von Schulden und der Scheckwährung, mit der sie von Hand zu Hand weitergereicht wird, ist neu, anregend und einzigartig.

Es ist ein wundersames Beispiel menschlichen Einfallsreichtums zur Erleichterung und Förderung von Handel, Finanzen und Spekulation. Es gibt nirgendwo sonst etwas Vergleichbares, und seine Entwicklung wurde nur durch das auf solider Erfahrung beruhende Vertrauen der Mehrheit der Engländer in die gegenseitige kaufmännische Redlichkeit und die Bereitschaft, einen Vertrag um jeden Preis zu erfüllen, möglich gemacht.

"Der einzige Mangel des Systems ist seine Vollkommenheit".

Er warnt den Uneingeweihten, dass es sich bei den Bankeinlagen um echte Einlagen handelt, bei denen das Geld wirklich hinterlegt ist und nur nach einer bestimmten Zeit abgehoben werden kann, und um Girokonten, bei denen das Geld nach Belieben per Scheck abgehoben werden kann. Anschließend zeigt er, wie der größte Teil durch Kredite geschaffen wird. Er nimmt die letzten (1909) verfügbaren Bilanzen von einem halben Dutzend der größten Aktienbanken und fügt ihre Zahlen zusammen, mit dem Ergebnis, dass "der größte Teil der Bankeinlagen nicht aus eingezahltem Bargeld, sondern aus aufgenommenen Krediten besteht. Denn jeder Kredit macht eine Einlage, und da unsere Bilanz 180½ Millionen Kredite ausweist, sind von den 249 Millionen Einlagen 180½ durch Kredite entstanden."

Eine so fähige Autorität muss zumindest auch von denjenigen respektiert werden, die immer noch vorgeben zu glauben, dass die Banken ihren Kunden nur das ungenutzte Geld leihen. In der Tat scheint es manchen als Beweis dafür zu genügen, dass die Bilanz einer Bank ausgeglichen ist. Wenn aber ein Bankkredit geschaffen wird, werden natürlich beide Seiten der Bilanz in gleichem Maße aufgebessert. Es ist nicht nur die alte Dame aus der Fabel, die ihr Konto überzog und ihrem Bankier einen Scheck über den Betrag schickte. Ihr Pech war lediglich, dass sie nicht ihr eigener Bankier war.

Das folgende Zitat aus *The Times*, 9. Dezember 1925, S. 21, Spalte City Notes, sollte auch die größten Skeptiker überzeugen: "... Emissionshäuser und Underwriter müssen sich daran erinnern, dass das für Investitionen verfügbare Kapital nicht wie ein Bankkredit durch einen Buchungseintrag hergestellt werden kann; es kann nur durch echte Ersparnisse bereitgestellt werden."

Das Moratorium und die Zeit danach

Zu Beginn des Krieges bedurfte die hässliche Tatsache des Moratoriums einer öffentlichen *Entschuldigung*, und wir lesen in einem 1914 veröffentlichten Werk von Mr. Withers: "Es kam über uns wie ein Donnerschlag aus heiterem Himmel. Ende Juli 1914 hätte jeder Londoner Bürger, der gefragt worden wäre, was ein Moratorium bedeutet, wahrscheinlich geantwortet, dass es ein solches Wort nicht gibt. Möglicherweise hätte er gesagt, es handele sich um ein großes, ausgestorbenes wolliges Tier mit großen Stoßzähnen. Wäre er in Finanzfragen besonders gut informiert gewesen, hätte er geantwortet, dass es sich um eine Art Vorrichtung handelt, die in wirtschaftlich rückständigen Ländern verwendet wird, um den Unterschied zwischen *meum* und *teum* zu verwischen. Am 2·August hatten wir ein Wechselmoratorium. Am 6· August hatten wir ein allgemeines Moratorium... Es war eine unangenehme Aneinanderreihung von Überraschungen, aber sie wurde nicht durch eine innere Schwäche des englischen Bankensystems hervorgerufen.

Die Wucht des Sturms war so groß, dass kein Kreditsystem ihm hätte standhalten können. Wie noch zu zeigen sein wird, war der Hauptgrund für die Plötzlichkeit und das Ausmaß des Schlags, der auf London niederging, nichts anderes als die eigene überwältigende Stärke.

Sie war so stark und so einsam in ihrer Stärke, dass ihre Stärke sie überwältigte."[32]

Und am Ende desselben Werkes:

"Wenn wir die Auswirkungen des Krieges, soweit er in der Lombard Street stattgefunden hat, zusammenfassen, können wir getrost behaupten, dass sie einen eindrucksvollen Beweis für den Einfallsreichtum und die Anpassungsfähigkeit der Bank von England, für den umsichtigen und erfolgreichen Mut der Regierung bei der Verpfändung des nationalen Kredits zur Aufrechterhaltung unseres Handels und für die meisterhafte Macht des englischen Reichtums geliefert haben."[33]

In "Bankers and Credit", das nach dem Krieg veröffentlicht wurde, wenn das Land einige der Folgen seiner improvisierten Bemühungen erlebt, einen kleinen Teil seiner Finanzen selbst in die Hand zu nehmen, sind es die Politiker, niemals die Banken, die die Schuld tragen:

"Die politischen Machthaber haben in letzter Zeit eine erstaunliche Fähigkeit bewiesen, in der Welt des Bankwesens Chaos zu stiften. Unter dem Druck des Krieges haben sie das Bank- und Währungssystem dieses Landes und aller anderen Länder, die daran beteiligt sind, sowie vieler Länder, die nur indirekt davon betroffen sind, für ihre eigenen Zwecke ergriffen und entstellt, mit dem Ergebnis, dass das System, das fast zur Perfektion gebracht worden war, jetzt "wie süße Glocken, die verstimmt und rau klingen", eine melancholische Verhöhnung seiner früheren Schönheit und Effizienz ist."

Das Buch endet mit den eigentlichen Aufgaben des Politikers:

---

[32] *Krieg und Lombard Street*, Hartley Withers, 1914, Kap. I, "Das Moratorium".

[33] Ebd., S. 131.

"Der Goldstandard befreit uns von der Veruntreuung unseres Geldes durch die Politiker, hat in der Vergangenheit gut funktioniert und kann es wieder tun, wenn es den Politikern gelingt, ihre eigentliche Aufgabe zu erfüllen, nämlich uns Frieden und Sicherheit und Vertrauen und Wohlwollen zu geben."[34]

Die meisten Menschen, die Erfahrung mit verantwortungsvoller Verwaltung haben, würden wahrscheinlich zustimmen, dass eine Verwaltungsregierung, die keine wirkliche Macht über die Finanzen hat und diese Macht an anderer Stelle liegt, kaum mehr als eine Galionsfigur sein kann. "Der König ist tot. Lang lebe der König!"

Der Wechsel vom alten zum neuen "Geld

An dieser Stelle mag es hilfreich sein, noch einmal auf den kritischen Punkt zurückzukommen, dass das Bankensystem, ohne eine einzige falsche Münze auszusprechen, das Geld des Landes um ein Vielfaches für Wucher vermehren kann und dies auch tut.

Zunächst war der Gesetzgeber strikt gegen die Ausgabe von Banknoten durch die Banken.

Das allgemeine Gefühl der Öffentlichkeit war intuitiv gegen jede Form von Kreditgeld, das nicht durch den Gegenwert von Gold gedeckt war. Die frühen Eingriffe des Staates in das Bankwesen scheinen eher dem Ziel gedient zu haben, die Banken zu schwächen und das Geschäft sowohl für die Bankiers als auch für die Einleger unsicher zu machen, als irgendeinem verständlichen Ziel zu dienen. Es wurde sehr treffend dargelegt ([35]), dass die gesamten Übel der Industriellen Revolution durch die Einmischung des Staates in das Bankwesen entstanden sind und dass es für das Bankwesen ebenso wichtig ist, so frei von Beschränkungen und so offen für den Wettbewerb zu sein wie jeder andere Wirtschaftszweig. Historisch gesehen, so wird behauptet, waren die Instinkte der Bankiers durchweg sozial, und das Bankwesen

---

[34] Bankiers und Kredit, *1924.*

[35] *Industrielle Gerechtigkeit durch Bankenreform,* Henry Meulen, 1917.

ist zu dem geworden, was es ist, weil diese Instinkte unterdrückt wurden.

Die in dieser Arbeit geäußerte Kritik an dem System darf nicht als Kritik an den Bankiers als praktischen Geschäftsleuten verstanden werden, sondern bezieht sich direkt auf die Kredittheorie, auf der das System beruht. Es wird auch nicht behauptet, dass *ihre* Handlungen auch nur den geringsten Anflug von Illegalität haben, was auch immer man von der Art und Weise halten mag, in der unsere vorgeblichen Herrscher ihre Funktionen aufgegeben und das Land im Stich gelassen haben. Die Kräfte, die in der industriellen Revolution am Werk waren, waren gigantisch, und wahrscheinlich hat sie niemand verstanden. Die Kraft der Produktionssteigerung, die sich aus der Nutzung der mechanischen Kraft ergab, erforderte ein Mittel zur Erhöhung der Währung und zur Einsparung von Gold. Aber die Regierungen jener Tage wollten weder den Banken erlauben, dies auf ihre Weise zu tun, noch wollten sie es selbst offen und freimütig durch die Ausgabe eines nationalen Papiergeldes tun.

In dieser Situation hat die Erfindung des Schecksystems das Problem praktisch gelöst. Es hat die Banknote praktisch verdrängt und das vom Staat autorisierte und emittierte Geld auf eine eher untergeordnete Rolle zurückgedrängt. Es hat das Wesen des Geldes an sich verändert, ohne dass die Öffentlichkeit und der Gesetzgeber dies bisher bemerkt haben.

Es ist bezeichnend für die schwindelerregenden Tugenden des Zinseszinses, dass sie zu Beginn überhaupt nicht schwindelerregend sind. Erst nach einer gewissen Zeit der Anwendung zeigen sie die Neigung, wunderbar zu werden und die Grenzen des physikalisch Möglichen zu überschreiten. Aber jetzt, wo die Verschuldung immer mehr zunimmt, ist es kaum eine ausreichende Verteidigung des Systems, zu sagen, dass es dem Land in der Vergangenheit gut gedient hat und nur in Ruhe gelassen werden muss, um in der Zukunft weitere Wunder zu bewirken. Ein einziges Maiskorn, das so oft verdoppelt wird, wie es Quadrate auf einem Schachbrett gibt, stellt mehr Mais dar, als die gegenwärtige Weltbevölkerung in einem Zeitraum verbrauchen könnte, der länger ist als der, der von den Aufzeichnungen der Geschichte abgedeckt wird, während es, nur halb so oft verdoppelt, kaum ausreichen würde, um London eine anständige Mahlzeit zu geben. Das bedeutet, dass ein System ein Jahrhundert lang keine Anzeichen eines Zusammenbruchs zeigen kann und im Laufe des nächsten Jahrhunderts absolut unmöglich wird.

Um auf den Übergang vom alten zum neuen System zurückzukommen: Vor der Einführung des Bankwesens gab es nur eine bestimmte Menge an Gold- und Silbermünzen. Der erste Schritt auf dem Weg vom Gebrauchs- zum Wuchergeld war die Befugnis der Bank of England, in begrenztem Umfang Banknoten als Gegenleistung für die Ausleihe von Geld an die Regierung auszugeben - eine Befugnis, die sie gemäß dem Bank Charter Act von 1844 immer noch besitzt. Die ungedeckte Ausgabe von Banknoten war damals auf 14 £ begrenzt, und darüber hinaus war die Bank verpflichtet, Gold als Reserve zu halten. Die Absichten letztgenannten Gesetzes, das immer noch in Kraft ist - nämlich die Ausgabe von ungedecktem Papiergeld zu verhindern - wurden durch die Entwicklung des Schecksystems zunichte gemacht. Letzteres hat den Banknoten als Zahlungsmittel den Garaus gemacht, indem es eine viel heimtückischere und unkontrollierbarere Form eingeführt hat. Nur letzteres bedarf einer weiteren Erläuterung.

Das Pyramidenspiel der Kredite

Als sich das Bank- und Schecksystem entwickelte und die Menschen die Gewohnheit bekamen, ihr Geld mehr und mehr bei den Banken zu deponieren und Schecks anstelle von Bargeld für die Begleichung ihrer Rechnungen zu verwenden, besaß der Bankier anfangs, wie wir gesehen haben, immer einen viel größeren Vorrat an Gold und Silber, als er benötigte, um die Nachfrage nach Bargeld zu befriedigen, die die Öffentlichkeit immer noch stellte. Es ist daher klar, dass der Bankier einen Teil des Geldes seiner Einleger sicher verleihen kann; was aber nicht so klar ist, ist, dass er ein Vielfaches dessen verleihen kann, was die ganze Nation besitzt - ja, dass er es schaffen kann, um es nach Belieben zu verleihen.

Vor dem Krieg galt es als "sicher", dass ein Bankier etwa 15 Pfund pro 100 Pfund Bargeld für Einlagen bereithielt. Das heißt, für jede 100 Pfund, die eingezahlt wurden, reichten 15 Pfund Bargeld für den geringen Bargeldbedarf aus, da der größte Teil der Kaufkraft der Einleger durch Schecks ausgeübt wurde. Wir können diese 15 % nur zur Veranschaulichung heranziehen.

Es ist zweifelhaft, ob so viel seit langem notwendig war.

Das ganze Geheimnis des Systems liegt in der Tatsache, dass eine Bank, die einen Kredit vergibt und einem Kreditnehmer 100 Pfund leiht, dazu nur 15 Pfund des Geldes ihrer Einleger benötigt, oder wie hoch auch immer das "sichere" Verhältnis sein mag.

Da es sich durchweg um Durchschnittswerte handelt, müssen gegenüber dem ursprünglichen Einleger von 100 Pfund 15 Pfund an gesetzlichem Zahlungsmittel in der Kasse verbleiben, so dass 85 Pfund für die Ausleihe an einen Kreditnehmer zur Verfügung stehen. Es ist wahr, dass dieser Kreditnehmer es in bar verlangen könnte, aber im Durchschnitt sind für ihn nicht weniger als für den ursprünglichen Einleger nur 15 Prozent des Bargeldes oder 12 Pfund 15 Sechstel erforderlich, so dass 72 Pfund 5 Sechstel frei bleiben, um an einen zweiten Kreditnehmer verliehen zu werden. Von diesen 15 Prozent oder 10,17 Pfund reichen wiederum aus, um einbehalten zu werden, so dass 61,8 Pfund zur Verfügung stehen, die an einen dritten Kreditnehmer verliehen werden können. So geht es weiter, bis aus je 100 Pfund ursprünglichem Bargeld ein Gesamtbetrag von 666 13 Pfund wird. 4d. Davon sind 100 Pfund dem Einzahler zu zahlen und 566 13 Pfund. 4d. werden der Bank von den Kreditnehmern geschuldet.

Die Kreditnehmer müssen bei der Bank akzeptable Sicherheiten hinterlegen, die die Bank im Falle eines Ausfalls verkaufen kann oder zu verkaufen versucht, um sich zu entschädigen. Solche Wertpapiere werden jedoch in der Regel nicht verkauft. Die Bank erhebt Zinsen für den fiktiven Kredit. Bei einem bescheidenen Zinssatz von 5 Prozent belaufen sich die Zinsen für £566 13s. 4d. 28 £ 6s. 8d. pro Jahr, was zugegebenermaßen keine schlechte Rendite für 100 Pfund ist, die der ursprüngliche "Einleger" *nicht geliehen hat.*

Wenn man die Wahrheit wüsste, würde man wahrscheinlich feststellen, dass diese Schätzung viel zu bescheiden ist.[36] Zumindest seit dem Krieg, wenn nicht sogar davor, deuten die Zahlen eher auf eine "sichere" Grenze von 7 % als von 15 % hin. Auf dieser Grundlage kann ein Kunde, der 100 Pfund Bargeld auf einem Girokonto hinterlegt, der

---

[36] Hugo Bilgram (*Journal of Political Economy*, XXIX, November 1921) geht davon aus, dass die von den Depositen- und Reservebanken in den Vereinigten Staaten gehaltenen Barreserven insgesamt nicht weniger als 8 Prozent der gesamten Depositenwährung ausmachen und dass davon 40 Prozent Gold sein müssen.

Bank einen Kredit von 1.330 Pfund gewähren, was bei einem Zinssatz von 5 Prozent einen jährlichen Ertrag von 66 10s. 9d. pro Jahr einbringt.

Es ist daher nicht verwunderlich, dass die Banken in der Regel bereit sind, die Konten ihrer Einleger umsonst zu führen. Die Wirtschaftswissenschaftler, die analysieren, wie ein Mensch sein Einkommen erhält und wie er es ausgibt, betrachten diese Zinsen offenbar als Bezahlung für Bankdienstleistungen und haben, soweit dem Autor bekannt ist, nie versucht, die Kosten für die Allgemeinheit zu ermitteln. Würde man den Banken diese Befugnisse entziehen, müssten sie natürlich von ihren Kunden Gebühren für die Führung ihrer Konten erheben, wie andere Unternehmen. Aber ob ein solches Wirtschaftssystem, das den virtuellen Reichtum der Gemeinschaft übersieht und ihn als Eigentum der Bankiers und nicht als Eigentum der Nation behandelt - eine bloße Vorbedingung für die Erfüllung bestimmter kirchlicher Aufgaben -, der Regierung der Nation viel nützt, ist eine andere Frage.

Puzzle - Finde das Geld

Dennoch sind viele Merkmale im Zusammenhang mit dem Prozess der "Pyramidisierung" von Krediten wahrscheinlich nicht ganz klar und bedürfen einer sorgfältigen Untersuchung. Verfolgen wir also so weit wie möglich den Übergang vom alten System, in dem alles Geld gesetzliches Zahlungsmittel - Gold- und Silbergeld - war, zum modernen System, in dem dies nur zu einem kleinen Teil der Fall ist. Man muss sich vor Augen halten, dass diejenigen, die von der Bank mit Krediten versorgt werden, tatsächlich Waren in der einen oder anderen Form benötigen. Sie zahlen keine Zinsen für geliehenes Geld, um es zu horten. Sie tauschen das Geld sehr schnell mit anderen gegen Waren ein. Sobald dies geschehen ist, verschwindet jeder Unterschied zwischen den beiden Arten von Geld - echtem Geld, das den Eigentümern gehört, und Bankgeld, das für die Kreditvergabe geschaffen wurde -. Alles ist dann echtes Geld, das rechtmäßig den Eigentümern gehört. Ein Mann, der für das von einer Bank geschaffene Geld Waren an einen anderen verkauft hat, hat ein ebenso gültiges Recht auf das Eigentum an diesem Geld, als ob es echt wäre, während ein Mann, der das Pech hat, in den Besitz einer gefälschten Münze zu gelangen, seinen Anspruch auf Reichtum ins absolute Nichts verfallen lässt, sobald die Münze entdeckt und an den Schalter genagelt wird. Das Eigentum an Reichtum geht nicht mit der Übergabe über, wohl aber das

Eigentum an Geld. Der Eigentümer von gestohlenen Gütern kann diese auch von einem unschuldigen Empfänger zurückfordern, aber der unschuldige Empfänger von Geld wird durch das Gesetz in seinem Eigentum bestätigt, auch wenn das Geld nachweislich ursprünglich von jemand anderem gestohlen wurde.

Selbst wenn nachgewiesen werden könnte, dass die Banken bei der Geldschöpfung gegen den Buchstaben des Gesetzes verstoßen haben, da sie mit Sicherheit den Geist und die Absicht des Gesetzes durchkreuzt haben, ändert dies nicht im Geringsten etwas an der Schlussfolgerung, dass es für alle praktischen Zwecke keinen Unterschied zwischen echten Geldeinlagen und solchen, die durch Kredit geschaffen wurden, gibt. Beide sind ein gültiger Anspruch auf das Vermögen der Gemeinschaft.

Dies war sicherlich ein entscheidender Schritt in den Bemühungen des Autors, das Problem zu verstehen. Wenn man also liest, dass von der Gesamtsumme der Bankeinlagen drei Viertel oder vier Fünftel durch Kredite entstanden sind, könnte man versucht sein zu denken, dass nur ein Viertel oder ein Fünftel wirklich Geld ist, das den Einlegern gehört, und dass der Rest von der Bank geliehen ist und der Bank gleichzeitig und von denselben Personen geschuldet wird. Dies ist nicht der Fall. Die Leute, die das Geld schulden, haben es nicht mehr; sie haben es größtenteils gegen Waren getauscht. Sie zahlen es zwar laufend zurück, aber die Bank vergibt ebenso laufend neue Kredite, die an die Stelle der zurückgezahlten treten. Praktisch die Gesamtheit der Einlagen sind echte Ansprüche auf Geld, das den einzelnen Einlegern rechtmäßig gehört, aber das Geld, auf das sie Anspruch erheben, hat keine Existenz.

Geld, das zum Zweck der Zweck der Verzinsung

Wir sind also zu einer sehr interessanten Schlussfolgerung gelangt: Während die alte Form des Metallgeldes dem Eigentümer keine Zinsen einbringen konnte und auch nicht einbrachte und nur dann Zinsen einbrachte, wenn er sich von seinem Eigentum trennte und es an einen anderen auslieh, hat die neue Form des Kreditgeldes - zumindest vor dem Krieg, in dem die Schatzanweisung entstand - keine Existenz, sondern bildet sich ein, zu existieren, und wird an Kreditnehmer verliehen, als ob es zum Zweck der Verzinsung existierte. Dieses nicht existierende Geld geht durch den Verkauf in die Hände derjenigen über, die im Gegenzug etwas aufgeben, und die somit Eigentümer dessen sind, was nicht existiert. So absurd diese Beschreibung auch erscheinen mag, so unbestreitbar ist sie doch. Jeder, der Geld hat, das ihm gehört - von niemandem geliehen oder verliehen -, möge sich zur gleichen Zeit bei der Bank einfinden und um dieses Geld bitten. Der Beweis für die Aussage, ob dieses Geld existiert oder nicht, wird dann offensichtlich sein. Wie jeder weiß, können sie froh sein, wenn sie 2s. in the £ bekommen. Selbst wenn die Banken 15 Prozent ihrer Verbindlichkeiten in bar halten, bekämen sie nur 3s. in the £. Da die Eigentümer des Geldes das Geld, das ihnen gehört, nicht bekommen haben, und da die Banken es nicht bekommen haben, und da die Leute, die es geliehen haben, es nicht bekommen haben, wo ist es dann? Offensichtlich nirgendwo. Man stellt sich vor, dass es existiert, um darauf Zinsen zu erheben.

Diejenigen, die die frühere Darstellung des Prinzips des virtuellen Reichtums verfolgt haben, werden keine Schwierigkeiten haben, Geld als Reichtum zu erkennen, den man sich vorstellt, um ihn bei Bedarf rechtmäßig zu erhalten. Aber das ist altmodisches Geld. Das moderne Bankgeld treibt den Prozess der Vorstellungskraft noch eine Stufe weiter, indem es sich vorstellt, dass das Geld selbst existiert, um es zu verleihen und dafür Zinsen zu verlangen. Rein fiktives Geld, dessen Ausgabe die Nation nicht genehmigt hat, wird fiktiv verliehen, ohne dass jemand darauf verzichtet, und schafft dann vollkommen echte Einlagen und einen legalen Anspruch auf den Markt der Gemeinschaft für die Versorgung mit Reichtum, der sich in jeder Hinsicht nicht von dem unterscheidet, den die Nation genehmigt hat.

Wie die Gemeinschaft beraubt wird

Es ist leicht, bei der Kritik am Geldsystem einen falschen Eindruck davon zu vermitteln, was es wirklich war. Obwohl durch die Geldschöpfung und die Aufblähung der Währung durch Bankkredite die Gemeinschaft als Ganzes des der neuen Schöpfung entsprechenden Reichtums beraubt wird, darf man nicht annehmen, dass die Banken jemals einen Rechtsanspruch auf das Eigentum an dem so geschaffenen Geld hatten oder erhoben. Sie bekamen die ständige Nutzung des Geldes und das Eigentum an den Zinsen, für die es ausgegeben wurde. Die Industrien, denen das Geld geliehen wurde, erhielten von der Gemeinschaft umsonst - auf Kosten der allgemeinen Kaufkraft des Geldes - den Reichtum, den sie mit dem neuen Geld erwarben, mussten ihn aber wieder zurückgeben, wenn das Darlehen zurückgezahlt und der

Kredit aufgehoben wurde. In der Praxis wurde er nie mehr als vorübergehend aufgehoben, sondern bei ersten Gelegenheit an andere Kreditnehmer erneuert. Auf diese Weise wurde eine ständige Abfolge verschiedener Personen ohne Geld von den Banken ermächtigt, sich vorübergehend Reichtümer von der Gemeinschaft anzueignen, auf die sie keinen Anspruch hatten und für die die gesamte Gemeinschaft zahlte.

Die Banken handelten mit einem Geldkapital, das sie selbst geschaffen hatten, aber nicht vorgaben, es zu besitzen. Würden sie liquidiert und ihre Geschäfte eingestellt, müsste der gesamte Überschuss ihrer Verbindlichkeiten über ihre Vermögenswerte von denjenigen ausgeglichen werden, denen sie Geld geliehen haben. Die Geldmenge würde dann auf, sagen wir, ein Sechstel der heutigen Menge oder weniger reduziert werden. Die Preise würden "am Ende" auf ein Sechstel sinken, wenn nicht eine entsprechende Menge echten nationalen Geldes ausgegeben würde, das an die Stelle des vernichteten fiktiven Geldes tritt, obwohl, wie Herr Keynes in einem ähnlichen Zusammenhang weise bemerkt hat, "wir am Ende alle tot sind". Würde dies nicht geschehen, müsste der letzte zurückzufordernde Kredit mit Geld bezahlt werden, das sechsmal so viel wert ist wie das, zu dem er ausgegeben wurde, und der Durchschnitt für den Gesamtbetrag der Kredite wäre mehr als doppelt so hoch wie ihre ursprüngliche Kaufkraft. Dies ist ein wichtiger Unterschied zwischen echtem Geld und dem hier beschriebenen Phantomgeld. Bei der Rückzahlung eines echten Kredits wird die Geldmenge nicht beeinflusst. Bei der Rückzahlung von fiktiven Krediten ist so viel weniger Geld vorhanden, dass die Rückzahlung immer schwieriger wird, je mehr sie erzwungen wird. Wenn sie in der Hochkonjunktur ausgegeben und in der Baisse gekündigt werden, werden sie in Geldeinheiten zurückgezahlt, die mehr wert sind als zum Zeitpunkt der Kreditaufnahme.

Einige monetäre Daten

Nur sehr wenige Menschen außerhalb der Banken wissen viel über die Geldmenge im und wie sie verbucht wird. Selbst Mr. Hartley Withers sagt das:

> "Bankauszüge und Bilanzen waren immer eher dazu gedacht, die Bescheidenheit unserer Geldinstitute diskret zu verschleiern, als das volle Licht des Tages auf die Schönheiten ihrer Zahlen und Proportionen fallen zu lassen. Seit dem Krieg ist dies mehr

denn je der Fall. Viele Informationen, die früher öffentlich gemacht wurden, sind zurückgehalten worden."[37]

H. W. Macrosty[38] beklagt, dass:

"Die veröffentlichten Zahlen zu unseren Bankgeschäften, die sicherlich reichlich vorhanden sind und gemeinhin als ausreichend angesehen werden, sind weder eindeutig noch ausreichend..."

Zu dem wichtigen Verhältnis zwischen realen Einlagen, über die nur nach vorheriger Kündigung verfügt werden kann - oder "Termineinlagen" - und Geldern auf Girokonten sagt er:

"Es ist nicht unwahrscheinlich, dass der Anteil der Termineinlagen in britischen Banken ein Fünftel des gesamten Einlagenvolumens ausmacht, wie es bei den 800 Hauptbanken des Federal-Bank-Systems der Vereinigten Staaten der Fall ist".

The Rt. Hon. Reginald McKenna, ehemaliger Schatzkanzler und Vorsitzender der Londoner Joint City and Midland Bank, hat der Öffentlichkeit eine Menge Informationen gegeben. In seiner Rede vom 29. Januar 1920 schätzte er die Kaufkraft der Öffentlichkeit, gemessen an der Gesamtsumme der Bankeinlagen, zuzüglich der Gesamtsumme des Bargeldumlaufs, auf 1.198 £ im Jahr 1914 und 2.693 £ im Jahr 1920.

Die von den Banken gehaltene Währung belief sich im Juni 1914 auf 75 £ und im Dezember 1919 auf 191 £. Er schätzte *den Anstieg* der Bankeinlagen in diesem Zeitraum auf 1.230 £, wovon er 1.114 £ auf Bankkredite zurückführte. Macrosty schätzte, dass das Bargeld in den Händen der Öffentlichkeit im Juni 1914 £128 und in den Händen der Banken £75 betrug, während es Ende 1919 in den Händen der Öffentlichkeit £393 und in den Händen der Banken £116 betrug. Bei den Zahlen für 1920 weichen die beiden Schätzungen erheblich voneinander ab.

Aber es scheint vollkommen sicher zu sein, dass etwa zweitausend Millionen Pfund Sterling, die in jeder Hinsicht dem echten

---

[37] *Bankiers und Kredit, S. 4.*

[38] H. W. Macrosty, *Journal Statistical Society*, März 1922, Bd. LXV, S. 177.

Geld gleichgestellt sind, von den Banken geschaffen werden und zum Bankzins verzinst werden, und dass auf diese Weise eine jährliche Abgabe in der Größenordnung von hundert Millionen Pfund pro Jahr aus den Staatseinnahmen entnommen wird.

Es besteht auch kein Risiko, das diesen Namen verdient, denn die Kredite sind zweifellos alle durch Sicherheiten gedeckt, die bei einem Ausfall des Schuldners veräußert würden, oder, falls dies nicht möglich wäre, würde ein Moratorium erklärt, wie im August 1914.

Diese Daten sind für das Thema von größter Bedeutung, und es ist sehr bedauerlich, dass sie der Öffentlichkeit nicht in zuverlässiger und weniger zweideutiger Weise zugänglich sind. Es ist interessant zu wissen, dass der Geldwert des virtuellen Reichtums der Gemeinde vor dem Krieg etwa 1.200 £ und 1920 etwa 2.700 £ betrug. Eine der wenigen Daten, die genau bekannt sind, ist der Betrag der Schecks, Wechsel usw., die jährlich über das Bankers' Clearing House in London abgewickelt werden. Im Jahr 1924 belief sich der Betrag auf die stolze Summe von fast 40.000 £, was dem Dreifachen des Betrags von 1913 und dem Vierfachen des Betrags von 1900 entspricht.

Es ist festzustellen, dass die jährlich durch Schecks usw. ausgegebenen Beträge etwa das Fünfzehnfache des Gesamtbetrags der Bankeinlagen und nicht weniger als das Hundertfache des Bargelds in den Händen der Öffentlichkeit ausmachen. Der Betrag der letzteren ist im Vergleich zur Bevölkerung erstaunlich gering, er beträgt nur etwa 6 oder 7 Pfund pro Kopf, und selbst die aufgeblähte Gesamtsumme der Bankeinlagen beträgt nur etwa 40 Pfund pro Kopf.

Überlegungen dieser Art veranlassen die Ökonomen, jedes Vorhaben einer Sozialreform durch "Herumbasteln an der Währung" verächtlich als Illusion abzutun. Wenn wir damit meinen, dass ständig mehr und mehr Geld gegen Ausgaben gedruckt wird, ist der Grund dafür offensichtlich. Der Reichtum wird verbraucht, aber das Geld bleibt ewig bestehen. Abgesehen von einem sehr geringen Verlust, vielleicht durch Feuer oder ähnliche Unfälle, bleibt eine einmal in Umlauf gebrachte Münze oder ein Geldschein so lange im Umlauf, bis sie aus dem Verkehr gezogen wird. 1 Pfund kauft nicht 1 Pfund, sondern 1 Pfund, *jeden Monat* oder so, und zwar für immer, im Durchschnitt. Auch hier ist die durchschnittliche "Umlaufzeit" nur sehr unvollkommen bekannt und wurde in verschiedenen Zeiträumen der Geschichte unterschiedlich geschätzt, aber ein Monat scheint eine Art wahrscheinliche Schätzung zu sein. Genauso gut könnte man versuchen, die Geschwindigkeit eines Stroms zu schätzen, der an einigen Stellen durch weite Seen und an anderen über schäumende Katarakte fließt, der größtenteils keine physische Existenz hat, sondern an einem Ort auf geheimnisvolle Weise unter der Erde verschwindet und zu einem anderen Zeitpunkt an einem anderen Ort wieder auftaucht.

Modernes Geld eine neue Institution

Diese Überlegungen mögen zeigen, wie wenig über die Tatsachen des bestehenden Geldsystems bekannt ist, aber sie reichen wahrscheinlich aus, um eine allgemeine Vorstellung von der Größenordnung zu vermitteln, um die es geht, und, soweit die Übel, unter denen die Gesellschaft leidet, einen monetären Ursprung haben, eine Reform anzuregen. Die vorstehende kurze Analyse der Entstehung des modernen Geldes zeigt, dass mit der Entdeckung finanzieller Mittel zur Einsparung von Geld eine völlige und ungeahnte Veränderung seines Wesens eingetreten ist. Es ist daher notwendig, es als ein völlig neues Phänomen zu betrachten und bei seiner Untersuchung auf die ersten Prinzipien zurückzugreifen. Fast zufällig, sicherlich als unvorhergesehenes Nebenprodukt bei der Entstehung des Schecksystems, ist die Befugnis, Geld auszugeben und zurückzuziehen, völlig aus der Kontrolle des Volkes in die Hände der Bankiers übergegangen. Wenn jemand behauptet, dass diese Macht nach einem gut durchdachten und verständlichen System ausgeübt wird, um den reichlichen Reichtum zu verteilen, den ein modernes Gemeinwesen mit Hilfe wissenschaftlicher Methoden produzieren kann, damit die Mitglieder Reichtum für den Konsum erhalten, soll er sich umsehen. Das Geld wird heute hauptsächlich als Wuchergeld ausgegeben. Selbst dem überzeugtesten Individualisten muss dies als eine Übertreibung des Freiheitsprinzips erscheinen. Wenn einige Leute das Recht haben sollen, neues Geld zu emittieren, warum dann nicht die Nation als Ganzes, je nach Bedarf?

Der Financier verweist auf die Errungenschaften der Wissenschaft im vergangenen Jahrhundert als Tribut an die Solidität und Anpassungsfähigkeit des britischen Geld- und Bankensystems. Sie müssen bestenfalls als ein vorübergehendes Provisorium betrachtet werden, das für eine bestimmte Phase des raschen Fortschritts in den materialistischen Wissenschaften geschaffen wurde und nun, da diese

Phase vorbei ist, für die darauf folgende offensichtlich nicht mehr geeignet ist.

Die anhaltende Koexistenz von Arbeitslosigkeit und Armut in einem wissenschaftlichen Zeitalter ist eine ausreichende Verurteilung.

Das System erlaubt es einer Nation, die nur über einen Geldbestand von höchstens 500 Pfund, Kredite in Höhe von etwa 2.000 Pfund zu vergeben und in Höhe von etwa 40.000 Pfund pro Jahr allein durch Schecks auszugeben. Vor allem seit sich die großen Banken zusammengeschlossen haben - mehr als 90 Prozent des Geschäfts liegen in den Händen einer Gruppe, die als *"The Big Five"* bekannt ist - , übt die Kaufkraft, die durch Schecks ausgeübt wird, keinen sehr großen Einfluss auf die Höhe der "Einlagen" aus, denn der Scheck belastet lediglich ein Konto und schreibt gleichzeitig einem anderen Konto gut, abgesehen von dem kleinen Teil, der tatsächlich eingelöst wird, ohne die Gesamtsumme zu beeinflussen. Dennoch glauben die meisten Menschen immer noch, dass die Banken nur die Gelder verleihen, die ihre Kunden *nicht* verwenden.

Jedem Geschäftsmann sollte die Kenntnis der Wahrheit genügen, um das System nach den Maßstäben des gewöhnlichen Wettbewerbsgeschäfts zu verurteilen. Wo sonst im gesamten Bereich menschlicher Tätigkeit ist es möglich, Kapital durch einen Akt der Einbildung zu schaffen und aus seiner vermeintlichen Existenz einen immerwährenden Ertrag abzuleiten, gerade so, als wäre es echter Reichtum, der produktiv genutzt wird?

Wir haben gesehen, wie sich in der kultivierten Gesellschaft die Vorstellung einer periodischen Einnahme durchgesetzt und die Vorstellung eines realisierten Betrages verdrängt hat und wie wir unser jährliches Einkommen als den wirklich wichtigen Gesichtspunkt betrachten, indem wir es durch den aktuellen Zinssatz dividieren, um seinen Gesamtwert zu erhalten.

Worin besteht also in der "kultivierten Gesellschaft" der Unterschied zwischen dem Falschmünzer und den Banken? Der eine gibt vor, Eigentümer eines betrügerisch erzielten Betrages zu sein, während der andere dies nicht tut, sondern die regelmäßige Einnahme eines imaginär erzielten Betrages als sein Eigentum verteidigen wird, wenn sie angefochten wird.

Banker als Herrscher

Aber das ist nur eine unbedeutende Frage im Vergleich zu der Wirkung, die sie hat, indem sie den Bankier zum wahren Herrscher der Nation macht. Man kann den Bankiers sicherlich zutrauen, dass sie ihre eigenen Angelegenheiten kennen, aber es ist nicht die Angelegenheit der Regierung. Das Vorrecht, Geld auszugeben, wird seit jeher als das wesentliche Vorrecht der Regierung angesehen.

Möglicherweise ist es das einzige Vorrecht, das wesentlich ist. Ein Bankier hingegen ist nicht für die Regierung der Gemeinschaft verantwortlich, sondern für die Interessen seiner eigenen Kunden. Die Regierung durch den Bankier ist im Wesentlichen und in ihrer reinsten Form eine Regierung im Interesse der Besitzenden auf Kosten der Besitzlosen. Es wäre in der Tat besser, wenn das Wissen der Wissenschaft wie das der Finanzen unter einem mystischen Jargon begraben worden wäre, , als dass es die Armen ausbeutet und versklavt, anstatt sie zu befreien.

"Wessen Bild und Aufschrift ist das?" Die Münzen und Schatzscheine tragen noch immer den Aufdruck *Georgius V. D.G. Britt. Omn. Rex*, aber der größte Teil des Geldes lässt das erste Wort vor der großen Fünf weg. So dass man sich an die Schuljungenversion des Bibelzitats erinnert fühlt: "Er sagte: 'Bringt mir einen Penny.' Und sie brachten ihm einen Pfennig. Und er sah den Pfennig an und sagte: 'Wessen elendes Abonnement ist das?'"

KAPITEL VIII

DIE KAUFKRAFT
DES GELDES

Goldwert und Warenwert.

Die Aufgabe, zu verstehen, wie Geld durch Bankkredite vermehrt wird - ganz abgesehen von der Ethik der Transaktion -, ist jedoch einfach im Vergleich zu der Aufgabe, zu versuchen, genau zu bestimmen, was im Rahmen des Systems die Gesamtmenge des Geldes in einem Land festlegt, und in diesem Ausmaß seinen Wert oder seine Kaufkraft. Wir haben gesehen, dass diese Menge, wie auch immer sie aussehen mag, den Geldwert des virtuellen Reichtums der Gemeinschaft ausdrückt. Es ist einfach, sich diesen Reichtum als die Gesamtheit aller für den Lebensunterhalt erforderlichen Güter vorzustellen, die die Gesamtheit der Individuen der Gemeinschaft nicht kauft, obwohl sie dazu in der Lage wäre.

Oder, wie es der Einzelne selbst sehen würde, der Teil seines Gesamtbesitzes, den er in Form von Geld zurückbehalten muss, um seine Geschäfte und häuslichen Angelegenheiten zu erledigen. Betrachtet man es als das, was man mit dem Geld kaufen würde, ist es wahrscheinlich ein sehr bestimmter und konservativer Betrag, der mit der Zahl der Menschen in der Gemeinschaft und ihrem materiellen Wohlstand oder Einkommen wächst, der, wenn auch nur sehr allmählich, von Veränderungen in den Finanz- und Bankmethoden und -gewohnheiten beeinflusst wird, der sich, wenn auch widerwillig und nur vorübergehend, durch Veränderungen des Preisniveaus oder der Kaufkraft des Geldes verändert, aber eine ziemlich bestimmte Größe und ein sehr guter Maßstab oder Index für das nationale Wohlbefinden und den Wohlstand ist.

Wenn das Geld, wie in diesem Land vor dem Krieg, auf einer Goldbasis gehalten wird, indem es auf Verlangen in Goldmünzen umgetauscht werden kann, und wenn Gold zu einem gesetzlich festgelegten Preis frei ein- und ausgeführt, in Sovereigns geprägt oder je nach Bedarf in Barren zurückgeschmolzen werden kann, wird die Kaufkraft des Geldes in Bezug auf Gold konstant gehalten, wenn auch nicht in Bezug auf die Waren im Allgemeinen, die das wahre Maß des virtuellen Reichtums sind. Nehmen wir an, dass sich letzteres nicht ändert und der Wert des Goldes im Verhältnis zu den Waren im Allgemeinen sinkt, so haben wir einen Anstieg des allgemeinen Preisniveaus, und umgekehrt einen Rückgang, wenn der Wert des Goldes im Verhältnis zu den Waren im Allgemeinen steigt.

Auf der Basis von Gold drücken wir also virtuellen Reichtum, der eine ziemlich verständliche und konstante Größe im Hinblick auf das tägliche Leben und seine Notwendigkeiten ist, als eine variable Menge Gold aus, dessen Tauschwert in Form von Waren einer der schwer fassbaren und wenig verstandenen Faktoren in der menschlichen Erfahrung ist. Wir glauben vielleicht, es analysieren und verstehen zu können, wie es in einem Land funktioniert und funktioniert hat - wie zum Beispiel in diesem Land -, um dann festzustellen, dass sich das Wesen des Geldes verändert, wenn wir Nationen statt Einzelpersonen betrachten, und dass sich Gold als internationales Geld verändert, wenn wir nicht nur ein Land, sondern die ganze Welt betrachten.

Wenn wir uns mit den Ausgaben und Einnahmen zwischen einem Land und dem Rest der Welt befassen, übersehen wir, dass wir trotz der Angleichung des allgemeinen Preisniveaus zwischen den Ländern auf Goldbasis so weit wie nie zuvor davon entfernt sind, zu bestimmen, wie hoch dieses Preisniveau sein könnte und was es tatsächlich bestimmt. Aber, so mag sich der Leser fragen, spielt das eine große Rolle? Sicherlich, wenn es keine Schulden gäbe, oder keine, die länger als ein paar Wochen oder Monate dauern, und keine traditionellen Vorstellungen über die Höhe von Löhnen, Gehältern usw., wäre es nicht so wichtig; aber in einer Welt, die ein einziges unentwirrbares Gewirr von mehr oder weniger dauerhaften gegenseitigen individuellen, nationalen und internationalen Schulden und Verträgen ist, kann nichts viel wichtiger sein. In dem folgenden Zitat zeigt sich der Wirtschaftswissenschaftler von seiner besten Seite, indem er mit kühler wissenschaftlicher Präzision und kristalliner Klarheit Grundsätze darlegt, deren Anwendung auf Probleme, die näher an der Heimat liegen, kaum politischer Ökonomie entsprechen würde, da sie in einem fremden Land wirken:

> "Wenn wir den Blick nach vorn richten und die Augen von dem Auf und Ab abwenden, das in der Zwischenzeit ein Vermögen schaffen oder zerstören kann, wird die Höhe des Franc auf lange Sicht nicht durch die Spekulation oder die Handelsbilanz oder gar den Ausgang des Ruhrabenteuers bestimmt werden, sondern durch den Anteil seines Arbeitseinkommens, den der französische Steuerzahler zulassen wird, um die Forderungen des französischen *Rentiers* zu bezahlen. Das Niveau des Frankenkurses wird so lange sinken, bis der Warenwert der Francs, die dem *Rentier* zustehen, auf einen Anteil des Volkseinkommens gefallen ist, der den Gewohnheiten und der Mentalität des Landes entspricht."[39]

Es wäre vielleicht nicht falsch, dies zu verallgemeinern, um das weltweite Phänomen der Geldentwertung durch die Jahrhunderte hindurch zu erklären. Wenn wir vorausschauen und unsere Augen von den zufälligen Entdeckungen von Gold abwenden, die Reichtümer schaffen und vernichten können, und von dem unregelmäßigen Wachstum von Wissen und Erfindungen, wird die Kaufkraft des Geldes auf lange Sicht weder durch Wissenschaft, Finanzen noch Handel bestimmt, sondern durch den Anteil seines erwirtschafteten Einkommens, den der Arbeiter zulässt, dass der *Rentier* ihm entzogen wird. Sie wird so lange sinken, bis der dem *Rentier* zustehende Warenwert des Geldes auf den Teil des Volkseinkommens fällt, der den Gewohnheiten und der Mentalität der wachsenden Welt entspricht.

Wie der Goldwert des Geldes erhalten wurde

In aller Kürze sei hier die übliche Erklärung für die Methode angeführt, mit der in diesem Land vor dem Krieg der Wert des Geldes im Verhältnis zum Gold konstant gehalten wurde.

Das Währungssystem der Vorkriegszeit basierte auf Gold in dem Sinne, dass das Geld auf Verlangen immer in Goldmünzen umgetauscht werden konnte, und diese zu einem bestimmten,

---

[39] J. M. Keynes, *Monetary Reform*, 1923, S. 73.

unveränderlichen Kurs, der durch das Bank Charter Act festgelegt wurde, in Goldbarren für den Export, um den Saldo der aus dem Ausland importierten Waren gegenüber den in das Ausland exportierten zu bezahlen. Denn der Außenhandel ist in erster Linie notwendigerweise immer noch Tauschhandel. Mit der Verfestigung der politischen Verhältnisse und dem Anwachsen des gegenseitigen Vertrauens wurde es zur Sicherung des Geldumlaufs unnötig, dass das Geld aus Gold besteht, und es genügte die bloße Macht, Gold im Tausch verlangen zu können. So kam es, dass Metallgeld oder *Bargeld*, obwohl es immer noch in großem Umfang für kleinere Transaktionen verwendet wurde, nur noch einen kleinen Teil dessen ausmachte, was heute in der Gemeinschaft als Geld funktioniert.

In einem Bericht an das Unterhaus über diese Krise im Jahr 1857 stellte einer der führenden Bankiers fest, dass in seinem Haus der Anteil der Spekulationsgeschäfte an Transaktionen kaum mehr als 2 Prozent und bei anderen Banken nur 0,25 Prozent betrug. Natürlich wird im Einzelhandel Bargeld in einem viel größeren Umfang verwendet als im Großhandel. [40]

Aber die Macht der Öffentlichkeit, Gold zu verlangen - damals das einzige gesetzliche Zahlungsmittel für große Beträge - und die gesetzliche Notwendigkeit für den Bankier, es zu liefern oder aus dem Geschäft zu gehen, legten die Last, dafür zu sorgen, dass es einen ausreichenden Goldvorrat im Land gab, eher auf den Bankier als auf die Regierung.

Der riesige Überbau an Bankkrediten wurde daran gehindert, die Währung in Gold abzuwerten, und konnte nur so schnell ausgeweitet werden, wie die Gemeinschaft ihren virtuellen Reichtum (in Gold gerechnet) durch den folgenden automatisch wirkenden Mechanismus steigerte: Wenn zu viel Geld geschaffen wurde, so dass die Preise stiegen, war die Befugnis, Gold im Tausch gegen Geld zu verlangen,

---

[40] Für die Vereinigten Staaten gibt Professor Fisher für 1896 folgende Zahlen an: 14 % Geld und 91 % Schecks; für 1909: 9 % Geld und 91 % Schecks. Das Kreditgeld nimmt in den Vereinigten Staaten rasch zu, hat aber noch nicht die gleiche beherrschende Stellung wie bei uns erreicht. (*Kaufkraft des Geldes*, 1922, S. 318.)

zwar normalerweise für den normalen Bürger nutzlos, aber für die im Außenhandel Tätigen von großer Bedeutung. Obwohl der Preis aller anderen Waren gestiegen war, konnte der Preis für Gold nicht steigen, da er per Gesetz konstant gehalten wurde. Die billigste Art, Auslandsschulden zu begleichen, bestand also darin, den Gegenwert in Gold und nicht in anderen Waren auszuführen. Dadurch verringerte sich die Menge an Gold, die im Land als gesetzliches Zahlungsmittel galt, so dass der Bankier, um seine Zahlungsfähigkeit aufrechtzuerhalten, Kredite in Höhe eines Vielfachen der geschmolzenen und exportierten Goldmünzen stornieren musste, um auf diese Weise die Preise auf dem heimischen Markt zu senken und den Goldabfluss zu stoppen. Daher wurde es für ihn notwendig, Kredite zu vergeben. Er versuchte, seine Kunden dazu zu bringen, dies freiwillig zu tun, indem er die Bankzinsen erhöhte, *aber* wenn dies nicht ausreichte,[41] er willkürlich bereits gewährte Kredite einforderte. Dies zerstörte das zirkulierende Geld im wahrsten Sinne des Wortes so, wie es durch die Kreditvergabe erst geschaffen wurde, und senkte durch die Verringerung der Geldmenge "im Ende" die Preise im gleichen Maße. In diesem Stadium brauchen wir nicht mehr zu tun als den Mechanismus des Prozesses zu berühren. Es würde zu weit führen, sich mit der Ethik dieser Frage zu befassen und die willkürlichen Verluste und Risiken aufzuzeigen, die sie völlig unschuldigen und wehrlosen Menschen auferlegt, die ihr Bestes tun, um den Bedürfnissen der Gemeinschaft zu dienen.

Aber man darf nicht vorschnell den Schluss ziehen, wie es oft geschehen ist, dass der freie Markt für Gold zu einem festen Preis, den dieses Land der Welt angeboten hat, eine falsche Politik war, oder dass die ausländischen Händler unpatriotisch handelten, indem sie dem Land in Zeiten der Not sein Gold entzogen, den Zinssatz in die Höhe trieben und diejenigen, deren Kredite in Anspruch genommen wurden, oft zum Bankrott und zum Ruin verurteilten. Der ausländische Händler ist

---

[41] E. Dick vertritt in einem neueren Werk, *The Interest Standard of Currency*, 1925, die Ansicht, dass eine Erhöhung des Bankzinses die Nachfrage nach Krediten eher steigert als senkt, und dass der richtige Weg darin besteht, den Zinssatz zu senken, um die Währung zu verknappen.

lediglich das unwissende Instrument zur Durchsetzung einer unangenehmen Notwendigkeit. [42]

Der Außenhandel ist im Grunde ein Tauschhandel und wird mit Waren, manchmal mit Wertpapieren oder Ansprüchen auf künftiges Vermögen bezahlt, niemals mit Geld, das ein Anspruch auf Vermögen ist, der nur im Land der Ausgabe gültig ist. Damit ein Händler in diesem Land im Ausland einkaufen kann, müssen die Händler im Ausland den Gegenwert hier kaufen. Wenn sich die Transaktionen nicht ausgleichen, muss auf lange Sicht Gold geschickt werden, um die Differenz auszugleichen. Durch diese Einschränkung unterscheidet sich der Außenhandel von der Einfachheit und Freiheit der inländischen Haushaltsführung.

So haben sich die Bankiers einer beliebigen Nation auf der erreichten Stufe etwa vier Fünftel des virtuellen Reichtums oder des Geldes des Landes, das dem System unterliegt, als zinstragende Schuld angeeignet, waren aber nicht in der Lage, den Goldwert des Geldes dauerhaft zu beeinflussen oder abzuwerten. Ob das Bankwesen als internationale Organisation die Macht hat, den *realen* Wert der Währung abzuwerten, ist eine viel schwierigere Frage, die mehr Aufmerksamkeit erfordert, als sie bisher erhalten hat. Denn der Mechanismus hält das Preisniveau in den verschiedenen Ländern auf Goldbasis nur ungefähr gleich. Er erhebt nicht den Anspruch, die Preise der Waren in Gold im Laufe der Zeit konstant zu halten, und hat in der Tat enorme Preisschwankungen zugelassen.

Die gegenwärtige Lage

Das Moratorium, das 1914 in diesem Land erklärt wurde, noch bevor ein Schuss im Großen Krieg gefallen war, zeigte, dass das Bankwesen für die Interessen der Nation so wichtig geworden ist, dass die Banken den nationalen Kredit in Anspruch nehmen können, um sich und ihre Einleger in jeder großen Notlage vor dem Ruin zu retten. Die Öffentlichkeit trug damals nicht nur die Last, sondern verlor auch ihr Recht, Gold als Gegenwert für ihr Geld zu verlangen, und litt unter der

---

[42] Der Preisanstieg und der Goldabfluss erweisen sich später als die physisch notwendige Folge der Ausgabe der fiktiven Anleihen in erster Instanz.

Entwertung der Währung. Beide Beschränkungen der Kreditausweitung sind nun beseitigt. Die Banken brauchen weder einen Ansturm auf ihre Bargeldreserven zu befürchten, noch gibt es eine automatische Regulierung des Goldwerts des Geldes. Dass ihre Politik derzeit eher auf eine Deflationierung als auf eine Inflationierung der Währung abzielt, ist nebensächlich. Es sind sie und nicht die politische Regierung, die die wirtschaftlichen Angelegenheiten des Landes wirklich regeln. Sie machen die Gewinne und die Steuerzahler und Bürger tragen die Verluste des Systems.

Zum Zeitpunkt der Abfassung dieses Berichts (1925) ist die Goldbasis für Auslandsgeschäfte teilweise wiederhergestellt, ob sie jedoch beibehalten werden kann, ohne die Haftung für einen Großteil der dadurch stark gestiegenen Staatsverschuldung abzulehnen, bleibt abzuwarten. Einem Kaufmann steht es nun aber offen, im Ausland gekaufte Waren mit Gold zu bezahlen, wenn er sich dafür entscheidet. Das System, das in diesem Land die Geldmenge regulierte, wurde 1914 abgeschafft und wird, was auch immer geschieht, sicher nicht vollständig wiederhergestellt werden.

Das Thema hängt derzeit sozusagen in der Luft, und alle monetären Lehrbücher sind veraltet und irreführend geworden.

In diesem Bereich ist es so, als hätte man soeben die Möglichkeit eingeräumt, dass Tag und Nacht darauf zurückzuführen sind, dass sich die Erde um ihre eigene Achse dreht und nicht die Sonne um die Erde, und dass die neue heliozentrische Sichtweise trotz ihrer offensichtlichen Unredlichkeit doch etwas für sich haben könnte. In Ermangelung einer wirklichen Analyse der physikalischen Natur des Reichtums und aufgrund der allgemeinen Verwechslung von Reichtum und Schulden sowohl in der Volkswirtschaft als auch in der technischen Ökonomie war die Geldtheorie bisher ebenso impressionistisch wie die ptolemäische Theorie des Universums heute erscheint.

Die Variabilität von Gold

Unter den orthodoxen Ökonomen war Professor Irving Fisher der erste, der auf die Nachteile eines variablen Währungsstandards aufmerksam machte, und er hat viel dazu beigetragen, dass die Bedeutung dieser Frage allgemein anerkannt wird. Aber unter den unorthodoxen Ökonomen waren Silvio Gesell auf dem Kontinent und

Arthur Kitson[43] in diesem Lande wie Stimmen, die in der Wildnis schrien, Jahre bevor andere das lebenswichtige Interesse daran erkannten. Im Folgenden finden sich Auszüge aus einem Vortrag, den Professor Fisher 1924 vor der Boston Ethical Society hielt.[44] Über die Vereinigten Staaten sagt er:

"Schauen wir uns die Zahlen in diesem Land aus dem Jahr 1860 an. Nehmen wir das Jahr 1860, also vor dem Bürgerkrieg, so ist die Kaufkraft etwa gleich hoch wie im Jahr 1913, also vor dem Großen Krieg. Wir können das Niveau von 1860 oder 1913 "Vorkriegsniveau" nennen und es der Einfachheit halber als normal ansehen. Der Dollar war damals sozusagen ein Dollar. In Bezug auf diesen Vorkriegs-Dollar können wir den Dollar zu jedem anderen Zeitpunkt messen.

"In der Zeit des Bürgerkriegs, von 1860 bis 1865, war sie nur noch 40 Vorkriegs-Cent wert. Von da an begann er aufzuwerten, zunächst sehr schnell und dann langsamer, bis er 1896 seinen Höchststand erreichte, als er 152 Vorkriegs-Cents wert war. Von 1896 bis 1913 sank der Wert des Dollars von 152 Vorkriegs-Cents auf 100, also auf den "Normalwert". Ab 1913 sank er weiter, von 100 Vorkriegs-Cent bis er im Mai 1920 wieder auf 40 sank. Dann kam es zu einer Deflation, und der Wert des Dollars stieg an. So stieg der Dollar wieder von 40 auf 72 Vorkriegs-Cent im Januar 1922. Seitdem ist er so stabil wie seit vielen Jahren nicht mehr, und doch tanzt er Woche für Woche ein wenig hin und her... Unser instabiler Dollar hat den Anleihegläubigern in die Tasche gegriffen... Das Ausmaß dieses subtilen Raubes ist ungeheuerlich.

"Professor W. I. King, einer der besten Statistiker, die ich kenne, sagte, als er vor etwa einem Jahr im Kongreß für eine Gesetzesvorlage zu diesem Thema eintrat, daß in den

---

[43] Vergleiche *A Scientific Solution of the Money Question*, 1894, Arena Co., Boston, U.S.A.; *A Fraudulent Standard*, 1917; *Trade Fallacies; Unemployment*, 1921, und andere Werke von Arthur Kitson; und von Silvio Gesell, *Aktire Währungspolitsk*, 1908, und *Die Natürliche Wirtschaftsordnung durch Freiland Freigeld.*

[44] *Ethics in the Monetary System*, "The Standard", herausgegeben von der American Ethical Union, Januar 1925, S. 145.

Vereinigten Staaten während des letzten halben Dutzend Jahre eine Art Taschendiebstahl von vierzig Milliarden Dollar stattgefunden hat.

"Wenn wir den Dollar endlich wirklich stabilisieren, so wie wir jetzt jede andere Maßnahme stabilisieren, um die Ehrlichkeit im Geschäftsleben zu fördern, werden wir einen großen Schritt vorwärts bei der Sicherung und Verbesserung der Geschäftsethik gemacht haben."

In seinem Buch *"Die Kaufkraft des Geldes"* (1911) stellt er fest, dass die Kaufkraft des Geldes vor tausend Jahren fünfmal und von 1200 bis 1500 n. Chr. zwei- bis dreimal so hoch war wie 1911. Während des letzten Jahrhunderts vor dem Krieg gab es in allen Ländern fünf gut gekennzeichnete Perioden, was die Veränderung der Kaufkraft des Goldes betrifft. In den vierzig Jahren zwischen 1809 und 1849 fielen die Preise im Verhältnis von 5 zu 2.

Das Übel einer variablen Norm

Nach den bitteren Erfahrungen der letzten Jahre können sich nur wenige Menschen der schreienden Ungerechtigkeit eines variablen Geldstandards entziehen. Die ethischen Grundsätze, die der Institution des Geldes zugrunde liegen, appellieren intuitiv an den gesunden Menschenverstand. So wie wir ohne Diskussion zugeben, dass die Verwendung falscher Gewichte und Maße unter keinen Umständen zu rechtfertigen ist und dass unsere Maßstäbe unveränderlich und unantastbar sein sollten, so sollte der gleiche Grundsatz auch für den Wert des Geldes unbestreitbar sein. Ein unterschiedlicher Wert des Geldes in Bezug auf den Reichtum beraubt willkürlich eine Klasse in der Gemeinschaft zum Nutzen der anderen. In solchen Angelegenheiten neigen die Menschen dazu, "die Sünden, zu denen sie geneigt sind, zu verschlimmern, indem sie die verdammen, zu denen sie keine Lust haben". Ein Wertverlust des Geldes oder ein Anstieg des allgemeinen Preisniveaus betrügt diejenigen, die Löhne, Gehälter und Einkommen in fester Höhe beziehen, und begünstigt diejenigen, die vom Kauf und Verkauf leben. Es erleichtert die Verschuldung der Gemeinschaft in der Vergangenheit, und wenn die alte Währung wertlos wird, wie es in Russland, Österreich und Deutschland der Fall war, wird sie ausgelöscht. So kann ein Mann zu der Tatsache erwachen, dass seine Lebensersparnisse keinen Pfennig wert sind, und dass eine leere Flasche jetzt mehr wert ist als das Geld, das zuvor durch den Verkauf des Weinbergs erhalten hat. Auch ein Preisverfall und ein Anstieg des Geldwerts im Verhältnis zum Vermögen sind nicht weniger verheerend. Er trifft eine andere Gruppe von Menschen und setzt die Kaufleute, die Industriellen und ihre Lohnempfänger außer Gefecht. Wir können in dieser Frage keinen Schritt weiterkommen, wenn wir nicht ein Geldsystem entwerfen können, in dem das Geld weder aus Wucher noch auf politischen Druck von diesem oder jenem besonderen Interesse herausgegeben wird, sondern von der Nation allein und frei, wie es erforderlich ist, um seinen Wert im Verhältnis zum Reichtum so konstant zu halten, wie es von Jahrhundert zu Jahrhundert möglich ist. Jedes Ideal, das hinter diesem zurückbleibt, besteht darin, Stephen Leacocks Definition der politischen Ökonomie als diejenige zu akzeptieren, die lehrt, dass wir nichts über die Gesetze des Reichtums wissen.

Das Übel der Devisenknappheit

Es ist außerordentlich schwierig, aber gleichzeitig von grundlegender Bedeutung, die wirklichen Faktoren zu verstehen, die in der Zeit zwischen dem Bank Charter Act von 1844 und der Ausgabe nationaler Schatzanweisungen im Jahr 1914 die Expansion der Währung und damit den Wohlstand des Landes und die Produktion von konsumierbarem Wohlstand tatsächlich begrenzten. Dass die wirkenden Kräfte nicht einmal im Entferntesten verstanden wurden, zeigt die abwechselnde periodische Abfolge von Handelsbooms und - einbrüchen, der so genannte Handelszyklus, der wie das Wetter als völlig unverständlich galt.

Es mag hilfreich sein, zu versuchen zu verstehen, was das Ergebnis gewesen wäre, wenn das Kreditgeld die Edelmetalle als Zahlungsmittel nicht so weitgehend ersetzt hätte und letzteres das einzige Tauschmittel geblieben wäre. Nach heutiger Auffassung wären die Preise in dem Maße stark gesunken, wie die neuen Produktionskräfte nicht, wie gewöhnlich behauptet, die Goldgewinnung, sondern die Gesamtmenge des vorhandenen Goldes überstiegen hätten. Die Ökonomen haben viele solcher Fehler begangen, weil sie nicht klar zwischen den beiden Kategorien von Reichtum - dem dauerhaften und dem verderblichen - unterschieden haben, auf die bereits hingewiesen wurde; dieser Punkt wird jedoch später aufgegriffen.

Da der Abbau von Gold und Silber im Wesentlichen sehr spekulativ und von zufälligen Entdeckungen abhängig ist, vergeht notwendigerweise eine lange Zeit, bevor eine Nachfrage nach Edelmetallen die für die Währung verfügbare Gesamtmenge wesentlich erhöhen kann. Aber ihre Verwendung als Gebrauchsgegenstände, für Schmuck und als Horte ermöglicht es, die Währung aus diesen Quellen zu erhöhen, wenn ihr Wert oder ihre Kaufkraft in einem solchen Ausmaß ansteigt, dass die Menschen dazu veranlasst werden, ihre Schmuckstücke aufzugeben und ihre Anhäufungen auszugeben. Die dreifache Funktion der Edelmetalle als Münzgeld, Schmuck und Hortgut ist für einen Großteil der Komplikationen in diesem Bereich verantwortlich.

Steigen die Preise der Waren in Gold, so wird mit einer bestimmten Menge Gold, obwohl ihre Gewinnung den gleichen Reichtum wie Nahrungsmittel usw. verbraucht, immer weniger Reichtum gekauft, bis der Goldabbau unrentabel wird. *Im Gegensatz dazu* stimuliert ein Preisrückgang den Goldabbau.

Ein praktisches Beispiel für die Wirkung, wenn auch nicht für die Ursache, wurde während des Krieges gesehen, der zwar eine enorm stimulierte Nachfrage nach Gold für die Ausweitung der Währung erzeugte, aber den Goldbergbau relativ unrentabel machte! Denn die Nachfrage wurde durch die teilweise Demonetisierung des Goldes und die Schaffung eines nicht konvertierbaren Papiergeldes befriedigt. Dadurch stiegen die Preise und die Goldgewinnung wurde unrentabel, genau so, als ob das Gold wirklich gewonnen worden wäre.

Um auf den wahrscheinlichen Verlauf der Ereignisse zurückzukommen: Wäre das Kreditgeld nicht erfunden worden, wäre der Preisverfall am Ende zweifellos aufgehalten worden. Ein größerer und ein größerer Anteil der Weltenergien wären auf die finanziell profitable, aber sozial unfruchtbare Aufgabe der Anhäufung von Gold und Silber für die Währung gelenkt worden, bis genügend angehäuft worden wäre, um die steigenden Einnahmen des Reichtums ohne einen weiteren Verfall des Preisniveaus zu verteilen. Die Wirkung der großen Verbesserungen im Wissen über die Goldgewinnung aufgrund wissenschaftlicher Entdeckungen, auf die später noch eingegangen wird, hätte in dieselbe Richtung gewirkt.

Zugegebenermaßen hätte es sehr große und erschütternde Übel und Verwerfungen gegeben. Der tatsächliche Verlauf der historischen Ereignisse, als jede der großen Goldentdeckungen des letzten

Jahrhunderts zu aufeinanderfolgenden Wellen kommerziellen Wohlstands führte, zeigt, dass diese Übel auch mit der zunehmenden Verwendung von Kreditwährungen nicht gänzlich vermieden werden konnten. Der Wucher wäre auf ganz und gar wucherische Sätze angestiegen, wenngleich der erhobene Tribut wahrscheinlich unbedeutend gewesen wäre im Vergleich zu dem, der heute unter einem zu diesem Zweck pervertierten Geldsystem erpresst wird. Im Allgemeinen wären alle Schulden real gestiegen, da die Geldpreise gefallen wären. Die tote Hand der Vergangenheit hätte schwer auf dem Land gelastet.

Produktion reduziert statt Preise

Aber die wirklich entscheidenden Übel einer Geldknappheit sind darauf zurückzuführen, dass sie die Produktion und nicht die Preise reduziert. Die Quantitätstheorie des Geldes[45] funktioniert wunderbar *auf eine Weise.*

Eine Erhöhung der Geldmenge erhöht vorübergehend, aber nicht sehr dauerhaft den gesamten virtuellen Reichtum, und die Preise steigen sehr schnell im Verhältnis zur Erhöhung. Was die einen gewinnen, verlieren die anderen. Aber eine Verringerung der Geldmenge ist geeignet, den virtuellen Reichtum im Verhältnis viel dauerhafter zu verringern, wobei die Preise unverändert bleiben und die Produktion durch den Ruin der Unternehmer verringert wird.

Es handelt sich um einen toten Verlust, nicht wie im ersten Fall um eine bloße Umverteilung des Reichtums, und er schlägt sich in einer sehr viel dauerhafteren Verringerung des virtuellen Reichtums nieder.

Während ein Überschuss an Geld ein Anreiz für einen Verkauf ist, ist ein Defizit ein fatales Hindernis. Für die Verkäufer, deren Geschäft es ist, Reichtum gegen Geld zu verkaufen, ist Geld der wichtigste Faktor. Für den Käufer und Verbraucher ist es der Reichtum. Der Verbraucher ist durch die Erhöhung der Geldmenge einem verstärkten Wettbewerb mit anderen ausgesetzt und kann einer Preiserhöhung nicht widerstehen. Aber niemand, der bei klarem

---

[45] Für eine Darstellung der Quantitätstheorie des Geldes siehe Irving Fisher *The Purchasing Power of Money.*

Verstand ist, der Reichtum für den Verkauf produziert hat oder produzieren ließ und in der Vergangenheit die mit der Produktion verbundenen Kosten getragen hat, wird ihn bereitwillig mit Verlust verkaufen, um der Quantitätstheorie des Geldes zu entsprechen. Wenn seine Konkurrenten dies versuchen würden, könnten sie kaum lange konkurrieren. Das Ergebnis ist, dass mit weniger Geld weniger Waren zum gleichen Preis gekauft werden, nicht, dass die gleichen Waren zu einem niedrigeren Preis gekauft werden. Oder, im betrachteten Fall, dass die Möglichkeit, die Produktion durch neue Erfindungen zu steigern, lange Zeit ungenutzt bleibt und die Produktion von Reichtum bei steigender Produktionskraft, wie jetzt in diesem Land, stagniert. [46]

Für eine Zeit der Inflation (Geldvermehrung im Verhältnis zu den Vermögenseinnahmen) ist die Quantitätstheorie ein grober Anhaltspunkt für die Tatsachen. Für eine Periode der Deflation (Geld nimmt im Verhältnis zu den Vermögenseinnahmen ab) ist die ältere merkantile oder Warentheorie, die das Geld selbst als eine Ware oder einen Wertgegenstand ansieht und damit die Vorstellung des Verkäufers vom Geld wiedergibt, ein besserer Leitfaden. Wenn es ein Trost für die Verfechter der ersteren Theorie ist, kann man ohne weiteres zugeben, dass sie zweifellos funktionieren würde, wenn sie nicht die unglückliche Konsequenz hätte, diejenigen zu ruinieren, die sich dem Unternehmertum verschrieben haben - Arbeit und Kapital gleichermaßen - und am Ende, im Sinne von Herrn Keynes, "nachdem wir alle tot sind", zweifellos funktionieren muss.

Was bleibt vom Wert der Wertnorm übrig?

Aus diesen Überlegungen können wir nicht nur die außerordentliche Faszination verstehen, die das Gold seit den frühesten Zeiten auf den menschlichen Geist ausgeübt hat, und das Fortbestehen der Verehrung des goldenen Kalbes, die im zeitgenössischen Denken implizit, wenn auch uneingestanden, vorhanden war, sondern auch den außerordentlichen Einfluss, den einige der profundesten Geschichtsstudenten nicht gezögert haben, dem Überfluss und der Knappheit der Edelmetalle zuzuschreiben. Ebenso dürfen wir es als

---

[46] Eine sehr klare Darstellung dieser Frage findet sich in John Strachey, *Revolution by Reason, 1925.*

einen nicht geringen dauerhaften Gewinn für die Menschheit betrachten, wenn die Erfahrungen des Großen Krieges einige dieser tiefgreifenden Einflüsse neu beleuchtet und zumindest teilweise erklärt haben.

Es ist eine sehr merkwürdige Tatsache, dass der Krieg eine große Nachfrage nach Bargeld erzeugte *und* den Goldbergbau vorübergehend unrentabel machte, weil die Papierersatzstoffe die Preise genauso in die Höhe trieben, als ob die gleiche Menge Gold tatsächlich gewonnen worden wäre. Wäre der Goldpreis nicht willkürlich höher angesetzt worden als im Bank Charter Act vorgesehen, aber immer noch viel niedriger als im Verhältnis zu den Waren im Allgemeinen, hätten wahrscheinlich nur wenige Minen ihre Arbeit fortsetzen können. Derselbe Faktor muss allmählich, aber kontinuierlich gewirkt haben, seit die Währung durch Kreditgeld ausgeweitet wurde, wodurch der relative Wert des Standards, den wir als unveränderlich zu betrachten gewohnt sind, künstlich herabgesetzt wurde. Nicht nur, dass die großen technischen Errungenschaften in der Goldgewinnung - die Zyanisierung, die Ausbaggerung und die allgemeine Steigerung der Leistung und Effizienz der Bergbauanlagen - den Wertstandard genau in der gleichen Richtung beeinflussen, wenn auch nicht unbedingt mit der gleichen Geschwindigkeit, wie jede andere Art von physischem Reichtum, indem sie die Menge erhöhen, die mit einem gegebenen Aufwand an menschlicher Anstrengung produziert wird, sondern darüber hinaus liefern wir für einen der wichtigsten Verwendungszwecke der Edelmetalle einen kostenfreien Ersatz und entziehen dem Wertstandard einen der Hauptgründe für seinen Wert. Das Wachstum des Bankwesens beseitigt einen weiteren - die Praxis der Hortung.

Was den Rest betrifft, so sind Goldzähne und sogar Goldpfropfen längst aus der Mode gekommen. Der allgemeine Anstieg der Bildung machte und macht den persönlichen Schmuck durch massive goldene Ketten und Ringe zu einem offensichtlichen Relikt der Barbarei. Der moderne Wunsch, jede Zurschaustellung zu vermeiden und gleichzeitig so viel wie möglich auszugeben, führt dazu, dass bei Schmuckstücken, selbst bei Eheringen, Gold durch Platin ersetzt wird, ein Metall, das wie Silber aussieht und fünfmal so viel kostet wie Gold - sehr zum Missfallen der Chemiker, die Platin, egal was es kostet, unbedingt haben müssen und mit Bedauern auf die Zeit zurückblicken, als es viel weniger wert war als Gold. Was bleibt also vom Wert des Wertmaßstabs übrig?

Es liegt auf der Hand, dass eine Währung, die auf Gold basiert, heutzutage eine schnell abwertende Währung sein muss. Im Wettlauf zwischen der Wissenschaft einerseits und dem Finanzwesen, der Bildung und der Mode andererseits - der eine verbilligt die Produktionskosten aller Reichtümer im Allgemeinen, der andere den Standard des Geldwertes im Besonderen - wird das Hin und Her des Preisniveaus, das das vergangene Jahrhundert kennzeichnete, in Zukunft wahrscheinlich von einem raschen, kontinuierlichen Anstieg der Goldpreise abgelöst werden. Würde man das Gold, das während des Krieges nach Amerika geflossen ist, heute freilassen, anstatt es in Ketten zu halten, wären die Folgen in dieser Richtung wahrscheinlich verheerend. Es handelt sich hier um eine vorübergehende Situation, die in die Zukunft weist.

Gold als Motor der Zivilisation

Betrachten wir die Wirkung des Goldes in der Geschichte unter einem allgemeineren Gesichtspunkt. Wenn wir in ihm nicht gerade die Ursache des menschlichen Fortschritts sehen, so müssen wir doch zugeben, dass es ein mächtiger Antrieb gewesen sein muss. Die Zivilisation hat sich nie die Frage gestellt, was genau sie sich vorgenommen hat, als sie das Metall Gold als Wertmaßstab, Wertaufbewahrungsmittel und Tauschmittel annahm. Alle konventionellen Eigenschaften, die das Metall zum idealen Geld machen sollen, sind in Wirklichkeit fatal für seine Verwendung. Betrachten wir zunächst seine Beständigkeit und Unvergänglichkeit. Menschen können kommen und gehen, aber Gold sammelt sich immer weiter an. Die Menge des vorhandenen Goldes ist der physische Faktor, der die Gesamtmenge des vorhandenen Geldes regelt, sowohl unter einer Währung, die auf Gold basiert, als auch in der Vergangenheit, und diese Menge ist das Integral aller Zuwächse an Gold, die während der Geschichte der Menschheit eingebracht wurden. Im wahrsten Sinne des Wortes ist Gold nicht unvergänglich, da es im Gebrauch Abrieb erleidet, aber es ist so gut wie unvergänglich, so dass seine durchschnittliche Lebensdauer größer ist als die fast aller anderen dauerhaften Formen von Reichtum.

Der Wert des Geldes ergibt sich aus dem virtuellen Reichtum geteilt durch die Gesamtmenge des Geldes, so dass der Keim der ständigen Entwertung bereits in der Wahl des Goldes angelegt ist.

Wenn wir das bestehende Ausmaß an virtuellem Reichtum und den damit verbundenen materiellen Wohlstand stereotypisieren würden, würde die Zunahme der Goldmenge weitergehen, und selbst bei einem schwindenden Reichtumseinkommen würde die Menge des vorhandenen Goldes weiter zunehmen, solange es Geld ist.

Die Gesellschaft sagt ihren Arbeitern: Egal, ob wir mehr oder weniger Gold wollen, wenn ihr Gold mitbringt, auch wenn wir eigentlich Lebensmittel brauchen, könnt ihr es euch auf dem Markt aussuchen. Der Verlust fällt nicht auf euch, sondern auf die ganze Gemeinschaft, obwohl, wenn ihr Postkutschen oder Windmühlen beisteuert, niemand sie euch abnehmen wird. Selbst in Zeiten schwindender Einnahmen, in denen ein Teil der Bestände wieder in der Erde vergraben oder im Meer versenkt werden müsste, wenn das Geld nicht an Kaufkraft verlieren soll, geht die Anhäufung von Gold also weiter.

Mathematisch ausgedrückt, versucht die Gesellschaft, indem sie Gold als Wertmaßstab und Tauschmittel verwendet, einen Differentialkoeffizienten beizubehalten, der proportional zu ihrem eigenen Integral ist, denn sie muss dafür sorgen, dass der proportionale Zuwachs ihrer Reichtumseinnahmen immer so groß ist wie der proportionale Zuwachs ihrer Gesamtmenge an Gold.

Es gibt eine mathematische Funktion, auf die dies zutrifft, und zwar die Exponentialfunktion. [47] Dies ist die Funktion, die die schwindelerregenden Tugenden des Zinseszinses regelt.

Im Zeitalter einer relativ plötzlichen Ausweitung der Produktivkraft mag diese Aufgabe zunächst einfach sein. Aber über lange Zeiträume hinweg ist es eine ganz andere Sache. Es geht nicht darum, ein bestimmtes Produktionsniveau aufrechtzuerhalten, sondern die proportionale Wachstumsrate der Produktion auf unbestimmte Zeit beizubehalten. Wenn dies physisch nicht mehr möglich ist, muss die Währung schließlich abgewertet werden.

Darin liegt möglicherweise eine physikalische Rechtfertigung für die Existenz von Zinsen auf eine Geldschuld, im Unterschied zur Miete für die Nutzung von Produktionsmitteln in der Produktion.

---

[47] $\int a^x\, \partial x = (1/a)\, a^x$.

Während des Krieges, als die Währungen rapide entwertet wurden, stellte der Kluge fest, dass es sich lohnte, zu leihen und zu leihen und zu leihen, egal zu welchem Zinssatz. Denn zu dem Zeitpunkt, an dem die Kredite zurückgezahlt werden mussten, waren Kapital und Zinsen in Waren weniger wert als das ursprüngliche Kapital zum Zeitpunkt der Kreditaufnahme. Wir haben aber gesehen, dass die ständige Anhäufung von Edelmetallen ein abwertender Faktor für den Wert der Währung sein muss, völlig unabhängig von allen anderen Erwägungen, so dass aus diesem Grund für die Rückzahlung einer in der Vergangenheit geliehenen Schuld von 1 Pfund heute mehr als 1 Pfund erforderlich ist, oder wenn man 1 Pfund als den ursprünglich für 1 Pfund erhältlichen Reichtum betrachtet, um ihn heute zu kaufen, mehr als 1 Pfund erforderlich ist.

Die anderen Gründe, warum Gold als Währung ungeeignet ist, berühren eine Frage, deren Diskussion wir bisher vermieden haben. Aber wir können es inzwischen als eine Erfahrungstatsache hinnehmen, ohne die Erklärung zu versuchen, dass eine Erhöhung der Geldmenge ein großer Anreiz für produktives Unternehmertum ist.

Nicht nur während des Krieges, sondern auch nach den Goldentdeckungen des letzten Jahrhunderts blühte der Handel stark auf, was zu allgemeinem Wohlstand führte. Nun regt dieser Wohlstand unmittelbar die Luxusnachfrage nach Gold für Schmuck und Zierrat an, und in Ländern - immer noch die Mehrheit - ohne ein hochentwickeltes Bankensystem, zum Sparen. So neigt das Geld dazu, wieder zu verschwinden, der Anreiz durch den Geldüberfluss wird gebremst, und es folgt eine Periode der Depression. Dann neigen diese Horte und Vorräte, bevor sie aus dem Verkehr gezogen werden, dazu, wieder aufzutauchen und einen neuen Aufschwung einzuleiten.

Der Kreislauf des Handels muss zumindest zum Teil auf die Verwendung eines Metalls als Grundlage der Währung zurückzuführen sein, das allmählich zurückgezogen wird, wenn die Industrie expandiert, und zurückkommt, wenn sie schrumpft, genau das Gegenteil von dem, was von einer Währung verlangt wird. Auch die Leichtigkeit, mit der die Edelmetalle ohne Verlust eingeschmolzen und mit geringem Aufwand unzählige Male von Münzen in Waren und wieder zurück umgewandelt werden können, was sie als besonders geeignet für das Münzwesen angesehen hat, ist ein fataler Mangel. Kaum ist das industrielle System mühsam auf ein höheres Produktionsniveau gebracht worden, wird das Tauschmittel zum Luxusartikel, und mit ihm die Wohlstandswelle.

Gold jetzt ein betrügerischer Standard

Zusammenfassend lässt sich sagen, dass es bei einer Goldwährung in einer Epoche der Expansion zu einer langen Periode der Geldknappheit kommen wird, die mit einer Störung der wirtschaftlichen Maschinerie der Gesellschaft einhergeht. Aber die Ursachen für die Ausweitung der Produktion wirken in gleicher Weise, wenn auch nicht unbedingt in gleichem Maße und in gleichem Ausmaß, auf das Gold. So wird der Wertstandard tendenziell in der gleichen Weise beeinflusst wie die Waren, die er misst , und die Goldpreise neigen dazu, mit der Zeit zu ihrem früheren Niveau zurückzukehren.

Bei einer Währung, die auf Gold basiert, wird sich die Währung sehr viel schneller an die Expansion anpassen. Die menschliche Anstrengung, die früher für die Anhäufung von Gold für die Münzprägung aufgewendet wurde, wird eingespart, aber bei den bestehenden Systemen kommt diese Einsparung nicht der Gemeinschaft als Ganzes, sondern dem Bankier zugute. Solange die Konvertierbarkeit mit Gold beibehalten wird, kann auch das internationale Bankwesen den Goldwert des Geldes nur in einem bestimmten Maße abwerten.

Betrachten wir den Fall einer gleichmäßigen Inflation in allen Ländern in gleichem Maße und zur gleichen Zeit. Es gibt dann keine Tendenz, dass Gold von einem Land zum anderen fließt, wie im Falle einer Inflation in einem Land relativ zu einem anderen. Aber das Gold würde in dem Maße, in dem die Nachfrage nach ihm als Ware es absorbiert, ganz aus der Währung verschwinden, weil das Geld vom Gold mehr als seinen Wert in Bezug auf andere Waren und mehr Gold kaufen wird, als durch die Ausgabe der gleichen Summe im Goldbergbau gewonnen werden könnte. Die Münzen werden also gehortet oder eingeschmolzen und in der Kunst verwendet und würden mit der Zeit durch die Entwertung der Währung ganz aus dem Umlauf verschwinden, obwohl die Wirkung zunächst darin bestünde, Gold als Ware und Wertmaßstab zu verbilligen.

Aber durch die Verwendung von Kreditgeld, das auf einem geringen Goldanteil basiert, unterliegt die Geldmenge viel größeren und heftigeren Schwankungen als zuvor, und der Tauschwert von Gold in Bezug auf Waren schwankt. Die Ursachen, die in der Verwendung des Goldes als Luxusartikel sowie als Tauschmittel liegen, werden stark übertrieben und erzeugen den Handelszyklus.

Die zunehmende Verwendung von Bankkrediten und Papier beraubt das Gold eines seiner wichtigsten Verwendungszwecke, und nach den Schwankungen des vergangenen Jahrhunderts können wir uns auf einen ständig steigenden Goldpreis freuen. Da das Kreditgeld das Gold weitgehend überflüssig gemacht hat, ist das Mittel, es auf Verlangen in Münzen konvertierbar zu machen, gegen seine ständige Entwertung nicht mehr wirksam und hat sich bereits als trügerisch erwiesen.

Daraus ergibt sich die zunehmende Notwendigkeit, die Währung ganz ohne Bezug auf Gold zu stabilisieren und letzteres auf das Niveau einer Ware zu reduzieren, um es möglicherweise in der Zwischenzeit als internationales Geld zu seinem Marktwert einzulösen, um internationale Schulden zu begleichen, und zwar im Rahmen eines gerechten Übereinkommens des Völkerbundes.

Reallöhne und gerechte Löhne

Bevor wir mit dieser Untersuchung beginnen, sei darauf hingewiesen, dass wir so weit wie nie zuvor von einem absoluten Standard oder Wertmaßstab entfernt sind, und es mag lehrreich sein, einige der vorangegangenen Punkte in neuer Form zu wiederholen. Wenn die Ökonomen die Schwankungen des Tauschwerts des Goldes berücksichtigt und sie korrigiert haben - mit Hilfe von Indexzahlen, die es ihnen ermöglichen, die Geldpreise auf ein früheres Preisniveau zu reduzieren, das als Bezugsstandard genommen wird -, kommen sie zu dem, was sie den *realen* Wert von Einkommen, Löhnen und dergleichen nennen, d.h. Werte, die völlig unabhängig von den Geldsummen sind, in denen sie ausgedrückt werden, aber die *Menge* der Güter im Allgemeinen darstellen, die diese Einkommen, Löhne usw. kaufen werden. Aber die *realen* Werte, obwohl sie real genug sind, um bestimmte *Mengen* von käuflichen Gütern zu repräsentieren und für die Ökonomie als Wissenschaft des Austauschs oder des Handels ausreichen, sind überhaupt kein Maß für die von Menschen *geleisteten* Arbeitsstunden bei ihrer Produktion. Würde sich die Effizienz der Produktionsprozesse nicht ändern oder würde die Zivilisation stagnieren, dann wären sie es - in der Tat neigt ihre Verwendung dazu, Löhne und Einkommen und die von ihnen repräsentierten Verbräuche zu stabilisieren, so dass wir den bereits angedeuteten endlosen Streit darüber haben, ob der Arbeiter heute wirtschaftlich besser dran ist als sein Vorgänger in vorwissenschaftlichen Zeiten, mindestens so gut dran oder nur geringfügig schlechter dran!

Wenn wir nun über Schulden und ihre Rückzahlung nachdenken, löst eine Währung, die so stabilisiert ist, das Preisniveau der Waren im Allgemeinen konstant bleibt, das Problem - das heißt, der Handel wäre von allen rechtlich nicht anerkannten Formen des Diebstahls befreit, die mit einer Veränderung des Geldwertstandards einhergehen und die ähnlich geartet sind wie die, die sich aus betrügerischen Gewichten und Maßen ergeben. Geschäftsleute und andere Personen könnten im Voraus Verträge abschließen, ohne befürchten zu müssen, durch Schwankungen des allgemeinen Preisniveaus aufgrund von Geldmanipulationen in eine Falle zu tappen. Wenn wir aber über den Lohn der Arbeit und das Recht des Arbeiters auf das Ergebnis seiner Arbeit nachdenken, müssen wir natürlich nicht nur die Warenmengen berücksichtigen, mit denen er entlohnt wird, sondern auch was er produziert. Sein Reallohn im Sinne der Wirtschaftswissenschaften muss *im Verhältnis* zu dem, was er produziert, ausgedrückt werden, um zu seinem *gerechten* Lohn zu gelangen.

Die Tatsache, dass es schwierig sein mag, dies zu beurteilen oder das Problem zwischen dem Lohn für gegenwärtige und vergangene Arbeit zu lösen, berührt nicht im Geringsten die Frage des Rechts des Arbeiters auf einen gerechten Lohn oder die Gewissheit, dass er mit wachsendem Wissen und zunehmender Macht nicht eher ruhen wird, bis er ihn sich gesichert hat. Die Ökonomie ist eine weitaus umfassendere und wichtigere Wissenschaft als der Handel, oder sollte es zumindest sein. Diejenigen, die leugnen, dass sie sich mit etwas anderem befassen sollte, mögen sich die Mühe des Nachdenkens ersparen, aber sie tragen nicht zur Würde des Faches bei.

KAPITEL IX

EIN NATIONALES GELDSYSTEM

Die gesellschaftliche Bedeutung des Studiums des Geldes

Vom Standpunkt der Gesellschaft aus gesehen ist das Studium des Geldes in seiner sozialen Bedeutung und seiner Auswirkung auf das menschliche Wohlergehen ebenso erhebend und veredelnd, wie es vom Standpunkt des Individuums aus gesehen egoistisch und erniedrigend zu sein pflegt. Der Fachjargon des Marktes macht es zu einem abstoßenden Thema, und es kann sogar trockener und langweiliger gemacht werden als eine mathematische Abhandlung über Thermodynamik. In der Tat machen seine absolute Neuheit für die meisten Menschen und ihre vorgefassten Meinungen, die aus einer unangemessenen Absorption seines individuellen Erwerbs herrühren, es zu einem schwierigen Thema, umso mehr, als sehr mächtige Besitzstandswahrer ihren Fortbestand davon abhängig machen, dass die Öffentlichkeit in Unkenntnis seiner Geheimnisse gehalten wird. Diejenigen, die sich mit dem Thema befassen, überschätzen oft zunächst die direkte Bedeutung des Geldes in der Sozialwirtschaft - seine indirekte Bedeutung kann kaum überschätzt werden - und die "unsoliden Geldmenschen" waren für die orthodoxen Ökonomen schon immer ein besonderes *Schreckgespenst*, obwohl es kaum etwas grundlegend Unsolideres geben könnte als die modernen Geldsysteme, deren Prinzipien die Ökonomen nie ernsthaft in Frage gestellt haben. Es ist wichtig, klare physikalische Vorstellungen von Geld und Finanzen als solchen zu haben, um ihren wichtigeren indirekten Einfluss auf die zugegebenermaßen noch zu lösenden Probleme der industriellen Expansion ohne die unwillkommenen Begleiterscheinungen von Arbeitslosigkeit und Konjunktur zu verstehen. Diejenigen, die sich eingehend mit der Geschichte der

Menschheit befasst haben, können die Bedeutung der Institution des Geldes nicht überschätzen. Wie Delmar[48] gesagt hat: "Es handelt sich um eine Studie, die niemand überstürzt angehen oder mit Selbstzufriedenheit verlassen kann."

In der Liste der Gelehrten, die sich in der Vergangenheit mit dem Thema beschäftigt haben, sind die Namen von Newton, Kopernikus und Tycho Brahe für einen Wissenschaftler ermutigend. Dies deutet darauf hin, dass die Wissenschaftler in der Vergangenheit ihre Aufgabe nicht immer so eng ausgelegt haben, wie es heute üblich ist, oder dass sie bereit waren, die Anwendung ihrer Arbeit auf das tägliche Leben in der Welt selbstgefällig anderen zu überlassen.

"Ungehört, unsichtbar, unspürbar hat sie die Macht, die Lasten, Freuden und Möglichkeiten des Lebens so zu verteilen, dass jeder Einzelne den Anteil daran genießt, zu dem seine Verdienste oder sein Glück ihn berechtigen, oder umgekehrt, sie mit einer so parteiischen Hand zu verteilen, dass jeder Grundsatz der Gerechtigkeit verletzt wird und eine Abfolge von sozialer Sklaverei bis zum Ende der Zeit aufrechterhält.[49]

Auch hier könnte man "Europa nach zwanzig Jahrhunderten des Christentums" kaum besser beschreiben als mit dieser Passage von Ferraro:

"Die kaiserliche Demokratie, die eine ganze Welt unter ihrer Herrschaft hatte, von den Senatoren, die historische Namen trugen, bis hinunter zum einfachsten Ackerbauern, von Julius Cæsar bis hinunter zum kleinsten Ladenbesitzer in einer Seitenstraße Roms, war einer kleinen Gruppe von Wucherern ausgeliefert."[50]

Sir Archibald Allison führt den Untergang des Römischen Reiches auf den Niedergang der Gold- und Silberminen in Spanien und Griechenland und die Renaissance auf die Entdeckung der Minen in Mexiko und Peru zurück. Es ist noch fast in der Erinnerung der

---

[48] *Geschichte der Währungssysteme.*

[49] Delmar, a.a.O.

[50] Ferraro, *Größe und Niedergang des Römischen Reiches*, VI, 223.

Lebenden, wie die aufeinanderfolgenden Goldfunde in Kalifornien, Australien und Südafrika eine Welle nach der anderen des wirtschaftlichen Wohlstands einleiteten. Noch aktueller und eindrucksvoller ist die Erfahrung des Ersten Weltkriegs, als - abgesehen von der Zerstörung von Leben und Eigentum und den Auswirkungen der Blockade auf die Mittelmächte - in den kriegführenden Ländern ein Maß an wirtschaftlichem Wohlstand und die Abschaffung von Verbrechen und Armut herrschte, das in Friedenszeiten unbekannt war. Wie wir gesehen haben, hat sich das Wesen des Geldes in der Neuzeit grundlegend verändert. Es ist nicht nur ein einfaches Zeichen für die Verschuldung der Gemeinschaft gegenüber dem einzelnen Besitzer, sondern es wird auch nicht mehr von einer staatlichen Behörde, sondern von privaten Institutionen geschaffen, um es gegen Zinsen zu verleihen. Es ist daher unerlässlich, bei der Betrachtung auf die ersten Grundsätze zurückzukommen. Wir müssen uns davor hüten, die früheren Ansichten über die böse Macht des Geldes und die Stigmatisierung des Wuchers, die aus der Antike und dem Mittelalter stammen, als das Geld noch eine ganz andere Institution war, unwidersprochen in die Neuzeit zu übertragen.

Analyse von Wucher

In seiner ursprünglichen Bedeutung bezeichnete der Begriff Wucher einfach die Zinsen für ein Darlehen, während er heute eher ein Schimpfwort ist, das sich auf übermäßige und Wucherzinsen bezieht, die im Verhältnis zur Unfähigkeit des Schuldners zur Rückzahlung steigen.

Die Erwähnung dieser Form des kleinen Wuchers, wie er in der Unterwelt der großen Städte und unter der wimmelnden Bevölkerung Indiens existiert, beschwört möglicherweise im Geist eine Erinnerung an Beweise menschlichen Schreckens und menschlicher Qualen herauf, die man diesseits der Wohnstätte der Verdammten nie erwartet hätte, und ruft ein Gefühl körperlicher Abscheu hervor, als ob etwas am Werk wäre, das grässlich und unmenschlich ist und sich an der äußersten Not labt, wenn nicht sogar dafür verantwortlich ist.

Auf der anderen Seite hat die Verzinsung eines Gelddarlehens an die Starken und Wagemutigen, das sie in die Lage versetzen soll, die Ressourcen der Erde zu erschließen und zu einflussreichen und mächtigen Positionen innerhalb des Staates aufzusteigen, heutzutage gelegentlich sogar die Leiter ersetzt, die in früheren Zeiten von der Kirche den begabten Nachkommen der Armen angeboten wurde, und wurde nicht nur mit Ehrbarkeit, sondern sogar mit einem Geruch von Heiligkeit versehen.

Sowohl in der Antike als auch in der mittelalterlichen Welt gibt es unbestreitbare Beweise für die Übel des Wuchers. Wir haben die bemerkenswerte Passage von Ferraro über seine Macht im alten Rom zitiert. Die christliche Kirche verdammte ihn zunächst allgemein. In der Tat wurde das Wucherverbot in der römisch-katholischen Kirche erst in jüngster Zeit abgeschafft.

Es besteht jedoch kaum ein Zweifel daran, dass diese Übel nicht so sehr durch die Praxis des Geldverleihs an sich entstanden sind, sondern durch die vergleichsweise leichte Monopolisierung der Währungsmetalle. Eine Periode großer imperialer Expansion, wie die Roms, Spaniens und der modernen westlichen Welt, erfordert eine Vermehrung der Währung. Aber es scheint niemanden zu kümmern, sie zu liefern. Die Welt mag nach Gold dürsten, doch die Suche danach ist bestenfalls ein langwieriges und gefährliches Unterfangen und widerspricht den wirklichen Interessen derjenigen, die Gold haben und es ausgeben wollen. Denn wenn es viele Kreditnehmer und wenige Kreditgeber gibt, steigt der Zinssatz, so wie der Preis einer Ware steigt, wenn es viele Käufer und wenige Verkäufer gibt. Das Übel des Zinses auf Geld ist nicht schwer zu verstehen, wenn das Geld aus natürlich sehr knappen Materialien besteht. "Ein Aphorismus aus dem Finanzwesen, der nicht nur die Ursache für das Übel des Wuchers, sondern für das Übel der Geldmacht im Allgemeinen hinreichend deutlich macht, lautet: "Verschuldet euch für das, was ihr nicht habt und nicht bekommen könnt, und ihr könnt ihm die Haut abziehen. Wenn man Schulden in Reichtum zurückzahlbar macht, den die Menschen nicht haben, aber erwerben können, trifft man den Kern der beiden Übel.

Beim Papiergeld ist diese Frage, wie die Frage der "Hortung", eine völlig andere. Eine Nation, die ihr eigenes Geld druckt und ausgibt, wie es für den Gebrauch erforderlich ist, wäre absolut frei von den *auri sacra fames*, die auf das Monopol der Münzmetalle zurückzuführen sind, und von der Ursache der Hauptübel des Geldes, wie sie in der Vergangenheit entstanden sind. Sie könnte den Wucher absolut nach eigenem Ermessen regeln, wie es die nationalen Interessen verlangen, indem sie die Kontrolle über die Geldausgabe ausübt. In einer Zeit, in der die Wissenschaft im Überfluss vorhanden ist, könnte sie, wenn sie wollte, ihre Schulden zurückzahlen oder zumindest tilgen, und zwar weder in Gold noch in "Pfund Fleisch", sondern *mirabile dictu* in Reichtum im Allgemeinen. Wenn sie in realen Begriffen des Reichtums und nicht in denen des Geldes denken würde, würde sie in einer Zeit, in der die Produktionskraft größer ist als je zuvor, in der Millionen von Arbeitslosen, große Produktionsmittel brachliegen und kultiviertes Land zu Gras wird, nicht den Sinn darin sehen, ihren Gläubigern ewige Zinsen für die Nichtrückzahlung zu zahlen, obwohl, wie wir noch sehen werden, eine individualistische Gesellschaft[51] Schulden nur durch die Erhebung von Steuern auf den allgemeinen Reichtum der Gemeinschaft zurückzahlen kann.

Echte und fiktive Gelddarlehen

Auch auf die Gefahr hin, den Leser zu ermüden, war es notwendig, in Kapitel VII den Übergang vom alten nationalen Metallgeld zum modernen, durch Anleihe geschaffenen Geld sehr ausführlich zu behandeln. Denn der eigentliche Vorwurf gegen das moderne System ist nicht so sehr, dass es eine enorme Zunahme der Praxis der Durchführung von Industrie auf geliehenem Geld verursacht hat, als dass die Bankdarlehen sind nicht echtes Geld Darlehen, sondern sind völlig fiktiv, da niemand gibt das Geld *geliehen*, die neue Geld für diesen Zweck geschaffen ist.

Der Besitzer des Geldes hat sowohl moralisch als auch rechtlich das Recht, das Geld auszugeben, zu verleihen oder zu horten, aber wenn er es ausgibt oder verleiht, muss man davon ausgehen, dass er das ausgegebene oder verliehene Geld wirklich aufgibt. Bei *Bargeld* muss der Verleiher dies tun. Auch bei einem Bankguthaben wird technisch zwischen einem Girokonto und einem Einlagekonto unterschieden. Bei ersterem hat der Eigentümer nicht auf seine Verfügungsgewalt über das Geld verzichtet und kann, zumindest hierzulande, keine Zinsen dafür erhalten, obwohl es in Amerika üblich ist oder zumindest war, auch für Girokonten Zinsen zu zahlen. Bei der eigentlichen Einlage gibt der Eigentümer des Geldes seine Kaufkraft auf und überträgt sie vorübergehend an die Bank, und als Gegenleistung für das Darlehen erhält er eine Zinszahlung auf die Einlage. In dieser Unterscheidung

---

[51] Eine individualistische Gesellschaft besitzt kein einkommenserzeugendes Eigentum und bezieht ihr Einkommen ausschließlich aus Steuern.

sehen wir, dass die ursprüngliche Einschränkung, die für Metallgeld gilt, auch für Bankgeld bestehen bleibt. Aber natürlich ist die Frage des Wuchers eine völlig andere, ob es sich nun um ein echtes Darlehen handelt, wie im Falle eines Bargeldkredits, oder um eine hinterlegte Summe, die nicht ohne Kündigung zurückgefordert werden kann, und um Zinsen für Geld, das der Eigentümer nie aufgegeben hat. Sicherlich wird man argumentieren, dass der Einleger zwar nicht auf das Recht verzichtet, nach Belieben auszugeben, es aber in Wirklichkeit nicht ausübt, wie die Existenz der Einlage beweist, so dass zwischen den beiden Klassen von Konten ein Unterschied ohne Unterschied besteht.

Geldverleih in der Leistungsbilanz Unzulässig

Diese Position ist zwar weit davon entfernt, das tatsächliche Geschehen im Bankwesen zu rechtfertigen, wo "jeder Kredit eine Einlage *schafft*" (Withers und McKenna), erscheint aber plausibel, lässt sich aber leicht als unhaltbar erweisen. Denn man muss sich nur die unbestreitbare Tatsache vor Augen halten, dass die Gesamtmenge des Geldes in einem Land nicht davon beeinflusst wird, ob es *ausgegeben wird* oder *nicht*, um zu erkennen, dass es bei diesem Argument gar nicht um das Verleihen von Geld geht, sondern um dessen Existenz.

Nehmen wir an, dass Schecks das Bargeld als Kaufkraft vollständig ersetzen und dass jeder ein Bankguthaben hat. Dies ist so nahe an der Realität, dass es für die Zwecke dieses Arguments als bereits zu einem sehr großen Teil wahr angenommen werden kann. Wenn wir nun dem Bankier das Recht zugestehen, die Depositen zu verleihen, weil ihre Existenz zeigt, dass die Eigentümer sie nicht nutzen, verdoppeln wir damit das Geld im Lande *und die Depositen*. Das Vorhandensein der verdoppelten Einlagen ist ein ebenso klarer Beweis wie zuvor, dass ihre Eigentümer sie nicht nutzen, so dass sie erneut verliehen werden können, und nun werden die Einlagen um das Vierfache erhöht. Wir können also weitermachen und eine unendliche Menge an Geld schaffen.

Es ist interessant, dass J. S. Mill vor fast einem Jahrhundert genau diesen Fall ins Auge fasste, da die Zahlungen generell per Scheck und

> "kein Geld irgendwo, außer in der Hand des Bankiers, der sich dann sicher von allem trennen konnte, indem er es als Goldbarren verkaufte oder verlieh, um es im Austausch gegen

Waren oder ausländische Wertpapiere außer Landes zu schicken."

Er schloss damit:

"Es gäbe in all dem nichts zu beanstanden, solange das Geld, wenn es verschwindet, einen Gegenwert an anderen Dingen hinterlässt, der bei Bedarf zur Erstattung derjenigen verwendet werden kann, denen das Geld ursprünglich gehörte."

Warum er sich bei der Prüfung des Falles darauf beschränkte, das Geld zu leihen, um es dem Land zu schicken, gehört zu den Rätseln, die vielleicht nie gelöst werden. Hätte er dies nicht getan, hätte er die interessante Entdeckung gemacht, die schon damals von den Bankiers selbst gemacht worden sein muss. Auch spätere Ökonomen scheinen nicht darauf hingewiesen zu haben, obwohl die raffinierte Unterscheidung, die sie immer so sorgfältig zwischen Geld und Bankeinlagen zu bewahren scheinen, ohne irgendeinen praktischen Unterschied aufzeigen zu können, darauf hindeutet, dass sie es gewusst haben könnten. MacLeod, der Anwalt, legt großen Wert darauf, dass eine Bankeinlage kein Geld ist, sondern ein Klagerecht gegen den Bankier. Irving Fisher, der willkürlich zirkulierende Medien oder Währungen als alles definiert, was, ob allgemein akzeptabel oder nicht, als Tauschmittel dient, und Geld als "das, was im Austausch gegen Waren allgemein akzeptabel ist", sagt: "Eine durch Scheck übertragbare Bankeinlage gehört zwar zu den zirkulierenden Medien, ist aber kein Geld. Eine *Banknote* hingegen ist sowohl Umlaufmittel als auch Geld. Zwischen diesen beiden liegt die endgültige Unterscheidung zwischen dem, was Geld ist und was nicht. Es stimmt, die Grenze ist feinsinnig gezogen..."

Diese Unterscheidungen mögen vor einem Jahrhundert eine gewisse Bedeutung gehabt haben, aber ihre Beibehaltung in der heutigen Zeit scheint eine reine Haarspalterei zu sein, die nur dazu dient, die Dinge zu verwirren.

Damit sind wir wieder bei dem Punkt angelangt, dass der Geldverleiher im Falle des altmodischen Wuchers auf das verliehene Geld verzichtete und Zinsen für einen echten Kredit erhielt. Im Falle des von einer Bank verliehenen Geldes verzichtet niemand darauf, und die Kredite sind völlig fiktiv, mit Ausnahme der echten "Termineinlagen", die Macrosty sowohl für dieses Land als auch für die Vereinigten Staaten auf ein Fünftel der gesamten Einlagen schätzt. Selbst diese sind, soweit sie den Bargeldbestand der Banken übersteigen - das einzige Geld, das die Bank nicht selbst herstellen und verleihen kann - in erster Linie von den Banken selbst geschaffen worden. Es ist wahr, dass bis zur Zeit des Krieges - in dem sich das Geld des Landes fast plötzlich um das Zweieinhalbfache vervielfachte - die Schöpfung dieses Geldes eine allmähliche Angelegenheit war, die sich über ein Jahrhundert hinzog. Die Gewohnheit hat den Bankier in seinem Genuss bestätigt und es völlig unmöglich gemacht, es jemals zu dekretieren. Aber es gehört ihm nicht, wie er selbst wohl als Erster zugeben würde, wenn es darum ginge, dass er es ausgibt, anstatt es zu verleihen. Es ist, wie wir gesehen haben, der virtuelle Reichtum der Gemeinschaft als Ganzes.

Der Zusammenbruch des Geldsystems; Das Moratorium

Der Ausbruch des Großen Krieges offenbarte die völlige Unsolidität unseres Währungssystems. Am 24. Juli 1914 schickte Österreich sein Ultimatum an Serbien. Die Weltbörsen erschraken natürlich und stellten ihre Tätigkeit ein. Am letzten Tag des Monats folgten die Londoner und New Yorker Börsen dem Beispiel der kontinentalen Börsen und schlossen ihre Pforten. Wertpapiere aller Art wurden vorübergehend unverkäuflich. Am 6. August wurde ein allgemeines Moratorium verhängt. Die Banken, die nur über eine kleine Geldreserve gegenüber ihren Geldverbindlichkeiten gegenüber der Öffentlichkeit verfügten, waren nicht in der Lage, ihre Kredite einzufordern und zu versuchen, das Geld zurückzubekommen, das das System ihnen erlaubt hatte, zu verleihen, ohne es zu besitzen. Der übliche Plan, die von den Kreditnehmern hinterlegten Sicherheiten und ihr Eigentum um jeden Preis zu veräußern, konnte nicht umgesetzt werden , solange die Börse geschlossen blieb. Das Land hatte im Umgang mit Geld so "gespart", dass *es buchstäblich kein* Sechstel des Betrages *gab,* der den Geldbesitzern gesetzlich zustand, oder ein Fünftel des Betrages, auf den die Industrie Zinsen zahlte. Wenn die Börsen nicht geschlossen gewesen wären und man versucht hätte, die Wertpapiere zu verkaufen, um die geschaffenen Kredite zurückzuzahlen, wäre diese Tatsache auf schmerzliche Weise deutlich geworden. Diejenigen, denen die Kredite gewährt worden waren, besaßen das Geld natürlich nicht, sondern hatten es bei den Vermögensbesitzern gegen Reichtum getauscht, wobei die ehemaligen Vermögensbesitzer und nicht die Kreditnehmer nun rechtlich Eigentümer des nicht existierenden Geldes waren. Die Kredite könnten daher nur durch einen Zwangsverkauf der Sicherheiten der Kreditnehmer zu jedem beliebigen Preis zurückgeholt werden, falls sie zurückgefordert würden. "Am Ende wäre die Währung auf einen Bruchteil ihres früheren Wertes geschrumpft, und damit auch die Preise. Wir haben jedoch gesehen, dass es sehr schwierig ist, die Preise durch eine Verknappung der Währung zu senken, weil die Produzenten von Reichtum nicht unter dem Selbstkostenpreis verkaufen werden, es sei denn, sie werden dazu gezwungen, dies zu tun. Der Bruchteil des Geldes, den die Banken durch den Zwangsverkauf der Sicherheiten ihrer Schuldner und all ihrer eigenen Reichtümer zurückerhalten hätten, wäre unbedeutend gewesen. Mit anderen Worten, sie wären hoffnungslos ruiniert gewesen, und diejenigen, die ihr Geld bei ihnen angelegt hatten, hätten es ohne das Moratorium verloren.

Natürlich mußte die Regierung die Verantwortung für die Regulierung Währung wieder übernehmen, die die nominellen politischen Herrscher des Landes im neunzehnten Jahrhundert auf private Unternehmen abgewälzt hatten. *Sie tat, was seit dem Beginn der industriellen Revolution hätte getan werden müssen.* Es druckte echtes Geld - Geld, das dem Besitzer gehört, und nicht Geld an einer unsichtbaren Schnur, das bei der ersten Finanzpanik von einer Macht hinter dem Thron zurückgerufen und aus dem Verkehr gezogen werden kann. Doch leider wurde jede Schatzanweisung, die auf diese Weise gedruckt und gegen Reichtum eingetauscht wurde, um die Kosten des Krieges zu begleichen, vom Bankensystem, das nun wieder zahlungsfähig und von jeglicher Gefahr eines Zusammenbruchs befreit war, im alten Verhältnis vervielfacht. Diese Kredite, die nur geliehen waren, gingen natürlich in die Zirkulation über, ohne irgendetwas zu bezahlen. Die Notwendigkeit, den Krieg zu finanzieren, war unausweichlich, aber die Frage nach den Methoden wurde viel diskutiert.

Wir wollen sie untersuchen.

Kriegsfinanzierung

Patriotische Menschen in diesem Land - und übrigens auch in Deutschland - wurden aufgefordert, Geld in Kriegsanleihen zu investieren, um den Krieg zu gewinnen, und sie taten es. Einige der sehr merkwürdigen Konsequenzen, die sich aus der Tatsache ergeben, dass dasselbe Geld in einem endlosen Kreislauf zirkuliert, obwohl die Produktion und der Konsum von Reichtum kontinuierlich sind, wurden damals wahrscheinlich zum ersten Mal in ihrem richtigen Licht gesehen. Je mehr die Nationen ausgaben, desto mehr konnten sie ausgeben - die Idee des Flusses im Gegensatz zur Idee des Vorrats, dass man, je mehr man ausgibt, desto weniger zum Ausgeben übrig hat, und dass man in Zukunft auf Ausgaben verzichten muss, um den Vorrat wieder aufzufüllen. Je mehr Geld zur Finanzierung des Krieges geliehen wurde, desto mehr mussten die in der Produktion tätigen Klassen der Gesellschaft leihen. Aber alle Klassen wurden ermutigt, Kredite zu vergeben, und wenn sie kein Geld hatten, das sie dem Land leihen konnten, um ihm zu helfen, den Krieg zu gewinnen, konnten sie sich bei den Banken verschulden und aus dem bezahlen, was sie in Zukunft zu haben erwarteten. Für jede gedruckte und bei den Banken hinterlegte Schatzanweisung konnten sie sechs oder mehr Pfund als Kredit vergeben, und die neue Kriegsanleihe, die der Kreditnehmer erhalten würde, war eine ausreichende Sicherheit für den Kredit. Die Bank of England gab Rundschreiben heraus, in denen sie anbot, das Geld, das zur Sicherung der Kriegsanleihe erforderlich war, zu einem Zinssatz von 3 Prozent zu leihen, wofür der Steuerzahler 4 Prozent bereitstellen sollte. Für jedes Pfund, das der Steuerzahler beisteuerte, würde die Bank also 15 Pfund erhalten und der falsche Zeichner 5 Pfund. Die Bank ging kein Risiko ein, da sie das neue Skript als Sicherheit für ihr Darlehen halten würde, bis die Schuld getilgt war. Diese Transaktion ist lediglich ein etwas deutlicheres Beispiel als üblich für den Vorgang, bei dem dem Steuerzahler die Zinskosten für fiktive Darlehen aufgebürdet werden.

Der Betrag der auf diese Weise aufgenommenen Kriegsanleihen belief sich, abgesehen von den amerikanischen Schulden, etwa 7.000 Pfund, und die Zinskosten beliefen sich auf etwa eine Million Pfund pro Tag. Der Gesamtbetrag des Geldes im Besitz der Öffentlichkeit betrug, wie wir gesehen haben, vor dem Krieg etwa 1.200 Pfund und 1920 etwa 2.700 Pfund. Nur ein kleiner Teil des Anstiegs war auf die Ausgabe von Schatzanweisungen zurückzuführen, wahrscheinlich nicht mehr als ein Fünftel. Es ist sehr bedauerlich, dass der genaue Betrag, der ausgegeben wurde, der Öffentlichkeit nicht bekannt zu sein scheint.

Es wurde darüber gestritten, ob ein größerer Teil oder sogar die gesamten Kriegsausgaben nicht durch Steuern hätten aufgebracht werden können, denn wenn die Menschen Geld übrig haben, um es zu investieren, sollte der Staat zumindest theoretisch in der Lage sein, es durch Steuern zu erhalten.

Es wird allgemein zugegeben, dass die Besteuerung zu wahllos und unpersönlich ist, um nur denjenigen Geld aus der Tasche zu ziehen, die Geld übrig haben, und diejenigen, die keines haben, unversehrt zu lassen. In der Hektik des Krieges gibt es dringendere Dinge zu bedenken als die Erfindung neuer Steuermethoden, die die Wohlhabenden treffen und die Bedürftigen übersehen. Das hätte den Krieg in der Stadt unpopulär gemacht, und das ist dasselbe wie zu sagen, dass er, ob gut oder schlecht, nicht "zu Ende gekämpft" werden konnte.

Neben dem Drucken von Geld, der Besteuerung und dem Verkauf von ausländischen Wertpapieren, um die aus dem Ausland erhaltenen Waren zu bezahlen - alles Methoden, die der Staat anwandte -, verließ er sich auf den Patriotismus seiner Bürger, die großzügig Kriegsanleihen zeichneten, was sie in einem Umfang von 7.000 Pfund stark entwerteten Geldes taten. Das *vorgebliche* Ziel war es, die Zeichner davon abzuhalten, entweder das auszugeben, was sie hatten, oder, im Falle derjenigen, die sich bei den Banken Geld geliehen hatten, das, was sie in der erhalten würden, damit sie nicht auf dem Markt um die Waren konkurrierten, die der Staat für die Führung des Krieges oder, nach Beendigung des Krieges, für sein normales Leben benötigte oder benötigen würde, und so die Preise aufbliesen.

Beachten Sie die Art des Vertrags. Wir, die Steuerzahler, verpflichten uns, Ihnen, einer Einzelperson, bis zur Rückzahlung des Kredits für jede 100 Pfund Kaufkraft, auf die Sie verzichtet haben, 5 Pfund pro Jahr zu zahlen. Hätte der Staat keine Angst davor, dass der Einzelne seine Kaufkraft ausübt, hätte er das Geld drucken und nicht leihen können.

Die Reductio ad Absurdum des des modernen Geldsystems

Es ist völlig legitim, dass ein Einzelner seine Kaufkraft zurückgewinnt, indem er seine Schrift verkauft und *damit die Kaufkraft eines anderen verringert*, so dass die Gesamtsumme unverändert bleibt. Aber so wie die Dinge liegen, braucht er das nicht zu tun. Er braucht sie nur bei der Bank zu hinterlegen, und als mündelsichere Sicherheit wäre sie sofort als Sicherheit akzeptabel, obwohl wirklich produktives Vermögen, wie eine Fabrik als laufendes Unternehmen, vielleicht nicht so akzeptabel wäre. Dies ist eine der nicht unbedeutenden Absurditäten des privaten Bankwesens: tote Schulden werden als Sicherheiten dem

Reichtum vorgezogen, nur weil sie durch die nationalen Steuerbefugnisse gedeckt sind.

Wenn die Bank ein Kriegsdarlehen als Sicherheit akzeptiert, zahlt der Kreditnehmer der Bank den aktuellen Bankzins, um genau das zu tun ( ), wofür ihn der Staat aus den Taschen des Steuerzahlers mit 5 % pro Jahr bezahlt, damit er es nicht tut. In Wirklichkeit zahlt der Steuerzahler die Steuer nicht an die Bank, sondern nur *über* den Anleihegläubiger, weil er genau das tut, was die Steuer verhindern soll. So gelangen wir in diesem einfachen Fall leicht zur *reductio ad absurdum* des modernen Geldsystems.

Wie der Steuerzahler £100 pro Jahr zahlt Zinsen auf nicht existierendes Geld

Wir haben gesehen, dass die Banken etwas in der Größenordnung von zweitausend Millionen Pfund geschaffen haben. Bei einer Verzinsung von 5 Prozent bringt dies einen Ertrag von etwa 100 Millionen Pfund pro Jahr. Die Wirkung dieser Schöpfung auf die Preise ist völlig und absolut nicht von der des nationalen Geldes zu unterscheiden. Es ist nicht notwendig, Schatzanweisungen im Wert von 2.000 Pfund zu drucken und in Umlauf zu bringen. Sie würden lediglich Lagerraum in den Tresoren der Bank beanspruchen, bis der nächste Krieg oder die nächste Finanzpanik ausbricht, wenn sie bei Bedarf viel leichter gedruckt werden können. Es gibt jedoch keinen Grund, die 100 £ pro Jahr weiterhin aus den Steuern zu bezahlen. Obwohl das Geld keine physische Existenz hat und - außer in Krisenzeiten - aufgrund der Beliebtheit des Schecksystems auch nicht haben muss, existieren die Rechtstitel, auf die es Anspruch hat, und sind im Besitz echter Einleger.

Wenn jemand ein Darlehen in Form einer Kriegsanleihe haben will und es auf dem Umweg über eine Erhöhung der Gesamtwährung erhalten kann, ist es natürlich ein elementarer Grundsatz der Wirtschaft, dass der Staat die Schuld streichen und selbst das Geld ausgeben sollte, um sie zu bezahlen. *Das Geld wird in beiden Fällen* mit einer Wirkung *ausgegeben*, die nicht zu unterscheiden ist, ob es sich um einen Bankkredit oder um staatliches Geld handelt. Würde der Staat das Geld jedoch im Tausch gegen frisches Geld ausgeben, würde er den Steuerzahler von der Zahlung von Zinsen befreien, und der ursprüngliche Vertrag würde auf diese Weise in einer für beide Parteien fairen Weise beendet werden.

Die alte extreme Laissez-faire-Politik der individualistischen Ökonomie verweigerte dem Staat eifersüchtig das Recht, in irgendeiner Weise mit den Individuen im Eigentum an produktiven Unternehmen zu konkurrieren, aus denen monetäre Zinsen oder Gewinne erzielt werden können, und dies wurde unwissentlich sogar auf den virtuellen Reichtum der Gemeinschaft ausgedehnt.

Die individualistische Ökonomie, die Geld als Reichtum und nicht als Schuld ansieht, überlässt dem Einzelnen die Befugnis, Geld auszugeben, und überlässt dem Steuerzahler die Pflicht, die Zinsen für die Ausgabe zu zahlen. Der Staat kann jederzeit unter den Steuerzahler um etwa 100 £ pro Jahr oder 2s. 6d. in the £. Er muss lediglich auf dem freien Markt 2.000 £ an Kriegsanleihen mit echtem neuen Geld zurückkaufen, um das von den geschaffene Geld zu ersetzen, und zwar £ für £ des von ihnen ausgegebenen Bankkredits, so dass sie ihre Verbindlichkeiten jederzeit erfüllen können. Der Staat muss sein alleiniges Vorrecht bei der Ausgabe von Geld zurückgewinnen und es den Banken unmöglich machen, Geld auszugeben, das sie nicht besitzen oder das ihnen nicht vom Eigentümer als festes Festgeld im Unterschied zu einem Girokonto übergeben wurde. Dies würde die Absurdität beenden, dass eine Gruppe von Menschen besteuert wird, um die Vermehrung der Währung zu verhindern, und die Steuern an eine andere Gruppe weitergegeben werden, die die Währung vermehrt. Die Situation sieht so aus, dass 2.000 Pfund per Scheck im Umlauf sind und einen Teil der Gesamtwährung bilden, die das Preisniveau bestimmt, aber die formellen Wertmarken, die die Schuld der Gemeinschaft gegenüber den Inhabern anerkennen, sind noch nicht vom Staat ausgegeben worden, und der Staat hat dafür keine wertvolle Gegenleistung erhalten.

Deshalb sollen sie ausgestellt werden.

Die Abhilfe

Betrachten wir die Art dieser Transaktion ein wenig genauer. Wir haben gesehen, dass die Kaufkraft der Nation, gemessen an der Gesamtsumme der Bankeinlagen zuzüglich der Gesamtsumme des Bargeldumlaufs, von McKenna im Jahr 1920 auf 2.693 £ geschätzt wurde. Zur Veranschaulichung nehmen wir an, dass der Gesamtbetrag des nationalen Geldes (Münzen und Schatzanweisungen) heute 700 Pfund und der Bankkredit 2.000 Pfund beträgt. Es handelt sich dabei um eine Größenordnung, die in der Öffentlichkeit nicht genau bekannt zu sein scheint. Es ist einfacher, konkrete runde Zahlen im Kopf zu haben, aber natürlich hängt das Argument nicht davon ab, dass die angenommenen Zahlen richtig sind. Wie auch immer sie sein mögen, die entsprechende Anpassung kann vom Leser vorgenommen werden, da nur das Prinzip zur Diskussion steht.

Der Staat, der beschlossen hat, sein verlorenes Vorrecht der Geldemission wiederzuerlangen, erlässt ein entsprechendes Gesetz und teilt den Banken mit, dass sie von nun an nach einem angemessenen Zeitraum kein Geld mehr auf Girokonten verleihen dürfen, sondern nur noch Geld, das ihnen für einen bestimmten Zeitraum mit einer ordnungsgemäßen Überweisungsurkunde oder einer anderen genehmigten Rechtsform überlassen wird. Für solche Urkunden könnte eine angemessene Stempelgebühr festgelegt werden, so dass es sich nicht lohnt, sie für die Finanzierung von Zeiträumen auszustellen, um zu vermeiden, dass die Absichten des Gesetzes durch eine neue Entwicklung des Systems der rein fiktiven Kredite zunichte gemacht werden.

Die Situation ist also wie folgt:

(1) Die Banken verlieren nun eine ihrer Einkommensquellen und müssen nach denselben Grundsätzen wie andere Unternehmensdienstleistungen geführt werden, indem sie ihren Kunden Gebühren für die Führung ihrer Konten in Rechnung stellen.

(2) Die Schuldner - die den Banken insgesamt 2.000 Pfund schulden und größtenteils Sicherheiten in Form von Wertpapieren oder anderem Eigentum besitzen, gegen die das Darlehen gewährt wurde - müssen entweder ihre Wertpapiere verkaufen oder jemanden finden, der über das Geld verfügt - entweder Privatpersonen oder der Staat -, der es ihnen wirklich leihen will.

(3) Der Staat muss letztendlich 2.000 Pfund neues Staatsgeld ausgeben und damit 2.000 Pfund an Staatsschulden zurückkaufen und streichen.

(4) Dieses neue Geld muss in Zukunft von den Banken gehalten werden, und zwar £ für £ der Einlagen auf Girokonten, so dass sie nicht wie bisher einen Teil des Geldes ihrer Einleger *aufbewahren*, sondern das gesamte Geld. #/

Bei der Durchführung dieser Operation sind keine Schwierigkeiten oder Gefahren zu befürchten, vorausgesetzt, sie wird mit der üblichen finanziellen Umsicht und Scharfsinn durchgeführt. Die

Banken selbst könnten in Zusammenarbeit mit ihren Kunden zweifellos ohne weiteres die gesamten zu liquidierenden nationalen Wertpapiere in Höhe von 2.000 £ bereitstellen. Es handelt sich um weniger als ein Viertel des bestehenden Betrags, und wenn sie nicht bereits so viel in Form von Sicherheiten besitzen würden, wäre es eine einfache Sache der Börse, andere nicht-nationale Sicherheiten in der erforderlichen Höhe gegen sie einzutauschen. Der Büroangestellte von Herrn Withers [52]in der Stadt wird zweifellos in der Lage sein, dies zu erklären, wenn er gefragt wird.

Die Lage ist also so, dass alle rein fiktiven Kredite aufgelöst wurden. Die Geldmenge im Lande wurde durch die Transaktion nicht beeinflusst, und die Öffentlichkeit würde nur durch die daraus resultierende Steuersenkung wissen, dass sie durchgeführt wurde.

Die Banken sind jetzt sowohl bei schlechtem als auch bei gutem Wetter zahlungsfähig. Kein einziges rechtmäßiges Merkmal ihrer Tätigkeit als Geldverleiher ist angetastet worden. Sie können nach wie vor Geld gegen Zinsen verleihen, vorausgesetzt, sie oder die Eigentümer des verliehenen Geldes übertragen das Eigentum daran tatsächlich auf den Kreditnehmer und verzichten auf die Nutzung des Geldes. Soweit die Kredite an die Industrie auf einem einfachen Mangel an gesetzlichen Zahlungsmitteln beruhen, werden sie zurückgezahlt und die Industrie durch den Verkauf von Sicherheiten, die sich im Besitz der Schuldner befinden, von dem Inkubus befreit. Wenn dies nicht der Fall ist, werden sie als echte und legitime Transaktionen zwischen der Industrie und der kreditgebenden Öffentlichkeit weitergeführt.

Damit ist der Weg frei für die künftige Aufgabe, die Indexzahl der Preise und die Kaufkraft des Geldes konstant zu halten, indem es ausgegeben oder entnommen wird, je nachdem, wie der virtuelle Reichtum der Gemeinschaft wächst oder schrumpft. Wir haben uns damit befasst, wie die Ausgabe erfolgen könnte. Die Rücknahme des Geldes, falls erforderlich, ist der umgekehrte Weg: Der Staat gibt einen neuen Kredit an die Öffentlichkeit aus und vernichtet das so ausgegebene Geld. Oder der Staat erhebt eine Ad-hoc-Besteuerung und vernichtet das so gewonnene Geld.

---

[52] *Bankiers und Kredit*, S. 200.

Das immer noch ungelöste Problem

Aber es bleibt noch viel zu tun, um die Gesetze zu verstehen, die ein Gemeinwesen befolgen muss, damit sein Geld nicht entwertet wird *und* seine Wohlstandsproduktion ein Maximum erreicht, so dass weder Kapital noch Arbeit freiwillig arbeitslos werden. Das ist eine Aufgabe, die noch nie gelöst wurde, und ein Problem, die ganze Welt vor ein Rätsel stellt. Es ist unlösbar, wenn wir zulassen, dass das Geld in seiner Kaufkraft schwankt und nicht zwischen echten und fiktiven Krediten unterscheiden. Wenn wir aber sagen, dass unser Geld eine konstante Kaufkraft haben und nur zu diesem Zweck ausgegeben werden soll, und dafür sorgen, dass alle Kredite echt sein müssen, dann können wir leicht die allgemeine Form des Gesetzes finden, was das Verhältnis zwischen dieser Ausgabe und der begleitenden Enthaltsamkeit (*echte* Kredite) angeht, die erforderlich ist, um die Industrie von einem Produktionsniveau auf ein höheres Niveau einzustellen, bis alles verfügbare Kapital und alle Arbeitskräfte absorbiert sind.

KAPITEL X

DAS PRINZIP DES VIRTUELLER REICHTUM

Hochfinanz oder Hochverrat?

Nehmen wir uns eine Atempause, um aus den Bäumen herauszukommen und den Wald wieder zu betrachten. Am Ende des Krieges, der uns alle erschüttert hatte, schien es, als sei eine günstige Atmosphäre geschaffen worden, um unser nationales Leben näher an den Wünschen des Herzens zu gestalten. Neue Dinge waren damals nicht unbedingt unwahr. Aber jetzt scheinen wir zu einer resignativen und fatalistischen Geisteshaltung zurückgekehrt zu sein, die unsere Misserfolge als unvermeidlich und als Teil der natürlichen Ordnung des Universums betrachtet. Das Ergebnis unserer Beschäftigung mit dem wissenschaftlichen Aspekt der sozialen Frage ist, dass das Geldsystem der Welt falsch und absurd ist, und dass es wenig Sinn macht, darüber nachzudenken, wohin wir alle wollen und wie wichtig es ist, dorthin zu gelangen, wenn wir diesem wenig verstandenen Mechanismus zur Verteilung der Industrieprodukte keine Aufmerksamkeit schenken. Politiker aller Parteien werden nicht müde, über dieses einfache Thema zu sprechen, aber alle scheinen darauf bedacht zu sein, über alles Mögliche zu diskutieren, nur nicht über das Geld, das uns alle in seinem absolut unkontrollierten Griff hat. In der Presse wird das Thema fast vollständig boykottiert. Es scheint unmöglich zu sein, irgendeine der wesentlichen Daten klar und unmissverständlich zu veröffentlichen, und für eindeutige Statistiken muss man in der Regel zur Veranschaulichung in die Vereinigten Staaten gehen.

Die britische Öffentlichkeit hat sicherlich ein Recht auf Informationen über ihr eigenes System und auf eine öffentliche und unparteiische Untersuchung und Diskussion über diese neue Macht, in deren Hände sie ohne ihr Wissen oder ihre Zustimmung übergeben wurde.

Die Wissenschaft ist, wie während des Krieges jedem klar geworden ist, durchaus in der Lage, mehr zu leisten, als nötig ist, um allen, die fähig und willens sind, ihren Lebensunterhalt zu verdienen, die Möglichkeit zu geben, ein anständiges Leben in gesunden und angemessenen Wohnungen zu führen. Der Lohn für tüchtige Arbeit sollte nicht in immer mehr Arbeit im Wettbewerb mit Maschinen bestehen, sondern in ehrlicher und wohlverdienter Freizeit, um höhere Fähigkeiten zu kultivieren und auf einer weniger tierischen Ebene zu leben. Gewiss, es gibt viele Menschen mit mittelalterlichen Ansichten, die durch mangelnde Bildung in unseren Schulen und Universitäten sorgfältig gefördert werden, und die dies immer noch nicht wissen, aber die Tatsachen in Form von Massen von Arbeitslosen, von Fabriken, die nur Teilzeit arbeiten, und von Böden, die nicht mehr bewirtschaftet werden dürfen, sprechen für sich. Der Konflikt besteht ganz klar zwischen Wissenschaft und Finanzwelt.

Der Versuch, Menschen dazu zu bringen, ihre Freizeit dem Studium des Mechanismus zu widmen, der sie in ihrem Alltag antreibt, ist bestenfalls das Gegenstück zum Busfahrerurlaub. Trotzdem ist es faszinierend, sich vorzustellen, dass man selbst am Rad sitzt, anstatt gefahren zu werden. Das ist der erste Schritt zum Verständnis des Unterschieds zwischen dem Geld, das wir alle kennen, und der Hochfinanz, mit der sich nur wenige befassen können. Anstatt unsere gesamte Arbeitskraft darauf zu verwenden, irgendeine Beschäftigung zu finden, wie unangenehm sie auch sein mag, um unsere unterbewerteten Dienstleistungen gegen neue, knackige Geldscheine einzutauschen - deren Druck in diesen Tagen der Massenproduktion nicht viel mehr kosten kann als Briefmarken -, wäre es nicht eine Abwechslung, wenn wir eines Morgens aufwachen und feststellen würden, dass wir selbst die Druckmaschine bedienen und alle anderen uns alles anbieten, was sie an Arbeit, Dienstleistungen, Waren und Industrieerzeugnissen im Tausch gegen unsere begehrten Papierstücke zu geben haben? Die Hochfinanz hat offensichtliche Vorteile, wenn man sie als Beruf betrachtet.

Aber der phantasielose und behäbige Politiker wird uns sagen, dass es sich dabei nicht um Hochfinanz, sondern um Hochverrat am Staat handelt. Das ist genau das, was seit Anbeginn der Geschichte immer als Hochverrat angesehen wurde, und bevor es Großbritannien an der Nase herumgeführt hat - wenn man von einer Bulldogge sagen kann, dass sie eine Nase hat - hätte man es eher für öffentlichkeitswirksam gehalten als für verheimlicht.

Das Prinzip des virtuellen Reichtums

Betrachten wir uns einmal so, wie wir sind - viele von uns sind stolz auf ihren hartnäckigen Geschäfts- und Handelsscharfsinn, einige auf ihre intellektuelle Neugier, andere auf ihren gesunden Menschenverstand, und keiner von uns ist offensichtlich dem Wahnsinn entkommen.

Wir alle haben Wünsche und Sehnsüchte jeder Art, die wir befriedigen sollten, wenn wir es uns nur "leisten" könnten, von jedem Grad der Dringlichkeit oder Zweckmäßigkeit, von einem Mangel an angemessener Ernährung und Kleidung bis hin zu einer leichten Sehnsucht nach einem besseren Auto oder dem neuesten modischen russischen Schuhwerk. Doch wir alle tragen Rechtsansprüche in Form von Geld auf diese Dinge mit uns herum, und wir üben unsere Ansprüche auf diese Dinge *nicht* aus.

Vielmehr *ziehen* wir Papiermarken *vor*, die verschiedene 10- oder wenigerprozentige Wahrheiten darüber enthalten, dass Georg V. von Gottes Gnaden König von ganz Großbritannien, Verteidiger des Glaubens und Kaiser von Indien ist. Aber diese greifbaren und existierenden Wertmarken, die die Öffentlichkeit den Dingen vorzieht, die sie wirklich braucht, sind sozusagen das Kleingeld des Handels, fast unbedeutend im Vergleich zu weitaus größeren, gleichberechtigten Forderungen auf Bankkonten, für die es keine Wertmarken gibt.

Jeder von uns als Individuum betrachtet diese Geldbestände als mindestens so wertvoll wie den tatsächlichen Reichtum, den sie eintauschen würden. Es gibt keinen Zwang bei der Wahl, außer der eigenen Präferenz des Einzelnen. Dies ist im Übrigen der normale und dauerhafte Zustand der Gesellschaft, denn wenn jeder Einzelne seine Kaufkraft ausübt und die Realität anstelle des Wertzeichens oder Kredits erhält, tauscht er sie lediglich mit einem anderen Individuum aus, das dann seinerseits auf den ihm zustehenden Reichtum verzichtet. Obwohl die große Mehrheit nicht allzu viel Geld hat, ist die Summe aller individuellen Besitztümer dieses virtuellen Reichtums kolossal. Im Jahr 1920 belief er sich laut McKenna auf zweitausendsiebenhundert Millionen Pfund Sterling. Da die jährliche

Gesamtproduktion von Reichtum in diesem Land auf die gleiche Größenordnung geschätzt wird, etwa 3.000 Pfund Sterling, zeigt sich, dass es fast eine Jahresproduktion des Reichtums dieses Landes gibt, die buchstäblich betteln geht, "glitzernde Preise", die darauf warten, von scharfen Gehirnen abgeholt zu werden, ohne irgendetwas zu produzieren, und die, einmal abgeholt, gut in der Lage sind, die schärfsten Schwerter des Gesetzes und jede andere Waffe, die für Geld gekauft werden kann, bis hin zur Presse im Privatbesitz der Nation, zu ihrer Verteidigung zu mieten. Wenn wir in barer Münze ausrechnen, wie viel es wert ist, für die Verteidigung eines unverdienten Einkommens von etwa 100 Pfund pro Jahr auszugeben, können wir sicher sein, dass es nicht darum geht, das Schiff für einen Ha'porth Teer zu versenken. Aber auch dies ist nichts im Vergleich zu der Macht, die das Gewähren, Zurückhalten und willkürliche Streichen von Kreditgeld denjenigen verleiht, die es ausüben. Nur ein einziger Industrieller in der ganzen Welt, Henry Ford, der berühmte Autokonzern, hat es bisher gewagt, ihr zu trotzen und ist dem Bankrott entgangen.

Es ist gut, sich manchmal vor Augen zu führen, mit welch kruden Realitäten unser Idealismus konfrontiert wird, wenn wir verstehen wollen, wie die Kräfte, die im vergangenen Jahrhundert für den Fortschritt gearbeitet haben, völlig auf der Strecke geblieben sind und dass sie keinen Schritt vorwärts machen können, ohne dass ihnen der Boden unter den Füßen wegzurutschen scheint, weiter als sie vorwärts gekommen sind. Die Welt ist der Idealisten und der Betrachtung eines immer weiter entfernten Ziels sehr überdrüssig geworden. Die Kenntnis der verworrenen Idiotien des öffentlichen Finanzwesens ist sicherlich viele Kopfschmerzen wert und ist der erste notwendige Schritt, um den Nationen ihre Souveränität und ihr Erbe zurückzugeben.

Der Wert des Geldes gemessen am virtuellen Reichtum

Wie am Ende des letzten Kapitels angedeutet, besteht unser Problem aus zwei verschiedenen Teilen, die nicht vermischt werden dürfen, sondern in logischer Reihenfolge betrachtet werden müssen. Es gibt die Geldmenge, die immer proportional zum virtuellen Reichtum der Gemeinschaft sein muss, wenn seine Kaufkraft konstant sein soll, und es gibt eine sehr viel komplexere Frage, die Zirkulation dieses Geldes von Hand zu Hand, die mit dem endlosen Fluss des Reichtums von der Produktion zum Konsum verzahnt ist, ähnlich wie bei einer mechanischen Bewegung, die als Zahnstange und Ritzel bekannt ist.

Bei einer Zahnstange mit Ritzel bewegt jede vollständige Umdrehung des Ritzels die Zahnstange um eine bestimmte Strecke auf einer gleichmäßigen geraden Linie. Eine stabilisierte Währung entspricht einem solchen Mechanismus, bei dem jede Umwälzung des Geldes die gleiche Menge an Reichtum von der Produktion zum Konsum oder zur Verwendung weiterleitet. Eine Währung mit variablem Wert entspricht einer Zahnstange mit Ritzel, bei der die Anzahl der Zähne des Ritzels und damit sein Durchmesser nie gleich sind, sondern sich bei der Drehung ständig ändern. Ein solcher Mechanismus ist mechanisch unmöglich herzustellen, während es bisher aus Gründen, die später deutlich werden, politisch unmöglich war, den Reichtum mittels einer Währung mit konstanter Kaufkraft zu verteilen. Heftige Schwankungen über kurze Zeiträume und eine durchschnittliche Abnahme der Kaufkraft über lange Zeiträume waren unvermeidlich.

Rekapitulieren wir kurz die Position zum ersten Teil des Problems und formulieren wir einige Punkte etwas anders. Die Geldmenge in einem Land ist die Menge einer besonderen Art von Schulden, die in diesem Land bestehen würde, wenn es kein Geld gäbe. Es ist nicht die einzige Art von Schulden, aber es ist die einzige Art von Schulden, die in irgendeiner Form von käuflichem Reichtum auf Verlangen nach Wahl Schuldners zurückgezahlt werden kann. Es gibt natürlich noch viele andere Arten von Schulden, aber diese sind nicht in Vermögen, sondern in Geld rückzahlbar. Sie alle müssen also zunächst in Geld zurückgezahlt werden und werden dann in Vermögen im Allgemeinen rückzahlbar.

Nun stellt diese Verschuldung, auch wenn sie numerisch durch die Summe des Geldes des Landes ausgedrückt wird, ein Defizit an realem Reichtum dar, das sich aus all den tatsächlichen Dingen zusammensetzt, die die Besitzer des Geldes zu besitzen berechtigt sind, auf die sie aber freiwillig verzichten oder auf deren Besitz sie verzichten, um ihren geschäftlichen oder privaten Angelegenheiten nachzukommen.

Wenn wir an unsere eigenen Verhältnisse denken und an den Grund, warum wir Geld brauchen und einen Vorrat davon anlegen müssen, so gelten die gleichen Gründe für die Gemeinschaft als Ganzes. Für einen Teil der Menschen ist es immer und für alle Menschen manchmal zweckmäßig, eher Schulden zu haben als Reichtum zu besitzen, damit sie die Freiheit haben, zu ihrer Zeit auf dem Markt die Art und Menge auszuwählen, die sie gerade brauchen, und sie auf Verlangen im Austausch für ihr Geld zu erhalten. Die Menge des Reichtums, die eine Gemeinschaft nicht zu besitzen braucht, obwohl sie rechtlich zum Besitz auf Verlangen berechtigt ist, ist das ganze Geld der Gemeinschaft wert.

Diese negative Menge oder der Mangel an Reichtum wird in diesem Buch als der virtuelle Reichtum der Gemeinschaft bezeichnet. Wir können annehmen, dass er G ist - wobei G die Gesamtheit der Güter oder realen Dinge bedeutet, auf deren Besitz die Gemeinschaft verzichtet, und wir werden zunächst annehmen, dass sich dieser Wert nicht ändert. Wenn die Geldmenge in der Gemeinschaft £X beträgt, ist jedes £1 G/X wert. Nehmen wir nun an - ob durch den Staat, die Banken oder Fälscher, spielt keine Rolle -, dass die Geldmenge£ X in einem bestimmten Verhältnis r zu £rX erhöht wird, wobei r 2, 1,5, 1,1 oder ein beliebiges Verhältnis größer als 1 sein kann, so ist G jetzt £rX wert, und jedes £1 ist G/rX wert. Die Besitzer des ursprünglichen £X haben nun Ansprüche auf XG/rX oder nur G/r, d.h. nur auf den 1/r Teil dessen, was sie vorher hatten. Die Emittenten des neuen Geldes oder diejenigen, an die sie es weitergeben, haben Ansprüche auf den Rest G (1 - $1/r$). Wenn der Staat das neue Geld emittiert, so geschieht dies, um öffentliche Ausgaben zu bezahlen, die sonst durch Steuern bestritten werden müssten, und wenn er es wieder aus dem Verkehr zieht, so muss dies durch die Erhebung von Steuern und die Vernichtung des so geschaffenen Geldes geschehen. Ähnlich verhält es sich, wenn eine Bank es als Kredit ausgibt und diesen Kredit bei der Rückzahlung des Kredits annulliert, anstatt es neu auszugeben, dann gewinnt die Gemeinschaft als Ganzes in Form zusätzlicher Kaufkraft ihres Geldes zurück, was sie zuvor verloren hat. Wenn ein Fälscher es weitergibt, verliert der Einzelne, in dessen Besitz das Falschgeld schließlich gefunden wird, was er so gewinnt. Solange es aber nicht entdeckt wird, erleidet jeder in der Gemeinschaft einen dauerhaften Verlust an Kaufkraft seines Geldes, und aus diesem Grund hat das Gesetz zweifelsohne das Inverkehrbringen von Falschgeld immer eher als Verrat denn als Diebstahl angesehen, obwohl der eigentliche Fälscher in dem einen Fall nicht mehr gewinnt als im anderen.

Wenn wir nun davon ausgehen, dass G allmählich wächst und das Geld ständig und allmählich erhöht wird, um dem zu folgen, so dass die Kaufkraft des £1 immer gleich bleibt - d.h. jetzt rG/rX, was dasselbe ist wie G/X -, dann wird den Geldbesitzern kein Unrecht angetan, sondern der Zuwachs an virtuellem Reichtum der Gemeinschaft wird erstens vom Steuerzahler angeeignet, zweitens von der Bank, die ihn an diejenigen weitergibt, die sich Geld von ihr leihen, und drittens vom Fälscher.

Wie aber wird *G* vermehrt oder vermindert? Nur dadurch, dass die Menschen auf den Besitz dessen, was sie in vollem Umfang zu besitzen berechtigt sind, *verzichten*, ohne dass als Belohnung für die Enthaltsamkeit Zinsen gezahlt werden, und zwar in größerem oder geringerem Maße als zuvor. Dabei sind die Wünsche und Absichten des Einzelnen keineswegs dasselbe wie die Gesamtheit der Auswirkungen dieser Wünsche. Die Menschen können der Meinung sein, dass es zu viel Geld gibt und dass es bald weniger geben wird, so dass das Preisniveau sinken wird, oder zu wenig und dass es bald mehr geben wird, so dass das Preisniveau steigen wird. Infolgedessen können sie versuchen, ihre Geldbestände zu verringern oder zu erhöhen, was jedoch keine Auswirkungen auf die Gesamtgeldmenge hat.

Was sie aufgeben oder erwerben, erwerben oder geben andere auf, und es ist daher eine sehr komplizierte Untersuchung, festzustellen, unter welchen Umständen ihre Wünsche und Absichten überhaupt eine Wirkung auf den gesamten virtuellen Reichtum der Gemeinschaft und die Kaufkraft des Geldes haben. Da die Geldbesitzer im Allgemeinen nicht wissen, ob das Geld vermehrt oder vermindert wird, bis sich die *Auswirkungen* auf das Preisniveau manifestieren, können wir ohne Furcht vor Widerspruch feststellen, dass die vorübergehende Wirkung einer Erhöhung der Geldmenge darin besteht, dass sie denjenigen, die zuvor kein Geld hatten, neuen virtuellen Reichtum verschafft, und dass umgekehrt eine Verringerung des Geldes vorübergehend einen Teil des virtuellen Reichtums verringert. Aber dies sind nur die anfänglichen Auswirkungen, da die Zunahme im ersten Fall bald durch den Anstieg des Preisniveaus neutralisiert wird, aber die Abnahme im zweiten Fall, da das Preisniveau langsamer gesenkt wird, ist dauerhafter.

Die Spieluhr-Analogie

Dieses wichtige Merkmal aller Währungsprobleme lässt sich am besten durch eine sehr anschauliche Analogie veranschaulichen.

Beim Spiel der musikalischen Stühle versuchen alle Spieler, die sich um die Stühle herum bewegen, sofort Platz zu nehmen, aber es gibt immer einen Stuhl weniger als die Anzahl der Spieler. Daraus lässt sich leicht der Grundgedanke der Institution Geld ableiten. Wenn der augenblickliche Zustand der Nation in ähnlicher Weise unbeweglich gemacht werden könnte, gäbe es neben denen, die im vollen Besitz und Genuss aller Reichtümer des Landes sind, immer auch andere, die einen Rechtsanspruch darauf haben und für die keinerlei Reichtum existiert oder existieren muss. Wenn die Angelegenheiten einer Nation wie die einer Einzelperson abgewickelt und die Verbindlichkeiten und Vermögenswerte aufgeteilt werden könnten, dann wäre es notwendig, dass die Nation eine der Geldmenge entsprechende Menge an Reichtum vorrätig hält oder selbst in die Münze legt. Aber eine Nation ist ein immerwährendes Unternehmen. Wenn sie in der Not einen Teil ihres Geldes abheben und aufheben muss, so verfügt sie durch das Recht der Besteuerung über alles, was zu diesem Zweck erforderlich ist. Es ist daher völlig verfehlt, darauf zu bestehen, dass hinter einer Alibiwährung ein Äquivalent von Reichtum stehen muss. Das erste Wesentliche ist, dass die Gemeinschaft durch die Ausgabe von Münzgeld nicht von vornherein beraubt wird, sondern dass es in Umlauf gebracht wird, um Kosten zu bezahlen, die sonst aus Steuern bestritten werden müssten. Eine Unterlegung mit realem Vermögen ist nicht erforderlich. Hinter dem Wertzeichengeld steht die Notwendigkeit für die Mitglieder einer modernen Gemeinschaft, auf den Besitz aller zustehenden Reichtümer zu verzichten, um sich das Gewünschte in der Form und zu dem Zeitpunkt zu beschaffen, zu dem sie es benötigen.

Das zweite Wesentliche ist, dass das neue Geld nicht schneller ausgegeben werden darf, als der virtuelle Reichtum der Gemeinschaft zunimmt. Wenn die Emission nur nach den Wünschen des Staates erfolgt, um Ausgaben zu bestreiten, ohne Steuern zu erheben, wenn die Banken nur auf die Emission bedacht sind, die den größten Bruttozinsbetrag einbringt, oder wenn die Fälscher versuchen, die größte Menge an Reichtum umsonst zu erhalten, wird die Währung entwertet und die Gläubigerklasse beraubt. Wenn es keine Ausgabe gibt oder diese nicht ausreicht, um mit dem wachsenden Wohlstand der Gemeinschaft Schritt zu halten, wird die viel größere Klasse der Schuldner betrogen. Die tote Hand der Vergangenheit wird übermäßig, und die Zahlungen an die *Rentiers* werden zu einem exorbitanten Bruchteil des Volkseinkommens. Die Arbeit, die keine Produktionsmittel hat und gezwungen ist, sich deren Gebrauch zu leihen, gehört zur Schuldnerklasse und wird durch den Preisverfall ständig unter Druck gesetzt. Da sie außerdem durch Löhne entlohnt wird, die größtenteils durch Gewohnheit und langfristige

Vereinbarungen festgelegt sind, wird sie durch einen Preisanstieg vorübergehend geschädigt. Obwohl, wie wir gesehen haben, die Festsetzung des Preisniveaus kein Mittel ist, um einen *gerechten* Lohn zu gewährleisten, sondern, wenn die Natur des Standards missverstanden wird, dazu neigt, die Lohnsätze zu stabilisieren, ist es doch absolut notwendig, einen bestimmten Standard des Geldwerts zu haben, bevor irgendein Fortschritt in diesen weiteren wirtschaftlichen Problemen überhaupt möglich ist.

Warum eine Norm unerlässlich ist

Wenn die Politiker beschließen, dass es für ein einfaches Regieren unerlässlich ist, die Menschen auf dem Weg, den sie zu ihrem eigenen Wohl gehen sollten, zu führen oder auszutricksen, und dass das angestrebte Ziel am besten durch einen sich schnell abwertenden Standard wie den Goldstandard gesichert werden sollte, um die tote Hand der Vergangenheit zu erleichtern, ohne die Wut privater Interessen zu sehr zu wecken, kann die Nation sicher sein, dass der Politiker sich im Spiel der Täuschung in Geldangelegenheiten nicht mit denen messen kann, die das Studium dieser Fragen zu einem Mittel für ihren persönlichen Lebensunterhalt gemacht haben. Für den Rest dieses Buches werden wir also die Zweckmäßigkeit einer Stabilisierung der Kaufkraft des Geldes in Bezug auf das allgemeine Preisniveau der Waren als eine wesentliche Vorstufe zu jedem Versuch akzeptieren, Gerechtigkeit zwischen allen Klassen der Gemeinschaft zu sichern. Wenn also im Laufe der Zeit weitere Anpassungen erforderlich werden, ist es weitaus besser, dass sie offen durch die Befugnisse des Staates mit Hilfe einer angemessen gestaffelten Besteuerung erfolgen, als dass sie auf betrügerische Weise und mit viel unnötigem Transfer aus den Taschen einer Klasse in eine andere durch Manipulationen am Wertmaßstab vorgenommen werden. Es versteht sich von selbst, dass die Norm im Wesentlichen eine Schuldner-Gläubiger-Norm ist und nicht versucht, den gerechten Lohn festzulegen. Er ebnet lediglich den Weg für mögliche Reformen, so dass in Zukunft jeder Schritt in Richtung Fortschritt nicht dadurch zunichte gemacht wird, dass der Boden, auf dem wir voranzukommen versuchen, unter unseren Füßen nach hinten rutscht.

Indexnummer

In diesem Buch ist kein Platz für eine ausreichende Erläuterung der Methoden mit denen die Ökonomen der letzten Jahre in der Lage waren, den realen Wert des Geldes zu bestimmen, abgesehen von den großen kontinuierlichen Schwankungen des Goldwertes. Diejenigen, die sich mit diesem Thema beschäftigt haben, können am besten konsultiert werden.[53] Es handelt sich um eine technische Studie, so wie die absolute Standardisierung von Gewichten und Maßen ein hochtechnischer und spezialisierter Wissenschaftszweig ist. Aber im einen wie im anderen Fall ist diese nicht im Geringsten ein Hindernis für ihre Nützlichkeit. Die Tatsache, dass kein normaler Mensch in der Lage ist, zu sagen, ob ein Pfundgewicht, ein Yard-Stick oder ein Quart-Maß gerecht oder ungerecht ist - und auf einer einsamen Insel ohne solche Maße nicht in der Lage wäre, sie ohne Hilfe zu reproduzieren -, steht der Verwendung von gerechten Gewichten und Maßen im Handel nicht entgegen. Zum Schluss,

Die Frage der Korrektheit wird hierzulande vom Nationalen Physikalischen Laboratorium entschieden, das die an die Inspektoren ausgegebenen Unterstandards überprüft. Man muß also davon ausgehen, daß ein Gremium von Statistikern, die ihr Leben dieser Arbeit gewidmet haben, eingeschrieben und mit der Aufgabe betraut ist, die allgemeine Entwicklung des Preisniveaus festzustellen und der nationalen Behörde, die die Währung ausgibt, regelmäßig ihre Schlußfolgerungen mitzuteilen.

Das allgemeine Preisniveau ist eine Tatsache, die von unabhängigen Personen festgestellt werden kann, ohne dass ihre Schlussfolgerungen wesentlich voneinander abweichen, und es sollte heutzutage für Regierungen ebenso unmöglich sein, heimlich an der Kaufkraft des Geldes zu rütteln wie an den Maßstäben für Gewichte und Maße.

---

[53] Vergleiche Irving Fisher, *Die Kaufkraft des Geldes*.

Die Heuchelei der Standardisierung
Gewichte und Maße und nicht Geld

Wenn der Staat gegenüber allen Parteien Treue halten will, muss der Wert seines Geldes konstant bleiben. Es ist offensichtlich ein Vorwand, ein Büro für nationale Standards einzurichten und ein Heer von Inspektoren für Gewichte und Maße zu unterhalten, um sicherzustellen, dass diejenigen, die Kohlen pro Tonne, Tuch pro Yard oder Bier pro Gallone kaufen, die Mengen erhalten, für die sie bezahlen, während das Geld selbst, das für diese Waren getauscht wird, mehr oder weniger von ihnen kauft, je nach der Menge, die von rein privaten Kreditunternehmen in Umlauf gebracht wird.

Wenn die Nation die Ausgabe ihres Geldes nicht kontrolliert, sollte sie den Anschein aufgeben, die Standards von Gewichten und Maßen zu kontrollieren. Es ist der Gipfel der Heuchelei, Gesetze gegen die Herausgeber falscher Münzen und gegen Wucherer zu erlassen, die trotz exorbitanter Zinsen auf das von ihnen geliehene Geld verzichten, während die Banken die Schaffung von neuem Geld in der Größenordnung von zwei Milliarden Pfund Sterling für Wucher zulassen.

Der einzige zufriedenstellende Test für die Ehrlichkeit der Währung ist die Konstanz ihres durchschnittlichen Wertes in Bezug auf die Waren, gegen die sie getauscht wird. Mit anderen Worten, die Indexzahl, die die relativen Lebenshaltungskosten in Geldeinheiten misst, sollte von Jahrhundert zu Jahrhundert auf einem bestimmten, vorher festgelegten Wert konstant bleiben.

Mit der Ausweitung der Reichtum produzierenden Macht durch Wissenschaft und Erfindungen haben wir gesehen, dass, wenn die Menge des im Umlauf befindlichen Geldes nicht erhöht würde, der Wert des Geldes steigen würde, dass aber wegen des Ruins der Industrie, wenn sie gezwungen ist, ihre Waren unter den Kosten zu verkaufen, weil der Wert des Geldes steigt - was tatsächlich geschieht, ist, dass der Mangel an Geldmünzen die Industrie lähmt, und anstatt dass *die Preise* gesenkt werden, wird die *Produktion* gesenkt. So bleibt der wissenschaftliche Fortschritt ausgenutzt, und die Nation behält ihren früheren Zustand in Bezug auf die Produktion bei, mit weniger Beschäftigten in der Arbeit, wodurch Arbeitslosigkeit und ungenutztes Land und Fabriken die Folge sind. Die gegenwärtige Umkehrung der Wissenschaft und ihre Folgen, vom inneren Elend bis zur äußeren

Unsicherheit und dem Phänomen des Weltkriegs, sind in der Tat die Folgen davon, dass die Nationen nicht bewusst ihre Währung FÜR DEN GEBRAUCH erhöhen, *pari passu* mit dem Wachstum ihres Wohlstands und ihres virtuellen Reichtums.

Eine Währung auf Basis der Indexnummer

Wir haben gesehen, dass die Kaufkraft von 1 Pfund Sterling der virtuelle Reichtum der Gemeinschaft geteilt durch die Gesamtmenge des Geldes ist. Oder: Virtueller Reichtum=Geldmenge × Kaufkraft des Geldes.

Der virtuelle Reichtum eines Gemeinwesens bezieht sich auf alle Arten von Reichtum, die sowohl im Konsum als auch in der Produktion gekauft werden können, wobei jede Art in relativen Mengen denjenigen entspricht, die tatsächlich gekauft werden. Die Indexzahl ist die moderne Art und Weise, den Durchschnittspreis von Gütern in Bezug auf die Geldeinheit darzustellen, und die Kaufkraft des Geldes ist umgekehrt proportional zur Indexzahl zum jeweiligen Zeitpunkt.

Eine Indexzahl von 230 bedeutet also, dass die Preise im Durchschnitt 2,3-mal so hoch sind wie zu einem früheren Zeitpunkt, der als Standard genommen und mit dem Wert 100 versehen wurde. Die Kaufkraft des Geldes mit einer Indexzahl von 230 ist nur 100/230 von dem, was sie bei der Standardkaufkraft von 100 war. Es werden viele Indexzahlen verwendet, einige beziehen sich auf Großhandelspreise, andere auf Einzelhandelspreise und wieder andere nicht nur auf die Kosten von Waren, sondern auch auf andere Lebenshaltungskosten, wie Miete, Zinsen usw. Gesucht wird ein Index, der die durchschnittlichen Geldkosten der für den Unterhalt einer Durchschnittsfamilie erforderlichen Gütermengen in einem angemessenen Verhältnis ausdrückt, und dann soll diese Indexzahl durch Regulierung der Währung konstant gehalten werden, so dass die Gesamtkosten dieser bestimmten Gütermengen nicht schwanken, wie sehr sie auch untereinander im Preis variieren. Es spielt keine große Rolle, wie die verschiedenen Lebenshaltungskosten bei der Berechnung der Indexzahl gemittelt werden, solange die angenommene Indexzahl immer nach demselben Prinzip berechnet wird und nicht davon abgewichen wird. Es könnte kleine Abweichungen bei den Indexzahlen geben, die auf unterschiedliche Weise gleichzeitig berechnet werden, aber sie wären von ganz untergeordneter Bedeutung. Es könnte eine Klasse etwas mehr begünstigen als eine andere, wenn beispielsweise ein größerer

Anteil der gesamten Lebenshaltungskosten für Lebensmittel berechnet wird, aber die Unterschiede wären gering, manchmal in die eine und manchmal in die andere Richtung. Für alle praktischen Zwecke würde es ausreichen, die Indexzahl festzulegen und die Gesamtsumme willkürlich zu verändern, damit die Indexzahl immer gleich bleibt. Wie sich die Indexzahl genau zusammensetzt, wenn die Mittelwertbildung der Lebenshaltungskosten überhaupt vernünftig erfolgt, wäre von geringerer Bedeutung und ist eine Frage der Diskussion unter Fachleuten.

Auf welchen Wert sollte Geld festgelegt werden?

Auf welchen Wert man die Indexzahl festlegt, oder besser gesagt, auf welche Kaufkraft des £1 Sterling man die Standardindexzahl von 100 nennt, ist natürlich von sehr großer Bedeutung, denn dadurch legt die Gemeinschaft das Verhältnis fest, in dem ihr Einkommen in Zukunft zwischen der Gegenwart und der Vergangenheit aufgeteilt werden soll. Wenn sie den Standard auf eine niedrige Kaufkraft des £ einstellt, erleichtert sie die Last ihrer Schulden aus der Vergangenheit - die Staatsschulden und ähnliche Wertpapiere oder Schuldverschreibungen, die einen festen Geldzins abwerfen, und allgemein alle Forderungen, die nicht vom gegenwärtigen Einkommen abhängen. Sie wird vorübergehend den Reallohn der Arbeit und alle Berufseinkommen und -gehälter drücken, bei denen die Vergütung durch Gewohnheit und Tradition festgelegt ist, auch solche Dienstleistungen wie die des Verkehrs, bei denen die Gebühren gesetzlich festgelegt sind, und sie wird vorübergehend die Gewinne derjenigen erhöhen, die vom Kaufen und Verkaufen leben und die als Gewinne den Restbetrag erhalten, der nach Begleichung der Arbeitskosten übrig bleibt. Aber "am Ende" werden sie ein neues Niveau finden. Leider hat sich die Gesellschaft in letzter Zeit an große Schwankungen im Wert ihres Geldes gewöhnt, so dass das neue Niveau heute schneller erreicht würde, während es vor dem Krieg ein langwieriger Kampf und die Ursache für viel Ungerechtigkeit und Härte für die Betroffenen gewesen wäre. Aber all die Forderungen an das kommunale Einkommen, die sich aus den festen Geldzahlungen ergeben, werden sich in ihrer absoluten Höhe nicht ändern, sobald die Indexzahl feststeht. Wie Herr Keynes es in dem bereits zitierten Absatz bei der Erörterung der inneren Angelegenheiten Frankreichs und des künftigen Wertes des Franc ausgedrückt hat, wobei er die kursiv gedruckten Worte abänderte, um sie auf die Frage der Indexzahl und auf dieses Land anzuwenden.

> "Wenn wir in die Zukunft blicken und unsere Augen von den Höhen und Tiefen abwenden, die in der Zwischenzeit ein Vermögen schaffen oder zerstören können, wird die Höhe des Pfund Sterling nicht durch Spekulationen oder die Handelsbilanz bestimmt, nicht einmal durch das Ergebnis der *Rückkehr Goldstandard*, sondern durch den Anteil seines Arbeitseinkommens, den der *britische* Steuerzahler zulassen wird, um die Forderungen des *britischen Rentiers* zu bezahlen. Der Stand des *Pfundes* wird weiter sinken, bis der Warenwert der dem *Rentier* zustehenden Pfunde auf einen Anteil am Volkseinkommen gefallen ist, der den Gewohnheiten und der Mentalität des Landes entspricht."

Die Zeiten sind sehr ungewöhnlich, und es ist vielleicht noch nicht möglich, das Preisniveau mehr als vorläufig festzulegen. Dennoch wäre es ein großer politischer Vorteil, wenn diese lebenswichtige Frage offen und unparteiisch entschieden werden könnte und die Art einer künftigen Änderung des Preisniveaus, falls sich dies als notwendig erweisen sollte, rechtzeitig bekannt gegeben würde. Dies und die Ausgabe des Geldes sind Sache des Volkes, nicht der Bank. Ihre Aufgabe ist es, Konten zu führen und Geld *zu verleihen*, nicht aber, es zu *schaffen* und damit das Preisniveau zu bestimmen. In der Praxis sind ihre Interessen rein die der Gläubigerklasse, und obwohl sie im Rahmen des Systems nicht umhin können, das Preisniveau durch ihre fiktiven Kredite zu erhöhen, sind sie immer bestrebt, es zurückzudrängen, obwohl ihre Entscheidungen unweigerlich diejenigen, die ihr Vermögen darauf gesetzt haben, die Dinge zu produzieren, die die Gemeinschaft braucht, zu Verlusten, wenn nicht gar zum Ruin verurteilen; und die Gemeinschaft zu einer künstlich erhöhten Last der Verschuldung.

Wenn das Preisniveau konstant gehalten wird, drücken die Geldwerte die realen Werte aus, und die Gesamtmenge des Geldes drückt den virtuellen Reichtum der Gemeinschaft genau aus.

Verhältnis zwischen Preis und Waren

Obwohl der virtuelle Reichtum also auf den ersten Blick eine höchst merkwürdige und unsichere Größe ist, ist er doch eine sehr eindeutige Größe, deren Messung keine wirklichen Schwierigkeiten bereitet. Bei konstanter Geldmenge ist er proportional zur Kaufkraft des Geldes oder umgekehrt proportional zur Indexzahl des Preisniveaus. Bei konstanter Indexzahl des Preisniveaus wird sie durch die Geldmenge gemessen. Ihre Verwendung vermeidet bestimmte Schwierigkeiten, die die Quantitätstheorie des Geldes betreffen, die, wie wir gesehen haben, in der Praxis nur auf eine Weise funktioniert. Letztere gibt vor, den Preis nicht nur mit der Geldmenge zu korrelieren, sondern auch mit der positiven Menge der vorhandenen Güter und nicht mit der negativen Menge der unterlassenen Güter, wobei allerdings nicht klar ist, ob es sich bei der Menge, die den Preis beeinflusst, um die Gesamtmenge, die Menge der in der Produktion befindlichen und der bereits produzierten Vorräte oder um die tatsächlich auf dem Markt befindliche und zum Verkauf anstehende Menge handelt.

In Wirklichkeit korreliert sie den Preis mit dem Geldbetrag, der für die in einem Jahr *gekauften und verkauften* Waren ausgegeben wird, was eher eine Definition als eine Erklärung des Preises ist, und den Geldbetrag, der in einem Jahr für Waren ausgegeben wird, mit der Geldmenge und der Anzahl der Ausgaben, was wiederum eine Wiederholung ist. Es wird keine andere Beziehung zwischen Preis und Waren hergestellt, als die in der Gleichung Preis = ausgegebenes Geld - verkaufte und gekaufte Waren.

Der virtuelle Reichtum hingegen ist von dieser Komplikation völlig unabhängig, da er selbst, wie die Geldmenge, deren Wert er misst, eine Menge und keine Rate ist.

Die Ursachen, die eine Veränderung des virtuellen Reichtums bewirken, sind weitgehend psychologischer Natur. Dies wird manchmal in der Aussage anerkannt, dass nur die Menge des im Umlauf befindlichen Geldes die Preise beeinflussen kann und dass der gehortete Teil keinen Einfluss ausüben kann. Aber es gibt keineswegs einen scharfen Unterschied. Ein Fabrikant entscheidet von Tag zu Tag neu, ob er in seinem Betrieb horten oder ausgeben soll, und ganz ähnliche Fragen bewegen jeden einzelnen Käufer.

Es kann nicht bestritten werden, dass der Wert des Geldes nur durch die Mengen an Gütern bestimmt wird und beeinflusst werden kann, auf die die Menschen in ihrer Gesamtheit freiwillig verzichten, und nur indirekt durch die Mengen, die auf dem Markt zum Verkauf angeboten werden. Aber diese Sichtweise gibt nicht einmal vor, die weitere Frage zu beantworten, wie die zum Verkauf angebotenen Güter das reale oder monetäre *Einkommen* der Menschen beeinflussen, außer insofern, als sie nahelegt, dass Gewohnheit und Notwendigkeit zu jeder bestimmten Zeit ein möglichst günstiges Verhältnis zwischen virtuellem Reichtum und Einkommen vorschreiben, das, wenn es gestört wird, dazu neigt, zu seinem ursprünglichen Wert zurückzukehren.

Virtueller Reichtum und Einkommen

Wir werden hier keinen erschöpfenden Versuch unternehmen, den virtuellen Reichtum zu analysieren, sondern ihn als eine Tatsache behandeln, die sich durch das Preisniveau messen lässt. Es kann jedoch hilfreich sein, die Folgen des Versuchs von Individuen, ihr virtuelles Vermögen zu vergrößern oder zu verkleinern, nachzuzeichnen.

Um das Problem zu vereinfachen, nehmen wir an, dass die Gesamtmenge des Geldes unverändert bleibt, und stellen uns einen Käufer vor, der beschließt, statt Geld, das im Durchschnitt für einen Monat ausreicht, im Haus oder auf der Bank aufzubewahren, in Zukunft nur noch genug für eine Woche aufzubewahren. Er kauft also auf einmal Vorräte für drei Wochen, und das ist alles, was er tun kann. Wenn die Ladenbesitzer nichts unternommen hätten, wäre lediglich das individuelle virtuelle Vermögen des Käufers gesunken, das der anderen Menschen aber in gleichem Maße gestiegen, und es hätte sich nichts geändert. Wenn aber die Ladenbesitzer sich weigerten, das zusätzliche Geld einzubehalten, und es weitergaben, und selbst wenn alle gleichermaßen versuchten, ihr virtuelles Vermögen zu reduzieren, dann darf nicht vorschnell angenommen werden, dass das virtuelle Vermögen der Gemeinschaft als Ganzes abgenommen hätte.

Erinnern wir uns an die Analogie des musikalischen Stuhls. Der Einzelne mag die Freuden des Tisches gegen die moralische und ästhetische Befriedigung abwägen, die sich aus der Schadenfreude über knackige Exemplare der Gravurkunst ergibt, aber für die Gemeinschaft ist es ein Fall von Hobson's choice. Irgendjemand muss das ganze Geld in der Gemeinschaft besitzen und nicht den Reichtum, den es kaufen kann, ob er will oder nicht. Die Geschwindigkeit oder das Zögern, mit der sie es weitergeben oder sich widerwillig von ihm trennen, an andere, die weniger oder klüger oder glücklicher sind als sie selbst, hat nicht unbedingt Auswirkungen auf den virtuellen Reichtum oder die Kaufkraft des Geldes.

Bei konstanter Gesamtgeldmenge bedeutet also der Wunsch, das Geld schneller als zuvor weiterzugeben, wenn er allgemein ist, dass die Menschen es im Großen und Ganzen schneller erhalten als zuvor. Ihre monetären Einkommen steigen, aber ob ihre realen Einkommen steigen oder nicht, hängt davon ab, ob die beschleunigte Nachfrage zu einer Erhöhung des Angebots führt.

Sie hat diese Tendenz, denn der Einzelhändler, der feststellt, dass seine Vorräte erschöpft sind, wird mehr bestellen und so den Anreiz der Nachfrage übertragen, so dass mehr Waren produziert werden, mehr Löhne und Gewinne erzielt werden und das Geld schneller kommt, um die erhöhte Produktion zu kaufen. Aber im Allgemeinen würde es wahrscheinlich auch einen gewissen Preisanstieg geben, und in diesem Ausmaß eine konsequente *Abnahme* des gesamten virtuellen Reichtums zusammen mit einem gewissen *Anstieg* der realen Einkommen, verursacht durch den Wunsch eines jeden , seinen virtuellen Reichtum *zu verringern*. Umgekehrt führt ein allgemeiner Wunsch, den virtuellen Reichtum zu erhöhen, tendenziell zu einer Erhöhung desselben, aber auch zu *einer Verringerung der* Geldeinkommen und in geringerem Maße wahrscheinlich auch der Realeinkommen.

Diese Sichtweise verdeutlicht sehr anschaulich, dass jeder Mensch den Wunsch hat, mehr Geld zu besitzen. Die einzige Möglichkeit für jeden, mehr Geld zu besitzen, besteht darin, die Gesamtmenge des Geldes zu erhöhen. Geschieht dies nicht, führt der Wunsch zu einer *Verringerung* des nationalen Geldeinkommens. Die meisten Menschen beginnen zu begreifen, dass das Leben selbst keine Quantität, sondern eine Rate ist, und dass es viel wichtiger ist, ein großes Einkommen zu besitzen als eine große Geldsumme. Würden alle Menschen entgegen ihren natürlichen Neigungen handeln und sich weigern, Geld auch nur einen Augenblick länger zu behalten, als es ihnen lieb ist, so würde das Volkseinkommen dadurch erhöht werden. Während der Wunsch, mehr oder weniger Geld zu besitzen, die Gesamtmenge des Geldes nicht beeinflussen kann, kann er das Einkommen im umgekehrten Sinne beeinflussen und tut es auch; je freier die Nation Geld ausgibt, desto mehr Geld hat sie auszugeben, und je weniger frei sie ausgibt, desto weniger hat sie auszugeben. Der allgemeine Wunsch, Geld *zu besitzen*, ist nicht zu verwechseln mit dem Wunsch nach Muße und der Abneigung zu arbeiten, sondern ist das genaue Gegenteil davon. Wer Geld besitzt und es weiterhin besitzen will, muss darauf verzichten, es schneller auszugeben, als er es erhält. Diejenigen, die nur unter dem Anreiz einer leeren Speisekammer arbeiten, versuchen, ihr Geld, d. h. ihren virtuellen Reichtum, auf ein Minimum zu reduzieren. Unter dem beschriebenen System stünde es dem Einzelnen frei, so viel oder so wenig Geld zu behalten, wie er will, ohne den Geldumlauf oder die Produktion von Reichtum im Geringsten zu beeinträchtigen. Es wäre möglich, letzteren zu einem Maximum zu machen, so dass weder Arbeit noch Kapital arbeitslos wären, wie geizig die Menschen auch sein mögen und wie ungern sie das erhaltene Geld weitergeben würden.

Horten und gegenseitiger Kredit

Wenn das Preisniveau und nicht die Geldmenge konstant gehalten wird, sind zwei der wichtigsten Faktoren, die den virtuellen Reichtum eines Landes in entgegengesetzter Richtung beeinflussen, erstens die Hortung, die ihn vergrößert, und zweitens der gegenseitige Kredit oder die Kreditvergabe, die ihn verkleinert. Bei einer Edelmetallwährung ist der erste Faktor ein Übel und der zweite ein Vorteil, aber bei einer stabilisierten Papierwährung ist die Lage umgekehrt. Wir haben gesehen, dass der einzige Teil des Kredits einer Nation, der sich von der Verschuldungsfähigkeit eines Einzelnen unterscheidet, der virtuelle Reichtum ist. Die Vergrößerung des virtuellen Reichtums bedeutet, dass die Menschen freiwillig in größerem Umfang als bisher auf Geld verzichten, was es der Nation ermöglicht, ja sie sogar zwingen sollte, einen Teil ihrer Ausgaben durch die Ausgabe neuen Geldes zu bezahlen. Das Horten als Praxis vergrößert den virtuellen Reichtum und ermöglicht es der Nation, sich in diesem Maße zu verschulden, ohne Zinsen zu zahlen. Wenn die Horte eines Geizhalses wieder in Umlauf gebracht werden, verringert sich der virtuelle Reichtum natürlich in diesem Umfang. In der entgegengesetzten Kategorie verringern die viel gepriesenen finanziellen Mittel zur Einsparung von Geld den virtuellen Reichtum und die Geldmenge, die einem bestimmten Preisniveau entspricht.

Es ist lehrreich, ein vereinfachtes Beispiel zu betrachten. Nehmen wir den Fall eines Landwirts und seiner jährlichen Ernte an, und nehmen wir an, dass er kurz vor der Ernte kein Geld und kein Vermögen hat, das fertig und zum Verkauf bereit ist. Wenn die Ernte eingebracht ist, hat er, sagen wir, H Pfund, wenn sie verkauft wird, hat er H Pfund, und ein Jahr lang nimmt diese Summe stetig ab, bis sie bei der nächsten Ernte wieder Null ist. Nun kommt ein Kaufmann ins Spiel, der mit dem Landwirt vereinbart, sich gegenseitig Kredit zu geben, so dass kurz vor der Ernte der Landwirt, anstatt kein Geld zu haben, dem Kaufmann £H/2 schuldet. Der Kaufmann hätte aus dem Verkauf der letztjährigen Ernte £H, aber da der Bauer ihm £H/2 schuldet, hat er nur £H/2. Die geerntete Ernte wird nun vom Landwirt an den Händler für £H/2 verkauft. Nach der Hälfte des Jahres hat der Bauer sein Geld aufgebraucht, und der Kaufmann hat die Hälfte der Ernte für £H/2 verkauft, die er dem Bauern wieder leiht. Auf diese Weise wird nur halb so viel Geld benötigt, wie ohne den gegenseitigen Kredit erforderlich gewesen wäre. Wenn wiederum der Bauer die Hälfte seiner Ernte abgibt, um eine Schuld von £H/2 zu tilgen, ein Viertel zur Zahlung von £H/4, und dem Kaufmann Kredit für die restlichen £H/4 gibt, ist natürlich nur ein Viertel so viel Geld erforderlich wie vorher. Diese gegenseitigen Abmachungen zwischen den Individuen treten an die Stelle der genau gleichen Abmachungen zwischen dem Individuum und der Gemeinschaft, die die Institution des Geldes bewirkt. Es ist eine Sache, solche Sparmethoden im Gebrauch des Geldes als vorteilhaft zu betrachten, wenn seine Beschaffung eine große Verschwendung von Arbeit bei der Suche nach Edelmetallen mit sich brachte, aber eine ganz andere, wenn die Menschen ohne jede Arbeit von der Notwendigkeit befreit werden können, sich gegenseitig zu verschulden, und wenn sie durch den richtigen Gebrauch von Papiergeld den Komfort haben, niemandem etwas zu schulden. Bilgram (a.a.O.) schätzt die Gesamtsumme der Schulden, für die Zinsen gezahlt werden müssen, auf das Vierfache der in den USA im Umlauf befindlichen Geldmenge, einschließlich des Depositengeldes, und dass die jährlichen Zinszahlungen mehr als ein Viertel der gesamten Geldmenge "absorbieren". Vom Standpunkt der Gläubiger aus ist dies zweifellos hervorragend, aber es besteht auch wenig Zweifel daran, dass die Schuldner ein System bevorzugen und weniger geschröpft werden würden, in dem das Geld nicht so überstrapaziert würde.

Eine Analogie zum Regler einer Dampfmaschine

Glücklicherweise ist es völlig überflüssig, auf all diese komplizierten Paradoxa näher einzugehen. "Wir würden uns in endlosen Berechnungen verlieren." Der Versuch, die genaue Auswirkung aller relevanten Umstände auf das allgemeine Preisniveau zu berechnen, ist ebenso absurd wie die Berechnung der Auswirkung jeder unbekannten Variation in der Last, der Schmierung und der Dampfzufuhr auf die Geschwindigkeit einer Dampfmaschine von Augenblick zu Augenblick. Dennoch lässt sich die Geschwindigkeit einer Dampfmaschine mit größter Leichtigkeit automatisch regeln. Die Geschwindigkeit der Maschine, die das integrierte und bestimmbare Ergebnis aller Faktoren ist, die bei der Arbeit der Maschine wirken, öffnet oder schließt die Drosselklappe, die den Dampf einlässt, mit Hilfe eines Reglers, der die Drosselklappe öffnet, wenn die Geschwindigkeit sinkt, und sie schließt, wenn die Geschwindigkeit steigt.

In dieser Analogie ist der Preis das integrierte und bestimmbare Ergebnis aller separaten und unbestimmbaren Faktoren, die das Funktionieren des industriellen Systems und den virtuellen Wohlstand der Gemeinschaft beeinflussen. Er wird durch die Indexzahl gemessen, die die Lebenshaltungskosten in Geldeinheiten ausdrückt. Ein Preisniveauregulator würde die im Umlauf befindliche Währung allmählich erhöhen, wenn die Industriemaschine immer stärker belastet würde, so wie der Regler einer Dampfmaschine unter den gleichen Bedingungen allmählich die aus dem Kessel kommende Dampfmenge erhöhen würde.

Wenn die maximale Menge an Reichtum, die das industrielle System produzieren kann, produziert wird, genauso wie wenn die maximale Menge an Dampf, die der Kessel liefern kann, verwendet wird, wird eine größere Nachfrage die Preise im einen Fall erhöhen und die Geschwindigkeit im anderen Fall verringern.

Eine Antwort auf einige Missverständnisse

Bei der Betrachtung des vorgeschlagenen Systems müssen wir einige der Illusionen ablegen , die durch die Erfahrungen mit dem alten System entstanden sind. Es ist unbestreitbar, dass der Reichtum gesteigert werden könnte und dass Millionen von Arbeitern, viel arbeitsloses Land und Kapital auf die finanzielle Erlaubnis zur Produktionssteigerung warten. Es ist unbestreitbar, dass die Wissenschaft den Faktor der menschlichen Effizienz bei der Produktion von Reichtum erhöht hat und immer noch erhöht. Es ist unbestreitbar, dass eine Erhöhung der zirkulierenden Geldmenge ohne eine entsprechende Erhöhung der Reichtumsproduktionsrate die Preise erhöht. Aber die Erfahrung, dass es praktisch unmöglich ist, die Preise durch eine Verknappung des Geldes zu senken, ohne gleichzeitig die Produktion einzuschränken und die in der Industrie Tätigen zu ruinieren, stammt aus unserem willkürlichen System.

Nach der Hypothese *werden* die Preise in dem neuen System konstant gehalten, soweit eine Veränderung der Preise durch ihre Auswirkung auf die Indexzahl feststellbar ist. Geschickte Statistiker würden die Tendenz zum Steigen oder Fallen feststellen, bevor die Öffentlichkeit sie in ihrer Vermarktung wahrnimmt, so wie der Regler einer Dampfmaschine die Tendenz zur Erhöhung oder Verringerung der Geschwindigkeit feststellt, bevor sie mit dem Auge oder auf andere Weise als durch ein sehr empfindliches Instrument festgestellt werden kann. Die Gründe, warum eine Schrumpfung der Währung die Preise nicht wirklich senkt, sind nicht vorhanden, wenn die Preise durch eine automatische Regulierung der Währung durch die Indexzahl konstant gehalten werden. Die Industrie wird nicht durch die Konstanz der Preise ruiniert, sondern durch ihren Verfall, weil die Bestände nur unter dem Selbstkostenpreis verkauft werden können. Eine Schrumpfung der Währung, um eine Aufwärtstendenz der Preise zu bremsen, würde niemanden ruinieren, obwohl die Schrumpfung, nachdem die Aufwärtstendenz eingetreten ist, nicht in der Lage ist, die Preise wieder zu senken, ohne ein noch größeres Übel zu verursachen.

Obwohl es also allen Grund zu der Annahme gibt, dass die Aufgabe der Statistiker, die über das von der Nation benötigte Währungsvolumen beraten, zunächst und für lange Zeit die einfache Aufgabe sein würde, die Ausgabe von mehr Geld zu empfehlen, wenn sich die Notwendigkeit ergeben sollte, eine Schrumpfung der Währung zu empfehlen, gibt es keinen Grund, die üblen Auswirkungen zu erwarten, die jetzt mit der Schrumpfung der Währung einhergehen, *nachdem* die Preise bereits stark gestiegen sind.

In einem Zeitalter wissenschaftlicher Expansion und starker Anreize zum "Sparen" bedeutet eine Zeit steigender Preise in einem freien Geldsystem eine Zeit des Krieges, der Unruhen, der Pest oder der Hungersnot, in der die Erträge des Reichtums zurückgehen, und nicht, wie gegenwärtig, eine Zeit des Aufschwungs und der Spekulation, weil die Geldmenge willkürlich erhöht wird. Natürlich wird dem Spekulanten und Profiteur, wenn auch wahrscheinlich nicht dem soliden Geschäftsmann, falls es solche noch gibt, das System natürlich als falsch erscheinen. Weit davon entfernt, dass eine Zeit steigender Preise als eine Katastrophe angesehen wird, die um jeden Preis vermieden werden muss, wird sie als eine Zeit expansiven Wohlstands angesehen werden. Hartley Withers, der die Vorschläge des Verfassers von erörtert, gibt diesen erhellenden Kommentar ab.[54] Nachdem er den Plan der Ausgabe neuen Geldes, das zur Aufrechterhaltung der Preiskonstanz erforderlich ist, als "eine einfache und kostengünstige Operation" gebilligt hat, fährt er fort:

"Aber wenn es andersherum ist und Schulden ausgegeben werden, um die Währung in einer Zeit steigender Preise zu verknappen, scheint das Verfahren sowohl teuer als auch unpopulär zu sein. Die Regierung könnte das Geld, das sie von den Zeichnern der neuen Anleihe erhält, nicht verwenden; es müsste vernichtet werden, um den Plan durchzuführen, und so wäre die Operation ein Verlustgeschäft; in einer Zeit des expansiven Wohlstands, der durch die Umstände impliziert wird, müsste die Regierung wahrscheinlich einen stattlichen Zinssatz zahlen, um ihre Anleihe herauszubekommen, und sie müsste dieses Opfer auf die Schultern der Steuerzahler legen, wohl wissend, dass sie dadurch, wenn die Maßnahme erfolgreich ist, den Anstieg der Preise, der die Geschäftswelt so glücklich macht, stoppen würde."

Es ist ein merkwürdiger Kommentar zu der These des Verfassers, dass das Problem der herrschenden Klassen der Welt darin besteht, dass sie zunächst Schulden mit Reichtum verwechseln und am Ende Knappheit als expansiven Wohlstand betrachten. Gleichzeitig veranschaulicht die Passage den fast unglaublichen Nebel in den Köpfen derjenigen, die angeblich Finanzexperten sind, wenn es um nationale und nicht um individuelle Finanzen geht. Die Tilgung der Staatsschulden ist ein Akt finanzieller Korrektheit, für den ehrliche Schatzkanzler durch den Tilgungsfonds sorgen, in den jeder Überschuss an durch Besteuerung entzogenem Geld automatisch fließt. Aber die Vernichtung von Schatzanweisungen, die durch den gleichen Prozess gewonnen wurden, ist "toter Verlust". Man fragt sich, ob sich die Verantwortlichen für die Finanzen der Nation darüber im Klaren sind, dass sowohl die nationalen Wertpapiere als auch das Geld vom Standpunkt des einzelnen Besitzers aus gesehen Reichtum und vom Standpunkt der Gemeinschaft aus gesehen Schulden sind. Der einzige Unterschied besteht darin, dass das eine eine aufgeschobene Schuld ist, die nicht auf Verlangen zurückgezahlt werden muss, und das andere

---

[54] *Bankiers und Kredit*, S. 244.

eine Schuld, die auf Verlangen in Vermögen zurückgezahlt werden muss.

KAPITEL XI

DAS RÄTSEL DER SPHINX

Eine Symbolik zur Darstellung wirtschaftlicher Transaktionen

Wir haben die Fäden unserer Analyse der Natur des Geldes und des Reichtums allmählich bis zu dem Punkt gezogen, an dem es notwendig ist, zu versuchen, ein geistiges Bild des Wirtschaftssystems als Ganzes und seiner Funktionsweise zu erhalten. Was wir jetzt brauchen, ist eine einfache und informative Symbolik oder Kurzschrift, um das industrielle System und die wichtigsten wirtschaftlichen Prozesse der Produktion, des Austauschs und des Konsums ausreichend genau darzustellen.

Diejenigen, die mit den mathematischen Wissenschaften nicht vertraut sind, sind sich vielleicht nicht bewusst, wie mächtig eine korrekte und informative Symbolik als Waffe der Forschung ist. Was die einfachen arithmetischen Operationen betrifft, so wäre ohne unsere Rechensysteme ein Leben langes Studium kaum zu viel. Vor der Zeit der arabischen Ziffern - die in Wirklichkeit von den Hindus erfunden wurden - mit ihrem System von neun Ziffern und einer Null, wurden die Operationen der Multiplikation und der Division durch ein ausgeklügeltes System von empirischen Regeln auf einem Rechenbrett, dem "Abakus", durchgeführt. Die fähigsten professionellen Rechner, die sich ein Leben lang damit beschäftigt haben, konnten nicht den Standard erreichen, den ein zehnjähriger Schüler mit dem modernen System erreicht.

In Ermangelung einfacher Mittel, um die Vorgänge in Industrie und Handel auszudrücken, vor allem um die Gesamtheit der wichtigen Tatsachen während der Eigentumswechsel, aus denen sie im

Wesentlichen bestehen, festzuhalten, sind selbst elementare Folgen, wie sie sich zum Beispiel aus dem ständigen Geldumlauf ergeben, bis zu ihrem Eintreten oft unvorhersehbar. Die Schwierigkeit wird durch die Tatsache, dass fast jeder einen Aspekt des Systems recht gut kennt und versteht, nicht verringert, sondern eher vergrößert. Es ist vielmehr notwendig, das Ganze auf einen Blick zu sehen. Der erste Schritt besteht darin, die Eigentumswechsel, die beim Tauschhandel auftreten, darzustellen. Dies kann wie in Abb. 2 gezeigt geschehen. Mit dicken gestrichelten Linien wird der Fluss des Reichtums dargestellt, wobei der Pfeil von der Produktion zum Verbrauch zeigt. Der Tauschhandel würde dann wie in der Abbildung dargestellt, in der zwei solche Vermögensströme an einem Markt, A, zusammentreffen, in dem sich der einzelne Eigentümer einer Art von Vermögen von ihr löst und sich der anderen Art von Vermögen anschließt. Die Wege der Eigentümer, die mit der einen Art von Reichtum am Markt ankommen und mit einer anderen Art von Reichtum wieder abreisen, werden so durch dünne Linien neben den Reichtumsströmen dargestellt.

Die Institution des Geldes ermöglicht den Austausch von Eigentum mit nur einer Art von Reichtum, während der Tauschhandel erfordert, dass zwei Arten am selben Ort und zur selben Zeit aufeinandertreffen. Zur Darstellung des Geldes werden ununterbrochene dicke Linien verwendet, wobei die Pfeile die Richtung angeben, in der das Geld zirkuliert. Dies ist in Abb. 3 dargestellt, die den Eigentümer des Geldes oder Käufer zeigt, der sich am Markt A vom Geld löst und sich an den Reichtum hängt, und den Eigentümer des Reichtums oder Verkäufer, der sich an das Geld hängt und sich vom Reichtum löst.

Geldlinien sind im Endergebnis notwendigerweise geschlossene Bahnen, das gleiche Geld *zirkuliert* und fließt nicht, wie der Reichtum, kontinuierlich weiter.

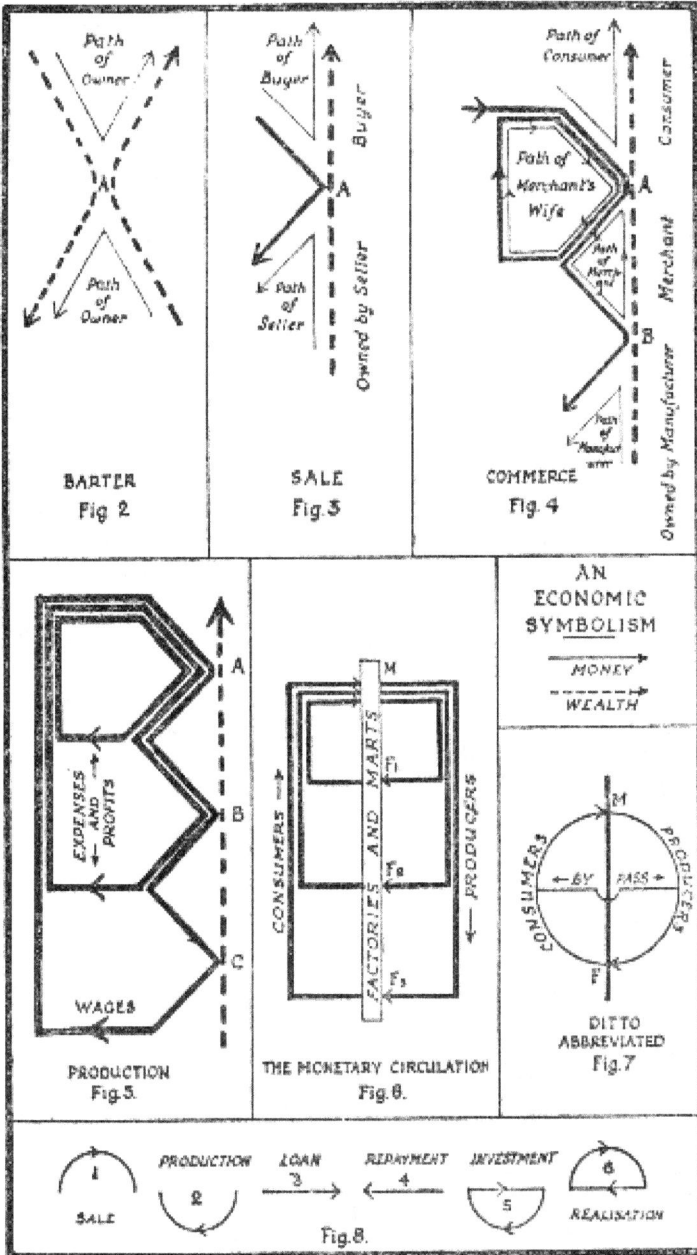

AN
ECONOMIC
SYMBOLISM

MONEY
WEALTH

Das nächste Diagramm (Abb. 4) stellt den Handel dar, bei dem der Käufer von Reichtum für den Konsum oder der Verbraucher über einen Zwischenhändler oder Kaufmann kauft und der Produzent von Reichtum für Geld über denselben Zwischenhändler verkauft. Der Weg des Reichtums ist kontinuierlich, aber er fließt nun durch zwei Märkte, A und B, wo er auf den Geldstrom trifft. Nach der ersten Begegnung, A, verzweigt sich der Geldstrom. Das Geld kommt im Einzelhandelsmarkt A in der Tasche des Verbrauchers an und verlässt ihn in der Tasche des Zwischenhändlers. Nur ein Teil geht weiter zum Großhandelsmarkt B und kauft beim Produzenten ein. Ein anderer Teil, der die Kosten und den Gewinn des Händlers darstellt, kehrt sofort zum Verbrauchermarkt A zurück. Der Geschäftsweg des Händlers ist ein geschlossener, der mit Reichtum und ohne Geld und dann mit Geld und ohne Reichtum in einer endlosen Runde innerhalb des Produktionssystems reist. Es ist schwierig, den Kaufmann selbst an zwei Orten gleichzeitig darzustellen, aber wir können die Schwierigkeit überwinden, indem wir annehmen, dass es seine Frau und seine Familie sind, die mit den erwirtschafteten Gewinnen wieder zum Verbrauchermarkt in A trotten, um die lebensnotwendigen Dinge zu kaufen. Das gesamte Geldsystem ist ein System ähnlicher geschlossener Wege, die mit dem Fluss des Reichtums ineinandergreifen. Aber die weitere Wiederholung der Tauschvorgänge und einer Schlange von Mittelsmännern, die in geschlossenen Kurven den Reichtumsstrom mit dem Reichtum und den Geldstrom mit dem Geld hinunterlaufen, würde der Darstellung des Prozesses nichts Neues hinzufügen, außer dem, was in Abb. 4 dargestellt ist.

Es wird unserem Zweck genügen, die Produktion von Reichtum genau so darzustellen, wie sie in einer Fabrik C (Abb. 5) abläuft, in der ein Geldstrom, der dem Hersteller gehört, als Lohn ausgezahlt wird und den Strom des Reichtums aus den Rohstoffen und natürlichen Energien des Erdballs hervorbringt. Wir haben bereits (Kapitel VI) eine elektrische Analogie des Prozesses gegeben, aber für die gegenwärtigen Zwecke ist diese äußerst einfache schematische Darstellung ausreichend. Wir unterscheiden das Geld *innerhalb* des Produktionssystems im Besitz der Händler und Produzenten in den Strömen, die von A nach B nach C fließen, von dem Geld *außerhalb* des Systems in den Händen der Verbraucher in den Strömen, die alle bei A, dem Markt der Verbraucher, zusammenlaufen. Natürlich kann es eine beliebige Anzahl von Märkten oder Fabriken oder Kombinationen von beiden geben, in denen der Reichtum aus einer vorhergehenden Fabrik entnommen und einem weiteren Prozess unterzogen wird, bevor er an die nächste weitergegeben wird. Wenn wir nun, um die Symbolik zu verstehen, weiter vereinfachen, indem wir den Reichtumsstrom ganz weglassen, erhalten wir etwas wie Abb. 6, die nur den Geldkreislauf darstellt, in dem sich das Geld auf der linken Seite des Diagramms in den Händen der Verbraucher außerhalb des Systems und auf der rechten Seite in den Händen der Produzenten und Händler innerhalb des Systems befindet. Es handelt sich einfach um eine Reihe von geschlossenen Kreisläufen, die alle zusammen durch den Verbrauchermarkt M in das produktive System und aus dem produktiven System durch eine Reihe von Großmärkten und Fabriken fließen, wie im Diagramm durch F angedeutet, in einer endlosen Runde. Noch mehr Vertrautheit mit der Symbolik führt zu einer weiteren Vereinfachung wie in Abb. 7, wo der geschlossene Kreis den Geldkreislauf im Uhrzeigersinn darstellt, der durch die vertikale Linie in zwei Seiten, die Konsumenten- und die Produzentenseite, geteilt und durch einen horizontalen "Bypass" für den Geldtransfer von einer Seite zur anderen verbunden ist.

Das System im Gleichgewicht

Wir werden zunächst ein solches Produktionssystem betrachten, das in einem stabilen oder "Gleichgewichts"-Zustand unter einem konstanten Preisniveau arbeitet, so dass die Geldmengen ein echtes Maß für die durchschnittlichen Reichtumsmengen bilden. Das heißt, wir nehmen an, dass eine bestimmte, unveränderliche Verteilung des Geldes innerhalb und außerhalb des Systems, eine bestimmte, unveränderliche Menge an Reichtum in allen Phasen der Produktion vom Anfang bis zum Ende des Systems und eine bestimmte, unveränderliche Menge an noch nicht konsumiertem Reichtum im Besitz der Konsumenten festgestellt wird. Wir wollen damit nicht sagen, dass das Geld oder der Reichtum stagnieren. Ein Gleichgewichtszustand ist einfach ein Zustand, für den, wenn wir zwei Momentaufnahmen zu verschiedenen Zeitpunkten machen würden, sie das gleiche Ergebnis zeigen würden.

Obwohl Produktion und Verbrauch ständig in vollem Gange sind, erreichen sie den Punkt, an dem sie sich ausgleichen, und obwohl der Geldkreislauf ständig in Bewegung ist, fließt in jedem Augenblick so viel in irgendeinen Teil der Kreisläufe hinein wie heraus.

Dann brauchen wir gar nicht zu postulieren, wie dieser Gleichgewichtszustand aussehen könnte. Wir befassen uns lediglich mit *den Auswirkungen von Veränderungen gegenüber dem Zustand,* der als Bezugslinie oder Ausgangspunkt angenommen wird. Wir befassen uns in diesem Stadium ausschließlich mit dem Geldsystem als geschlossenem Kreislauf, und solange die Auswirkungen dieser Tatsache nicht klar sind, können viele weitere Fragen, die normalerweise die einzigen sind, die in Betracht gezogen werden, überhaupt nicht berücksichtigt werden. Unsere Untersuchungen sind zunächst völlig unabhängig von der Frage, wie sich der Reichtum und das Geld verteilen, wie sich Löhne, Gehälter, Gewinne und Zinsen verteilen. Selbst wenn wir diese Fragen völlig außer Acht lassen und die Verteilung, wie auch immer sie sein mag, als Tatsache akzeptieren, ohne zu fragen, ob die Preise fair oder exorbitant und die bezahlten Leistungen real oder imaginär sind, haben wir immer noch eine ganze Menge über die Funktionsweise des Geldsystems zu verstehen.

Der Einfachheit halber lassen wir zunächst auch die ebenso wichtige Frage unberücksichtigt, ob permanenter oder verderblicher Reichtum produziert wird, sondern gehen davon aus, dass die Gemeinschaft, wie es gegenwärtig der Fall ist, sowohl über arbeitslose Arbeitskräfte als auch über Kapital verfügt, das sie in den produktiven Einsatz bringen kann. Das heißt, wir gehen davon aus, dass flüssiger oder konsumierbarer Reichtum produziert wird, der tatsächlich auf dem Markt der Verbraucher aus dem System herausfließt, im Gegensatz zu Kapital oder festem Reichtum, der im industriellen System verbleibt und niemals herauskommt. Oder, in Analogie zu einem Wassersystem, nehmen wir zunächst an, dass das Leitungsnetz in der Lage ist, eine größere Wassermenge zu verteilen, ohne dass es vergrößert wird. Der relative Anteil des Produkts, den die Arbeiter als Lohn, der Arbeitgeber oder Händler als Gewinn und die Geldverleiher als Zinsen erhalten, kann vernachlässigt werden. Die Wirkung auf das System ist unabhängig davon, ob das Geld beim Verbraucher als Lohn, Gewinn oder Zins ankommt. In vielen Fällen, in denen es nur um die allgemeinen Grundsätze geht, die beachtet werden müssen, damit das Geld den Wohlstandsfluss in Umlauf bringt, können alle drei als "Preis" zusammengefasst werden. Bei einer solchen Vereinfachung spielt es offensichtlich keine Rolle, ob ein Hersteller Geld leiht oder nicht, solange es wirklich geliehen und nicht geschaffen ist. Es reicht aus, seine Gewinne als zwischen ihm und seinem Gläubiger geteilt darzustellen, wenn er sein Geschäft mit geliehenem Geld betreibt.

"Preis" wird sowohl verteilt als auch extrahiert

Der nächste Punkt ist, dass es, da wir keinerlei Annahmen über die Zusammensetzung der Kostenelemente treffen, keinerlei Unterscheidung zwischen Selbstkosten, Verkaufspreis, Großhandelspreis, Einzelhandelspreis und so weiter gibt. Jedes Pfund, das den Kreislauf bei F verlässt, geschieht in Form von Löhnen, Gehältern, Gewinnen, Zinsen oder anderen realen oder imaginären Zahlungen für Dienstleistungen. Bei einem konstanten Preisniveau werden im Durchschnitt £1 in das System eingebracht, und es bedarf des Durchgangs von £1 bei M, um es wieder herauszunehmen. Höchstens begehen wir dabei einen Fehler in der Abfolge der Ereignisse. Wenn wir also davon ausgehen, dass eine Menge £X, die in das System hineingegeben wurde - und für die £X als Löhne und Gehälter bei F ausgezahlt wurden -, innerhalb des Systems verdirbt oder vernichtet wird und nie wieder herauskommt, wird dies durch eine entsprechende Verringerung der späteren Gewinne der Hersteller oder Kaufleute ausgeglichen. Nehmen wir an, dass es aufgrund irgendeiner spekulativen Ursache zu einem Anstieg der Verkaufspreise bestimmter Güter im System kommt - und bei konstantem Preisniveau zu einer Senkung des Preises der anderen Dinge -, so fließen in diesem Fall mehr Gewinne als sonst aus dem System ab und in anderen weniger. Wir definieren die Kosten nämlich nicht nur als den Preis, den der Konsument zahlt, um dem System Reichtum zu entnehmen, sondern auch als den Preis, den der Produzent zahlt, um ihn hineinzubringen. Langfristig, wenn sich weder die Geldmenge noch der Zustand des Systems ändert, wird jeder Gelddurchgang bei M durch einen gleichen Durchgang bei F ausgeglichen.

Wenn das Preisniveau nicht variiert, dann ist nicht nur der Geldwert der Bestände an flüssigen und halbflüssigen Gütern im System unter Gleichgewichtsbedingungen konstant, sondern auch die tatsächlichen Durchschnittsmengen an Gütern sind ebenfalls konstant.

Wie man die Produktion steigern kann

Wir treten nun in eine Reihe von Untersuchungen ein, die anscheinend noch nie richtig erforscht wurden, die aber von entscheidender Bedeutung sind, sobald wir den Mut haben zu glauben, dass in einem modernen Industriestaat in einem wissenschaftlichen Zeitalter die Produktion von Wohlstand für den Konsum physisch fast unbegrenzt erweiterbar ist. Wir wollen genau herausfinden, wie ein gegebenes Produktionsniveau oder -volumen auf ein höheres Niveau gebracht werden kann. Wir stellen die notwendige Bedingung, dass das Preisniveau während des Vorgangs konstant bleibt und dass es keine fiktive Kreditvergabe geben darf. Die Erhöhungen der Gesamtgeldmenge sind von der Nation in Übereinstimmung mit dem Preisniveau als Indikator vorzunehmen. Die Behauptung, dass Bankkredite und fiktive Kredite, wenn sie für die Produktion und nicht für den Konsum ausgegeben werden, die Preise nicht erhöhen, lässt sich am einfachsten dadurch widerlegen, dass man zunächst die Bedingungen herausfindet, unter denen die Preise beim Wechsel von einem Produktionsniveau zum anderen nicht verändert werden.

Die professionellen Ökonomen scheinen den kontinuierlichen Geldumlauf so wenig ins Auge gefasst zu haben, dass kindische und phantasievolle Unterscheidungen getroffen werden, was die Auswirkungen der Einführung von Geld in das System an verschiedenen Punkten des Kreislaufs und mit unterschiedlichen psychologischen Absichten betrifft, im Allgemeinen um entweder die "Produktion" oder den "Konsum" zu stimulieren. Diese Unterscheidungen laufen in der Regel darauf hinaus, dass im ersten Fall neuer Reichtum gegen das neue Geld produziert wird und daher die Preise nicht steigen können ( ), während im zweiten Fall das neue Geld den Konsum anregt und daher die Preise steigen müssen.

Wenn wir als erste Voraussetzung festlegen, dass die Preise unabhängig von den Veränderungen der Geld- und Warenströme konstant bleiben sollen, werden wir feststellen, dass unser System *außerordentlich hartnäckig ist*. Es erfordert ungefähr die gleiche Menge an Geduld und Intelligenz wie die Lösung eines Kreuzworträtsels oder eines Akrostichons, um die Lösung der Probleme zu finden, die wir ihm stellen sollen. Die Diagramme (Abb. 6 und 7) können in ihrer sehr komprimierten Form viele Informationen liefern. Dem Leser wird empfohlen, sie auf großformatigem Papier zu zeichnen und mit einigen verschiedenfarbigen Zählern oder verschiedenen Arten von Streichhölzern, die Reichtum und Geld repräsentieren, die Wirkung jedes vorgeschlagenen Schemas zur Wiederherstellung der Industrie selbst zu testen. Es bliebe dann viel weniger für eine noch unerforschte Autorität übrig, die sich *ex cathedra* dazu äußert.

Im Folgenden sind einige nützliche Grundsätze aufgeführt, die sich aus solchen Versuchen ergeben werden.

Die sechs möglichen Operationen

Es sind sechs verschiedene Betriebsarten möglich.

Zwei, Konsum und Produktion, die den Reichtum und das Geld *in*[55] dem System in entgegengesetzter Richtung verändern, wobei ihre Gesamtsumme unverändert bleibt.

Zwei, einfache Geldtransfers von den Konsumenten zu den Produzenten oder umgekehrt, die den Reichtum im System unverändert lassen.

Zweitens: Kombinationen der oben genannten Möglichkeiten, die den Wohlstand im erhöhen und verringern, wobei das Geld unverändert bleibt.

Diese sind in Abb. 8 dargestellt und symbolisiert:

(1) Verkauf für den Konsum, bei dem das Vermögen im System verringert und das Geld| für £ erhöht wird.

(2) Produktion für Löhne usw., bei der der Reichtum im System erhöht und das Geld verringert wird| für £.

Die Kombination von (1) und (2) zu gleichen Teilen lässt sowohl das Vermögen als auch das Geld im System unverändert.

(3) Die Versenkung von Geld in der Industrie als Vorbereitung für eine Produktionssteigerung.

(4) Abzug von Geld aus der Industrie nach Einstellung der Produktion.

(S) Kombination von (3) und (2), wobei das Vermögen im System erhöht wird und die Geldmenge unverändert bleibt.

(6) Kombination von (1) und (4), wobei das Vermögen im System verringert wird und die Geldmenge unverändert bleibt.

Die Operationen (1) und (2) - bei denen Reichtum und Geld £ gegen| tauschen und die Gesamtsumme, Reichtum + Geld, völlig unberührt bleibt - können nur vorübergehende Schwankungen oder

---

[55] Zur Bedeutung von "im System" siehe oben.

Oszillationen ohne dauerhafte Auswirkungen auf die Gleichgewichtsbedingungen des Systems bewirken. Die übrigen Operationen, die das Produktionsvolumen dauerhaft erhöhen oder verringern, stehen in scharfem Gegensatz dazu und sind die für unsere Untersuchung wichtigen Operationen.

Denn nehmen wir an, bei konstantem Preisniveau wird die Produktion über das normale Maß hinaus beschleunigt. Es kommt zu einer Warenschwemme und Geldknappheit im industriellen System. Auch hier führt ein Anstieg des Konsums zu einer Verknappung des Geldes bei den Verbrauchern.

Um beides gleichermaßen zu beschleunigen, bedarf es einer reichlicheren Geldzirkulation als zuvor, und das bedeutet entweder mehr Geld *und* mehr Reichtum im Produktionsprozess oder eine tatsächliche Verkürzung der für die Produktion benötigten Zeit, was eine natürliche, nicht eine willkürliche Periode ist, *und* eine Verkürzung der Zeit, die das Geld benötigt, um einmal im System zu zirkulieren, was wiederum eine sehr konservative Periode ist.

Das heißt, nicht nur bei der Produktion von Reichtum, sondern auch bei der Zirkulation von Geld sind die Zeiten und die Mengen von unterschiedlicher Bedeutung. Die physikalischen Tatsachen werden durch ihr Verhältnis allein nicht ausreichend ausgedrückt. Es mag richtig sein, von der Produktion von Weizen als so und so viele Scheffel pro Sekunde zu sprechen, aber wir dürfen dabei nicht aus den Augen verlieren, dass der natürliche Zeitraum, in dem man die produzierte Menge ausdrücken kann, zumindest in diesem Land ein Jahr ist. Für jede Art von Reichtum gibt es also eine natürliche Produktionszeit, die nicht verkürzt werden kann, wie sehr sie auch verlängert werden mag. In der Geldzirkulation haben wir auch nicht nur eine Fließgeschwindigkeit, bei der 1 Pfund pro Tag mit 365 Pfund pro Jahr identisch ist. [56] Vor allem dort, wo das Geld aus dem industriellen System in die Taschen der Verbraucher fließt, haben wir eine Abfolge

---

[56] Die "Umlaufgeschwindigkeit" oder Schnelligkeit des Umsatzes in der Quantitätstheorie des Geldes - die einfach die durchschnittliche Anzahl der *Geldumläufe* in einem Jahr angibt - scheint keine wichtige Bedeutung zu haben. Ein natürlicherer Zeitraum wäre der durchschnittliche Zeitraum des vollständigen Umlaufs zurück zum Ausgangspunkt.

von Sprüngen - *pecunia facit saltum.* Die Gewinne werden vierteljährlich, halbjährlich oder jährlich verteilt, die Löhne wöchentlich, vierzehntägig oder monatlich und so weiter. Würde man versuchen, ein System im Gleichgewicht mit doppelter Geschwindigkeit arbeiten zu lassen, würde nicht nur zwangsläufig ein ständiges Defizit an fertigem, zu verkaufendem Reichtum entstehen ([57], sondern jeder, der ein monetäres Einkommen erhält, müsste im Durchschnitt doppelt so oft wie zuvor bezahlt werden. Andernfalls käme es zu einem Mangel an Geld.

Die benötigte Geldmenge

Kehren wir zur Betrachtung eines Systems im stabilen Gleichgewicht zurück und nehmen wir an, dass der gesamte Konsum und der Kauf zu Konsumzwecken bei M plötzlich gestoppt wird, die Produktion aber weiterläuft, bis das gesamte Geld im industriellen System durch F abgeflossen ist. Nehmen wir wiederum das Gegenteil an - Konsum und Produktion werden gestoppt, aber der Kauf für den Konsum bei M wird fortgesetzt, bis das gesamte Geld aus den Taschen der Verbraucher in das industrielle System abgeflossen ist. Dann befindet sich das gesamte Geld innerhalb des Systems. Keiner der beiden Vorgänge wirkt sich auf die Gesamtsumme von Geld und Reichtum aus, weder (1) im industriellen System noch (2) außerhalb davon. Die imaginären Operationen dienen lediglich dazu, Reichtum und Geld zu trennen und das eine auf die eine Seite und das andere auf die andere Seite zu stellen. In einem idealen System sollte die Geldmenge wahrscheinlich gleich der Menge des fertigen Reichtums sein. Wenn mit dem letzten halben Penny, der den Verbrauchern aus der Tasche gezogen wurde, überhaupt noch fertiger Reichtum in dem industriellen System vorhanden ist, gibt es kein Geld, um ihn zu kaufen, und daher ist das System überfüllt. Wenn mit all dem Geld in den Taschen der Konsumenten mehr oder weniger fertige Güter als diese im industriellen System zu kaufen sind, kann entweder der Überschuss an Reichtum oder an Geld nicht ausgetauscht werden, oder, wenn der Austausch stattfände, könnte die Konstanz der Preise nicht aufrechterhalten werden.

---

[57] Früher bewiesen.

Diese Überlegungen geben uns eine Vorstellung von der richtigen Geldmenge in einem einfachen Zustand der Dinge, in dem Geld und Reichtum immer den Besitzer wechseln £ für| . Diese Menge sollte den Gesamtbeständen an fertigen Gütern innerhalb und außerhalb des Systems entsprechen, d. h. denjenigen, die auf den Verkauf im Verbrauchermarkt warten, und denjenigen, die bereits gekauft, aber noch nicht verbraucht wurden. Wir können sie £Q oder| Q nennen. Sie wird in der Praxis durch Horten und gegenseitige Kreditgewährung in entgegengesetzter Richtung beeinflusst. Aber das Geld muss in einem bestimmten Verhältnis zum Reichtum stehen. Der Einfachheit halber werden wir diese Faktoren zunächst einmal vernachlässigen. In einem solchen einfachen System ist die Geldmenge innerhalb des Systems gleich der Menge des noch nicht konsumierten Reichtums außerhalb des Systems und die Menge des fertigen Reichtums innerhalb des Systems ist gleich der Geldmenge außerhalb des Systems. Wenn die Konsumenten also £X haben, haben sie| (Q - X) unverbraucht, und die Produzenten haben £(Q-X) und| X zum Verkauf bereit. Da Q konstant ist, kann X, wie wir gesehen haben, schwanken, ohne das System ernsthaft zu beeinträchtigen.

Die Auswirkungen der Geldvermehrung

Wir werden zunächst versuchen, in groben Zügen die Auswirkungen einer bloßen Erhöhung der Geldmenge im System zu sehen, wobei wir die *Einzelheiten* der Art und Weise, wie das neue Geld ausgegeben wird, und den besonderen Punkt im Kreislauf, an dem es eingeführt wird, außer Acht lassen. Der Punkt ist grundlegend, und es ist sehr wichtig, klar zu verstehen, was bei einem unveränderten Preisniveau tatsächlich passieren würde. Wir werden den Produktionsprozess vereinfachen, indem wir zwischen fertigem, verkaufsfertigem Reichtum und unfertigem oder halbfertigem Reichtum unterscheiden, und wir werden die durchschnittliche Zeit, die von Anfang bis Ende für den produzierten Reichtum benötigt wird, T Wochen nennen. Wir nehmen an, dass ein System im Gleichgewicht durch eine Verdoppelung des Geldes seine Produktion und seinen Konsum verdoppelt. Wenn es vorher| A produzierte und A £ pro Woche für Konsum ausgab, produziert und konsumiert es jetzt| $2A$ pro Woche. In der ersten Woche wird *zusätzlich*| A an *unfertigen* Gütern produziert und die gleiche Menge an *fertigen* Gütern entnommen. Nach T Wochen liegen seine Bestände an fertigem Vermögen| AT *unter* dem früheren Gleichgewichtsniveau, während seine Bestände an unfertigem

Vermögen| *AT darüber* liegen. Unter der Annahme, dass diese notwendigen Fertigwarenbestände vorhanden sind, könnte man meinen, dass die Gefahr einer Verknappung vermieden wurde, da von nun an, nach der (T + 1)-ten Woche, wöchentlich eine| A zusätzliche Fertigware zum Verkauf erscheint.

Aber das ist nicht der Fall. Denn *immer* bleibt der Bestand an fertigen Gütern| *AT* unter dem früheren Gleichgewichtswert und der Bestand an unfertigen Gütern| *AT* darüber, während das neue Gleichgewicht von Produktion und Verbrauch eine *Verdoppelung* der fertigen Bestände erfordert. Die Gemeinschaft muss sich also ständig mit weniger Vorräten an Reichtum für den Konsum begnügen, als sie vor dem Anstieg des Konsums hatte, und diese Vorräte können nie wieder aufgefüllt werden, solange wir uns auf die Typen (1) und (2), den einfachen Austausch von Reichtum und Geld, beschränken.

Die Notwendigkeit der Abstinenz oder des Sparens

Betrachten wir nun, wie die Bestände an Geld und Reichtum im vermehrt und vermindert werden. Die normale Geldzirkulation lässt sie, wie wir gesehen haben, unberührt, denn für jedes 1 Pfund, das bei M hineinfließt und| 1 hinausfließt, fließt 1 Pfund hinaus und| 1 hinein bei F. Um sie zu erhöhen, muss der Geldstrom sozusagen von außen nach innen umgeleitet werden, ohne den Markt der Konsumenten zu durchlaufen. Dieses Geld fließt dann hinein, ohne dass es Reichtum entnimmt, und es fließt hinaus, indem es Reichtum hinzufügt, wodurch die Vorräte zunehmen.

Diesen Prozess haben wir bereits symbolisiert

Diesen Prozess haben wir bereits auf verschiedene Weise symbolisiert, die jedoch alle die gleiche *Konsumabstinenz* erfordern. Jemand, der auf dem Weg zum Markt ist, um Vorräte zu kaufen, muss dazu gebracht werden, dem Industriellen sein Geld zu leihen und in diesem Umfang auf seinen üblichen Konsum zu verzichten. Noch einfacher ist es, wenn der Industrielle selbst auf den Gewinn verzichtet und ihn, anstatt ihn zu verteilen, mit demselben Ergebnis wieder in sein Unternehmen steckt. In beiden Fällen steigert der Fabrikant seine Produktion, stellt mehr Arbeiter ein und verringert die Arbeitslosigkeit, indem er das geliehene Geld als Löhne usw. ausgibt und so den Gegenwert des Reichtums in das System einbringt.

Wenn weder das kreditgebende Publikum noch die Produzenten dazu gebracht werden können, zu diesem Zweck auf den Konsum zu verzichten, können sie besteuert werden. Bislang scheint die Besteuerung jedoch nie einen anderen Zweck als die Bezahlung der Staatsausgaben verfolgt zu haben. Die Website ist offensichtlich nur eine Übertragung von Kaufkraft aus den Taschen einer Gruppe von Verbrauchern in die einer anderen Gruppe, die für unsere Zwecke völlig nutzlos ist. Würden die Einnahmen aus der Steuer jedoch nicht zur Deckung der Staatsausgaben verwendet, sondern den Erzeugern geliehen, wäre das angestrebte Ziel erreicht. Man könnte auch ein Staatsdarlehen von der Öffentlichkeit aufnehmen, anstatt eine Steuer zu erheben, und den Erlös an die Erzeuger ausleihen. Aber wie man auch mit diesem Rätsel kämpfen mag, es gibt kein Entkommen aus der anfänglichen Enthaltsamkeit, wenn ein produktives System von einem niedrigeren zu einem höheren Produktionsniveau aufgebaut werden soll. Wir werden später auf die wahrscheinlichen Folgen des Versuchs zurückkommen, diese anfängliche Abstinenz zu vermeiden. Wir befassen uns mit den Auswirkungen, die die willkürliche Veränderung eines einzelnen Faktors auf einen Gleichgewichtszustand hat. Allein der Verzicht auf Konsum kann die Vermögensbestände im System erhöhen. Wenn wir die Fabrik "umgehen" und das Geld in die Taschen der Verbraucher transferieren, ohne das Produktionssystem zu durchlaufen, entziehen wir natürlich in diesem Ausmaß den Beständen des industriellen Systems den entsprechenden Reichtum.

Dies ist die Abstinenz von der Produktion. Sie wurde durch symbolisiert und resultiert normalerweise daraus, dass sich ein Produzent aus dem Geschäft zurückzieht.

Das Problem gelöst

Versuchen wir nun, uns den anfänglichen und den endgültigen Gleichgewichtszustand des Systems vorzustellen, in dem Produktion und Konsum um einen Faktor größer als eins - nennen wir ihn r - erhöht wurden. Das heißt, dass nun$|$ rX in der gleichen Zeit produziert und konsumiert werden soll, wie$|$ X war. Es ist klar, dass sich alles um den Faktor r ändern muss. Wenn vorher $£Q$ ausreichten, müssen wir jetzt $£rQ$ haben, und deshalb muss $£Q(r-1)$ neues Geld ausgegeben werden. Vorher hatten die Verbraucher $£X$ und$|$ $(Q-X)$ noch nicht konsumiert, die Produzenten $£(Q-X)$ und$|$ X zum Verkauf. Vorher gab es auch eine gewisse Menge - nennen wir sie$|$ S - an halbfertigem Reichtum im

System. Jetzt müssen alle diese Mengen mit r multipliziert werden. Wir haben ein System postuliert, in dem bestimmte Mengen in ein bestimmtes Verhältnis gebracht wurden als Ergebnis der Erfahrung, die jeden Betroffenen das beste Verhältnis zwischen Geld und Reichtum lehrt, das für die Führung seiner Geschäfte erforderlich ist, und es ist klar, dass eine bloße Änderung der Skala als erste Annäherung ausreicht, um alles proportional zu ändern. Es ist eher eine falsche Darstellung der Wahrheit, wenn man sich vorstellt, dass eine physische Schwemme von fertigen Gütern auf die Kunden wartet. In Wirklichkeit ist es so, dass jeder Hersteller das richtige Verhältnis zwischen dem Geschäftsvolumen und den Vorräten kennt, die notwendig sind, um das Geschäft auf die effizienteste Art und Weise zu betreiben ( ), und nicht weit von diesem Verhältnis abweichen wird. Es wäre ein großer Verlust für ihn, wenn er versuchen würde, zu viele Vorräte zu halten, und er stellt die Produktion ein, wenn seine Vorräte zu groß werden. Genauso könnte er für eine kurze Zeit versuchen, in einem Boom mit unzureichenden Beständen weiterzumachen, würde aber in der Praxis die Preise erhöhen, wenn er seine Bestände nicht auf das für die effiziente Durchführung des Geschäfts erforderliche Verhältnis bringen kann.

Die Aufgabe, ein zusätzliches| Q (r - 1) an fertigen Vorräten im System zu akkumulieren, wird also dadurch erfüllt, dass diejenigen, die normalerweise konsumieren und zum Konsum berechtigt sind, auf verzichten und ihre Konsumbefugnisse auf neue Arbeitnehmer übertragen, die so viel einbringen, wie sie herausnehmen. Ein bloßes Horten des Geldes wäre natürlich mehr als nutzlos. Dies geschieht natürlich allmählich, wie später noch näher erläutert wird, bis die Vorräte vom Rohmaterial bis zu den Fertigprodukten aufgebaut sind und die ersten von ihnen zum Verkauf bereitstehen. Sobald dies der Fall ist, müssen die neuen £ Q (r - 1), die zur Verteilung benötigt werden, gedruckt und an die konsumierende Öffentlichkeit ausgegeben werden, um das neue Produktions- und Konsumvolumen auf unbestimmte Zeit auf dem höheren Niveau zu halten. Die Ausgabe würde normalerweise gegen Staatsausgaben erfolgen, die auf diese Weise anstelle von Steuern bezahlt werden. In der Praxis würden der Ausgabesatz und seine genaue Höhe natürlich nicht von einer theoretischen oder komplizierten Berechnung, wie sie hier versucht wurde, abhängen, sondern, wie bereits erläutert, von der tatsächlichen Indexzahl des Preisniveaus und sobald das Erscheinen des größeren Volumens an neuem Reichtum auf dem Markt die Überzeugung rechtfertigte, dass eine neue Ausgabe gemacht werden könnte, ohne dass das Preisniveau ansteigt.

Aber wir können die Rechnung auch im einfachen Beispielsfall vollenden. Von den an die Verbraucher ausgegebenen £ Q (r - 1) werden schließlich £ (Q - X) (r - 1) im Tausch gegen| (Q - X) (r - 1) dauerhaft *in das* System gelangen und £ X (r - 1) in den Händen der Verbraucher bleiben. Die Bestände innerhalb des Systems steigen also von £ X und £ S auf £ rX und £ rS und von £ (X - Q) auf £ r (Q - X) in Geld, denn das sind die Gleichgewichtsbedingungen, die sich von selbst einstellen werden. Was sich aber nicht von selbst regelt und "gemanagt" werden muss, ist (1) die anfängliche echte Abstinenz und die Übertragung der Kaufkraft vom Konsumenten auf den Produzenten; (2) die Ausgabe von neuem Geld. Das erste ohne das zweite ist ein ebenso großes Übel wie das zweite ohne das erste.

Denn es bedeutet, dass die eingekauften Waren trotz aller Anstrengungen und Opfer unmöglich zu konstanten Preisen verkauft werden können. Das Geld für die Fortführung der neuen Produktion fließt nicht mehr in das System, sobald die Kredite auslaufen. Die zusätzlichen Arbeitskräfte, die zur Steigerung der Produktion eingestellt wurden, werden entlassen. Die zusätzlich angehäuften Vorräte müssen verkauft werden, und während dies geschieht, wird so viel zusätzliche Arbeitslosigkeit verursacht, wie während ihrer Anhäufung zusätzliche Beschäftigung geschaffen wurde. So fällt die Beschäftigung vorübergehend sogar unter das ursprüngliche Niveau, so wie sie anfangs vorübergehend darüber lag. In der Tat ist dieses schwer fassbare und doch höchst elementare Rätsel wahrscheinlich für so viele vergebliche menschliche Anstrengungen und die Verschwendung von Leben verantwortlich gewesen wie alle anderen Tragödien von Hungersnöten, Seuchen und Kriegen zusammengenommen.

Der Zusammenhang zwischen Abstinenz und neuem Geld

Die wichtigste Korrektur, die in die vorstehenden Überlegungen einzuführen ist, besteht darin, die Auswirkungen der Hortung und des gegenseitigen Kredits zu berücksichtigen, und sie ist sehr einfach. Anstatt £Q zu benötigen, um| Q an fertigen Vorräten zu verteilen, werden wir eine andere Menge £KQ benötigen, wobei K ein unbekannter Faktor ist. Sie wird sich nur langsam mit den geschäftlichen und häuslichen Gewohnheiten der Menschen ändern.

Statt der Ausgabe von £Q (r - 1) neuen Geldes wird £KQ (r - 1) erforderlich sein. Aber diese Überlegungen berühren nicht im Geringsten die Notwendigkeit der Konsumabstinenz in vollem Umfang[58] der erhöhten Bestände an Fertig- und Halbfertigwaren. In der Praxis wäre man natürlich völlig unabhängig von der Notwendigkeit, die numerischen Werte der verschiedenen beteiligten Mengen und Faktoren im Voraus zu kennen. Das Preisniveau ist der einzige Indikator, der benötigt wird; aber die Arbeitslosenzahlen und die Frage, ob die Fabriken voll ausgelastet sind oder nicht, sind natürlich wertvolle Hinweise auf die allgemeine Frage.

In dem vorgeschlagenen idealen System sollte das Geld in den Taschen der Verbraucher - ohne Berücksichtigung der Hortung und der gegenseitigen Anleihen - der Menge der zum Verkauf stehenden Fertigwaren entsprechen. Die geforderte Geldvermehrung muss auf jeden Fall proportional zur Vermehrung der Fertigwarenbestände sein, wenn nicht sogar gleich. Die anfängliche Enthaltsamkeit ist auf jeden Fall gleich der Zunahme der gesamten Vorräte, sowohl der fertigen als auch der unfertigen, die notwendig ist, um das System auf ein höheres Niveau zu bringen. Das bedeutet, dass das neu emittierte Geld niemals mehr als einen Teil - in der Regel einen kleinen Teil - der anfänglichen Enthaltsamkeit zurückzahlen kann; höchstens das Verhältnis der fertigen zu den gesamten Vermögensbeständen.

Später werden wir sehen, dass nicht nur, wie hier, bei der Akkumulation von flüssigem Kapital, sondern in allen Fällen der Kapitalakkumulation Schulden gegenüber Einzelpersonen gemacht werden, die niemals zurückgezahlt werden können und daher dauerhaft verzinst werden müssen.

Eine detailliertere Illustration

Nur wenige Menschen, die nicht versucht haben, einen Weg zu finden, dies zu tun, werden bereit sein, der Aussage Glauben zu schenken, dass es absolut unmöglich ist, den Wohlstandsbestand in

---

[58] Ein Teil dieser Enthaltsamkeit kann auf die unbewusste Enthaltsamkeit der Geldbesitzer zurückzuführen sein und nicht auf bewusste Investitionen, wie wir gleich sehen werden.

einem industriellen System zu erhöhen und es von einem niedrigeren auf ein höheres Produktionsniveau zu bringen, ohne eine Form der anfänglichen Enthaltsamkeit oder des "Sparens" seitens der Verbraucher oder Produzenten. Wir haben die allgemeine Lösung des Problems hinreichend skizziert, aber es kann lehrreich sein, einen oder zwei Punkte genauer zu betrachten. Betrachten wir die Produktion einer Ware von Anfang bis Ende in drei aufeinanderfolgenden Fabriken oder Märkten. Der erste Hersteller, der mit den Rohstoffen handelt, benötigt den ersten Kredit, um seine Produktion zu steigern, mehr Löhne zu zahlen usw. Nehmen wir an, er erhält einen Kredit in Höhe von l_1 Pfund, den er in Form von Löhnen und Gewinnen auszahlt und damit dem System $|_{l(1)}$ neuen unfertigen Reichtum zuführt. Sobald es bereit ist, an den zweiten Fabrikanten überzugehen, wird dieser einen Kredit von l_1 + $_{l(2)}$ benötigen, l_1, um das $|_{l(1)}$ von der ersten Fabrik zu kaufen, und l_2, um es als Löhne usw. für seine Umwandlung in l_1 + $_{l(2)}$ auszuzahlen. Der erste Hersteller benötigt keinen weiteren Kredit, da er durch den Verkauf seines Produkts £l_1 erhält und so seine Produktionssteigerung ein zweites Mal wiederholen kann. In der dritten Periode benötigt der dritte Hersteller einen Kredit in Höhe von £l_1 + $_{l(2)}$ + $_{l(3)}$, $|_{l(1)}$ + $_{l(2)}$, um das Material vom zweiten Hersteller zu kaufen, und £l_3 für seine Kosten bei der Umwandlung des Materials in eine weitere Stufe $|_{l(1)}$ + $_{l(2)}$ + $_{l(3)}$. Von den £l_1 + $_{l(2)}$ ermöglichen die £l_2 dem zweiten Hersteller die Verarbeitung einer zweiten Charge von Waren und die £l_1 dem ersten Hersteller die Herstellung einer dritten Charge.

Da es sich um echte Kredite handelt, werden die normalen Bestände an fertigem Reichtum während dieser ganzen Zeit nicht abgebaut. Aber durch Kredite in Höhe von £$3l_1$ + $2l_2$ + $_{l(3)}$; $|_{l(1)}$ + $_{l(2)}$ + $_{l(3)}$ steht nun zusätzlicher Reichtum zum Verkauf bereit, und zwei separate Mengen an Zwischenprodukten £l_2 + $_{l(1)}$ und £l_1 sind auf dem Weg. Die drei Hersteller haben ihre regelmäßigen Lohn- und sonstigen Zahlungen um £l_1, £l_2 bzw. £l_3 erhöht.

Nehmen wir an, die Kredite werden nun eingestellt. Die Sparsamen und die Geschäftsleute haben ihren Teil getan, und der Reichtum steht auf dem Markt der Verbraucher zum Verkauf. Wie um alles in der Welt kann es verkauft werden? Wenn es nicht verkauft wird, dann können die zusätzlichen Zahlungen £l_1 + $_{l(2)}$ + $_{l(3)}$ natürlich nicht länger fortgesetzt werden. Es ist nicht nur wahr, dass es nur hergestellt werden kann, sondern es ist ebenso wahr, dass es nur *verkauft* werden kann, wenn diese Zahlungen fortgesetzt werden. Der Konsum wurde bisher durch die Akkumulation nicht erhöht, da die Kredite, wenn sie echt sind, nur die fertigen Waren auf die neuen Arbeiter übertragen, die

die Kreditgeber sonst selbst gekauft und verbraucht hätten. Wenn die Kredite aufhören, wird der Konsum nicht erhöht, es sei denn, die neuen Arbeiter werden weiter beschäftigt. Da zuvor das im Umlauf befindliche Geld ausreichte, um den früheren Reichtumsfluss zu verteilen, ist es offensichtlich, dass es jetzt proportional erhöht werden muss, um den erhöhten Fluss zu verteilen, und dies kann am einfachsten durch den Erlass von Steuern und die Bezahlung der Staatsausgaben mit dem neu ausgegebenen Geld in Umlauf gebracht werden. Wenn kein neues Geld ausgegeben wird, um den Reichtum für den Konsum zu kaufen, wird der gesamte ausgeklügelte Prozess rückgängig gemacht. Die Vorräte können nicht verkauft werden, die zusätzlichen Löhne, Gehälter, Gewinne, Dividenden usw. können nicht ausgezahlt werden, die zusätzlich eingestellten Arbeitskräfte müssen wieder entlassen werden, um ihre Arbeitslosigkeit wieder aufzunehmen , und der Klassenhass, der auf der Gewissheit beruht, dass die herrschenden Klassen des Landes entweder die Elemente ihres Geschäfts nicht verstehen oder aber absichtlich versuchen, die Arbeiter zu versklaven, ist das natürliche Ergebnis.

Der Fall der bestehenden Glut

Wenn im letzten Beispiel anfangs ein ausreichendes Überangebot an fertigen Gütern auf dem Markt vorhanden war, könnte man auf die anfängliche Enthaltsamkeit verzichten und das neue Geld sofort als Kredite an die Industrie ausgeben. Nehmen wir zur Veranschaulichung an, diese unverkäuflichen Fertigwarenbestände beliefen sich auf| M1. Es wird neues Geld in ausreichender Menge gedruckt und nach und nach ausgegeben, so dass die Vermögensbestände über den Erfordernissen des früheren Produktionsumfangs liegen und in der Lage sind, das ständig erhöhte Produktionsniveau zu halten.

Neues Geld, das einmal in das System eingebracht wurde, zirkuliert natürlich für immer weiter, abgesehen von zufälligem Verlust oder Zerstörung des Geldes. Aber es bringt bei jeder Zirkulation so viel Reichtum hinein, wie es herausnimmt, immer vorausgesetzt, dass die bestehende Organisation in der Lage ist, ohne neuen Kapitalaufwand die erhöhte Produktion zu bewältigen, und dass es genügend arbeitslose Arbeiter gibt. Unter der Voraussetzung, dass durch *eine* solche Ausgabe die Räder der Industrie fröhlich in Gang gesetzt werden, darf die Medizin nicht wiederholt werden. Bei ausreichender anfänglicher

Enthaltsamkeit, die der Ausgabe des neuen Geldes vorausgeht, kann der Aufbau der Industrie hingegen durchaus fortgesetzt werden. Der Konsum der Verbraucher, wie die Zirkulation des Geldes, dauert ewig und kann nicht durch ständige Neuemissionen gedeckt werden. Es handelt sich also um einen völlig anderen Vorschlag als den einer nationalen Dividende, die nur in einer kommunalistischen, nicht aber in einer individualistischen Gesellschaft in Frage käme. Die Umstände, die eine solche gelegentliche Ausgabe von neuem Geld möglich machen würden, würden natürlich niemals eintreten, wenn das Geld national wäre und regelmäßig anstelle von Steuern ausgegeben würde, um die Preise konstant zu halten, während die nationale Produktion von Reichtum zunimmt.

Das Argument, dass es unsinnig sei, die Gesellschaft durch irgendwelche "Währungsmanipulationen" zu retten, weil eine relativ kleine Geldmenge ausreicht, um eine unendlich große Menge an Reichtum in Umlauf zu bringen, ist in Wirklichkeit zweischneidig. Die Gesellschaft könnte in der Tat gerade dadurch gerettet werden. Das Maß an Enthaltsamkeit, das im Vorfeld dieser kleinen Ausgabe erforderlich ist, ist ebenfalls fast ebenso trivial, jedenfalls dort, wo arbeitslose Arbeitskräfte und Kapital in Hülle und Fülle vorhanden sind. Es wäre absurd anzunehmen, dass der gewöhnliche Geschäftssinn der industriellen Welt nicht aus den Gewinnen die notwendigen Materialvorräte beschaffen würde, wenn die Märkte dafür durch die ordnungsgemäße Ausgabe von Staatsgeld gesichert wären.

Es war notwendig, kompromisslos auf der Notwendigkeit einer *anfänglichen* Abstinenz zu bestehen, aber dies darf nicht mit der chronischen Abstinenz und dem Motto "mehr arbeiten und weniger konsumieren" des Wucherers verwechselt werden. Genau wie bei der Ausgabe von neuem Geld ist die Enthaltsamkeit nur einmal erforderlich. Bei arbeitsloser Arbeit und arbeitslosem Kapital würde eine Enthaltsamkeit höchstens im Umfang der flüssigen Vermögensbestände im System die Konsumkraft aller im Durchschnitt für *immer verdoppeln*.

So würde es für einen Banker aussehen

Wir haben soeben den einzigen Fall betrachtet, in dem eine Emission neuen Geldes ohne anfängliche Enthaltsamkeit dauerhaften Wohlstand schaffen könnte, nämlich dann, wenn ein Übermaß an unverkäuflichen Fertigwaren auf dem Markt ist. Wenn wir aber die wesentliche Bedingung untersuchen, die diesen Zustand herbeigeführt hat, werden wir feststellen, dass er auf Enthaltsamkeit zurückzuführen ist und auf nichts anderes, erzwungene und unfreiwillige zwar, aber dennoch Enthaltsamkeit.

Einzelne Eigentümer haben ihr Vermögen oder ihre Einkünfte in der Industrie versenkt, wenn sich Vorräte angesammelt haben, und sind am Ende ihrer Ressourcen angelangt. Diese Personen sind in der Regel selbst die Produzenten, und die als vorübergehend gedachte Investition ist unrealisierbar geworden. Die Waren sind da, gehören ihnen und warten auf den Verkauf, aber sie können nicht verkauft werden.

Bevor wir vorschnell zu dem Schluss kommen, dass die Befugnis der Banken, Geld zu schaffen und es an die Industrie zu verleihen, in diesem Fall gerechtfertigt ist, sollten wir uns genau fragen, ob dies die Bedingungen sind, unter denen Bankkredite tatsächlich ausgeweitet oder eingeschränkt werden würden.

Die Industrie ist mit unverkäuflichen Waren überschwemmt. Es gab einen Markt während der Zeit, in der die Hersteller Zahlungen, Löhne usw. aus ihren eigenen Mitteln für die Produktion der Akkumulation leisteten, um einen Markt aufrechtzuerhalten. Die Produzenten übertrugen ihre Ansprüche auf den Markt auf die neuen Arbeiter, die die Akkumulation einsetzten. Aber jetzt, wo sie am Ende ihrer begrenzten Ressourcen sind und ihr Kapital in den produzierten Gütern gebunden ist, hört der Prozess der Akkumulation auf, und mit ihm die Nachfrage auf dem Markt nach Gütern von denen, die früher an der Schaffung dieser Akkumulation beteiligt waren. Der Boden des Marktes bricht weg. Die aufgeblähten und an Wert verlierenden Bestände müssen verkauft werden, wenn es keine Käufer gibt. In diesem psychologischen Moment muss sich der Industrielle an den Bankier wenden, um neues Geld zu bekommen, damit die Industrie weiterarbeiten kann. Er kann auf die Tatsache verweisen, dass die Produktion den Verbrauch bei weitem übersteigt, dass es, in der Bankensprache, einen großen Spekulationsboom gegeben hat, dass es überhaupt keinen Markt für die Dinge gibt, die er produziert und die er unbegrenzt weiter produzieren könnte, wenn er sie verkaufen könnte, und dann demütig um Kredite bitten, um die Produktion zu erleichtern! Der Bankier würde ihn für verrückt halten. Er würde sagen: "Ist Ihnen nicht klar, dass Ihre Produktion bereits die Märkte überflügelt hat und dass die Kredite eingeschränkt, aber nicht ausgeweitet werden müssen, bis die überfüllten Lagerbestände abgebaut sind?" So wird die

Produktion jetzt so weit unter den Normalwert gedrückt, wie sie während der anfänglichen Akkumulationsphase über dem Normalwert lag. Die Akkumulationen werden durch den ausgeklügelten Prozess des Kaufkrafttransfers von dem Ort, an dem sich das restliche Geld des Landes gerade befindet, durch Besteuerung abgebaut, um die Arbeitslosen zu versorgen und irgendwie weiterzumachen, und dann, sobald die Auswirkungen der anfänglichen Enthaltsamkeit vollständig verschwunden sind, ist das der psychologische Moment, in dem die Banker aufblasen werden.

Die Folgen der fiktiven Abstinenz

Die Folgen sind bereits hinreichend bekannt. Die Bestände an fertigem Reichtum werden geleert und die Bestände an Zwischenprodukten werden nur bis zum neuen Niveau erhöht, um den Boom aufrechtzuerhalten. Es gibt einen Mangel an zu verkaufenden Gütern und eine Zunahme des Geldes, um sie zu kaufen, zur gleichen Zeit. Ein Preisanstieg ist unter diesen Bedingungen unvermeidlich. Aber man darf nicht annehmen, dass der Anstieg der Einzelhandelspreise die Lagerbestände erhöht, indem er bewirkt, dass jeder Pfund auf dem Markt der Verbraucher eine geringere absolute Menge an fertigen Gütern entnimmt. Ganz und gar nicht. Die Gewinne werden lediglich erhöht. Wenn das Preisniveau um 10 % steigt, entnimmt jeder £1 nur 10/11 der Wareneinheit, die vorher £1 wert war, aber von den £1 sind £1/11 zusätzlicher Gewinn und kommen sofort wieder zurück, um den Rest zu entnehmen. Der Preis einer Ware wird manchmal als das definiert, was sie einbringen wird. Es ist unbestreitbar, dass er nicht nur das ist, was er den Verbrauchern aus der Tasche zieht, sondern auch das, was er den Produzenten in die Tasche steckt. Aber der Produzent ist auch ein Verbraucher, und der Teil, der über die Kosten des Verkäufers hinausgeht, der Gewinn, wird von ihm als sein Privateigentum in seiner Eigenschaft als Verbraucher betrachtet. Der Rest ist bereits an die anderen an der Produktion Beteiligten gezahlt worden oder wird an sie gezahlt, und jeder von ihnen behandelt ihn seinerseits als Privateigentum, das er für die Verbraucher ausgibt.

Die Symbolik wird schwer fassbar, wenn das Preisniveau schwankt, aber das tut der Nützlichkeit dieser Methode zur Betrachtung des Problems keinen Abbruch. Denn auch hier gilt, dass entweder die Mengen oder die Geldwerte der Bestände an fertigen Gütern nur dann steigen können, wenn diese nicht erwirtschafteten Gewinne wieder in das Unternehmen zurückfließen.

Zunächst kommt es lediglich zu einer Änderung der Verteilung zwischen dem Verbraucher und dem Verkäufer, ebenfalls ein Verbraucher. Was der eine verliert, bekommt der andere. Aber wenn der Preisanstieg durch das industrielle System auf die Fabrik übertragen wird und beginnt, sich auf die Löhne und die Zahlungen für Dienstleistungen sowie auf die Gewinne auszuwirken, dann wird die absolute Menge des Reichtums, die durch die Zahlung von 1 Pfund in das System eingebracht wird, verringert. Die Vermögensbestände im System, die bis dahin durch den Preisanstieg quantitativ nicht verändert wurden, beginnen nun quantitativ zu sinken . Sie nehmen quantitativ weiter ab - und der Geldwert pro Mengeneinheit steigt -, bis die erhöhte Geldmenge im Umlauf nur noch für die gleiche Produktionsmenge wie vor der Erhöhung bezahlt wird - es sei denn, dass die Produzenten selbst oder andere echte Investoren durch den Verzicht auf die Ausschüttung von Überschussgewinnen die Vermögensbestände im System erhöhen.

Das Vorhandensein von Reichtum ist ein Beweis dafür, dass jemand produziert und noch nicht konsumiert hat. Der vorhandene Reichtum ist der Überschuss der Produktion über den Verbrauch und den Verfall seit Anbeginn der Zeit. Die Gesamtheit des Reichtums - abgesehen von dem Teil, der zum festen Gemeinschaftskapital gehört, wie Häfen, Straßen und dergleichen - hat einzelne Eigentümer, die sich in diesem Umfang des Konsums enthalten haben. Darüber hinaus wird die Enthaltsamkeit, die dem Wert des gesamten Geldes des Landes entspricht, von den Geldbesitzern ausgeübt, die freiwillig, aber zum größten Teil unbewusst, nicht nur auf den Konsum, sondern auch auf den Besitz verzichten.

Es würde zu weit in den Sumpf der wirtschaftlichen Ungewissheit führen, weiter auf die Frage nach den Folgen eines sich ändernden Preisniveaus und allem, was damit verbunden ist, einzugehen. Aber der allgemeine Charakter der Auswirkungen eines Preisanstiegs kann angedeutet werden. Abgesehen von der *Erhöhung* des Wohlstandsniveaus, bevor auch nur das frühere Niveau *wieder erreicht* werden kann, müssen nach dem Preisanstieg Verluste in Höhe der während des Anstiegs erzielten Überschüsse von jemandem getragen werden. Dagegen wehren sich natürlich alle, die an der Produktion beteiligt sind, Arbeitgeber und Arbeitnehmer, und das erklärt die Schwierigkeit, das Preisniveau nach einem Anstieg wieder zu senken. Es muss genügen, wenn gezeigt wurde, dass die bloße

Ausgabe neuen Geldes, sei es durch den Staat, die Banken oder durch Geldfälschung, zwar vorübergehend die Produktion und den Konsum anregt, aber durch die Erschöpfung der Vorräte an fertigem Reichtum zu einem Preisanstieg führt und, sofern sie nicht durch reale Investitionen, die die fehlenden Vorräte ergänzen, kompensiert wird, das System unter das frühere Niveau der realen Produktion zu einem überhöhten Preis drückt.

Was bisher Produktion und Konsum begrenzt hat

Aber noch einmal können wir die oft wiederholte Frage stellen: Was hat unter dem System, das im letzten Jahrhundert in Mode war, die Expansion der Wohlstandsproduktion begrenzt? - um sie dieses Mal zu beantworten. Der Anstieg der Preise ist Ausdruck des Mangels an Fertigwaren. Er führt natürlich zu dem Versuch, diese durch Importe aus dem Ausland zu decken. Es gibt keine Waren, die im Gegenzug exportiert werden können. Mit anderen Worten: Der Preisanstieg macht das unrentabel. Aber es gibt die eine Form von Fertigwaren, die künstlich auf einem konstanten Geldpreis gehalten wird, nämlich Gold, und das Land wird daher seines Goldes beraubt, um für den Überschuss an Importen zu bezahlen.[59] Dies machte automatisch die Position des Bankiers unsicher und seine Bank anfällig dafür, durch eine Forderung nach gesetzlichem Zahlungsmittel gebrochen zu werden, zumindest vor dem Krieg und dem Moratorium, wenn auch nicht mehr jetzt. So werden Kredite in Anspruch genommen, Geld vernichtet und das Produktionsvolumen auf eine Grenze reduziert, die für den Bankier sicher ist, aber nicht ausreicht, um die Nation zu unterstützen. Wie wir bereits gesehen haben, ist es in dem Maße, in dem es eine gleichzeitige Inflation der Währung in allen Ländern gab, so dass das Gold nicht dazu neigte, von einem zum anderen zu fließen, zu einem permanenten Anstieg des Preisniveaus in allen Ländern gekommen und die Beschränkung der Währung kommt dann nicht automatisch. Aber die finanziellen Interessen des Bankiers sind in erster Linie die der Gläubigerklasse. Er schuftet nicht, er spinnt auch nicht, sondern lebt von den Zinsen. Ein Preisanstieg, der sich nicht vermeiden lässt,

---

[59] Über dieses Thema, das als Ursache und nicht als Wirkung behandelt wird, ist eine ganze Bibliothek geschrieben worden.

solange niemand auf das Geld verzichtet, das er zum Verleihen schafft, ist daher eine sehr unwillkommene Folge. Der Anleihegläubiger und die reine Gläubigerklasse im allgemeinen, die feste Geldzinsen erhalten, sehen ihr Realeinkommen proportional zum Preisanstieg geschmälert. Andererseits werden ihre Forderungen als *erste* beglichen, wenn die Industrie ruiniert wird. Daher wird die Währung eingeschränkt und versucht, die Preise zu drücken, obwohl für die Banken keine Gefahr der Zahlungsunfähigkeit besteht, weil der Mechanismus vollständig von denjenigen kontrolliert wird, die durch diese verhängnisvolle Politik wenig zu verlieren und viel zu gewinnen haben.

Die einzige Möglichkeit, die anfängliche Abstinenz zu vermeiden

Es ist interessant, auch in einer anderen Richtung festzustellen, wie unvereinbar die Psychologie des Bankiers mit den physischen Faktoren der Wohlstandsproduktion ist. Es ist klar, dass bei einem gegebenen Preisniveau und bei einer gegebenen Produktions- und Konsumtionsrate des Reichtums das Geld umso weniger schnell zirkulieren muss, je mehr Geld im Lande ist. Wenn es die gleiche Zeit bräuchte, um einmal im System zu zirkulieren, wie es im Durchschnitt braucht, um Reichtum zu produzieren, könnte die Geldmenge gleich dem Gesamtbestand an fertigem und halbfertigem Reichtum sein, und es wäre keine andere Enthaltsamkeit erforderlich als die freiwillige zinslose Enthaltsamkeit der Geldbesitzer. Das Geld könnte "gegen die Waren" im industriellen System ausgegeben werden, wie manchmal behauptet wird. Stattdessen besteht die ganze *Daseinsberechtigung* des Bankwesens, die sich aus der Zeit ableitet, als die Edelmetalle die einzige Währung waren, darin, in der Menge des notwendigen Geldes zu "sparen" und seine Umlaufgeschwindigkeit so weit wie möglich zu erhöhen, damit es niemals "unfruchtbar" und "ungenutzt" bleibt, sondern immer wieder "produktiv genutzt" wird.

Wenn die Zirkulation nur verlangsamt werden könnte, um mit der natürlichen Zeit der Produktion von Reichtum übereinzustimmen, könnte es proportional zu dieser Zunahme der Produktion ausgegeben werden, ohne die Preise überhaupt zu erhöhen. Er selbst würde die zur Erhöhung der Vorräte erforderliche Enthaltsamkeit bezahlen.

Wer profitiert und wer zahlt?

Da die Produktion von Reichtum im Wesentlichen eine fertige Wissenschaft ist, ist es eine Beleidigung für unsere Intelligenz, sie als etwas zu betrachten, das wie das Wetter jenseits des Verstandes der Sterblichen liegt, um es zu kontrollieren oder zu verstehen. Das fieberhafte Hin und Her des Handelszyklus sollte ein Ende haben. Er sollte einem gleichmäßigen Wohlstand Platz machen, wodurch Hungersnöte und Dürren auf ihre tatsächliche lokale Bedeutung reduziert werden und die ganze Welt zum gegenseitigen Vorteil zusammenarbeiten kann. Es gibt viele Menschen, die mit außergewöhnlichen Begabungen ausgestattet sind und denen dies nicht zusagen würde. Aber sie sind die Nutznießer und nicht die Leidtragenden des derzeitigen Chaos. Es ist der Verbraucher, der für all die brillanten Glücksspiele und Spekulationen sowie für all die grundlegende Unwissenheit und Inkompetenz zahlt, die das individualistische System zu dem machen, was es ist. Wenn die Demokratie begriffen hat, dass die Produktion von Reichtum heutzutage in Wirklichkeit eine Angelegenheit der wissenschaftlichen Technik ist und nicht in erster Linie eine, wie man Papierstücke zu Zinsen bringt, und dass es für die Wissenschaft nicht nur müßig, sondern höchst gefährlich ist, ihren Reichtum zu vermehren, wenn die Währung nicht in angemessenem Umfang für den Gebrauch ausgegeben wird, dann wird sie etwas gelernt haben, das, ganz nüchtern betrachtet, so nahe an der Wurzel der wirtschaftlichen Freiheit liegt, wie es gegenwärtig möglich ist. Es ist sicherlich viel näher an ihr als die parteipolitischen Glaubensbekenntnisse, seien es die älteren Themen des Individualismus und des Sozialismus oder die seltsamen Mischformen, die in Russland und Italien entwickelt werden. Bisher sind wir in diesen Fragen nicht viel weiter gekommen als die Idee des Iren, sein Schwein zu füttern, es an einem Tag zu mästen und am nächsten zu verhungern, um durchwachsenen Speck zu bekommen. Das Schwein ist gestorben, und unsere durchwachsene Zivilisation der Fetten und Mageren befindet sich in einem ebenso schlimmen Zustand.

KAPITEL XII

AKKUMULATION VERSUS VERTEILUNG

Die Akkumulation von Kapital

In der vorangegangenen Untersuchung der Frage, wie die Produktion gefördert und die Arbeitslosigkeit beseitigt werden kann, haben wir die Schlüsselrolle hervorgehoben, die die anfängliche Konsumabstinenz bis zur Konsumreife der produzierten Güter für das Problem der Preise spielt. Der Fall beschränkte sich auf die Akkumulation der notwendigen Bestände an flüssigem Reichtum im System unter der Annahme, dass arbeitslose Arbeitskräfte und Kapital verfügbar sind. Die gleichen Überlegungen gelten aber auch für die Akkumulation von festem Kapital. Wir können uns vorstellen, dass der Fluss des Reichtums in fest ummauerten Arterien verläuft, und wir können zwischen flüssigem Reichtum und festem Reichtum unterscheiden - wobei der erstere Begriff den Teil bezeichnet, der tatsächlich aus dem System herausfließt und auf dem Markt der Konsumenten zum Verkauf erscheint, und der letztere die Produktionsorgane selbst, die durch Prozesse, die mit denen für den flüssigen Reichtum identisch sind, in das System hineingesteckt werden müssen, aber nie zum Konsum herauskommen oder herauskommen können. Es ist wirklich richtiger, in dieser Kategorie des festen Reichtums jenen Teil des flüssigen Reichtums zu betrachten, der notwendig ist, um die Arterien zu füllen, denn obwohl er immer weiterfließt, gibt es notwendigerweise immer eine bestimmte Menge im System, die nicht reduziert werden kann, ohne die Produktion dauerhaft zu verringern. Es gibt zwar einen Unterschied, wenn wir eine Fortsetzung der früheren Schwankungen des Preis- und Produktionsniveaus in Betracht ziehen, aber bei einem einigermaßen stabilen System gäbe es keinen. Es hat keinen Sinn, sich die Mühe zu machen, das System aufzubauen, um es später wieder abzubauen. Wenn wir uns hingegen mit der Akkumulation von Anlagekapital befassen, kommt es nicht nur nie aus dem System auf den Markt der Verbraucher, sondern es kann auch nie herauskommen. Früher oder später kommt es innerhalb des Systems selbst an das Ende seiner Nutzungsdauer.

Generell besteht *die einzige* Möglichkeit, den Reichtumsbestand im System zu erhöhen, sei es, um eine größere Produktion zu erreichen, sei es, um zunächst einmal Kapital zu akkumulieren, darin, das Geld am Markt der Verbraucher vorbeizuschleusen, so dass es das Produktionssystem zweimal statt einmal durchläuft. Dadurch wird dem System der doppelte Wert des Reichtums zugeführt, den es herausnimmt. Aber es schafft Schulden bei den Individuen, die ihre Kaufkraft aufgeben, und wie sehr wir auch mit dem Problem ringen, wir müssen zu dem Schluss kommen, dass *diese Schulden niemals wirklich zurückgezahlt werden können.*

Es ist ein unbestreitbares Postulat, dass der gesamte Reichtum, der in das System hineingesteckt wird, gemessen an den Produktionskosten, nicht nur nicht herauskommt, sondern auch nicht herauskommen kann.

Wie das Geld ist auch das Kapital individuell
Reichtum und kommunale Schulden

Bestimmte Arten von Reichtum können zwar verschiedenen Zwecken dienen und in einem Wirtschaftszweig als festes Kapital und in einem anderen als Rohmaterial für flüssigen Reichtum dienen. In einem sehr unbedeutenden Ausmaß kann eine Gemeinschaft wie ein Kamel "auf dem Buckel leben" und ihre Kapitalakkumulation für den Konsum verbrauchen. Aber das ist die Ausnahme. Keine primitive Gemeinschaft würde damit rechnen, ihre Pflüge zu essen, wenn ihr das Brot ausgeht. Die finanzielle Mentalität des modernen Menschen verhindert, dass diese elementaren Überlegungen richtig gewürdigt werden. Da Produktion und Verteilung durch Geldscheine geregelt werden, wird kein richtiger Unterschied zwischen Pflug und Brot gemacht, da beide gleichermaßen gegen Geld getauscht werden. Der Wirtschaftswissenschaftler hat es versäumt, ihn über die beiden völlig unterschiedlichen Kategorien von Reichtum aufzuklären. Der moderne Mensch ist daher geneigt zu denken, dass er dasselbe konsumieren kann, ob das, was er produziert, konsumierbar ist oder nicht! Das kann er nur, wenn er die eine Form des Reichtums durch Außenhandel gegen die andere eintauschen kann.

Unabhängig davon, ob das Äquivalent des in das System eingebrachten Reichtums jemals wieder aus dem System herauskommt oder nicht, müssen alle anfallenden Kosten aus den Taschen der Verbraucher entnommen werden, entweder auf dem Verbrauchermarkt oder *auf* dem *Weg* dorthin. Wenn dies auf dem Verbrauchermarkt geschieht, wird dem System so viel Reichtum entzogen, wie wieder hineingesteckt wird, wenn das Geld aus dem Produktionssystem zirkuliert. Der Betrag, der dem Verbraucher entzogen wird, ist notwendigerweise größer als der Betrag, den er erhält, und zwar in hohem Maße, wenn Kapital, das nicht in konsumierbaren Reichtum umgetauscht werden kann, akkumuliert wird, aber immer so, dass Verschwendung und Wertverlust ausgeglichen werden.

Dies ist nicht nur eine banale Feststellung, dass der Verbraucher mehr als den Selbstkostenpreis für seine Waren bezahlt, denn bei dieser Methode der Annäherung an das Thema muss man bedenken, dass alle Gewinne ebenso wie die Löhne als Teil der Kosten betrachtet werden und nichts darüber unterstellt wird, ob die Kosten angemessen oder erpresserisch, notwendig oder vermeidbar sind. Das bedeutet, dass immer Geld in das System hineingesteckt werden muss, ohne den Markt der Verbraucher zu passieren, wodurch mehr Reichtum hineingesteckt als herausgenommen wird.

Wenn also im Falle der Verschwendung eine Warenpartie im Wert von X Pfund Gesamtkosten bei der Herstellung verdorben wird, verringert sich der Gewinn um X Pfund, und anstatt dass dieses Geld seinen Weg in den Markt der Verbraucher findet, wird es an den Stellen in das System zurückgeführt, die erforderlich sind, um die Produktion von X neu zu veranlassen. Das Gleiche gilt für neue Kapitalerweiterungen, die aus den Gewinnen finanziert werden. Neue Unternehmen und große Erweiterungen werden durch neue Kredite finanziert, und wenn es sich dabei um echte Kredite handelt, ist der Vorgang derselbe und kann kurz als Umgehung des Verbrauchermarktes beschrieben werden.

Alle diese Vorgänge sind mit der Entstehung von Schulden gegenüber Einzelpersonen verbunden. Einige, wie z. B. die Wiedergutmachung von Abfällen und Abschreibungen, werden sofort als uneinbringliche Forderungen behandelt. Sie werden abgeschrieben und vergessen, sobald sie entstanden sind, und werden nicht verzinst. Bei anderen, wie bei der Finanzierung von Kapitalerweiterungen aus Gewinnen, werden keine neuen formellen Schulden gemacht, sondern es fallen Zinsen an, wenn die Zahlungen für bereits bestehende Schulden erhöht werden.

Aber neue Kredite sind mit der Schaffung neuer Schulden verbunden, und für diese gilt ebenso wie für die Schulden, die aufgrund von Verschwendung und Abschreibung abgeschrieben werden, dass sie niemals zurückgezahlt werden können. Das Eigentum an diesen Schulden wechselt genau wie bei konsumierbaren Gütern den Besitzer. Der Zins ist ein Entgelt für die Nutzung des Kapitals, aber keineswegs eine *Rückzahlung*, da die Schuld in ihrer Höhe durch den bereits gezahlten Betrag nicht berührt wird. Eine Rückzahlung im Sinne einer Rückverwandlung des Kapitals in konsumierbaren Reichtum ist nur in Ausnahmefällen möglich, und am Ende müssen diese Schulden abgeschrieben werden, während der Reichtum im System verrottet.

Auf den ersten Blick scheint nichts einfacher zu sein, als nach einer dauerhaften Erhöhung der Einnahmen denjenigen, denen wir das anfängliche Sparen schulden, einen Teil des produzierten Reichtums zurückzuzahlen. Aber es wird vergessen, dass der produzierte Reichtum individuelle Eigentümer hat, die die von ihnen produzierten Güter gegen das Eigentum am akkumulierten Kapital eintauschen können. Damit wird aber nur die Schuld übertragen, nicht zurückgezahlt. Zwar würde eine Verstaatlichung, bei der das Kapital durch Steuern oder andere allgemeine Abgaben getilgt wird, das Eigentum an die gesamte Gemeinschaft übertragen. Aber auch das ist in Wirklichkeit eine Übertragung des Eigentums an der Schuld vom Einzelnen auf die Gemeinschaft und keine Rückzahlung in Form von Reichtum.

Das zweifelhafte Erbe der Wissenschaft

Die Folgen dieses unzureichend gewürdigten Punktes zeigen sich in den Bedingungen, unter denen jeder, der das Glück hat, in einer wissenschaftlichen Ära geboren zu werden, heute in die Welt treten muss. Es wird geschätzt, dass ein Kapital in Höhe von 1.000 Pfund und wahrscheinlich mehr angesammelt werden muss, um den Neuankömmling, wenn er erwachsen ist, mit der notwendigen Ausrüstung auszustatten, damit er effektiv arbeiten kann, und mit einem Haus, in dem es möglich ist, eine Familie zu gründen. Bei einer Verzinsung von 5 % müssen diese Anwärter für das Privileg, die Erben aller Zeiten zu sein, auf Dauer mindestens 50 Pfund pro Jahr aus den Erträgen ihrer Arbeit zahlen - ein zweifelhaftes Erbe, gewiss. Aber es gehört zu den tieferen Unzulänglichkeiten der individualistischen Ökonomie, dass sie keine Mittel zur Tilgung dieser Schulden vorsieht, denen man sich nicht entziehen kann, wenn die Gemeinschaft ihre Reichtumseinkünfte entwickeln und ihre Bevölkerung vergrößern will.

Die Sinnlosigkeit der Besteuerung

Steuern, Erbschaftssteuern und dergleichen übertragen, wie aus dem Diagramm ersichtlich ist, in der Regel nur das Eigentum von einer Gruppe von Personen auf eine andere und verändern nur die einzelnen Personen, die mit dem Geld in den Markt der Verbraucher kommen. Außer in dem seltenen Fall, dass sie erhoben wird, um der Industrie Kredite zu gewähren, wie z.b. als 3 Mio. £ öffentlicher Gelder zu 3 % für den Bau der *Lusitania* und der *Mauretania* geliehen wurden, führt sie nicht am Verbrauchermarkt vorbei. Im Gegenteil, indem sie die Menge des überschüssigen Geldes in den Händen der Verbraucher verringert, kann sie diese davon abhalten, es zu investieren.

Der Staat stellt fest, dass es für seinen Fortbestand unerlässlich ist, die Last der toten Hand der Vergangenheit zu verringern, damit seine Bürger nicht zu Heloten unter der Schuldenlast werden, in die sie hineingeboren werden. Die Regeln einer individualistischen Gesellschaft, die es nicht zulässt, dass einkommenserzeugende Unternehmen besitzt, und die ihre Besteuerungsbefugnisse auf die Deckung ihrer Ausgaben für Dienstleistungen beschränkt, aus denen kein monetärer Gewinn erzielt werden kann, machen sie machtlos. Sie kann den einzelnen Kapitalisten so hart treffen, wie sie will, aber Supertaxen und Erbschaftssteuern übertragen lediglich sein Eigentum auf andere Individuen. Da die Schulden im Gegensatz zur Staatsverschuldung einen Reichtum darstellen, der dauerhaft in den Arterien des Produktionssystems festsitzt, entziehen sie sich der Ablehnung und dem einfachen Mittel des Staatsmannes, der Abwertung der Währung. Die Besteuerung auf diese Weise überträgt lediglich das Eigentum von den ursprünglichen Inhabern auf eine neue Gruppe und führt dazu, dass ein aristokratischer Teufel durch sieben plebejische ersetzt wird.

Der Staat, der keine einkommenserzeugenden Unternehmen besitzt, kann, wenn der Wert des Geldes nicht abgeschrieben werden soll, keine Industrie subventionieren, keine Mutterschaft stiften, keine

Witwenrenten gewähren, keine Universitäten und Krankenhäuser unterstützen oder jedem eine nationale Dividende zukommen lassen, es sei denn direkt aus den Taschen der Steuerzahler der Gemeinschaft. Abgesehen von seinem virtuellen Reichtum, ist sein viel beschworener Kredit einfach seine Fähigkeit, Schulden zu machen. Darin ist er sicherlich jedem Individuum oder Unternehmen überlegen, aber nur, weil er seine Bürger besteuern kann, um für die Zinsen aufzukommen. Sogar der gigantische Kredit des Staates ist jetzt sicherlich fast *aufgebraucht.*

Aber ohne die Industrien oder gar die Banken oder den Grund und Boden zu besitzen, könnte der Staat, wenn er die Ausgabe von Geld und jede Form des Kredits, bei der neues Geld geschaffen wird, kontrolliert, sein Haus in Ordnung bringen und Monopole in jeder Form wirksam bekämpfen. Er könnte seinen Bürgern insofern wirtschaftliche Freiheit gewähren, als er jedem das Recht sichert, seinen Lebensunterhalt zu verdienen.

Wir nähern uns hier bestimmten Fragen, die von Major Douglas und der Schule der Social Credit Reformers aufgeworfen wurden.[60] Es muss gleich gesagt werden, dass es zwar offensichtliche Ähnlichkeiten zwischen vielen der in diesem Buch dargelegten Standpunkte und denen der Douglas-Schule gibt, insbesondere was die Diagnose des industriellen Stillstands und das Vorhandensein grundlegender Fehler in der nationalen und nicht in der individuellen Buchführung betrifft, aber die Ähnlichkeit endet dort.

Die Lage der Landwirtschaft in diesem Land

Wir sind uns einig, dass es möglich ist, die Armut und die Arbeitslosigkeit vollständig zu beseitigen, indem man für die Massen und nicht nur für einige wenige einen wesentlich höheren Lebensstandard schafft, und dass einer der Schlüssel zur Lösung des Problems in der Schaffung einer effektiven Nachfrage, d.h. von Geld,

---

[60] Vergleiche *Economic Democracy und Credit Power and Democracy*, C. H. Douglas; *The Community's Credit*, C. Marshall Hattersley; *The Flaw in the Price System*, P. W. Martin, und andere neuere Werke sowie die Wochenzeitschrift *The New Age*, die das Organ der Bewegung ist.

liegt, um den fast unbegrenzt erweiterbaren Ertrag, der in einem wissenschaftlichen Zeitalter produziert werden kann, für den Gebrauch und den Verbrauch zu verteilen. In dieser Hinsicht sind die landwirtschaftlichen Erzeugnisse zwar eine andere Kategorie als die Industrieerzeugnisse und das Kapital, aber selbst für die ersteren scheint es keinen Grund zu geben, daran zu zweifeln, dass das Angebot der Nachfrage folgen und lange mit ihr Schritt halten wird und dass es nur an der effektiven Nachfrage fehlt. Dies gilt natürlich noch nicht für dieses Land als isolierte Gemeinschaft in der gegenwärtigen Situation der Landwirtschaft. Die Experten für Agrarökonomie scheinen höchstens zuzugeben, dass das Land auf wirtschaftlicher Basis etwa die Hälfte der verbrauchten Nahrungsmittel liefern könnte. Die folgenden Auszüge aus "*Food Production in War*" von T. H. Middleton sind für diese Frage von Bedeutung.

P. 320, Fußnote: "Eine Million Kalorien entspricht ungefähr dem Energiebedarf einer Person für ein Jahr; die Zahlen können daher als mit Nahrung versorgte Personen gelesen werden."
P. 322: "Der Nettogewinn, den das Land aus den Erzeugnissen der Ernte 1918 erzielte, betrug nicht weniger als 4.050.000 Millionen Kalorien.
"... Die durchschnittliche Nahrungsmittelversorgung des Vereinigten Königreichs im Zeitraum 1909-1913 lieferte 49.430.000 Millionen Kalorien, und das Gesamtprodukt des heimischen Bodens betrug 16.872.000 Millionen Kalorien. Der Zuwachs bei der Produktion einheimischer Lebensmittel im Jahr 1918 betrug also etwa 24 Prozent. Mit anderen Worten: Während das Land zu Beginn des Krieges mit einer Versorgung aus eigenem Boden auskam, die für 125 von 365 Tagen gereicht hätte, konnte es im Jahr der Unterzeichnung des Waffenstillstands eine Ernte einfahren, die für 155 von 365 Tagen gereicht hätte. Der Anbau und die Ernährung der Vorräte erfolgten unter völlig abnormalen Bedingungen, aber die zusätzlichen Erträge des Landes entsprachen der Versorgung der normal lebenden Nation mit Nahrungsmitteln für 30 Tage.
"Es ist anzumerken, dass der zusätzliche Monatsvorrat an Nahrungsmitteln, den die Ernte von 1918 darstellte, weit hinter der Gesamtmenge an menschlicher Nahrung zurückbleibt, die die Ernte von 1918 hätte liefern können, wenn die Verlängerung des Krieges uns gezwungen hätte, unsere Ressourcen bis zum Äußersten auszuschöpfen. Wie damals festgestellt wurde, hätten wir, wenn wir die Haferernte aus der Vorkriegszeit für die

Viehzucht zurückbehalten, das übrige Getreide aber eng gemahlen und für Brot verwendet hätten, und wenn wir die Kartoffeln in vollem Umfang genutzt hätten, wie es eine hungrige Nation tun kann, aus unserem Getreide und den Kartoffeln eine Menge an Nahrungsmitteln bereitstellen können, die dem Brotverbrauch von vierzig Wochen entspricht, und durch die Schlachtung unseres Viehbestandes wären die zusätzlichen Nahrungsmittel, die die Bevölkerung in dieser Zeit benötigt, beschaffbar gewesen. Aber zu unserem Glück waren solche drastischen Maßnahmen nicht notwendig."

Bei der Erörterung der Frage, ob dieses Land seine gesamte Bevölkerung ernähren könnte, kommt der Autor zu dem Schluss, dass es vom rein landwirtschaftlichen Standpunkt aus keine besonderen Schwierigkeiten gäbe, was bedeutet, dass die Menschen von einem Lebensmittelkontrolleur ernährt würden, so wie ein Landwirt sein Vieh füttert; er weist den Vorschlag jedoch als absurd zurück, wenn damit ein praktikabler Vorschlag unter dem bestehenden Wirtschaftssystem gemeint ist, dem die Menschen zustimmen und für den sie bezahlen würden.

"Aber zwischen den 34 Prozent unseres Nahrungsmittelbedarfs, die 1909-1913 durch unser Land gedeckt wurden, und 100 Prozent liegt eine große Spanne, und wenn die verschwundene Hand des Lebensmittelkontrolleurs wiederhergestellt werden könnte und er uns zwingen würde, 40 bis 50 Prozent unseres Gesamtbedarfs aus unserem eigenen Land zu decken, wäre das vielleicht keine schlechte Sache."

Aber die besondere Lage dieses Landes, in dem die Landwirtschaft nicht sorgfältig gefördert, sondern dem Verfall preisgegeben wurde, darf nicht als Lösung dieser Frage angesehen werden. Sie ist lediglich das Gegenteil der Situation im Ausland. In den neueren Ländern hört man von Mais und anderen Nahrungsmitteln, die nach zu reichen Ernten als billigster Brennstoff verwendet werden, von Landwirten, die durch eine Überproduktion von Feldfrüchten und Vorräten ruiniert werden und gezwungen sind, die Produktion stark einzuschränken, um ihre wirtschaftliche Existenz zu erhalten, dass die Produktion von Kautschuk ebenfalls eingeschränkt wird, um die Preise auf dem Niveau zu halten, auf dem es sich für den Erzeuger lohnt, die Produktion fortzusetzen, und so weiter - alles schreckliche praktische Beispiele für die verhängnisvolle Wirkung eines sinkenden Preisniveaus bei der Einschränkung der Produktion. Das Problem, wenn es eines gibt, ist ein Problem des Austauschs, nicht der

Produktion. Dieses Land muss in der Lage sein, das Äquivalent anderer Arten von Reichtum zu erzeugen, um es den neueren Ländern, in denen die Nahrungsmittelproduktion den Verbrauch noch übersteigt, als Gegenleistung anbieten zu können

Das heißt, wenn die heimische Produktion im Allgemeinen aus dem Würgegriff der Finanzwelt befreit würde, könnte das ganze Problem gelöst werden. In einer fernen Zukunft, wenn die Bevölkerung die Verbesserung der landwirtschaftlichen Effizienz durch neue wissenschaftliche Fortschritte überholt, würde zweifellos ein echtes Problem entstehen. Aber dieser Zeitpunkt ist im schlimmsten Fall noch weit entfernt.

Analyse des Douglas-Schemas der Sozialkreditreform

Was jedoch die konkreten Vorschläge für den Übergang zu einer neuen Ära und, was noch wichtiger ist, die theoretische und physikalische Interpretation der Funktionsweise eines Wirtschaftssystems betrifft, so steht die Douglas-Schule größtenteils nicht nur im Widerspruch zu den hier dargelegten Schlussfolgerungen, sondern sogar in krassem Gegensatz zu ihnen.

Der primäre Fehler, auf den die Zerstörung des Systems zurückgeführt wird, besteht darin, dass mit der Entwicklung des modernen Bankwesens das Vorrecht der Geldemission von der Nation auf private Hände übergegangen ist, und zwar zum Zwecke des Wuchers als Lebensunterhalt, und die fatale Verwerfung, die sich daraus ergibt, dass das Geld vernichtet wird, wenn die Produktion die Märkte übersteigt, und ausgegeben wird, wenn die Nachfrage das Angebot übersteigt. Es wird behauptet, dass jenseits einer bestimmten Menge an Reichtum, dem so genannten virtuellen Reichtum, auf dessen Besitz die Geldbesitzer freiwillig verzichten - dessen Geldwert durch das im Umlauf befindliche Geld gemessen wird und der von der Zahl der Bevölkerung und ihrem wirtschaftlichen Wohlstand abhängt -, der "nationale Kredit" nicht von dem eines Individuums zu unterscheiden ist, da er einfach eine Macht ist, sich zu verschulden und Zinsen aus den Steuern zu zahlen. Die Rettung, wenn die Gesellschaft individualistisch bleiben soll, muss durch die Erzwingung einer anfänglichen *wirklichen* Enthaltsamkeit von Individuen erfolgen, die dem Wachstum des Kostenwerts des gesamten industriellen Mechanismus entspricht, während er sich ausweitet, abzüglich des relativ trivialen Teils, der durch die Zunahme des virtuellen Reichtums, gemessen am gesamten zirkulierenden Geld, repräsentiert wird.

Die Douglas-Schule scheint das Heil genau in der entgegengesetzten Richtung zu suchen. Sie sehen den Nationalkredit als Mittel zur Verteilung neuer Kaufkraft an und gehen so weit, die Notwendigkeit einer anfänglichen Enthaltsamkeit anzuerkennen, dass sie sogar vorschreiben, dass diese nationalen Ausgaben neues Geld sein müssen und *nicht* aus vergangenen Ersparnissen stammen dürfen. Sie behaupten, dass, da nur ein kleiner Teil der Kosten der Industrie als Zahlungen an die Verbraucher verteilt werden, die Waren unter dem Selbstkostenpreis verkauft werden müssen, um die Differenz auszugleichen. Oder, alternativ dazu, sollten nationale Dividenden aus dem nationalen Kredit an alle gezahlt werden, unabhängig von ihrer Beteiligung an der Produktion - ähnlich wie die Subventionen jetzt an die Arbeitslosen gezahlt werden, aber aus Steuern. Sie stützen ihren Standpunkt auf die unbestreitbare These, dass die Industrie dazu da ist, Güter in der größtmöglichen Menge und auf die schnellste und effizienteste Weise zu produzieren und nicht, um Arbeit für unnötige und oft höchst ineffiziente und unwillige Arbeiter zu schaffen, und dass die Industrie, wenn man sie ließe, mehr als genug für alle produzieren könnte, und lehnen die Besteuerung und generell die Begrenzung großer Einkommen zur Versorgung der Bedürftigen als völlig unnötig und politisch, wenn nicht gar ethisch falsch ab.

Sie erwarten vom Staat, dass er das Geld verteilt, anstatt es zu nehmen. Sie scheinen vage daran zu denken, auf diese Weise einen Zustand herbeizuführen, in dem der Reichtum wieder die ihm gebührende Bedeutung im Wirtschaftsleben erlangt, für den Nutzen und die Erhaltung des Lebens, und nicht, wie Ruskin es ausdrückt, als "Macht über das Leben und die Arbeit anderer". Da alle ihre physischen Bedürfnisse reichlich befriedigt wurden, konnten die Wohlhabenden weder so viel konsumieren, dass sie den anderen Unannehmlichkeiten bereiteten, noch konnten sie ihren Konsum übermäßig steigern, indem sie ein Gefolge von angeheuerten persönlichen Dienern und Bediensteten anstellten, um ihre Bedürfnisse zu befriedigen, da niemand aufgrund tatsächlicher wirtschaftlicher Not gezwungen sein würde, für sie zu arbeiten. Wenn sie Diener bräuchten, müssten sie sie großzügig bezahlen und sie anständig behandeln. Auch in der Industrie gäbe es keinen wirtschaftlichen Zwang mehr, um die Arbeit zu erledigen. Maschinen und wachsende Intelligenz würden aus der Industrie einen Beruf machen, der von denen angestrebt wird, die sich seinem Dienst widmen wollen, und von den Erniedrigten und

Unterwürfigen gemieden wird, die schon jetzt mehr Schaden als Nutzen anrichten.

Dies wird wahrscheinlich als eine nicht unsympathische, wenn auch unvollkommene Darstellung der Grundsätze und Bestrebungen dieser sehr interessanten neuen Schule des wirtschaftlichen Denkens anerkannt werden. Man wird noch viel von ihr hören. Sie hat Visionen und kann eines Tages zu einer echten treibenden Kraft in der Politik werden. Sie hat bereits etwas von der ursprünglichen Leidenschaft und dem Enthusiasmus der früheren Reformer wieder aufleben lassen, bevor der sterilisierende und lähmende Einfluss der Handelsökonomie die Führer der fortschrittlichen Bewegung auf verschlungene Pfade und unaufrichtige Denunziation "darüber und darüber" verleitete, während ihre Anhänger "immer wieder durch dieselbe Tür hinausgingen, durch die sie hineingegangen waren."

Diejenigen, die mit den wesentlichen Schlussfolgerungen dieses Buches übereinstimmen, werden keinen Kompromiss in Bezug auf bestimmte grundlegende Prinzipien bezüglich der physischen Natur von Geld, Kredit und Kapital für möglich halten. Darüber hinaus vernachlässigt die Schule, die die Tatsachen des bestehenden Eigentums am Reichtum völlig außer Acht lässt, nicht ehrlich die wirklichen Hindernisse für seine reichlichere Verteilung . Auch die Ansicht, dass nicht alle Produktionskosten bereits als Zahlungen für reale oder imaginäre Dienstleistungen verteilt und vom Verbraucher zurückgefordert werden, scheint ein Missverständnis zu sein. In die gleiche Kategorie fällt das Argument, dass es aufgrund der Tatsache, dass der gesamte produzierte Reichtum nicht an den Verbraucher verteilt, sondern von ihm bezahlt wird, physisch möglich ist, das Defizit aus dem nationalen Kredit auszugleichen. Das Douglas-Schema scheint etwas voreilig von der Existenz eines kommunalen statt eines individualistischen Staates auszugehen, in dem es keine Schulden, keine Eigentumsrechte und kein Privateigentum an Kapital gibt und in dem alle vorhandenen Utensilien der Reichtumsproduktion in aller Einfalt als mit dem primären Ziel der Produktion und nicht mit dem der Vermietung für die Produktion akkumuliert worden sind. Diese Arbeit beschränkt sich dagegen auf weniger ehrgeizige Themen und kann als Versuch angesehen werden, das Beste herauszufinden, was der individualistische Zustand der Gesellschaft bieten kann, wenn er intelligent verwaltet würde.

Die Gefahr der Diskreditierung der Neuen Ökonomie

Diese relativ milden und praktischen Vorschläge werden einen extremen "New Economist" nicht zufrieden stellen. Er wird mit Nachdruck sagen: Du gibst die ständige Verdrängung der menschlichen Arbeit durch Maschinen und jede Art von arbeitssparenden Geräten zu, die, wenn sie in der Landwirtschaft noch nicht so weit fortgeschritten ist wie in den technischen Berufen, deshalb noch weiter fortschreiten muss. Sie räumen also ein, dass mit steigendem Produktionspotenzial die Konsumtitel in immer weniger Hände gelangen werden. Wie wollen Sie dieser grundlegenden Schwierigkeit begegnen, oder wie wird das, was Sie vorgeschlagen haben, dieser Schwierigkeit gerecht?

Die einzige Antwort, die man darauf geben kann, ist, dass die letztlich erwartete Situation noch lange nicht eingetreten ist und dass wir, wenn wir nicht verstehen, wie das bestehende System funktioniert und woran es scheitert, es wahrscheinlich eher verschlimmern als verbessern. Diejenigen, die die sofortige Auszahlung einer nationalen Dividende an alle wünschen - und besonders Frauen werden von dieser Form des Douglas-Systems angezogen, um der wirtschaftlichen Abhängigkeit vom anderen Geschlecht zu entkommen - sollten sich offen die Frage stellen, woher sie kommen soll und wer sie aufgeben soll.

Denn auch die Wissenschaft kann nicht mit der gleichen Leichtigkeit Reichtum schaffen, wie es möglich ist, Schulden zu machen. Die Besteuerung ist eine Quelle, der unbegrenzte Kredit oder die Verschuldung auf unbestimmte Zeit eine andere, die schrittweise Abwertung der Währung eine dritte, die Enteignung, das öffentliche Eigentum an allen Einnahmequellen und die völlige Abschaffung des Privateigentums bei gleichzeitigem Gemeineigentum an den Staatseinnahmen sind weitere, und alle haben ihre erklärten oder heimlichen Verfechter. Aber die Vorstellung, dass die Nation im Besitz eines geheimnisvollen Talismans namens Kredit ist, der, wenn die Industrie nicht in der Lage ist, für den Beginn einer neuen Produktion zu zahlen, sie mit allem versorgen kann, was benötigt wird, ohne dass irgendjemand irgendetwas aufgibt, und dass dieser nationale Kredit aus dem akkumulierten Ergebnis aller vergangenen Jahrhunderte vergangener Anstrengungen besteht, während das ganze Problem darin besteht, dass diese Akkumulationen im Besitz von Privatpersonen sind, treibt die Verwirrung zwischen Schulden und Reichtum auf Längen, die selbst den Autor von *The Theory of Credit* überrascht hätten.

Andererseits ist die Säuberung des Augiasstalls einer Industrienation auch für die moderne Wissenschaft keine leichte Aufgabe. Es gäbe auf lange Zeit nur sehr wenige, die nicht in der Lage wären, in nützlichen Berufen die Titel für den Konsum zu finden, wenn die Nation sich ernsthaft an diese Aufgabe machen würde. Es gibt Millionen von Menschen, die ein stark erhöhtes Angebot an lebensnotwendigen und gewöhnlichen Gütern benötigen - ganz zu schweigen von der Kapitalakkumulation in erhöhten Lagerbeständen. Wir brauchen auch Häuser zum Wohnen, ganze Städte mit Elendsvierteln müssen wieder aufgebaut und verarmte Gegenden wiederbelebt werden, Eisenbahnen müssen modernisiert und Straßen gebaut werden, Superkraftwerke müssen in den Kohlefeldern errichtet werden, um jeden Winkel des Landes mit elektrischer Energie zu versorgen, und es gibt eine wachsende Nachfrage nach höherer Bildung, sowohl für Jugendliche als auch für Erwachsene, und Universitäten müssen gebaut werden, um das wachsende Heer der Wissenssuchenden zu versorgen. All diese Projekte erfordern eine Produktion, die weit über den Verbrauch hinausgeht - harte Arbeit und Enthaltsamkeit für alle. Es wäre in der Tat verwunderlich, wenn in diesem Land noch lange Zeit die Aussicht bestünde, auf die Dienste jedes nützlichen und willigen Mitglieds der Gemeinschaft verzichten zu können. Zumindest dann, wenn die in diesem Buch gemachten Vorschläge angenommen würden, wäre die Nation bereits im Besitz eines großen Teils ihres Kapitals durch den zu skizzierenden Prozess der Rückzahlung und könnte beginnen, die Frage einer nationalen Dividende ernsthaft zu erwägen. Beim gegenwärtigen Stand der Dinge wäre dies sowohl verfrüht als auch undurchführbar, und sein kolossales Scheitern würde den Fortschritt um eine Generation zurückwerfen, da es die neue Wirtschaft diskreditieren würde.

Gleichzeitig ist es nicht notwendig, den Irrtümern der orthodoxen Ökonomen zu folgen, die auf ihrer Unkenntnis der modernen Produktionswissenschaft und ihrem Festhalten an Doktrinen beruhen, die zwar zu Zeiten von Adam Smith und Ricardo gültig waren, heute aber mit der Entwicklung der physikalischen und biologischen Wissenschaften ( ) in hohem Maße überholt sind. Auch in der Landwirtschaft ist es nicht möglich, das Problem ausschließlich "mit dem Auge des Landwirts" zu betrachten. Es gibt so etwas wie "Power-Farming", ein Thema, über das Henry Ford in seinem Buch "*My Life and Work*" (Heinemann, 1923) beredtes Zeugnis ablegt. Ford, der die Landwirtschaft mit dem Auge des Ingenieurs betrachtet, kommt zu dem Schluss: "Wir werden in den nächsten zwanzig Jahren in der

Landwirtschaft eine ebenso große Entwicklung erleben wie in der Industrie in den letzten zwanzig Jahren." Auch hierzulande ist der Wandel, der sich in diesem Bereich vollzogen hat, bereits sehr ausgeprägt.

KAPITEL XIII

KAPITALRÜCKZAHLUNG

Die Produktion von Kapital beinhaltet
Weniger Konsum

Diejenigen, die mit der physischen und nicht mit der metaphysischen Auffassung vom Wesen des Reichtums übereinstimmen, werden wenig Zeit für Vorschläge aufwenden müssen, die darauf abzielen, den Teil des Preises oder der Kosten der Waren im Konsumgütermarkt, der auf die Anhäufung von Kapitalgütern zurückzuführen ist, die nicht an den Verbraucher verteilt werden, durch Verbraucherkredite auszugleichen. Wenn die Menschen ihre Zeit und Energie in die Produktion von Investitionsgütern investieren, kann es Fragen geben, wer der rechtmäßige Eigentümer der angehäuften Investitionsgüter ist, aber es kann nicht sein, dass es weniger Güter mit konsumierbarem Charakter gibt, die konsumiert werden können. Der Vorschlag, die Preise mit Hilfe von Verbraucherkrediten unter die Kosten zu senken, ist physisch so, als ob man versuchen würde, die Leitungen eines Wasserversorgungssystems zu verflüssigen, um den Verbrauchern mehr Wasser zur Verfügung zu stellen - warum sollte man sowohl für die Verlegung der Leitungen als auch für das Wasser bezahlen, wem aber keine der Leitungen mit dem Wasser geliefert wird.

In einer individualistischen Gemeinschaft besitzt die Gemeinschaft wenig oder gar nichts, was Reichtum produziert. In einem Gemeinwesen, in dem die Reichtumsproduktion vergesellschaftet wäre und die Gemeinschaft Eigentümerin der Produktionsmittel und des produzierten Reichtums vom Anfang bis zum Ende der Herstellung wäre, wären nationale Dividenden und Verbraucherkredite ein praktischer Vorschlag. Aber so wie die Dinge derzeit stehen, würden sie lediglich eine Erhöhung der Staatsverschuldung bedeuten, die nur durch eine weitere Besteuerung, die nicht nur das Kapital, sondern auch die Zinsen deckt, verringert werden kann.

Wenn wir hingegen die Produktion vergesellschaften oder verstaatlichen, ist das Problem nicht gelöst, denn es ist unmöglich, den Konsum zu vergesellschaften, der im Wesentlichen eine individuelle Angelegenheit ist. Geld oder ein anderes Mittel wäre immer noch notwendig, um das Produkt zu verteilen und die Eigentumsrechte an den produzierten Gütern unter den Individuen zu verteilen. Ohne ein gerechtes und rationales Geldsystem das Jahrtausend im Sozialismus noch genauso weit entfernt wie bisher. Wir müssen uns daher zunächst fragen, ob das hier vorgeschlagene Geldsystem in dieser Frage der Auswirkung der Umleitung eines Teils der Anstrengungen der Gemeinschaft von der Produktion von Verbrauchsgütern auf die von Kapital auf gerechte Weise auf den Wert der Reallöhne wirken würde.

Die Auswirkungen auf die Reallöhne

Wir können zwei Arten der Arbeit des Systems gegenüberstellen. Man kann es so betreiben, dass seine kapitalen Produktionsorgane entsprechend seinen Bedürfnissen in vollem Einsatz hält, ohne sie zu vermehren. Dann ist die Menge der verteilten Konsumgüter das Maximum, das dauerhaft aufrechterhalten werden kann, und der durchschnittliche Lebensstandard ist das Maximum, das möglich ist. Oder wir können annehmen, dass dasselbe System so funktioniert, dass es einen großen Teil seiner gesamten Anstrengung nicht der Produktion von Dingen widmet, die im tatsächlichen Leben konsumiert werden können, sondern von solchen, die nur im Produktionsmechanismus selbst von Nutzen sein können. Die Menge der Güter, die sich auf dem Markt der Verbraucher befinden, ist dann geringer als vorher, und der durchschnittliche Lebensstandard wird entsprechend reduziert. Da die Arbeit in einem individualistischen System nicht die Möglichkeit hat, zwischen der Arbeit zu wählen, die ihr den für den Konsum notwendigen Reichtum bringt, und der Arbeit, die dies nicht tut, muss man sich davon überzeugen, dass der reale Wert ihres Lohns in dem vorgeschlagenen System durch diese Überlegung nicht beeinflusst wird. Unter dem gegenwärtigen System, in dem die Preise vor den Löhnen steigen und nur durch Lohnsenkungen gesenkt werden können, ist dies eindeutig der Fall. Die künftige Fülle des

Reichtums wird in hohem Maße davon abhängen, ob frisches Kapital angehäuft wird oder nicht, und wir haben bereits die Gesetze untersucht, die diese Angelegenheiten regeln, sowie den Punkt, an dem weitere Kapitalanhäufung den durchschnittlichen Wohlstand der Gemeinschaft eher verringert als erhöht. Aber niemand kann jetzt behaupten, dass es sehr auf den Besitz des angesammelten Kapitals ankommt. Die Effizienz eines Unternehmens hängt nicht von den Namen seiner Aktionäre ab. Wenn Kapital für den Export im Tausch gegen Verbrauchsgüter produziert wird, ist der Fall derselbe, als wenn die Verbrauchsgüter im Inland produziert würden. Werden sie ohne unmittelbare Gegenleistung exportiert, d. h. gegen Ansprüche auf den künftigen Reichtum anderer Länder, die sie erhalten, in Form von Zinszahlungen eingetauscht, so trägt die Anstrengung, sie zu produzieren, weder zum verteilbaren Reichtum des Landes noch zu seiner künftigen Produktionskraft bei. Aber sie bilden einen Fonds, der, wie in Kriegszeiten, zur Tilgung der durch die Einfuhr von Waren entstandenen Schulden verwendet werden kann.

Wenn man diese Frage gründlich untersucht, wird man feststellen, dass die Reallöhne der Arbeit bei konstanten Preisen unverändert bleiben. Kurz gesagt, da fiktive Kredite ausgeschlossen sind, kann Kapital nur durch echte Enthaltsamkeit der konsumberechtigten Individuen akkumuliert werden. Ihre Entscheidung für die Produktion von Investitionsgütern anstelle von Konsumgütern geht auf Kosten ihres eigenen Konsums und nicht auf Kosten Allgemeinheit. Die Ungerechtigkeit, wenn es denn eine gibt, ist eine andere, wenn die Entscheidung ausschließlich bei den Individuen liegt, die Geld zum Investieren haben.

Die Abwertung des Kapitals und die Verlagerung der Abwälzung der Lasten auf die Allgemeinheit

Es wird oft argumentiert, dass der Kapitalist nicht so dumm ist, Geld in Kapital zu investieren, das über das Maß hinausgeht, in dem es genutzt werden und einen Ertrag abwerfen kann. Tatsache ist, dass er, wenn er mehr Geld hat, als er ausgeben will, dies tun muss, und seine Entscheidung, ob er es ausgibt oder "spart", wird mehr von seinen eigenen Umständen diktiert als von der Überlegung, ob die Nation mehr Kapital benötigt oder nicht. Wenn mehr als genug vorhanden ist, kann zwar der Zinssatz vorübergehend gesenkt werden, aber der Preis der Waren wird nicht unbedingt gesenkt. Wenn doppelt so viel Kapital wie nötig vorhanden ist, kann es für den Verbraucher weitaus günstiger sein, einen höheren Zinssatz für die Nutzung der halben Menge zu zahlen als einen niedrigeren Zinssatz für die Nutzung des gesamten Kapitals mit der Hälfte seiner eigentlichen Kapazität. Aber der Wettbewerb ist eine vorübergehende Phase und wird mehr und mehr durch die Kombination ersetzt, die den Zinssatz hochhält. Ein Überschuss an Kapital, der in der Friedensproduktion unerwünscht ist, würde in Kriegszeiten ein Ventil für seine ungenutzte Kapazität finden. So entsteht der Anreiz zu Militarismus und Aggression in der internationalen Politik, um Märkte zu sichern, oder alternativ, dem gleichen Zweck dienend, um sie zu kämpfen.

Die Interessen des Eigentums gehören zu den mächtigsten politischen Kräften, und wenn die Eigentümer mit Verlusten konfrontiert sind, werden sie alles daran setzen, ein Mittel zu finden, um die Last auf die Schultern der Allgemeinheit abzuwälzen. Auf die Ära des Wettbewerbs folgt die Ära der Kombination, auf die im hohen Alter die Verstaatlichung folgt.

Es ist unvermeidlich, dass das Kapital im Laufe der Zeit und mit dem Wachstum der wissenschaftlichen Erkenntnisse an Wert verliert und veraltet. Wenn der darin versenkte Betrag groß genug ist, um ein mächtiges politisches Interesse zu bilden, wird die Last mehr und mehr auf die Gemeinschaft verlagert. Durch politisches Handeln kann eine alte und ineffiziente Art, eine Industrie oder einen Dienst zu betreiben, noch lange weitergeführt werden, weil sonst ein großer Verlust auf diejenigen zukommt, die ihr Geld in dieses Kapital investiert haben. Es ist also eine viel zu naive Sicht der Wirklichkeit, wenn man den Investor so betrachtet, dass er auf eigenes Risiko handelt und den Verlust vollständig trägt, wenn das angehäufte Kapital zu viel ist oder durch den wissenschaftlichen Fortschritt überflüssig geworden ist. Hier gilt es, die falsche Vorstellung von der spontanen Vermehrung des Kapitals durch die wahre von seiner kontinuierlichen Verminderung zu ersetzen und eine Methode für die kontinuierliche Rückzahlung des Kapitals aus den Erträgen vorzusehen.

Der Ursprung der Zinsen auf Kapital

Einige der in diesem Kapitel behandelten Überlegungen beziehen sich auf die immerwährende Frage nach dem Ursprung des Zinses, d. h. des Mietzinses für die Nutzung der Produktionsmittel in der Produktion und nicht des Geldzinses, der größtenteils nur durch die künstliche Beschränkung des Tauschmittels entsteht. Die gängige Theorie, dass es sich um eine Belohnung für die Enthaltsamkeit handelt, braucht uns nicht lange aufzuhalten. Ein Mensch, der sich des Konsums enthält , kann vernünftigerweise erwarten, dass er das, was er nicht konsumiert, auch konsumieren kann, aber es gibt keinen Grund, warum er von *vornherein* erwarten sollte, mehr konsumieren zu können. Von wenigen Ausnahmen abgesehen - die von Jahrgangsweinen mag zugestehen - verliert das Vermögen bekanntlich mit der Zeit an Wert. Die Zinsen sind nicht der eigentliche Anreiz zum Sparen, sondern vielmehr das Alter und die Notwendigkeit, für die Angehörigen zu sorgen, was später zu den besonderen Bedürfnissen einer erblich begüterten Klasse und ihrer offensichtlichen Unfähigkeit führt, als Klasse mit kontinuierlicher Genealogie ohne eine solche bequeme Einrichtung zu überleben. Man kann sich logischerweise der Doktrin anschließen, dass in unruhigen Zeiten die Existenz einer freigesetzten Klasse notwendig ist, um die Fackel der Kultur und des Lernens am Leben zu erhalten. Wenn die Zeiten weniger unruhig werden, kann der Wunsch, ihr Überleben weniger anormal zu machen, sogar dazu beitragen, alle Arten von bürgerlichen, religiösen und rassischen Antipathien am Leben zu erhalten, die besser anständig begraben werden. Aber so zu tun, als ob man sich auf den Tag freuen würde, an dem die ganze Welt sich zu einer solchen vermögenden Klasse konstituieren und für immer von Zinsen leben würde, bedeutet, die elementare Unkenntnis der Naturgesetze zu verraten, deren Korrektur ursprünglich die erklärte *Daseinsberechtigung* der vermögenden Klasse war.

Unvermeidbarkeit des Interesses in einer individualistischen Gemeinschaft

Nach der hier dargelegten Auffassung von der Natur des Reichtums ist der Ursprung des Kapitalzinses im Privateigentum kein Geheimnis mehr. Die Geschichte lehrt uns, dass das Kapital schon immer in der Lage war, für seinen Gebrauch Zinsen zu verlangen, und es ist wichtig zu wissen, ob es sich dabei wie bei der Schwerkraft um eine unvermeidliche Erscheinung handelt, oder ob es mit der Entwicklung einer echten Wissenschaft der Nationalökonomie verschwinden würde, wie der Zins auf Geld, insofern er auf eine künstliche Verknappung und ein Monopol des Tauschmittels zurückzuführen ist. Die Antwort ist, dass in einer individualistischen Gesellschaft der Zins auf das Privatkapital unvermeidlich ist; denn so mächtig und wenig anreizbedürftig die menschliche Leidenschaft, zu erwerben und zu sparen, auch ist, das allerletzte, wofür der Einzelne seine Ersparnisse einsetzen würde, wären die Produktionsmittel, die er nicht selbst benötigt, wenn es keine Zinsen für ihre Verwendung gäbe. Das Kapital, das wir als eine der Formen des permanenten Reichtums - Reichtum II, wie er genannt wurde - in die zweite Kategorie eingeordnet haben, ist in gewisser Hinsicht bereits vollständig verbraucht. Die Energie, die zu seiner Herstellung aufgewendet wurde, ist bereits vergeudet, und so unvermeidlich und notwendig seine Verwendung für die Produktion auch ist, so ist es doch weder zum Essen noch zum Besitzen gut, noch kann es in andere Arten von Reichtum verwandelt werden. Wenn also die anfänglichen Ausgaben für seine Herstellung und Anhäufung nicht in Form von Zinsen, als Miete für seinen Gebrauch, wieder hereingeholt werden, kann er überhaupt nicht wieder hereingeholt werden. Die durch seine Herstellung entstandene Schuld kann nicht zurückgezahlt werden, es sei denn, es geschieht ein physikalisches Wunder wie die Verwandlung eines Pfluges in Brot. Eine der Hauptschwierigkeiten dieses Themas besteht darin, dass es keine offensichtliche Methode zu geben scheint, um die Summe der in der Vergangenheit für seine Produktion aufgewendeten Arbeitsstunden mit dem Aufwand an gegenwärtiger Arbeit gleichzusetzen, der notwendig ist, um es produktiv zu machen. Mit anderen Worten: Es gibt keinen einfachen ethischen Grundsatz, auf den man sich berufen könnte, um den gerechten Zinssatz zu bestimmen. In der Praxis wird der Zinssatz wie der Preis einer Ware danach festgelegt, "was sie einbringen wird", und in diesen Fragen spielen Unwissenheit und Missverständnisse eine ebenso große Rolle wie rein physikalische Überlegungen.

Es ist jedoch interessant, am Rande die Haltung des Bankiers gegenüber einer Geldsumme in Bezug auf den Zinssatz zu erwähnen, wie sie von MacLeod dargelegt wird, obwohl es sich um einen Standpunkt handelt, der eher mathematisch als physikalisch begründet ist. Unter der Annahme eines kontinuierlichen Wachstums des Geldes im Laufe der Zeit kann die Kapitalsumme als die Summe aller zukünftigen Zinszahlungen über eine unendliche Zeitspanne betrachtet werden, abgezinst auf ihren heutigen Wert. Dies gilt jedoch notwendigerweise *unabhängig von der Höhe des Zinssatzes*, und daher ist diese Sichtweise für unsere gegenwärtige Suche nicht hilfreich. [61]

Das wissenschaftliche Argument gegen das unregulierte, kontinuierliche Privateigentum an Kapital

Bei der energetischen Betrachtungsweise des Reichtums ist das Argument gegen das ungeregelte, ununterbrochene Privateigentum an den Produktionsorganen, mit Ausnahme derjenigen, die von den Eigentümern selbst bearbeitet werden, in der Praxis ebenso groß wie gegen die Zulassung der "ununterbrochenen Wuchermacht". Es ermöglicht dem einzelnen Mitglied der Gemeinschaft und seinen Erben, das zu tun, was für die Gemeinschaft als Ganzes physisch unmöglich ist, nämlich auf unbestimmte Zeit von den Früchten einer bestimmten Anstrengung zu leben, und zwar durch einen Prozess der permanenten wirtschaftlichen Knechtschaft anderer Individuen. Dieses Buch hält weder für den Individualismus noch für den Sozialismus die Hand ins Feuer und beschäftigt sich lediglich damit, die Hauptursache der modernen Unruhen zu finden und die einfachsten Methoden zu deren Korrektur und Beseitigung. Neben einem ehrlichen Geldsystem erscheint die Notwendigkeit einer kontinuierlichen Rückzahlung des einkommenserzeugenden Kapitals aus dem Einkommen als der wichtigste Schritt zur Reform. Der Staat sollte auch eine allgemeine Kontrolle über die Frage ausüben, welches Gleichgewicht zwischen der Produktion von Gebrauchs- und Verbrauchsgütern und der Akkumulation von neuem Kapital gewahrt werden muss, wie er es während des Krieges getan hat.

---

[61] In mathematischen Symbolen ausgedrückt, lautet die Theorie von MacLeod $C = \int_t^\infty i C_\infty^0 e^{-it} \, dt$, wobei C das Kapital und i der gebrochene Zinssatz pro Jahr ist. Dann ist $i\,C.\,dt$ der Zins, der in dem Element der Zeit dt (Jahre) aufläuft. Der Gegenwartswert des Elements, das zum zukünftigen Zeitpunkt t Jahre aufläuft, ist $i\,C.\,s^{-it}.\,dt$, und das Kapital ist die Summe der Gegenwartswerte aller solcher Elemente von jetzt bis unendlich.

Die tieferen Zukunftsaussichten der individualistischen Wirtschaft

Diese, wie zu befürchten ist, für den allgemeinen Leser schmerzlich kleinen Untersuchungen werden sich gelohnt haben, wenn sie dazu dienen, den Schleier von den tieferen Vergeblichkeiten des individualistischen Wirtschaftssystems zu lüften, die bisher jeden allgemeinen materiellen Fortschritt in Richtung wirtschaftlicher Freiheit verhindert haben. Nicht nur für das Geld, sondern auch für das Kapital gilt, dass es ebenso sehr gemeinschaftliche Verschuldung wie individueller Reichtum ist und ebenso sehr Armut auf der einen wie Reichtum auf der anderen Seite impliziert. Das gilt nicht für den Reichtum im Sinne der eigentlichen konsumierbaren und verderblichen Güter, die das Leben nähren und erhalten. Aber während beim Geld, wenn es richtig verstanden wird, die Schulden nie zurückgezahlt werden müssen und allen Beteiligten zugute kommen, können die Schulden beim Kapital, wie viel auch immer gezahlt wird, nie zurückgezahlt werden und müssen in einer Welt, die immer mehr Kapital pro Arbeitnehmer einsetzt, als eine wachsende Belastung für die Besitzlosen angesehen werden. Wenn diese Art von Zivilisation überhaupt noch funktionieren soll, müssen die Zwecke, für die Steuern erhoben werden, radikal ausgeweitet und nicht mehr nur zur Deckung der laufenden Staatsausgaben, sondern auch zur Förderung und zum Aufbau der Industrie und zur Tilgung von Kapitalschulden verwendet werden.

Der Staat muss beginnen, als Treuhänder der Besitzlosen die gleiche Voraussicht und den gleichen Scharfsinn walten zu lassen, wie es der Einzelne für sich selbst tut. Die derzeitige plötzliche Leidenschaft für die Verstaatlichung von Industrien wie der Eisenbahn und den Kohlebergwerken, die von unerwarteter Seite kommt, deutet auf den Wunsch hin, der Gemeinschaft etwas aufzubürden, was finanziell nicht mehr lukrativ ist.

Ein System der kumulierten Kapitalrückzahlung

Als Alternative zur Verstaatlichung von Industrien *en bloc*, deren Finanzierung lediglich eine Erhöhung der Staatsverschuldung bedeutet, wird folgender praktischer Vorschlag unterbreitet, der der Situation gerecht werden soll. Die auf unverdiente Einkommen erhobene Einkommenssteuer sollte als Steuer für die Tilgung von

Kapital und dessen Erwerb durch die Gemeinschaft vorgesehen werden und nicht als Einnahmequelle, aus der die Kosten der Regierung bestritten werden. Es lässt sich leicht errechnen, dass, wenn eine Steuer auf unverdientes Einkommen in Höhe von 4 Pfund für den Erwerb des Kapitals verwendet würde und die Zinsen aus früheren Käufen demselben Zweck zugeführt würden, das gesamte Kapital auf diese Weise erworben würde und innerhalb eines Zeitraums, der doppelt so lang ist, wie die Zinszahlungen, um das Kapital auszugleichen, in das Eigentum der Gemeinschaft überginge - d.h. in vierzig Jahren für ein Wertpapier, das 5 Prozent zahlt, in fünfzig Jahren für eines, das 4 Prozent zahlt, und so weiter.

Im Rahmen einer solchen Regelung könnte dem Steuerzahler die Wahl gelassen werden, entweder ein einkommensteuerfreies Wertpapier zu erwerben, das zu einem bestimmten Zeitpunkt ausläuft, oder wie jetzt von Jahr zu Jahr Einkommensteuer zu zahlen. In letzterem Fall würden die staatlichen Makler den Gegenwert ähnlicher Wertpapiere auf dem freien Markt erwerben. Im ersten Fall würde sich zwar für den Aktionär bis zur Beendigung des Wertpapiers nichts ändern, doch würde die Beteiligung des Staates an dem Unternehmen natürlich durch eine Vertretung im Leitungsorgan der Aktionäre anerkannt.

Dieser Fall kann als "zusammengesetzte Tilgung" bezeichnet werden, bei der sowohl die Zinsen für vergangene Käufe als auch die gegenwärtige Besteuerung für die Tilgung verwendet werden.

Einfache Rücknahme

Es liegt auf der Hand, dass diese Methode nur auf einkommenserzeugende Wertpapiere angewendet werden kann. Bei einfachen Schulden, wie der Staatsverschuldung, stammen die Zinsen selbst aus der Besteuerung, und es wäre wahrscheinlich zu viel verlangt, dass die Öffentlichkeit sie auch nach der Tilgung der Schuld weiter zahlt. In diesem Fall käme die so genannte einfache Tilgung zur Anwendung, bei der nur die Besteuerung zur Tilgung zur Verfügung steht und die erworbenen Schulden vernichtet werden. Es lässt sich berechnen, dass für die Tilgung der Hälfte der Schulden etwa siebzig Jahre erforderlich wären, und die Zeiten für andere Anteile sind im Anhang in Tabellenform angegeben.

Natürlich sinkt hier mit der Verringerung der Schuld auch die Tilgungsrate im gleichen Verhältnis, während bei der zusammengesetzten Tilgung die Tilgungsrate in dem Maße steigt, wie die Tilgung erfolgt. Dies zeigt in anschaulicher und quantitativer Weise die Vorteile der zusammengesetzten Tilgung gegenüber der einfachen Tilgung und das genaue Ausmaß des Schadens, den eine auf den Interessen einer verarmten Klasse beruhende Wirtschaft dem Staat zufügt, indem sie ihm das Recht auf produktives Eigentum verweigert.

Die einzige Änderung, die diese Vorschläge mit sich bringen, ist die Vormerkung der Steuer auf unverdiente Einkünfte für die Kapitalrückzahlung und die Deckung der Ausgaben des Staates aus anderen Quellen. Wie diese aussehen würden, wurde bereits erwähnt.

Ein einigermaßen ehrliches nationales Geldsystem würde, wie gezeigt, bereits eine große direkte Einsparung für den Steuerzahler bewirken, und der erheblich gesteigerte nationale Wohlstand, der sich aus dem Verkauf von Gütern sowie der Möglichkeit, sie zu produzieren, ergeben würde , würde die Aufgabe eines künftigen Finanzministers vergleichsweise leicht machen.

Wäre dies praktikabel, so ergäbe sich ein nicht unbedeutender Vorteil aus dem stetigen Markt, der für alle Wertpapiere durch die kontinuierliche Rückzahlung von jährlich 1 oder mehr Prozent der Gesamtsumme entsteht. Die Anleger würden ihre Ersparnisse viel freudiger investieren, wenn ihre Wertpapiere ohne das Risiko eines unnötigen Verlustes durch die begrenzte Natur des Marktes, den sie beherrschen, und mit etwas von der Bereitschaft einer Postanweisung oder eines Kriegssparscheins verkauft werden könnten. Die Regierung würde immer kaufen, und wenn der Marktwert der Aktien steigt, würde auch der Wert des öffentlichen Anteils steigen. Das System scheint die weithin empfundene Notwendigkeit zu verwirklichen, die Zinszahlung, wie die Dauer des menschlichen Lebens, eher befristet als unbefristet zu gestalten. Dies geschieht nach der steuerfreien Rückzahlung des doppelten Kapitalbetrags für alle Klassen von produktiven Wertpapieren, wobei etwa ein Viertel der Rückzahlung durch Besteuerung und drei Viertel durch Kauf aus den Zinsen des bereits zurückgezahlten Teils (oder alternativ durch Zinsen bei aufgeschobener Besteuerung) mit einer Steuer von 4 S. pro Pfund erfolgt.

In einem Anhang sind die Mathematik dieser Prozesse und einige damit zusammenhängende Tabellen ausgearbeitet worden.

MATHEMATISCHER ANHANG

MATHEMATISCHE DARSTELLUNG DER ZUSAMMENGESETZTEN TILGUNG.

Wenn i der fraktionierte Zinssatz pro Jahr ist, p der Anteil, der durch die Besteuerung eingenommen wird, und G der Anteil, den der Staat zu einem beliebigen Zeitpunkt t (Jahre) ab dem Beginn erwirbt, ergibt sich

$$d\,G/dt = ip\,(1 - G) + iG$$

wobei der erste Term die Tilgung durch die gegenwärtige Besteuerung und der zweite Term die Verzinsung des bereits getilgten Kapitals darstellt. Die Lösung dieses Problems

$$t = \frac{1}{i(1-p)} \log_? \left\{ 1 + G\left(\frac{1}{p} - 1\right) \right\} \text{ or } G = \frac{p}{1-p} \left(\varepsilon^{it(1-p)} - 1 \right)$$

$1/i$ ist der Zeitraum von Jahren, in dem die Investition das Kapital als Zinsen zurückgibt, und kann durch das Symbol P ersetzt werden. Wenn die Steuer 4s. in £ beträgt, ist $p = 0\text{-}2$, und der Ausdruck

$$t = 2{,}875P \, \{\log_{10}(1+4G)\}$$

Wenn also G gleich 1 ist, ist $t = 2\text{-}0125\ P$, oder bei einer Investition von 5 % 40-25 Jahre. In der folgenden Tabelle sind die Zeiten für verschiedene Werte von G angegeben:

G	0·1	0·2	0·3	0·4	0·5	0·6	0·7	0·8	0·9	1·0
t/P	0·42	0·725	0·98	1·19	1·37	1·53	1·66	1·8	1·91	2·0125
t	8·4	14·5	19·6	23·8	27·4	30·5	33·2	35	38·2	4·25 years

Die Zahlen in der letzten Spalte beziehen sich auf eine 5 %ige Sicherheit mit einer Einkommenssteuer von 4 S. pro Pfund.

Für den Fall der vollständigen Tilgung ($G = 1$) der Ausdruck

$$\frac{t}{P} = \frac{1}{1-p} \log_? \left(\frac{1}{p}\right)$$

und in der folgenden Tabelle ist der Zeitpunkt der vollständigen Rückzahlung für verschiedene Steuersätze angegeben, bezogen auf den Zeitraum P. Dies stellt auch die Gesamtrendite der steuerfrei kündbaren Anlage für den Anleger dar, bezogen auf das ursprüngliche Kapital.

Tax	6s.	5s.	4s.	3s.	2s.	1s. in the £
t/P	1·73	1·84	2·01	2·23	2·25	3·29

Es ist auch von Interesse, die Ausdrücke abzuleiten, die die Anteile angeben, die aus der Besteuerung bzw. aus den Zinsen auf den bereits getilgten Teil zurückgezahlt werden. Wir bezeichnen mit G_r den ersten und mit G_1 den zweiten Anteil, d.h. $G = G_{(r)} + G_{(1)}$.

Wir haben dann

$$\frac{dG_r}{dt} = ip\left(1 - G\right) \text{ and } \frac{dG_1}{dt} = iG$$

Setzt man den zuvor gefundenen Wert für G ein und integriert, erhält man

$$G_2 = \frac{p}{1-p}\left[\frac{p}{1-p}\left(1 - e^{it(1-p)}\right) + it\right]$$

$$G_1 = \frac{p}{1-p}\left[\frac{1}{1-p}\left(e^{it(1-p)} - 1\right) - it\right]$$

Für den besonderen Fall, dass das gesamte Kapital getilgt wird, d. h. $G = 1$, und man mit T und I die Teile bezeichnet, die in diesem Fall durch Steuern bzw. Zinsen getilgt werden, erhält man

$$T = \frac{1}{1-p}\left[\left(\frac{p}{1-p}\log_? \frac{1}{p}\right) - p\right]$$

$$I = \frac{1}{1-p}\left[1 - \left(\frac{p}{1-p}\log_? \frac{1}{p}\right)\right]$$

Wenn man p den Wert 0-2 (4s. in £) gibt, erhält man für T 0-254 und für I 0-746, d.h. in diesem Fall wird etwa ein Viertel durch Steuern und drei Viertel durch Zinszahlungen auf den bereits getilgten Teil getilgt. Die Werte für andere Steuersätze sind in der Tabelle angegeben:

Tax	6s.	5s.	4s.	3s.	2s.	1s. in the £
I	0·69	0·72	0·746	0·735	0·827	0·89
T	0·31	0·28	0·254	0·215	0·173	0·11

MATHEMATISCHE DARSTELLUNG DER EINFACHEN TILGUNG

Hier $dG/dt = ip(1 - G)$ und $t = -\{1/(ip)\}log_e(1 - G)$

Wenn $i = 0.05$ und , $p = 0.2$ $t = -230 log_{(10}(1 - G)$

Mit diesen Werten von i und p erhalten wir:

G	0·1	0·2	0·3	0·4	0·5	0·6	0·7	0·8	0·9	0·99
t	10·5	22·2	35·7	51	69·5	92	121	161	230	460 years

KAPITEL XIV

INTERNATIONALE BEZIEHUNGEN

Die Elemente des Außenhandels

Es wird jetzt allgemein verstanden und zugegeben, dass die Lage, in die dieses Land durch den Krieg geraten ist, immer prekärer wird, da es für die Aufrechterhaltung seiner Nahrungsmittelversorgung übermäßig vom Außenhandel abhängig ist. Es scheint unvermeidlich, dass in dem Maße, in dem sich die Welt füllt und neue Länder entstehen, diese mehr und mehr dazu neigen werden, die von ihnen produzierten Nahrungsmittel und Rohstoffe zu verbrauchen und mehr eigene Fabrikprodukte herzustellen. Unsere gegenwärtige Lebensweise, bei der wir die Landwirtschaft in unserem Lande verkommen ließen und uns auf die Herstellung von Artikeln konzentrierten, die sich im Ausland immer schwerer verkaufen lassen, kann also aus einem doppelten Grund nicht unbegrenzt fortbestehen. Abgesehen von der Kriegsgefahr ist das Problem jedoch nicht dringlich.

Diese Frage drängt sich in den Köpfen vieler Menschen so sehr auf, dass sie sich in unbewusster Naivität fast weigern, die Frage der inneren Reform überhaupt in Betracht zu ziehen. Sie scheinen dem irrationalen und willkürlichen System irgendeinen geheimnisvollen und unbestimmten Vorteil für den Außenhandel zuzuschreiben, der durch die Verstaatlichung des Geldes und die Stabilisierung der Währung in Frage gestellt würde. Solange dies aber den Außenhandel und den Tausch von Waren gegen Lebensmittel nicht noch unberechenbarer und schwieriger macht als bisher, spricht nichts gegen eine interne Reform. Im wirklichen Leben lehnt man ein Heilmittel für eine Krankheit nicht ab, weil es kein Allheilmittel ist.

Die meisten Menschen beginnen, auch aufgrund der Erfahrungen des Krieges, zu begreifen, dass der Außenhandel, ebenso wie die Reparationen, eigentlich gar keine Frage des Geldes ist.

Da der Außenhandel im wesentlichen ein Tauschgeschäft ist, erscheint das Geld in seiner ganzen Nacktheit als einfache Anerkennung der Schuld der Gemeinschaft, die es emittiert, auf Verlangen rückzahlbar in Reichtum nur innerhalb dieses Reiches und ganz ungetrübt durch das Prinzip des virtuellen Reichtums, das ihm in seinem eigenen Land eine solche Bedeutung verleiht. Ein Ausländer kann eine Lieferung unseres Geldes für den *hiesigen* Gebrauch verlangen, ebenso wie wir eine Lieferung seines Geldes für den *dortigen* Gebrauch verlangen können, aber eine Lieferung unseres Geldes dort oder seines Geldes hier ist lediglich die Anerkennung einer Schuld, die auf Verlangen in Reichtum zahlbar ist, aber an einem fernen Ort und in einem fernen Reich, ohne praktischen Nutzen für irgendjemanden. Es ist müßig, einen Vorrat an Geld ins Ausland zu schicken, um für Waren zu bezahlen.

Es muss alles wieder zurückkommen, bevor es als Kaufkraft genutzt werden kann. Eine kleine, aber nicht uninteressante Veranschaulichung des Prinzips ist, wenn ein Auslandskorrespondent einen frankierten Umschlag für eine Antwort beilegt!

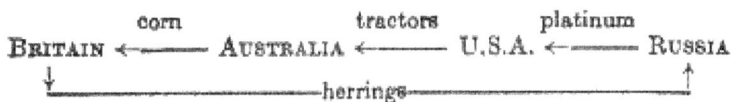

```
            corn            tractors          platinum
BRITAIN ◄─────── AUSTRALIA ◄─────── U.S.A. ◄─────── RUSSIA
    ↓                                                    ↑
    └──────────────────── herrings ─────────────────────┘
```

Die Handelsbilanz

Der größte Teil des Außenhandels wird in Wirklichkeit von den Käufern und Verkäufern in jedem Land getrennt untereinander abgewickelt, so dass nur noch ein offener Saldo zu begleichen ist. Diese Salden werden bequem durch den Versand von Gold von einem Land ins andere beglichen. So zahlt ein britischer Käufer ausländischer Waren seine Rechnung nicht direkt an den ausländischen Verkäufer, sondern an den britischen Verkäufer von Waren an ausländische Käufer, und zwar über geeignete Agenten, die diese Art von Geschäften betreiben. Dasselbe gilt für andere Länder, und die technischen Einzelheiten brauchen uns nicht weiter aufzuhalten. Durch geeignete internationale Agenturen wird in ähnlicher Weise dafür gesorgt, dass die ausstehenden Salden nicht zwischen den einzelnen Ländern, sondern nur zwischen jedem Land und dem Rest der Welt insgesamt beglichen werden müssen. Wenn wir also von Australien Mais, von den Vereinigten Staaten australische Traktoren, von Russland Platin und von Russland Heringe haben wollen, so können und werden sie im gleichen Wert getauscht werden, ohne dass man dafür Geld braucht.

Es ist also nicht das Handelsgleichgewicht zwischen zwei Ländern, das aufrechterhalten werden muss, sondern das Gleichgewicht zwischen einem Land und dem Rest der Welt insgesamt.

Dies sind die Realitäten des Außenhandels, und die Rolle, die das Geld dabei spielt, ist eher scheinbar als wirklich. Wenn, wie in allen Ländern, die internationale Währungen auf Goldbasis haben, dem Gold eine feste Umtauschbarkeit in Geld gegeben wird, können die relativen Werte der Währungen im Laufe der Zeit nicht sehr stark schwanken, d.h. der Außenhandel dieser Länder ist stabil. Würde das Gold nicht zur Korrektur der Handelsbilanz verschickt, würden die Wechselkurse in weiten Grenzen schwanken, weil dann die Waren, die eingehen, für die Waren, die gehen, bezahlen, unabhängig vom relativen Verhältnis. Wenn die Einfuhren die Ausfuhren übersteigen, geht der Wechselkurs gegen das Land, bis weitere Einfuhren in das Land sowohl für den inländischen Importeur als auch für den ausländischen Exporteur in das Land mit der relativ abgewerteten Währung unrentabel sind.

Der internationale Aspekt von Reichtum und Verschuldung

Die Funktion des Goldes, durch seinen Zu- und Abfluss automatisch den Wert des Geldes in Gold konstant zu halten und die Stabilität des Devisenverkehrs zwischen allen Ländern auf Goldbasis zu wahren, ohne dass es zu einer anderen automatischen Regulierung der im Umlauf befindlichen Geldmenge kommt, ist bereits ausführlich behandelt worden. Sie korrigiert das Gleichgewicht des Außenhandels, aber wenn die Währung auf der Grundlage einer Indexzahl stabilisiert würde, würde die Funktion des Goldes im Außenhandel auf die eines einfachen Tauschmittels reduziert werden und könnte keinerlei Einspruch erheben. Schon jetzt verwendet der Außenhändler, der Gold für internationale Zahlungen einsetzt, es einfach als Ware und ist völlig unschuldig an der Verantwortung für die komplexe und oft verhängnisvolle Kette von Folgen, die es in der Geschäftswelt durch die "Konzertierung" von Krediten nach sich zieht. Der Staatsmann wälzt seine Verantwortung für die Währung auf den Bankier ab, und der

Bankier wiederum wälzt das Odium für seine Fehler auf den Importeur ab.

Das Sprichwort vom Teufel unter den Schneidern deutet oft auf den wahren Ursprung vieler Kontroversen hin, und dies trifft zumindest auf einen Aspekt nicht nur der modernen internationalen Konflikte um Märkte zu, sondern auch auf die internen Kontroversen zwischen Freihandel *und* Schutz in allen Ländern. Es ist leicht zu erkennen, dass, wenn die Ausfuhr von Gold nicht nur als Mittel zum Ausgleich von Handelsbilanzen, sondern auch als Mittel zur Kreditvergabe und zur Eindämmung des "Preisanstiegs, der die Geschäftswelt so glücklich macht", eingesetzt wird, die Interessen des Exporthandels und des Importhandels diametral entgegengesetzt sein müssen. Das eine wird benutzt, um das andere zu schädigen. Wenn man sich jedoch vor Augen führt, dass der Außenhandel ein Tauschgeschäft ist und dass der beste Weg, die Exporte zu steigern, darin besteht, die Importe zu erhöhen und umgekehrt, sollte man meinen, dass die Interessen von Importeuren und Exporteuren identisch sind.

Die grundsätzliche Natur des Problems

Diese Fragen werfen jedoch wirklich grundlegende und derzeit fast unlösbare Probleme auf. Sie erziehen uns zu der Frage, ob die Menschen leben, um zu arbeiten, oder arbeiten, um zu leben. Kanada produziert einen Überfluss an Nahrungsmitteln. Die Schuhindustrie behauptet, sie könnte Großbritannien ein Jahr lang mit ein paar Tagen Arbeit in unseren Fabriken beschlagen. Was liegt da näher, als einen Tausch von Schuhen gegen Lebensmittel vorzuschlagen? In der Praxis drängt die kanadische Schuhindustrie auf einen Zoll, um ihren heimischen Markt vor unseren Importen zu schützen, so wie unsere Landwirte Schutz vor ausländischem Mais suchen. Wenn wir einen freien und uneingeschränkten Tauschhandel zwischen den Ländern in Erwägung ziehen, würde der kanadische Landwirt die Stiefel und unsere Schuhhersteller den Weizen bekommen, aber der kanadische Schuhhersteller und der britische Landwirt würden nicht davon profitieren, da sowohl Weizen als auch Schuhproduktionskapazitäten im Überfluss vorhanden sind. Was jeder und in diesem Fall brauchen, ist Muße, um weniger zu arbeiten und gleichzeitig mehr zu konsumieren und einen zunehmenden Teil ihres Lebens anderen Beschäftigungen zu widmen als dem Erwerb des Lebensunterhalts und der Anhäufung von "Reichtum". Letztlich gibt es keine andere Lösung für die Probleme, die durch den Reichtum der Wissenschaft aufgeworfen werden. Die wachsende Zahl von Menschen, die nur noch wenig oder gar nichts Wesentliches zur Produktion von Reichtum beitragen und ihren Anspruch auf Teilhabe eher aus der Erlaubnis ableiten, ihn entstehen zu lassen, als aus einem positiven Beitrag, der ohne sie nicht besser geleistet werden könnte, sowie am anderen Ende der Skala die wachsende Zahl derer, die einen Hungerlohn aus den öffentlichen Kassen erhalten, erzählen alle dieselbe Geschichte des verschwenderischen Überflusses, der sich auch durch all die Verschwendung und die sinnlosen Konflikte, die das gegenwärtige System begleiten, nicht verbergen lässt.

Wenn man ein Land wie die Vereinigten Staaten betrachtet, das, wie man errechnet hat, leicht fast den gesamten Bedarf der ganzen Welt decken könnte, ohne sich zu überanstrengen, ein Land, das nur wenige wirkliche Bedürfnisse hat, die es nicht ebenso gut innerhalb seines eigenen Territoriums decken könnte, und das daher wenig Bedarf an Importen hat, aber eine fast unendliche Kapazität für Exporte, sieht das Problem offen gesagt unlösbar aus.

Kantige Werkzeuge

Denn es muss daran erinnert werden, dass in der internationalen wie in der nationalen Wirtschaft Kapitalschulden nicht wirklich rückzahlbar sind und "Macht über das Leben und die Arbeit" anderer Länder bedeuten, auch wenn das Ziel zweifellos nicht finsterer ist als im Fall des "Sparens" im Inland. Export Handel, wenn eine Nation keinen gleichwertigen Bedarf hat, der durch Importe gedeckt werden muss, ist für "unsichtbare Importe" in Form von Zinsen auf Kapitalschulden, und kann, und wird gewöhnlich, gefördert werden, indem man der Schuldnernation das Geld leiht, um zu zahlen, was Zahlungsverzicht im Gegenzug für fortgesetzte zukünftige Zinszahlungen bedeutet. Auf diese Weise werden die heimischen Industrien eine Zeit lang vor der Konkurrenz der Importe "geschützt", aber man zittert, wenn man sich vorstellt, was der Tag der Abrechnung zwischen großen und mächtigen Nationen wirklich bedeuten wird, von denen die eine auf Rückzahlung bedacht und die andere nicht in der Lage ist, die Rückzahlung zu gestatten.

Der Satz *"caveat emptor"* hat eine besonders unheilvolle internationale Anwendung. "Der Käufer sollte sich davor hüten, auf Kredit zu importieren und darauf bestehen, dass die Importe durch

Exporte ausgeglichen werden, oder er läuft Gefahr, ein Erbe gegen einen Haufen Geld einzutauschen.

Zu Beginn des letzten Jahrhunderts exportierte das Land weit mehr als es importierte, und es erwarb große Beteiligungen an ausländischen Investitionen, die ihm jährliche Erträge einbrachten, die es ihm gegen Ende des Jahrhunderts ermöglichten, weit mehr zu empfangen, als es exportierte, ohne dass die Handelsbilanz beeinträchtigt wurde. Durch den Krieg wurden diese Auslandsbeteiligungen stark reduziert, und die Handelsbilanz für das Jahr 1925 wurde auf nur 28 Mio. Pfund zu unseren Gunsten geschätzt, wenn man die Erträge unserer verbleibenden Auslandsinvestitionen berücksichtigt. In dem Jahrhundert vor dem Krieg stiegen unsere Ausfuhren, die anfangs fast doppelt so hoch waren wie unsere Einfuhren, nur zweimal, während die Einfuhren um das Siebenfache zunahmen. Aber beide sind durch die aufgeblähten Zahlen der nationalen Ausgaben seit dem Krieg in die relative Bedeutungslosigkeit geschrumpft.

Herr Withers, [62] zitiert eine Rede von Herrn McKenna vom Oktober 1922, der sagte:

"Seit mehr als zwei Jahrhunderten wird das britische Kapital an andere Länder ausgeliehen. Jahr für Jahr produzierte England mehr, als es entweder selbst verbrauchte oder gegen die Produkte anderer Nationen eintauschen konnte, und es konnte keinen Markt für den Überschuss finden, es sei denn, es gab dem Käufer einen langen Kredit. Ausländische Anleihen und ausländische Emissionen aller Art wurden in England aufgenommen, und die Erlöse wurden für die Bezahlung der Überschussproduktion ausgegeben" - fährt fort zu argumentieren, dass die Zahlung von Reparationen aus Deutschland auf die gleiche Weise angestrebt werden sollte. "Deutschland, begabt mit großen Naturschätzen und mit unvergleichlichen Arbeits- und Verwendungsfähigkeiten, [müsste] einen sehr beträchtlichen exportfähigen Überschuss produzieren, wenn es die notwendigen Anstrengungen und die notwendige Ablenkung seiner Produktivkraft unternähme."

---

[62] *Bankiers und Kredit*, Hartley Withers, 1924.

Durch "friedliche Penetration" in Italien, Mexiko, Brasilien und anderen Ländern, in denen sie als Bedrohung für unseren Handel und unsere finanzielle Vormachtstellung angesehen wird, könnte sie, so wird vorgeschlagen, Investitionen erwerben und diese ihren Gläubigern überlassen. Sicherlich werden die meisten Menschen zustimmen, dass dies ein Spiel mit scharfen Waffen ist und dass es sich kaum lohnt, die Saat eines neuen Krieges zu säen, um für den letzten zu bezahlen, und damit unsere eigenen Industrien zu unterdrücken.

Wirtschaftliche Freiheit VERSUS Knechtschaft

Wir müssen uns also im internationalen Bereich ebenso wie in unseren inneren Angelegenheiten entscheiden, ob wir wirklich Reichtum oder Schulden wollen, ob wir den sonst so peinlichen Reichtum unserer Zeit nutzen wollen, um die wirtschaftliche Freiheit oder die Knechtschaft unter den Nationen wie auch unter den Einzelnen zu fördern. Die internationalen Rivalitäten und Antagonismen wären verständlicher, wenn sie nicht mehr auf einer wirtschaftlichen, sondern auf einer chrematistischen Grundlage beruhen würden. In Zeiten, in denen die Bevölkerung stets dazu tendierte, das Nahrungsangebot zu übersteigen, bevor die effektive Besetzung der ganzen Welt zusammen mit intensiven Anbaumethoden das Gesetz des abnehmenden Ertrags in der Landwirtschaft auf seine eigentliche lokale Bedeutung reduziert hatte, standen die wachsenden Nationen stets vor der Alternative Krieg oder Hunger. Aber jetzt ist es genau andersherum. Der Kampf geht nicht um den Reichtum, sondern darum, ihn vorteilhaft für seine Besitzer zu verwerten, den gegenwärtigen Reichtum in einen Anspruch auf zukünftigen Reichtum umzuwandeln, ihn, wenn möglich, zu verkaufen, wenn nicht, ihn zu verleihen, um vom Schuldner einen ständigen Tribut in Form von Zinsen in der Zukunft zu erhalten. Alte Eroberungskriege dienten oft ähnlichen Zwecken, aber die allgemeine Wehrpflicht und die Militarisierung ganzer Nationen als Folge ihrer Fähigkeit, mehr Reichtum zu produzieren, als sie konsumieren, tauschen oder sogar verleihen können, ist ein ganz neues und merkwürdiges Phänomen in der Geschichte.

Der Kampf findet nur nominell zwischen den Nationen statt und wird durch das Überleben eines tief verwurzelten Herdentriebes in diese traditionellen Bahnen gelenkt. In Wirklichkeit findet er zwischen den Schuldnern und Gläubigern aller Nationen gemeinsam statt, und eine Lösung des sozialen oder internationalen Konflikts ist nicht möglich, solange die Schulden nicht kündbar sind und ein Teil der Zinszahlungen als Tilgungsfonds für die Rückzahlung der Schulden verwendet wird . Es liegt ganz in der Zuständigkeit jeder Nation, für sich selbst zu entscheiden, sowohl für ihre eigenen Staatsangehörigen als auch für ihre ausländischen Investoren, und wenn es keine bevorzugte Diskriminierung von Ausländern gibt, kann daraus kein gerechter Grund für einen internationalen Streit entstehen. Das Vermögen eines Privatmannes oder einer Gesellschaft, das in einem fremden Land angelegt ist, unterliegt hinsichtlich der Besteuerung den Gesetzen dieses Landes.

Aber internationale Schulden, wie sie der Krieg hinterlassen hat, sind eine viel ernstere Bedrohung für den Weltfrieden. Sie sind nicht rückzahlbar, außer durch Schädigung der Schuldnerklasse der Gläubigernation, ihrer Arbeiter, ihrer Industrien und ihres Handels, und sie sind nicht unter Einzelpersonen übertragbar, wie es bei privaten Schulden der Fall ist.

Sie sind wie abgestandenes Wasser, das während der Dürre konserviert wird, nachdem der Regen gekommen ist und die Flüsse wieder ihren normalen Flusslauf aufgenommen haben, ebenso ungesund wie unnötig.

Das praktische Problem

Um von diesen allgemeinen Überlegungen zur Praxis zurückzukehren: Da keine Nation berechtigt ist, sich in die inneren Angelegenheiten anderer einzumischen, ist es nur möglich, das Problem des Außenhandels zu betrachten, wie es eine einzelne Nation betrifft. Es ist zwar Teil eines umfassenderen Schuldner-Gläubiger-Problems, doch unterscheidet es sich, zumindest was den privaten Investor betrifft, nicht von dem internen Problem. Der Investor ist im Umfang seiner Beteiligungen in einem fremden Land faktisch ein Bürger dieses Landes und unterläge bei der Rückzahlung von Kapital denselben Bestimmungen wie die Staatsangehörigen dieses Landes.

Es steht fest, dass es in einer individualistischen Gesellschaft ebenso wie in einer kommunalen Gesellschaft müßig ist, Dinge zu produzieren oder zu versuchen zu produzieren, die nicht gefragt sind. In einer individualistischen Gesellschaft obliegt es denjenigen, die aufgrund der sich ändernden Bedingungen nicht mehr in der Lage sind, ihren Lebensunterhalt mit ihrer früheren Tätigkeit zu verdienen , ihren

Beruf zu wechseln. In Kapitel III wurde darauf hingewiesen, dass dies unter modernen Bedingungen eine weitaus weniger schwerwiegende Veränderung darstellt als früher, vorausgesetzt, dass immer ein ausreichendes Angebot an anderen rentablen Arbeitsplätzen für alle Arbeitnehmer gewährleistet ist. Es mag notwendig sein, Ausnahmefälle anzuerkennen und Perioden zu schneller Anpassungen zu überbrücken, aber im Allgemeinen kommen wir nicht um die Schlussfolgerung herum, dass der Austausch zwischen den Nationen frei und uneingeschränkt sein sollte und dass es wünschenswert ist, dass jedes Land sich auf die Bereitstellung der Warenklassen spezialisiert, die seinen natürlichen Ressourcen und Fähigkeiten am besten entsprechen.

Durch die Stabilisierung der Währung auf der Grundlage einer Indexzahl werden keine besonderen Preise festgelegt, sondern nur der allgemeine Durchschnitt, so dass, wenn einige Waren mehr oder weniger gefragt sind als andere, ihr Preis *im Verhältnis* zu den anderen steigen oder fallen wird, bis die Tendenz durch ein erhöhtes oder verringertes Angebot gestoppt wird, genau wie jetzt, nur dass Gold nicht länger eine Ausnahme von dieser Regel wäre. Für die Binnenwährung bräuchte kein Gold mehr verwendet zu werden, aber als Ware würde es noch immer genau die gleiche Verwendung finden wie heute für die Korrektur der Außenhandelsbilanz.

Die Funktion von Gold

Jedes Land erhält vom Ausland Waren im gleichen Wert, wie es ins Ausland sendet. Es liegt in der Natur der Sache, dass diese sich über lange Zeiträume ausgleichen müssen, es sei denn, die Schulden können in langfristige, nicht auf Abruf rückzahlbare Investitionen umgewandelt werden. Die Differenz über kurze Zeiträume, die so genannte günstige oder ungünstige Handelsbilanz, kann niemals groß sein, und Gold als Ware eignet sich hervorragend, um solche Differenzen auszugleichen. Alle Länder, auch diejenigen, die nicht auf Goldbasis arbeiten, werden Gold als bequeme und zufriedenstellende Form der vorübergehenden Bezahlung akzeptieren. Wenn Gold demonetisiert und auf den Rang einer einfachen Ware reduziert würde, würde der verfügbare Bestand in einem Land einen genauen Hinweis auf seine Handelsbilanz liefern.

Es ist weithin anerkannt, dass die derzeitige anomale Lage des Goldes eine Bedrohung für die internationalen Beziehungen darstellt. Amerika hat sich durch den Krieg den größten Teil der Weltvorräte gesichert, und wenn es wieder in Umlauf käme, würde es die bestehenden Währungssysteme durcheinanderbringen. Andererseits könnte es wie bisher als internationales Zahlungsmittel anerkannt werden, allerdings auf Warenbasis, und zur Stabilisierung der Wechselkurse dienen, soweit es sich um vorübergehende heftige Schwankungen handelt, so dass sie sich allmählich entsprechend den in den verschiedenen Ländern angenommenen Währungsstandards und Währungssystemen einpendeln können.

Da alles darauf hindeutet, dass der Wert des Goldes von nun an stetig abnehmen wird, und zwar um so schneller, je weniger es als Zahlungsmittel verwendet und je schneller und umfassender es demonetisiert wird, und da alle Nationen es horten oder dies in der irrigen Annahme versuchen, dass sie dadurch "sparen", scheint es ein geeigneter Fall für den Völkerbund zu sein, eine gerechte und freundschaftliche Übereinkunft über die künftige Verwendung des Goldes zu treffen.

Sie könnten sich auf das Verhältnis einigen, in dem die Vorräte in Zukunft in den verschiedenen Ländern als nationale Reserve zur Stabilisierung der Börsen und zur Vermeidung unnötiger und schädlicher Schwankungen gehalten werden sollten. Aber es ist zu hoffen, dass sie die Geschicke der Welt nicht der Obhut von drei oder vier der mächtigsten Banken überlassen, die entscheiden, was von Zeit zu Zeit nach ihrem Gutdünken zu tun ist, und einen betrügerischen Goldstandard einführen, bei dem der Wert des Metalls nur das ist, was diejenigen, die daran interessiert sind, daraus machen wollen, indem sie bestimmen, wie viel oder wie wenig davon als Währung ausgegeben werden soll. Es ist eine Sache, wenn eine Nation sich bereit erklärt, ihren Teil dazu beizutragen, eine Verwendung für überflüssiges Gold zu finden und eine zu schnelle Entwertung zu verhindern, und wenn sie das Verlustrisiko auf ihre Schultern nimmt, indem sie zustimmt, eine begrenzte Menge als Sonderreserve zu halten. Aber es ist eine ganz andere Frage, den Würgegriff aufrechtzuerhalten, den einige wenige Menschen mit antisozialen Instinkten und einer antisozialen Mentalität durch die Beherrschung und Kontrolle des Geldes über das Leben und die Aktivitäten von Industrie- und Handelsnationen ausgeübt haben.

Der Wertstandard sollte so festgelegt sein, dass er von niemandem manipuliert werden kann, auch wenn er noch so gut gemeint und wohlwollend ist. Aber Gold zu seinem Marktwert, was auch immer das sein mag, könnte immer noch einen nützlichen Zweck erfüllen, indem es die internationalen Währungen stabilisiert und dem

Außenhandel einige der Vorteile verschafft, die sich aus einer internen unveränderlichen Währungseinheit ergeben würden.

Ein Vorschlag für die statistische Regelung der Handelsbilanz

Die Frage des Außenhandels, die notwendigerweise eine scheinbar willkürliche Einschränkung der Freiheit des Einzelnen mit sich bringt, ist eine schwierige Frage. Man kann in den Berichten über akute Handelskrisen in der Vergangenheit immer das Gefühl der Empörung und Irritation nachvollziehen, das durch "unpatriotische" ausländische Spekulanten hervorgerufen wurde, die dem Land seine Goldvorräte entzogen, als es sie im Inland am dringendsten brauchte. Die individualistische Ökonomie ist der grundlegenden Schwierigkeit des Ausgleichs von Importen und Exporten nie gerecht geworden, wenn beide völlig ungeregelt und dem privaten Unternehmertum Einzelner überlassen sind. Wenn wir ein Höchstmaß an Stabilität und Handelsfreiheit innerhalb unserer Grenzen sichern wollen, ist es offensichtlich sehr unerwünscht, sie je nach dem Stand der Devisenmärkte einem heftig intermittierenden Wettbewerb aus dem Ausland ausgesetzt zu lassen. Fragen wie Schutz *versus* Freihandel und die Besteuerung von Importen oder die Subventionierung von Exporten sollten im allgemeinen Einvernehmen aus der politischen Sphäre entfernt werden und einer statistischen Regulierung überlassen werden, wie sie auch für die Regulierung der Geldmenge vorgeschlagen worden ist.

Wir haben gesehen, dass, wenn das Gold für die Binnenwährung entwertet und ausschließlich als Ware zur Korrektur der Handelsbilanzen und zur Stabilisierung des Wechselkurses verwendet würde, der im Lande verfügbare Goldbestand als genaues Barometer für die Position des internationalen Handels dienen würde. Würden diese Steuern nur dann erhoben, wenn das Goldbarometer ihre allgemeine Notwendigkeit anzeigt, und zwar in einem Umfang, der notwendig ist, um den Goldbestand in bestimmten Grenzen zu halten, könnten diese Fragen dem Schlachtfeld der Parteipolitik entzogen werden, und der Haupteinwand gegen sie, dass sie "Lobbyismus" und Korruption hervorrufen, würde beseitigt werden. So könnte ein Land beschließen, dass seine Goldreserven nicht über ein bestimmtes Maximum steigen und nicht unter ein bestimmtes Minimum fallen dürfen. Wenn dies der Fall wäre, würde eine Steuer auf Exporte zur

Förderung von Importen im ersten Fall und eine Steuer auf Importe zur Förderung von Exporten im zweiten Fall eine unparteiische und statistische Methode zur Aufrechterhaltung des gerechten Gleichgewichts darstellen.

Eine nationale stabilisierte Währung würde helfen, und nicht den Außenhandel bremsen

Die Vorschläge zur Verstaatlichung und Stabilisierung der Binnenwährung beeinträchtigen den Außenhandel in keiner Weise und machen ihn auch nicht beschwerlicher. Es wäre schwierig, einen einzigen Vorteil zu nennen, der dem Binnenhandel und der Industrie eines Landes zugute käme, der nicht von gleicher Bedeutung und Nutzen für den Außenhandel wäre.

Unsere gefährliche Abhängigkeit vom Außenhandel bei der Versorgung Nahrungsmitteln ist zu einem großen Teil auf unser privates Bankensystem zurückzuführen, das nicht willens oder in der Lage ist, ausreichend langfristige Kredite zur Absicherung der künftigen Produktion zu gewähren, die für die Landwirtschaft, die unter den besten Umständen für vorübergehende Rückschläge durch Missernten anfällig ist, eine Notwendigkeit sind. So schlimm der Mangel an Sicherheit und die ständigen Veränderungen der Handelsaussichten für die Industrie sind, so schlimm sind sie für den Landwirt, der im Wesentlichen mit langfristigen Prozessen zu tun hat. Solange ihm keine einigermaßen stabilen Bedingungen geboten werden können, wäre es töricht, jahrelang unrentable Anstrengungen in Entwicklungen zu investieren, die sich naturgemäß erst zu einem relativ fernen Zeitpunkt auszahlen können.

Gibt es eine Finanzverschwörung?

Es wird weithin angenommen, dass es so etwas wie eine tatsächliche finanzielle Verschwörung zur Versklavung der Welt gegeben hat.[63] Der Westler ist nicht gerade der Schnellste, wenn es um das schwer fassbare Prinzip des virtuellen Reichtums geht. Es ist den erklärten theoretischen Ökonomen entgangen, die die tief greifenden Veränderungen, die sich vor ihren Augen in der Natur des Geldes vollziehen, anscheinend nicht wahrgenommen haben. Ob es sich um eine Verschwörung handelt oder nicht, es steht außer Frage, dass die Macht, die diese Entdeckungen in die Hände der Finanziers gelegt haben, sie, wenn sie nicht kontrolliert wird, in die Lage versetzen wird, zu ihrer Zeit und nach ihrem Gutdünken die Welt zu erobern.

Bislang war auf diesem Gebiet der Hochfinanz das Halborientalische, das auf dem Schlachtfeld zwischen Ost und West angesiedelt ist, das Oberste. Vor der Entwicklung der Wissenschaft hatte die Flut der mystischen Halbwahrheiten, die die westliche Welt aus diesem Viertel überschwemmte, sie intellektuell unterworfen. Bei dem Versuch, diese exotische spirituelle Kost aufzunehmen und zu verdauen, verlor der Abendländer jegliche intellektuelle Eigenständigkeit - und das war auch gut so. Er war fasziniert und hypnotisiert von der schillernden Glaubensblase, die von der hebräischen Hierarchie um die Welt geblasen wurde, und selbst jetzt, lange nachdem die Lanzette der Wissenschaft die Blase angestochen und das Licht hereingelassen hat, werden die angeblichen Taten des auserwählten Volkes vor Tausenden von Jahren immer noch als ein wesentlicher Teil der Bildung eines jeden betrachtet, was auch immer sonst an menschlicher Geschichte und Leistung weggelassen wird. Es wäre unklug, den Einfluss einer derart dominanten Kraft auf das Leben der Menschen zu unterschätzen, wenn es darum geht, die Umkehrung der Wissenschaft zu erklären, und es erklärt vieles, was sonst unverständlich ist, über die schreckliche viktorianische Ära.

Ob bewusste Verschwörung oder nicht, und ob eine Ethnie oder eine andere dafür verantwortlich ist, es gibt keinen Zweifel an der Tatsache, dass die Finanzwelt bereits mehr als die Hälfte der Welt versklavt hat, und nur wenige, wenn überhaupt, Einzelpersonen, Unternehmen oder sogar Nationen können es sich leisten, der

---

[63] Vergleiche zum Beispiel *die Protokolle der Weisen von Zion*, aus dem Russischen von Nilus, übersetzt von V. E. Marsden, The Britons Publishing Co. 1925.

Geldmacht zu missfallen. Im Jahr 1916 sagte Präsident Woodrow Wilson:

"Eine große Industrienation wird durch ihr Kreditsystem kontrolliert. Unser Kreditsystem ist konzentriert. Das Wachstum der Nation und alle unsere Aktivitäten liegen daher in den Händen einiger weniger Männer... Wir sind zu einer der am schlechtesten regierten, einer der am stärksten kontrollierten und beherrschten Regierungen in der zivilisierten Welt geworden - nicht mehr eine Regierung der freien Meinung, nicht mehr eine Regierung der Überzeugung und Votums der Mehrheit, sondern eine Regierung der Meinung und des Zwanges kleiner Gruppen dominanter Männer."

Wir haben den Glauben an physische Wunder aufgegeben, nur um von metaphysischen Wundern umgarnt zu werden. Solange das scheinbare Wunder des virtuellen Reichtums nicht verstanden und von denjenigen gemeistert wird, die versuchen, die Geschicke der Nationen zu beeinflussen, werden sie weiterhin wie Lehm in den Händen des gewieften Finanziers sein. Es ist eine Folge dieses Wunders, dass die Wissenschaft Geister begabt hat und zum Königsmacher von Cacus geworden ist, indem sie den Menschen die Wahl lässt zwischen der Freiheit, gearbeitet und ausgebeutet zu werden, oder der Muße, im reichsten Zeitalter, das die Welt je gekannt hat, zu verhungern, und den Nationen Rüstung und Einberufung, um sich gegenseitig zu zerstören, um nationale Sicherheit und Sicherheiten zu schaffen, damit die fromme Nachwelt ihr Opfer auf ewig ehren und nie aufhören kann, Tribut für die nationale Schuld zu zahlen.

In dieser Situation misstraut man der Fähigkeit des Völkerbundes, sich zu behaupten und echten Frieden zu schaffen. Ihr Vorschlag, eine Art Goldstandard einzuführen, dessen Wert nach dem Gutdünken der sie beratenden bedeutenden Bankiers und Finanziers festgelegt werden kann, ist ein unheilvoller und beunruhigender Schritt, denn er überlässt die wirkliche Kontrolle über die Welt ganz offen der Währungsmacht. Die Vorschläge in diesem Werk sind natürlich weit davon entfernt und klingen wie eine Travestie des Traums, die Welt unter einer katholischeren Religion zu vereinen - eine revidierte Version des goldenen Kalbs, mit einem Gewand "nicht golden, sondern vergoldet" und unter einem Standard "nicht aus Gold, sondern aus Gewinn". Dies wäre der letzte Schritt - ob es nun eine Verschwörung gibt oder nicht - zur Versklavung der ganzen Welt durch eine zentrale Finanzmacht.

Es liegt jedoch auf der Hand, dass die nationale Sicherheit genau in der entgegengesetzten Richtung liegt, nämlich darin, dass jede Nation ihren eigenen Finanzmechanismus vollständig versteht und kontrolliert und die Befugnisse wiedererlangt, auf die sie so unbewusst verzichtet und die sie leichtfertig aus der Hand gegeben hat. Nur dann ist zu erwarten, dass sie zum Wohle der Allgemeinheit eingesetzt werden und dass die reichste aller Wissenschaften zur Förderung des Wohlstands und nicht der Schulden eingesetzt wird.

Die wahre Verschwörung

Unabhängig davon, ob es eine Verschwörung unter dem "auserwählten Volk" gibt, um die Herrschaft, die es von Gott abzuleiten pflegte, durch Gold wiederherzustellen - und die biblische Geschichte (Exodus XXXII) erinnert an einen streng parallelen Versuch, der durch das energische Vorgehen ihres obersten Gesetzgebers vereitelt wurde - , muss man zugeben, dass es eine Rache an der Wissenschaft für ihre ikonoklastischen Tendenzen wäre, nicht ohne einen gewissen sardonischen Humor, wenn wir eines Tages aufwachen und statt der zehn Gebote eine einzige goldene Regel vorfinden würden. Dies sind Mutmaßungen, und zweifellos gibt es wie zur Zeit Moses noch Juden und Juden. Hoffen wir es zumindest.

Aber an der Existenz einer echten Verschwörung - einer Verschwörung des Schweigens - zu allen Währungsproblemen, in der Presse und auf politischen Plattformen, unter Redakteuren, Verlegern und Wirtschaftswissenschaftlern, die mehr als alle anderen für ihre unendliche Bedeutung sensibilisiert sein sollten, kann kein Zweifel bestehen. Es gibt sie, und jeder, der versucht hat, auf die Übel des gegenwärtigen Systems aufmerksam zu machen, wird sie bestätigen. Mr. H. G. Wells soll gesagt haben:

"Über Geld zu schreiben, gilt allgemein als anstößige, ja fast unanständige Praxis. Redakteure werden den Schriftsteller fast unter Tränen anflehen, nicht über Geld zu schreiben, nicht weil es ein uninteressantes Thema ist, sondern weil es schon immer ein zutiefst beunruhigendes Thema war."

Es war in der Tat eine Offenbarung für den Autor, der daran gewöhnt war, den Kampf um die Freiheit des Denkens in wissenschaftlichen Angelegenheiten als vor Jahrhunderten zur Zeit Galileis und der Inquisition ausgefochten und gewonnen anzusehen, um festzustellen, dass er in der Wirtschaftswissenschaft, anders als in der Physik, noch überhaupt nicht gewonnen wurde. Wäre er Biologe gewesen, hätte er das Datum zweifellos auf die Zeit der Kontroverse zwischen Huxley und den Bischöfen gelegt. Wäre er dagegen ein reiner Mathematiker gewesen, hätte er vielleicht über die Vorstellung gelächelt, dass man überhaupt über die Wahrheit der Sätze von Euklid streiten muss.

Das heißt, dass die Freiheit des Denkens eher ein evolutionäres Wachstum als eine plötzliche Geburt ist, die sich in der Reihenfolge von den Angelegenheiten des Intellekts zu denen der Seele und erst schließlich, wenn überhaupt, zu den Angelegenheiten der Tasche erstreckt. In diesem Zusammenhang war es nicht ohne Humor, in den jüngsten Verurteilungen der Kampagne gegen die Lehre der Evolutionslehre in einigen Staaten der Amerikanischen Union gewisse beunruhigende Parallelen zwischen ihr und der genau ähnlichen Haltung unserer eigenen liberalen *Gelehrten* gegenüber der psychischen Forschung, der Lehre von den Methoden der Geburtenkontrolle oder, wie man als Beispiel hätte anführen können, gegenüber der neuen Lehre der Physikalischen Ökonomie zu finden. Die Freiheit des Denkens hängt immer noch stark von den Umständen ab.

Man kann das Motiv nachvollziehen, die inneren Geheimnisse des Geldes vor dem Blick der Öffentlichkeit zu verbergen und zu verschleiern, während man gleichzeitig die Gefahr und die Torheit des Geldes verurteilt. Wäre die Wirtschaftswissenschaft wirklich eine Wissenschaft, hätte sie es nicht nötig, sich durch eine Verschwörung des Schweigens vor Kritik zu schützen. Eine verantwortungsvolle Kritik würde in jedem wissenschaftlichen Fach mit einer sofortigen Antwort beantwortet werden und nicht mit der Vogel-Strauß-Politik, den Kopf in den Sand zu stecken in der Hoffnung, dass dadurch auch die Ohren verstopft und Staub in die Augen des Verfolgers geworfen wird.

Jedem Vorschlag zur Reform des Systems wird immer von mächtigen Interessen entgegengetreten, die vorgeben, dass die vorgeschlagene Reform die alte Ketzerei der wirtschaftlichen Rettung durch Geldschöpfung ist. Wenn es sich also um ein Quacksalbermittel handelt, wenn es von der Regierung oder von privaten Fälschern praktiziert wird, warum werden dann die Banken als die ordnungsgemäß qualifizierten Praktiker solcher Quacksalbermittel bezeichnet und durch ihr Amt von der Verantwortung für den von ihnen verursachten Ruin befreit?

Es mag sein, dass unsere Publizisten aus dem gleichen Grund schweigen wie ein Arzt, der zögert, seinem Patienten mitzuteilen, dass er an einer tödlichen Krankheit leidet, die sich allen wissenschaftlichen Untersuchungen entzieht. Was können sie also auf diesen Vorwurf antworten, dass der Patient durch die Verabreichung von Medikamenten, von denen alle wissen, dass sie schädlich und tödlich sind, krank gemacht und krank gehalten wird? Es mag sein, dass die Gefahr nicht für das Land besteht, abgesehen von der Gefahr oder der Genesung von seinem gegenwärtigen ohnmächtigen und ausgelaugten Zustand, sondern für unsere öffentlichen Bediensteten und Beamten, die, wenn ihnen keine Amnestie gewährt wird, vernünftigerweise damit rechnen müssen, dass sie angeklagt werden, wenn eine echte politische Regierung wiederhergestellt wird. Schließlich kann es sein, und wahrscheinlich ist es auch so, dass unsere erklärten Führer und Experten in diesen komplizierten Angelegenheiten selbst in einem dichten Nebel stehen und, da sie nicht wissen, was sie sonst sagen sollen, immer wieder das wiederholen, was ihnen in ihrer Jugend an der Universität als Wirtschaftswissenschaft beigebracht wurde. Was auch immer der Grund sein mag, wenn dieser Versuch, die wirklichen Tatsachen des bestehenden Währungssystems vor der Öffentlichkeit zu verbergen und jede öffentliche Kritik und vernünftige Argumente zugunsten seiner Reform zu unterdrücken, fortgesetzt wird, wird die bereits sehr weit verbreitete Ansicht über das Bestehen einer verräterischen Verschwörung gegen den Staat durch die Führer der Finanzwelt nicht unbegründet sein. Ob bewusste Verschwörung oder nicht, die Gefahr ist dieselbe. Ein korruptes Geldsystem ist ein Angriff auf das Leben der Nation.

KAPITEL XV

ZUSAMMENFASSUNG DER PRAKTISCHEN SCHLUSSFOLGERUNGEN

Es mag für den Leser hilfreich sein, die wichtigsten praktischen Schlussfolgerungen, die sich von der theoretischen Analyse, auf der sie beruhen, unterscheiden, zu sammeln und zusammenzufassen.

(1) Die Produktion von Reichtum, im Unterschied zu Schulden, gehorcht den physikalischen Gesetzen der Erhaltung und die exakte Argumentation der physikalischen Wissenschaften kann angewendet werden. Reichtum kann nicht ohne Ausgaben produziert werden, und ein kontinuierlicher Vorrat an Reichtum kann nicht als Ergebnis einer einmaligen Ausgabe geliefert werden, denn er ist eine Form von Energie oder das Produkt ihrer Ausgabe unter intelligenter Leitung. Seine Erzeugung erfordert eine ständige Zufuhr frischer Energie und einen ständigen menschlichen Fleiß, heutzutage eher als körperliche Arbeit. Der Umfang, in dem sie produziert werden kann, ist praktisch nur durch den Stand der technischen Kenntnisse der Zeit begrenzt. Es gibt keine stichhaltige physische Rechtfertigung mehr für den Fortbestand der Armut. Das Phänomen der Arbeitslosigkeit und des gleichzeitigen Elends ist heute nur auf die Unkenntnis der Natur des Reichtums und der Prinzipien der Ökonomie zurückzuführen, sowie auf die Verwechslung von Reichtum und Schulden, die dieses Thema bis jetzt verwirrt hat, selbst bei denen, die sich um seine wissenschaftliche Untersuchung und Aufklärung bemüht haben.

(2) Es gibt zwei verschiedene Kategorien von Reichtum, die ihren Wert den entgegengesetzten Eigenschaften der Vergänglichkeit und der Beständigkeit verdanken. Beide sind gleich in der Art ihrer

Produktion. Aber bei der Bildung der ersten Kategorie des verderblichen Reichtums wird die benötigte Energie für die spätere Verwendung im Leben gespeichert, wenn der Reichtum verbraucht wird. Dazu gehören Nahrungsmittel, Brennstoffe, Sprengstoffe, Düngemittel und alle Materialien, deren Nutzen von der Veränderung abhängt, die sie bei ihrer Verwendung erfahren. Sie können nur einmal verwendet werden und fungieren in der Regel als Energielieferanten und eigentliche Träger des Lebens.

Bei der zweiten Kategorie von dauerhaftem Reichtum ist die Energie, die zu seiner Erzeugung erforderlich ist, nicht im Produkt gespeichert - oder, falls doch, wirkt sie sich nachteilig auf die Dauerhaftigkeit im Gebrauch aus -, sondern ist bereits im Prozess verpufft. Sie ermöglicht und erleichtert das Leben, aber sie ermächtigt es nicht. Sie erspart weiteren Aufwand an Lebenszeit in unbestimmtem Ausmaß, unterstützt aber nicht das Leben. Diese Kategorie umfasst alle Klassen von dauerhaftem Besitz in allen Graden der tatsächlichen Dauerhaftigkeit, unterscheidet sich aber von der ersten Kategorie dadurch, dass ihre Zerstörung eine Begleiterscheinung und nicht der Grund für ihre Nützlichkeit ist und einen toten Verlust darstellt. Diese Kategorie umfasst die Gesamtheit des Kapitals in dem in diesem Buch verwendeten Sinne, nämlich die Produktionsmittel, die in der Produktion eingesetzt werden.

(3) Das Kapital spart in unbestimmtem Maße die menschliche Zeit, die für die Produktion aufgewendet werden , und scheint einen kontinuierlichen Ertrag an Reichtum ohne weitere Arbeit zu liefern, aber der Ursprung des produzierten Reichtums liegt in der fortgesetzten Nutzung des Kapitals durch menschliche Akteure, nicht im Kapital selbst. Es gibt keinen ethischen Grundsatz, auf den man sich berufen könnte, um die für die Akkumulation aufgewendete Zeit mit den kontinuierlichen Ausgaben gleichzusetzen, die notwendig sind, um sie produktiv zu machen, oder um die gerechte Aufteilung des produzierten Reichtums zwischen dem Kapitalisten und dem Arbeiter zu bestimmen.

(4) Geld ist heute eine Form von Staatsschuld, die dem Einzelnen gehört und der Gemeinschaft geschuldet ist, und die auf Verlangen gegen Reichtum durch Übertragung auf einen anderen Einzelnen eingetauscht werden kann. Sein Wert oder seine Kaufkraft wird nicht direkt durch eine positive oder vorhandene Menge an Reichtum bestimmt, sondern durch die negative Menge oder das Defizit an Reichtum, auf dessen Besitz und Genuss die Eigentümer des Geldes freiwillig und ohne Zahlung von Zinsen verzichten, um ihren

individuellen geschäftlichen und häuslichen Angelegenheiten und Bequemlichkeiten gerecht zu werden. Die Summe dieses Defizits wird als virtueller Reichtum der Gemeinschaft bezeichnet und misst den Wert des gesamten Geldes, das die Gemeinschaft besitzt, die durch die Notwendigkeit des Austauschs ihrer Produkte gezwungen ist, so zu tun, als besäße sie diese Menge an Reichtum mehr, als sie tatsächlich besitzt. Der virtuelle Reichtum einer Gemeinschaft ist keine physische, sondern eine imaginäre negative Reichtumsmenge. Er gehorcht nicht den Gesetzen der Erhaltung, sondern ist psychologischen Ursprungs. Er wächst mit der Zahl der Bevölkerung und dem Volkseinkommen und schwankt über lange Zeiträume hinweg mit den Gewohnheiten der Menschen und der Art und Weise, wie sie ihre Geschäfte und häuslichen Geldangelegenheiten führen. Nur wenn der virtuelle Reichtum konstant ist, ist das allgemeine Preisniveau direkt und die Kaufkraft des Geldes umgekehrt proportional zur umlaufenden Geldmenge.

(5) Die Banken schaffen und vernichten Geld willkürlich und ohne Verständnis für die Gesetze, die seine Menge mit dem Volkseinkommen in Beziehung setzen. Man hat ihnen erlaubt, sich als Eigentümer des virtuellen Reichtums zu betrachten, den die Gemeinschaft *nicht* besitzt, und ihn zu verleihen und dafür Zinsen zu verlangen, als ob er wirklich existierte und sie ihn besäßen. Der so erworbene Reichtum des mittellosen Kreditnehmers wird nicht von den Kreditgebern aufgegeben, die zwar die Kreditzinsen erhalten, aber auf nichts verzichten, sondern von der ganzen Gemeinschaft, die in der Folge den Verlust durch eine allgemeine Verringerung der Kaufkraft des Geldes erleidet.

(6) Die Banken haben das Vorrecht der Krone hinsichtlich der Geldausgabe an sich gerissen und den Zweck des Geldes von dem eines Tauschmittels zu dem einer verzinslichen Schuld verdorben, aber das eigentliche Übel ist, dass wir jetzt eine Ziehharmonika statt einer Währung haben. Diese Befugnisse sind ihnen durch die Erfindung und Entwicklung des Schecksystems zugefallen, die nicht vorhersehbar war, bevor sie sich durchgesetzt hat. Es wurde von Politikern aller Parteien eingefädelt, die das Volk verraten haben und ohne dessen Wissen oder Zustimmung die wichtigste Funktion der Regierung aufgegeben und aufgehört haben, *de facto* die Herrscher der Nation zu sein. Die Ausgabe und Rücknahme von Geld sollte dem Volk zum Wohle der Allgemeinheit zurückgegeben werden, und es sollte gänzlich aufhören, privaten Unternehmen eine Lebensgrundlage zu bieten. Geld sollte nicht aufgrund seiner Existenz verzinst werden, sondern nur, wenn es wirklich von einem Eigentümer verliehen wird, der es an den Kreditnehmer weitergibt.

(7) Der Wert des Geldes sollte nicht von der Menge einer einzelnen Ware, wie z.b. Gold, abhängen, und der Wertmaßstab sollte sich auf den allgemeinen Durchschnitt der im Leben verbrauchten und verwendeten Güter beziehen. Das heißt, die Indexzahl des allgemeinen Preisniveaus oder ihr Kehrwert, die Kaufkraft des Geldes, sollte durch Regulierung der Gesamtmenge des im Umlauf befindlichen Geldes konstant gehalten werden.

Die Indexzahl sollte fortlaufend von einer nationalen Statistikbehörde ermittelt werden, die ihre Ergebnisse der für die Geldausgabe zuständigen nationalen Behörde mitteilt, damit die Ausgabe reguliert werden kann, um den Wertstandard konstant zu halten, ähnlich wie das National Physical Laboratory in diesem Land mit der Standardisierung von Gewichten und Maßen beauftragt ist.

(8) Wenn die Geldmenge konstant ist, ist ihr Wert oder ihre Kaufkraft proportional zum virtuellen Reichtum, und wenn ihr Wert oder ihre Kaufkraft konstant ist, ist die Geldmenge ein Maß für den virtuellen Reichtum. Die Ausgabe von Geld sollte daher durch seine Kaufkraft reguliert werden, um die Kaufkraft konstant zu halten, wobei mehr ausgegeben wird, wenn die Kaufkraft tendenziell steigt oder die Indexzahl sinkt, und ein Teil aus dem Umlauf genommen wird, wenn die Kaufkraft tendenziell sinkt und das allgemeine Preisniveau steigt, ganz ähnlich wie die Geschwindigkeit einer Dampfmaschine unter wechselnder Belastung automatisch geregelt wird, indem der Regler Dampf einlässt, wenn die Geschwindigkeit tendenziell sinkt, und sie abstellt, wenn sie tendenziell steigt.

Das emittierte Geld soll anstelle von Steuern zur Deckung der Staatsausgaben oder zur Tilgung der verzinslichen Staatsschuld dienen. Die Rücknahme und Vernichtung des Geldes sollte durch Besteuerung oder durch die Aufnahme eines Staatskredits erfolgen.

(9) Es wird anerkannt, dass der vorgeschlagene unveränderliche Wertmaßstab ein Schuldner-Gläubiger-Standard ist, um langfristige Geschäftsbeziehungen zu erleichtern und das spekulative Element zu beseitigen, das durch die Veränderung des Geldwerts in sie eingebracht wird. In einem Zeitalter zunehmender menschlicher Effizienz in der Wohlstandsproduktion ist ein Schuldner-Gläubiger-Standard des Preises jedoch nicht unbedingt ein "gerechter" Preis. Aber kein sozialer

Fortschritt kann gesichert werden, solange die Kaufkraft des Geldes nicht unveränderlich gemacht wird. **(10)** Um das System in Gang zu setzen, sollten etwa 2.000.000.000 £ an verzinslichen Staatsschulden gestrichen und die gleiche Summe an nationalem Geld (unverzinsliche Staatsschulden) ausgegeben werden, um die von den Banken geschaffenen Kredite zu ersetzen. Der Steuerzahler würde dadurch von der Zahlung von 100.000.000 Pfund Zinsen pro Jahr für rein fiktive Kredite entlastet. Diese jährlichen Zinsen sind eine Zahlung des Steuerzahlers an die Anleihegläubiger für Geld, das dem Staat geliehen wurde, und sie werden im Rahmen des bestehenden Systems an die Banken für ihre Dienste bei der Schaffung neuen Geldes als Bankkredit und dessen Überlassung an die Anleihegläubiger gegen deren Anleihen als Sicherheiten überwiesen. Die Steuern werden also an die Bank für das gezahlt, was mit den Steuern verhindert werden sollte, nämlich die Vermehrung der Währung. Andernfalls hätte es für den Staat keinen Grund gegeben, sich gegen Zinsen zu verschulden, wenn er die Vermehrung des Geldes nicht hätte verhindern wollen.

(11) Die Banken sollten gesetzlich verpflichtet werden, nationale Gelder in Höhe von £ für £ ihrer Verbindlichkeiten für "Einlagen" von Kunden auf Girokonten zu halten, und es sollte ihnen nur gestattet sein, Geld zu verleihen, das von den Eigentümern tatsächlich bei ihnen hinterlegt wurde, die für den festgelegten Zeitraum des Kredits ( ) auf die Nutzung des Geldes verzichten und dafür Quittungen in gesetzlicher Form erhalten, die mit Stempelgebühren in einer Größenordnung belegt sind, die es relativ unrentabel macht, Kredite für begrenzte Zeiträume zu vergeben.

(12) Das Versäumnis der Nationen, die ihnen durch den Fortschritt der wissenschaftlichen und technischen Erkenntnisse übertragenen weitreichenden Möglichkeiten zur Bereicherung des Lebens voll auszuschöpfen, ist in erster Linie auf die private Geldemission und die ihr zugrunde liegenden falschen Prinzipien zurückzuführen. Wenn das Angebot die Nachfrage übersteigt, sollten Kredite ausgegeben und nicht annulliert werden (d.h. der Geldumlauf sollte erhöht und nicht verringert werden).

Echte Konsumabstinenz oder "Sparen" ist die unabdingbare Voraussetzung für jede Erhöhung des Geldumlaufs, wenn das Preisniveau nicht angehoben werden soll.

(13) Um ein Produktionssystem von einer Produktionsskala auf eine höhere Skala zu heben, ohne eine Änderung des Preisniveaus zu bewirken, und so arbeitslose Arbeitskräfte und Kapital zu absorbieren, ist eine anfängliche Konsumabstinenz erforderlich, die den erhöhten Beständen an Halbfertig- und Fertigwaren im System entspricht, gefolgt von einer Ausgabe von Geld in geringerem Umfang, der proportional zum Wert der zusätzlichen Fertigwarenbestände ist, aber normalerweise darunter liegt. In der Praxis würde die Ausgabe durch das Preisniveau als Indikator bestimmt werden, wobei die Erträge der Arbeitslosigkeit und der Zustand der Industrie als Leitindikatoren dienen.

(14) Wenn die Geldemission der Enthaltsamkeit vorausgeht, werden die Bestände an fertigem Reichtum im System dauerhaft erschöpft und können nicht wiederhergestellt werden. Dies führt zu einem Anstieg der Preise und nach kurzer Zeit zu einem Rückgang der Beschäftigung und der Produktion sogar unter das ursprüngliche Niveau, und zwar bei einer im Verhältnis zur Geldvermehrung aufgeblähten Bewertung.

Der Preisanstieg zieht das Gold aus dem Land, so dass die Kredite wieder gekürzt werden und die Industriellen die Produktion drosseln müssen.

(15) Wenn auf die Enthaltsamkeit keine Erhöhung der Geldmenge folgt, können die zusätzlich angehäuften Vorräte nicht verkauft werden, ohne die Produktion zu verringern, und in der Folge die Beschäftigung von Arbeit und Kapital in einem Ausmaß, das genauso weit unter dem ursprünglichen Niveau liegt, wie die ursprüngliche Enthaltsamkeit es vorübergehend über dieses Niveau hinaus erhöht hat. Im Lichte dieser Schlussfolgerungen wird eine Kritik an den Zielen und Vorschlägen der Douglas-Schule der Social Credit Reform geübt.

(16) Der Aufbau eines jeden industriellen Systems und im Allgemeinen die Anhäufung von dauerhaftem Kapital bringt die Verpflichtung mit sich, Schulden gegenüber Einzelpersonen zu machen, die niemals zurückgezahlt werden können und daher verzinst werden müssen , bis sie abgeschrieben oder zurückgezahlt werden. Wenn in einer individualistischen Gesellschaft die Bürger unter dieser zunehmenden Last der Kapitalverschuldung nicht zu Heloten degradiert werden sollen, muss die Besteuerung über den Zweck der Deckung der Staatsausgaben hinaus ausgedehnt werden, um die

Rückzahlung des Kapitals zu ermöglichen. Die mathematischen Gesetze für die einfache und zusammengesetzte Tilgung von Kapitalschulden sind ausgearbeitet. Auf diese Weise würde die Nation von Anfang an mitmachen und nicht erst, wenn die Industrie nicht mehr zahlt, wie bei den derzeitigen Verstaatlichungsvorschlägen.

(17) Die Besteuerung, die sich bisher auf die Deckung der Staatsausgaben beschränkte, ist als Instrument zur dauerhaften sozialen Verbesserung völlig untauglich und sollte in Verbindung mit oder alternativ zur Ausgabe von Staatsanleihen für andere spezifische Zwecke verwendet werden, wie z. B. für den Aufbau eines größeren Produktionsvolumens, den Wiederaufbau der Landwirtschaft, die Wahrung des richtigen Verhältnisses zwischen der Produktion für den Verbrauch und der Produktion von neuem Kapital und ganz allgemein für eine aktivere Beeinflussung der richtigen Entwicklung des Landes auf der Grundlage der von der nationalen Statistikbehörde gelieferten Informationen.

(18) Eine nationale Währung, die auf einer Indexzahl beruht, und die intelligente Ausweitung des industriellen Systems auf seine volle Arbeitsfähigkeit würden den Außenhandel ebenso wie den Binnenhandel fördern und die Nation besser in die Lage versetzen, durch Importe die Nahrungsmittel zu erhalten, die sie im Austausch für Exporte benötigt.

(19) Es wird vorgeschlagen, die Verwendung von Gold als Rohstoff für internationale Transaktionen zur Regulierung des Handelsgleichgewichts zwischen Nationen auszuweiten.

Der Völkerbund sollte für die ihm angehörenden Nationen die Festlegung des Anteils am Gesamtbestand des Goldes übernehmen, den jede Nation als Reserve zu halten hat, anstatt zu versuchen, einen betrügerischen Goldstandard einzurichten, dessen Wert durch eine Politik der beschleunigten oder verzögerten Demonetarisierung nach dem Willen einiger weniger mächtiger Zentralbanken den Zwecken angepasst werden kann.

(20) Obwohl die Verwendung von Gold als nationale Reserven in erster Linie darauf abzielt, die Bedrohung der internationalen Beziehungen zu beseitigen, die sich aus der immensen Anhäufung von überflüssigem Gold ergibt, und es jedem Land, das einen unveränderlichen, auf einer Indexzahl basierenden Wertstandard einführen möchte, zu ermöglichen, es vollständig zu demontieren, würde die Verwendung von Gold als nationale Reserven einen wertvollen Zweck erfüllen, um das internationale Preisniveau zu stabilisieren und heftige Fluktuationen der Devisen aufgrund vorübergehender Schwankungen in der Handelsbilanz zu dämpfen. Es wird jedoch nicht vorgeschlagen, diese zu fixieren oder zu "verankern", sondern sie ihr eigenes Niveau finden zu lassen, je nach den Wertmaßstäben und Währungssystemen, die in den verschiedenen Ländern gelten.

(21) Die nationale Goldreserve, die als Barometer für das Verhältnis zwischen Einfuhren und Ausfuhren dient, sollte mit geeigneten Mitteln zwischen bestimmten Schwankungsbreiten gehalten werden. Als mögliches Mittel wird vorgeschlagen, auf der Grundlage der von der nationalen Statistikbehörde gelieferten Informationen die Einfuhren durch Zölle zu kontrollieren und die Ausfuhren durch Prämien zu fördern, wenn das Barometer sinkt und umgekehrt, wenn es steigt.

(22) Es wird behauptet, dass diese vorgeschlagenen Reformen, auch wenn sie die tieferen wirtschaftlichen Ursachen der sozialen Unruhen nicht vollständig beseitigen, notwendige Schritte sind, wenn eine individualistische Gesellschaft fortbestehen soll und die Nation in Zukunft in der Lage sein soll, mit einer weiteren Verdrängung der Menschen durch Maschinen und die Methoden der Massenproduktion und monetäre Ansprüche auf Konsum im Verhältnis zur Menge des produzierbaren Reichtums und nicht zur Anzahl der in der Produktion beschäftigten Arbeiter zu verteilen.

Schlussfolgerung

Die Brennnessel der Ökonomie, kühn ergriffen, braucht dem Sozialreformer, der der Welt Frieden und wirtschaftliche Freiheit geben will, nicht mehr den Weg zu versperren. Die Kraft des Stachels liegt nur noch in albernen Verwirrungen, über die die Welt hinausgewachsen ist und die in einem wissenschaftlichen und mechanischen Zeitalter selbst ein aufgewecktes Kind zu durchschauen vermag. Nie wieder sollte es eine Angst vor einer unparteiischen Meinungsverschiedenheit über das Wesen und die Lösung des Paradoxons von Armut und Reichtum geben.

Wenn diese alten Verwirrungen ausgerottet sind, wird die Ökonomie von einem Fach wie Astrologie oder Alchemie zu einer Wissenschaft. Schon die Trennung ihres Gegenstands in das Physische

- *Reichtum* - und das Psychologische - *Schulden* - bringt die erstaunlichste Vereinfachung mit sich. Natürlich wird es viele Menschen geben, die behaupten werden, dass das Psychologische genauso wichtig ist wie das Physische. Aber nur wenige werden sich erdreisten zu behaupten, dass das Verständnis der psychologischen Seite die groben anfänglichen physischen Missverständnisse zwischen Reichtum und Schulden und den vulgären Perpetuum mobile-Fehlschluss der älteren Ökonomen ausgleichen kann. Solche Irrtümer würden genau die Wirkung haben, die sie in einer Welt, die von Übermenschen und Engeln verwaltet wird und aus ihnen besteht, bereits erzielt haben.

Die Demokratie hat bisher nur den Schatten erfasst und muss noch die Substanz der Souveränität begreifen oder für alle Zeiten diskreditiert werden. Ihr erster Schritt muss sein, die Verschwörung des Schweigens in ihren Organen der Öffentlichkeit und des Unterrichts über das eine Vorrecht der Regierung zu beenden, das allen wirksamen politischen Handlungen zugrunde liegt und sie kontrolliert, und darauf zu bestehen, dass ihr Geldsystem ebenso öffentlich und offen für Kritik und bewusste Veränderung ist wie ihr politisches System.

Mit einer angemessenen Kenntnis der physischen Realitäten, die die wirtschaftlichen Angelegenheiten der Völker beherrschen, ist der Weg frei für unbegrenzten Fortschritt und das Erreichen von allgemeinem Frieden und Wohlstand. Die Übel, die in der Vergangenheit das Herz der Nationen gelähmt haben, liegen offen zutage und können nicht mehr verborgen werden. So entziehen sie sich der Macht, weiteren Schaden anzurichten. Nur die seltenste Art von Mut - intellektuelle Furchtlosigkeit und Ehrlichkeit, die Dinge so zu sehen, wie sie sind, und nicht so, wie sie zu sein scheinen - ist erforderlich, um die Armut und den wirtschaftlichen Niedergang in unserer Mitte in weniger Zeit zu beseitigen, als der Krieg brauchte, um seinen Lauf zu nehmen. Am internationalen Horizont dämmert die Hoffnung, dass eine rationale Lösung für das Problem des modernen Krieges gefunden werden kann und dass die verschwenderische Gabe der Wissenschaft besser genutzt   kann, als den überschüssigen Reichtum und die überschüssige Bevölkerung zu vernichten, um die Märkte zu befeuern und die Staatsverschuldung zu erhöhen.

Wären alle mächtigen Interessen in der Welt gegen die Sache der Menschlichkeit und der Freiheit vereint, wären Geld, Machtgier und die destillierte Essenz all des Aberglaubens, der jemals den Verstand der Menschen beeinflusst hat, gegen das Wachstum des Wissens aufgereiht, wer bräuchte dann an der letzten Frage zu zweifeln? Der Weg ist offen für alle Männer und Frauen guten Willens, die ihr Ziel anstreben.

In den acht Jahren, die seit dem Frieden verstrichen sind, sind die Wolken der Finsternis wieder herabgezogen, und schon jetzt wissen die Menschen in ihren Herzen, dass es nur eine Frage der Zeit ist, bis ein neuer Krieg kommt, der in dem Maße, wie er sich verzögert, größer und schrecklicher sein wird als der letzte. An den grundlegenden wirtschaftlichen Ursachen, die zum letzten Krieg geführt haben, hat sich nicht das Geringste geändert. Der Frieden hat die Saat für künftige, unvermeidliche nationale Konflikte reichlich gesät. Das enorme Produktivitätspotential der industrialisierten Welt, insbesondere in der Maschinenbau- und Chemieindustrie, muss ein Ventil finden. Wenn dieses Ventil durch finanzielle Torheit im Aufbau und Wiederaufbau des nationalen Lebens verweigert wird, bleibt es als direkter und mächtiger Anreiz für das Schüren von Kriegen.

Wer daran zweifelt, sollte zum Beispiel ein modernes Stahlwerk besuchen - von denen es in diesem Land viele gibt, von denen jedes einzelne, wie schätzt, in der Lage ist, den gesamten nationalen Bedarf in unserem derzeitigen verarmten Zustand zu decken. Selbst an einem Tag, an dem das Werk in vollem Betrieb war, würde er nur hier und da einen Mann sehen, der fast nichts Nennenswertes tut, wo noch vor einer Generation ein Heer von fast nackten Arbeitern herumgeeilt wäre und den Strom glühenden Stahls gehütet hätte. Ein paar 15.000-PS-Motoren, , die mit der Sonne der Sommer des Paläozoikums betrieben werden, haben den menschlichen Arbeiter emanzipiert, damit er sich auf der Straße vergnügen, von der Sozialhilfe leben und seine Familie aufziehen kann, um dem Tag vorzubeugen, an dem die Nation sie alle wieder brauchen wird und der Krieg, der Verbraucher, all diesen potenziellen Reichtum in Staatsschulden verwandeln wird. Und doch empören wir uns über die Sitten der Alten, die ihre überflüssigen Jungen nackt den Unbilden der Winternacht aussetzten oder sie mit Musik und religiöser Inbrunst auf den Altären von Moloch und Mammon opferten.

Der Suchscheinwerfer der exakten Wissenschaften kann sogar in solche dunklen und geheimen Nischen der menschlichen Seele vordringen. Seit den Anfängen der Zivilisation steht der tiefe, angeborene Herdentrieb zur Anhäufung von "Reichtum" in Konflikt mit der physischen Unmöglichkeit, dies zu tun. So entsteht "das Prinzip des Todes", das Trotter [64] als in der Struktur und Substanz aller menschlichen konstruktiven sozialen Bemühungen verkörpert erkannt hat. Wie bei früheren Zivilisationen, so scheint es auch bei der unseren, hat sie sich mühsam zu ihrem bedeutungslosen Höhepunkt emporgeschwungen, nur um dann wieder in die Dunkelheit zu fallen, möglicherweise dazu bestimmt, wie diese, keine Spuren im menschlichen Gedächtnis zu hinterlassen, oder nur das schwache und zweifelhafte Flüstern der Tradition.

Die Mühlen Gottes mahlen klein, aber sie mahlen sehr langsam. O Zukunft, wir, die Sterbenden, grüßen dich! Die Weichen sind gestellt, das Rennen ist fast gelaufen. Die Zeit, der Zerstörer, ist uns auf den Fersen. Unsere Jugend ist verbraucht, und alt und schwach sind die Marionettenhände, die das Gold wählt, um unser Schicksal zu lenken. Gebt uns zurück, ihr Mächte des Lichts, nur noch eine Stunde, bevor das Pendel der Nacht sich wieder senkt. Die Lampe ist angezündet, aber ihr Lichtstrahl braucht Zeit, um zu wachsen bevor diejenigen, die kommen, hoffen können, ihren Weg zu ertasten. Verlangsame den Sonnenuntergang und beschleunige die Morgendämmerung, damit die wiedererwachende Jugend nicht zu spät kommt.

ZU DEM JÜNGSTEN MASSAKER,

(Nach Milton.)

Rache, o Herr, an deinen geschlachteten Söhnen, an den
Welt mit ihren verstreuten Gebeinen bereichert;
Alle, die deine Wahrheit bewahrten, die Spötter besitzen,
Als alle unsere Väter Götter aus Gold verehrten.
Das großzügige Streben der Jugend und Wissenschaft verkauft,
Der Überschuss für immertragende Anleihen getauscht,
Die zerstörten Strände und verwüsteten Gebiete
des Krieges nicht vergessen, lassen ihren Schimmel wieder

---

[64] *Instincts of the Herd in Peace and War*, W. Trotter, 1919, S. 241, "The Instability of Civilisation".

auferstehen.
Die Blume hat das Feuer gemäht, die Wurzeln verwelken,
Der Staub und die Asche der Ernte säen
In allen Hütten und Höfen, wo noch der Geldtyrann regiert
Der Geldtyrann, auf dass aus ihnen wachsen
Hundertfache, die deinen Weg gelernt haben
Dem babylonischen Wehe früh entfliehen können.

F. S.

FREDERICK SODDY

Andere Titel

OMNIA VERITAS
OMNIA VERITAS LTD PRÄSENTIERT:
JENSEITS der VERSCHWÖRUNG
DIE UNSICHTBARE WELTREGIERUNG ENTLARVEN
von John Coleman
Alle großen historischen Ereignisse werden im Geheimen von Männern geplant, die sich mit absoluter Diskretion umgeben
Hochorganisierte Gruppen haben immer einen Vorteil gegenüber den Bürgern
JOHN COLEMAN

OMNIA VERITAS
OMNIA VERITAS LTD PRÄSENTIERT:
DIE ROTHSCHILD-DYNASTIE
von John Coleman
Historische Ereignisse werden oft durch eine "verborgene Hand" verursacht...
JOHN COLEMAN
DIE ROTHSCHILD DYNASTIE

OMNIA VERITAS
OMNIA VERITAS LTD PRÄSENTIERT:
FREIMAUREREI
von A bis Z
John Coleman
Im 21. Jahrhundert ist die Freimaurerei weniger ein Geheimbund als eine "Gesellschaft der Geheimnisse" geworden.
Dieses Buch erklärt, was Freimaurerei ist
JOHN COLEMAN
FREIMAUREREI
von A bis Z

ØMNIA VERITAS. OMNIA VERITAS LTD PRÄSENTIERT:

TÄUSCHUNGSDIPLOMATIE
EIN BERICHT ÜBER DEN VERRAT DER REGIERUNGEN
ENGLANDS UND DER USA

VON
JOHN COLEMAN

Die Geschichte der Gründung der Vereinten Nationen ist ein klassisches Beispiel für die Diplomatie der Täuschung.

ØMNIA VERITAS.

LICHTTRÄGER
DER FINSTERNIS

Dieses Buch ist ein Versuch, durch
dokumentarische Beweise zu zeigen,
dass die gegenwärtigen
Weltverhältnisse unter dem Einfluss von
mystischen und geheimen
Gesellschaften stehen, durch die das
Unsichtbare Zentrum versucht, die
Nationen und die Welt zu lenken und zu
beherrschen.

ØMNIA VERITAS.

**DIE SPUR DER
SCHLANGE**

Ein Versuch, die Verehrung der alten
Schlange, des schöpferischen Prinzips,
des Gottes aller Eingeweihten der
Gnostiker und Kabbalisten, die von den
hellenisierten Juden in Alexandria
ausging, nachzuzeichnen.